Friedrich Schiller

Sämmtliche Werke in 12 Bänden

Über die ästhetische Erziehung des Menschen

Friedrich Schiller

Sämmtliche Werke in 12 Bänden
Über die ästhetische Erziehung des Menschen

ISBN/EAN: 9783743438699

Hergestellt in Europa, USA, Kanada, Australien, Japan

Cover: Foto ©Thomas Meinert / pixelio.de

Manufactured and distributed by brebook publishing software (www.brebook.com)

Friedrich Schiller

Sämmtliche Werke in 12 Bänden

Schillers

sämmtliche Werke

in zwölf Bänden.

Zwölfter Band.

Stuttgart.

J. G. Cotta'scher Verlag.

1860.

Alphabetisches Inhaltsverzeichniß

von

Schillers sämmtlichen Werken.

Ausgabe in zwölf Bänden.

Inhalt.

Ueber die ästhetische Erziehung des Menschen, in einer Reihe von Briefen. [1]

Erster Brief.

Sie wollen mir also vergönnen, Ihnen die Resultate meiner Untersuchungen über das Schöne und die Kunst in einer Reihe von Briefen vorzulegen. Lebhaft empfinde ich das Gewicht, aber auch den Reiz und die Würde dieser Unternehmung. Ich werde von einem Gegenstande sprechen, der mit dem besten Theil unserer Glückseligkeit in einer unmittelbaren und mit dem moralischen Adel der menschlichen Natur in keiner sehr entfernten Verbindung steht. Ich werde die Sache der Schönheit vor einem Herzen führen, das ihre ganze Macht empfindet und ausübt, und bei einer Untersuchung, wo man eben so oft genöthigt ist, sich auf Gefühle als auf Grundsätze zu berufen, den schwersten Theil meines Geschäfts auf sich nehmen wird.

Was ich mir als eine Gunst von Ihnen erbitten wollte, machen Sie großmüthiger Weise mir zur Pflicht und lassen mir da den Schein eines Verdienstes, wo ich bloß meiner Neigung nachgebe. Die Freiheit des Ganges, welche Sie mir vorschreiben, ist kein Zwang, vielmehr ein Bedürfniß für mich. Wenig geübt im Gebrauche schulgerechter Formen, werde ich kaum in Gefahr

---

[1] Anmerkung des Herausgebers. Diese Briefe wurden an den letztverstorbenen Herzog von Holstein-Augustenburg geschrieben und zuerst in den Horen vom Jahr 1795 gedruckt.

sein, mich durch Mißbrauch derselben an dem guten Geschmack zu versündigen. Meine Ideen, mehr aus dem einförmigen Umgang mit mir selbst als aus einer reichen Welterfahrung geschöpft oder durch Lektüre erworben, werden ihren Ursprung nicht verläugnen, werden sich eher jedes andern Fehlers als der Sektiererei schuldig machen, und eher aus eigener Schwäche fallen, als durch Autorität und fremde Stärke sich aufrecht erhalten.

Zwar will ich Ihnen nicht verbergen, daß es größtentheils Kantische Grundsätze sind, auf denen die nachfolgenden Behauptungen ruhen werden; aber meinem Unvermögen, nicht jenen Grundsätzen schreiben Sie es zu, wenn Sie im Lauf dieser Untersuchungen an irgend eine besondere philosophische Schule erinnert werden sollten. Nein, die Freiheit Ihres Geistes soll mir unverletzlich sein. Ihre eigene Empfindung wird mir die Thatsachen hergeben, auf die ich baue; Ihre eigene freie Denkkraft wird die Gesetze dictieren, nach welchen verfahren werden soll.

Ueber diejenigen Ideen, welche in dem praktischen Theil des Kantischen Systems die herrschenden sind, sind nur die Philosophen entzweit, aber die Menschen, ich getraue mir es zu beweisen, von jeher einig gewesen. Man befreie sie von ihrer technischen Form, und sie werden als die verjährten Aussprüche der gemeinen Vernunft und als Thatsachen des moralischen Instinktes erscheinen, den die weise Natur dem Menschen zum Vormund setzte, bis die helle Einsicht ihn mündig macht. Aber eben diese technische Form, welche die Wahrheit dem Verstande versichtbart, verbirgt sie wieder dem Gefühl; denn leider muß der Verstand das Objekt des innern Sinns erst zerstören, wenn er es sich zu eigen machen will. Wie der Scheidekünstler, so findet auch der Philosoph nur durch Auflösung die Verbindung und nur durch die Marter der Kunst das Werk der freiwilligen Natur. Um die flüchtige Erscheinung zu haschen, muß er sie in die Fesseln der Regel schlagen, ihren schönen Körper in Begriffe zerfleischen und in einem dürftigen Wortgerippe ihren lebendigen Geist aufbewahren

Ist es ein Wunder, wenn sich das natürliche Gefühl in einem solchen Abbild nicht wieder findet, und die Wahrheit in dem Berichte des Analysten als ein Paradoxon erscheint?

Lassen Sie daher auch mir einige Nachsicht zu Statten kommen, wenn die nachfolgenden Untersuchungen ihren Gegenstand, indem sie ihn dem Verstande zu nähern suchen, den Sinnen entrücken sollten. Was dort von moralischen Erfahrungen gilt, muß in einem noch höhern Grade von der Erscheinung der Schönheit gelten. Die ganze Magie derselben beruht auf ihrem Geheimniß, und mit dem nothwendigen Bund ihrer Elemente ist auch ihr Wesen aufgehoben.

Zweiter Brief.

Aber sollte ich von der Freiheit, die mir von Ihnen verstattet wird, nicht vielleicht einen bessern Gebrauch machen können, als Ihre Aufmerksamkeit auf dem Schauplatz der schönen Kunst zu beschäftigen? Ist es nicht wenigstens außer der Zeit, sich nach einem Gesetzbuch für die ästhetische Welt umzusehen, da die Angelegenheiten der moralischen ein so viel näheres Interesse darbieten, und der philosophische Untersuchungsgeist durch die Zeitumstände so nachdrücklich aufgefordert wird, sich mit dem vollkommensten aller Kunstwerke, mit dem Bau einer wahren politischen Freiheit, zu beschäftigen?

Ich möchte nicht gern in einem andern Jahrhundert leben und für ein anderes gearbeitet haben. Man ist eben so gut Zeitbürger, als man Staatsbürger ist; und wenn es unschicklich, ja unerlaubt gefunden wird, sich von den Sitten und Gewohnheiten des Cirkels, in dem man lebt, auszuschließen, warum sollte es weniger Pflicht sein, in der Wahl seines Wirkens dem Bedürfniß und dem Geschmack des Jahrhunderts eine Stimme einzuräumen?

Diese Stimme scheint aber keineswegs zum Vortheil der Kunst auszufallen, derjenigen wenigstens nicht, auf welche allein meine Untersuchungen gerichtet sein werden. Der Lauf der Begebenheiten hat dem Genius der Zeit eine Richtung gegeben, die ihn je mehr und mehr von der Kunst des Ideals zu entfernen droht. Diese muß die Wirklichkeit verlassen und sich mit anständiger Kühnheit über das Bedürfniß erheben; denn die Kunst ist eine Tochter der Freiheit, und von der Nothwendigkeit der Geister, nicht von der Nothdurft der Materie will sie ihre Vorschrift empfangen. Jetzt aber herrscht das Bedürfniß und beugt die gesunkene Menschheit unter sein tyrannisches Joch. Der Nutzen ist das große Idol der Zeit, dem alle Kräfte frohnen und alle Talente huldigen sollen. Auf dieser groben Wage hat das geistige Verdienst der Kunst kein Gewicht, und aller Aufmunterung beraubt, verschwindet sie von dem lärmenden Markt des Jahrhunderts. Selbst der philosophische Untersuchungsgeist entreißt der Einbildungskraft eine Provinz nach der andern, und die Grenzen der Kunst verengen sich, je mehr die Wissenschaft ihre Schranken erweitert.

Erwartungsvoll sind die Blicke des Philosophen wie des Weltmanns auf den politischen Schauplatz geheftet, wo jetzt, wie man glaubt, das große Schicksal der Menschheit verhandelt wird. Verräth es nicht eine tadelnswerthe Gleichgültigkeit gegen das Wohl der Gesellschaft, dieses allgemeine Gespräch nicht zu theilen? So nahe dieser große Rechtshandel, seines Inhalts und seiner Folgen wegen, jeden, der sich Mensch nennt, angeht, so sehr muß er, seiner Verhandlungsart wegen, jeden Selbstdenker insbesondere interessieren. Eine Frage, welche sonst nur durch das blinde Recht des Stärkern beantwortet wurde, ist nun, wie es scheint, vor dem Richterstuhl reiner Vernunft anhängig gemacht, und wer nur immer fähig ist, sich in das Centrum des Ganzen zu versetzen und sein Individuum zur Gattung zu steigern, darf sich als einen Beisitzer jenes Vernunftgerichts betrachten, so wie

er als Mensch und Weltbürger zugleich Partei ist und näher
oder entfernter in den Erfolg sich verwickelt sieht. Es ist also
nicht bloß seine eigene Sache, die in diesem großen Rechtshandel
zur Entscheidung kommt; es soll auch nach Gesetzen gesprochen
werden, die er als vernünftiger Geist selbst zu diktieren fähig und
berechtigt ist.

Wie anziehend müßte es für mich sein, einen solchen Gegenstand mit einem eben so geistreichen Denker als liberalen Weltbürger in Untersuchung zu nehmen und einem Herzen, das mit
schönem Enthusiasmus dem Wohl der Menschheit sich weiht, die
Entscheidung heimzustellen! Wie angenehm überraschend, bei einer
noch so großen Verschiedenheit des Standorts und bei dem weiten
Abstand, den die Verhältnisse in der wirklichen Welt nöthig
machen, Ihrem vorurtheilfreien Geist auf dem Felde der Ideen
in dem nämlichen Resultat zu begegnen! Daß ich dieser reizenden
Versuchung widerstehe und die Schönheit der Freiheit vorangehen
lasse, glaube ich nicht bloß mit meiner Neigung entschuldigen,
sondern durch Grundsätze rechtfertigen zu können. Ich hoffe,
Sie zu überzeugen, daß diese Materie weit weniger dem Bedürfniß
als dem Geschmack des Zeitalters fremd ist; ja, daß man, um
jenes politische Problem in der Erfahrung zu lösen, durch das
ästhetische den Weg nehmen muß, weil es die Schönheit ist,
durch welche man zu der Freiheit wandert. Aber dieser Beweis
kann nicht geführt werden, ohne daß ich Ihnen die Grundsätze
in Erinnerung bringe, durch welche sich die Vernunft überhaupt
bei einer politischen Gesetzgebung leitet.

Dritter Brief.

Die Natur fängt mit dem Menschen nicht besser an als mit
ihren übrigen Werken: sie handelt für ihn, wo er als freie Intelligenz noch nicht selbst handeln kann. Aber eben das macht

ihn zum Menschen, daß er bei dem nicht stille steht, was die
bloße Natur aus ihm machte, sondern die Fähigkeit besitzt, die
Schritte, welche jene mit ihm anticipierte, durch Vernunft wieder
rückwärts zu thun, das Werk der Noth in ein Werk seiner freien
Wahl umzuschaffen und die physische Nothwendigkeit zu einer
moralischen zu erheben.

Er kommt zu sich aus seinem sinnlichen Schlummer, erkennt
sich als Mensch, blickt um sich her und findet sich — in dem
Staate. Der Zwang der Bedürfnisse warf ihn hinein, ehe er in
seiner Freiheit diesen Stand wählen konnte; die Noth richtete
denselben nach bloßen Naturgesetzen ein, ehe er es nach Ver-
nunftgesetzen konnte. Aber mit diesem Nothstaat, der nur aus
seiner Naturbestimmung hervorgegangen und auch nur auf diese
berechnet war, konnte und kann er als moralische Person nicht
zufrieden sein — und schlimm für ihn, wenn er es könnte! Er
verläßt also, mit demselben Rechte, womit er Mensch ist, die
Herrschaft einer blinden Nothwendigkeit, wie er in so vielen
andern Stücken durch seine Freiheit von ihr scheidet, wie er, um
nur ein Beispiel zu geben, den gemeinen Charakter, den das
Bedürfniß der Geschlechtsliebe aufdrückte, durch Sittlichkeit auslöscht und durch Schönheit veredelt. So holt er, auf eine künstliche Weise, in seiner Volljährigkeit seine Kindheit nach, bildet
sich einen Naturstand in der Idee, der ihm zwar durch keine
Erfahrung gegeben, aber durch seine Vernunftbestimmung nothwendig gesetzt ist, leiht sich in diesem idealischen Stand einen
Endzweck, den er in seinem wirklichen Naturstand nicht kannte,
und eine Wahl, deren er damals nicht fähig war, und verfährt
nun nicht anders, als ob er von vorn anfinge und den Stand
der Unabhängigkeit aus heller Einsicht und freiem Entschluß mit
dem Stand der Verträge vertauschte. Wie kunstreich und fest auch
die blinde Willkür ihr Werk gegründet haben, wie anmaßend sie
es auch behaupten und mit welchem Scheine von Ehrwürdigkeit
es umgeben mag — er darf es, bei dieser Operation, als völlig

ungeſchehen betrachten; denn das Werk blinder Kräfte beſitzt keine Autorität, vor welcher die Freiheit ſich zu beugen brauchte, und alles muß ſich dem höchſten Endzwecke fügen, den die Vernunft in ſeiner Perſönlichkeit aufſtellt. Auf dieſe Art entſteht und rechtfertigt ſich der Verſuch eines mündig gewordenen Volks, ſeinen Naturſtaat in einen ſittlichen umzuformen.

Dieſer Naturſtaat (wie jeder politiſche Körper heißen kann, der ſeine Einrichtung urſprünglich von Kräften, nicht von Geſetzen ableitet) widerſpricht nun zwar dem moraliſchen Menſchen, dem die bloße Geſetzmäßigkeit zum Geſetz dienen ſoll; aber er iſt doch gerade hinreichend für den phyſiſchen Menſchen, der ſich nur darum Geſetze gibt, um ſich mit Kräften abzufinden. Nun iſt aber der phyſiſche Menſch wirklich, und der ſittliche nur pro= blematiſch. Hebt alſo die Vernunft den Naturſtaat auf, wie ſie nothwendig muß, wenn ſie den ihrigen an die Stelle ſetzen will, ſo wagt ſie den phyſiſchen und wirklichen Menſchen an den problematiſchen ſittlichen, ſo wagt ſie die Exiſtenz der Geſellſchaft an ein bloß mögliches (wenn gleich moraliſch nothwendiges) Ideal von Geſellſchaft. Sie nimmt dem Menſchen etwas, das er wirk= lich beſitzt, und ohne welches er nichts beſitzt, und weiſt ihn da= für an etwas an, das er beſitzen könnte und ſollte; und hätte ſie zuviel auf ihn gerechnet, ſo würde ſie ihm für eine Menſchheit, die ihm noch mangelt und unbeſchadet ſeiner Exiſtenz mangeln kann, auch ſelbſt die Mittel zur Thierheit entriſſen haben, die doch die Bedingung ſeiner Menſchheit iſt. Ehe er Zeit gehabt hätte, ſich mit ſeinem Willen an dem Geſetz feſt zu halten, hätte ſie unter ſeinen Füßen die Leiter der Natur weggezogen.

Das große Bedenken alſo iſt, daß die phyſiſche Geſellſchaft in der Zeit keinen Augenblick aufhören darf, indem die mora= liſche in der Idee ſich bildet, daß um der Würde des Menſchen willen ſeine Exiſtenz nicht in Gefahr gerathen darf. Wenn der Künſtler an einem Uhrwerk zu beſſern hat, ſo läßt er die Räder ablaufen; aber das lebendige Uhrwerk des Staats muß gebeſſert werden, indem es schlägt, und hier gilt es, das rollende Rad während seines Umschwungs auszutauschen. Man muß also für die Fortdauer der Gesellschaft eine Stütze aufsuchen, die sie von dem Naturstaate, den man auflösen will, unabhängig macht.

Diese Stütze findet sich nicht in dem natürlichen Charakter des Menschen, der, selbstsüchtig und gewaltthätig, vielmehr auf Zerstörung als auf Erhaltung der Gesellschaft zielt; sie findet sich eben so wenig in seinem sittlichen Charakter, der, nach der Voraussetzung, erst gebildet werden soll, und auf den, weil er frei ist, und weil er nie erscheint, von dem Gesetzgeber nie gewirkt und nie mit Sicherheit gerechnet werden könnte. Es käme also darauf an, von dem physischen Charakter die Willkür und von dem moralischen die Freiheit abzusondern — es käme darauf an, den erstern mit Gesetzen übereinstimmend, den letztern von Eindrücken abhängig zu machen — es käme darauf an, jenen von der Materie etwas weiter zu entfernen, diesen ihr um etwas näher zu bringen — um einen dritten Charakter zu erzeugen, der, mit jenen beiden verwandt, von der Herrschaft bloßer Kräfte zu der Herrschaft der Gesetze einen Uebergang bahnte und, ohne den moralischen Charakter an seiner Entwicklung zu verhindern, vielmehr zu einem sinnlichen Pfand der unsichtbaren Sittlichkeit diente.

Vierter Brief.

So viel ist gewiß: Nur das Uebergewicht eines solchen Charakters bei einem Volk kann eine Staatsverwandlung nach moralischen Principien unschädlich machen, und auch nur ein solcher Charakter kann ihre Dauer verbürgen. Bei Aufstellung eines moralischen Staats wird auf das Sittengesetz als auf eine wirkende Kraft gerechnet, und der freie Wille wird in das Reich der Ursachen gezogen, wo alles mit strenger Nothwendigkeit und

Stetigkeit an einander hängt. Wir wissen aber, daß die Be=
stimmungen des menschlichen Willens immer zufällig bleiben, und
daß nur bei dem absoluten Wesen die physische Nothwendigkeit
mit der moralischen zusammenfällt. Wenn also auf das sittliche
Betragen des Menschen wie auf natürliche Erfolge gerechnet
werden soll, so muß es Natur sein, und er muß schon durch
seine Triebe zu einem solchen Verfahren geführt werden, als nur
immer ein sittlicher Charakter zur Folge haben kann. Der Wille
des Menschen steht aber vollkommen frei zwischen Pflicht und
Neigung, und in dieses Majestätsrecht seiner Person kann und
darf keine physische Nöthigung greifen. Soll er also dieses Ver=
mögen der Wahl beibehalten und nichts desto weniger ein zuver=
lässiges Glied in der Causalverknüpfung der Kräfte sein, so
kann dies nur dadurch bewerkstelligt werden, daß die Wirkungen
jener beiden Triebfedern im Reich der Erscheinungen vollkommen
gleich ausfallen, und, bei aller Verschiedenheit in der Form, die
Materie seines Wollens dieselbe bleibt, daß also seine Triebe mit
seiner Vernunft übereinstimmend genug sind, um zu einer univer=
sellen Gesetzgebung zu taugen.

Jeder individuelle Mensch, kann man sagen, trägt, der An=
lage und Bestimmung nach, einen reinen, idealischen Menschen
in sich, mit dessen unveränderlicher Einheit in allen seinen Ab=
wechslungen übereinzustimmen die große Aufgabe seines Daseins
ist. [1] Dieser reine Mensch, der sich, mehr oder weniger deutlich,
in jedem Subjekt zu erkennen gibt, wird repräsentiert durch den
Staat, die objektive und gleichsam kanonische Form, in der sich
die Mannigfaltigkeit der Subjekte zu vereinigen trachtet. Nun
lassen sich aber zwei verschiedene Arten denken, wie der Mensch
in der Zeit mit dem Menschen in der Idee zusammentreffen, mithin

---

[1] Ich beziehe mich hier auf eine kürzlich erschienene Schrift: Vorlesun=
gen über die Bestimmung des Gelehrten, von meinem Freund Fichte,
wo sich eine sehr lichtvolle und noch nie auf diesem Wege versuchte Ableitung
dieses Satzes findet.

eben so viele, wie der Staat in den Individuen sich behaupten kann: entweder dadurch, daß der reine Mensch den empirischen unterdrückt, daß der Staat die Individuen aufhebt, oder dadurch daß das Individuum Staat wird, daß der Mensch in der Zeit zum Menschen in der Idee sich veredelt.

Zwar in der einseitigen moralischen Schätzung fällt dieser Unterschied hinweg; denn die Vernunft ist befriedigt, wenn ihr Gesetz nur ohne Bedingung gilt; aber in der vollständigen anthropologischen Schätzung, wo mit der Form auch der Inhalt zählt, und die lebendige Empfindung zugleich eine Stimme hat, wird derselbe desto mehr in Betrachtung kommen. Einheit fordert zwar die Vernunft, die Natur aber Mannigfaltigkeit, und von beiden Legislationen wird der Mensch in Anspruch genommen. Das Gesetz der erstern ist ihm durch ein unbestechliches Bewußt- sein, das Gesetz der andern durch ein unvertilgbares Gefühl ein- geprägt. Daher wird es jederzeit von einer noch mangelhaften Bildung zeugen, wenn der sittliche Charakter nur mit Aufopferung des natürlichen sich behaupten kann; und eine Staatsverfassung wird noch sehr unvollendet sein, die nur durch Aufhebung der Mannigfaltigkeit Einheit zu bewirken im Stand ist. Der Staat soll nicht bloß den objektiven und generischen, er soll auch den subjektiven und specifischen Charakter in den Individuen ehren und, indem er das unsichtbare Reich der Sitten ausbreitet, das Reich der Erscheinung nicht entvölkern.

Wenn der mechanische Künstler seine Hand an die gestaltlose Masse legt, um ihr die Form seiner Zwecke zu geben, so trägt er kein Bedenken ihr Gewalt anzuthun; denn die Natur, die er bearbeitet, verdient für sich selbst keine Achtung, und es liegt ihm nicht an dem Ganzen um der Theile willen, sondern an den Theilen um des Ganzen willen. Wenn der schöne Künstler seine Hand an die nämliche Masse legt, so trägt er eben so wenig Bedenken ihr Gewalt anzuthun, nur vermeidet er sie zu zeigen. Den Stoff, den er bearbeitet, respektiert er nicht im geringsten mehr, als der mechanische Künstler; aber das Auge, welches die Freiheit dieses Stoffes in Schutz nimmt, wird er durch eine scheinbare Nachgiebigkeit gegen denselben zu täuschen suchen. Ganz anders verhält es sich mit dem pädagogischen und politischen Künstler, der den Menschen zugleich zu seinem Material und zu seiner Aufgabe macht. Hier kehrt der Zweck in den Stoff zurück, und nur weil das Ganze den Theilen dient, dürfen sich die Theile dem Ganzen fügen. Mit einer ganz andern Achtung, als diejenige ist, die der schöne Künstler gegen seine Materie vorgibt, muß der Staatskünstler sich der seinigen nahen, und nicht bloß subjektiv und für einen täuschenden Effekt in den Sinnen, sondern objektiv und für das innere Wesen muß er ihrer Eigenthümlichkeit und Persönlichkeit schonen.

Aber eben deßwegen, weil der Staat eine Organisation sein soll, die sich durch sich selbst und für sich selbst bildet, so kann er auch nur insoferne wirklich werden, als sich die Theile zur Idee des Ganzen hinaufgestimmt haben. Weil der Staat der reinen und objektiven Menschheit in der Brust seiner Bürger zum Repräsentanten dient, so wird er gegen seine Bürger dasselbe Verhältniß zu beobachten haben, in welchem sie zu sich selber stehen, und ihre subjektive Menschheit auch nur in dem Grade ehren können, als sie zur objektiven veredelt ist. Ist der innere Mensch mit sich einig, so wird er auch bei der höchsten Universalisirung seines Betragens seine Eigenthümlichkeit retten, und der Staat wird bloß der Ausleger seines schönen Instinkts, die deutlichere Formel seiner innern Gesetzgebung sein. Setzt sich hingegen in dem Charakter eines Volks der subjektive Mensch dem objektiven - noch so contradictorisch entgegen, daß nur die Unterdrückung des erstern dem letztern den Sieg verschaffen kann, so wird auch der Staat gegen den Bürger den strengen Ernst des Gesetzes annehmen und, um nicht ihr Opfer zu sein, eine so feindselige Individualität ohne Achtung darnieder treten müssen.

Der Mensch kann sich aber auf eine doppelte Weise entgegengesetzt sein: entweder als Wilder, wenn seine Gefühle über
seine Grundsätze herrschen; oder als Barbar, wenn seine Grundsätze seine Gefühle zerstören. Der Wilde verachtet die Kunst und
erkennt die Natur als seinen unumschränkten Gebieter; der Barbar
verspottet und entehrt die Natur, aber, verächtlicher als der
Wilde, fährt er häufig genug fort, der Sklave seines Sklaven
zu sein. Der gebildete Mensch macht die Natur zu seinem Freund
und ehrt ihre Freiheit, indem er bloß ihre Willkür zügelt.

Wenn also die Vernunft in die physische Gesellschaft ihre
moralische Einheit bringt, so darf sie die Mannigfaltigkeit der
Natur nicht verletzen. Wenn die Natur in dem moralischen Bau
der Gesellschaft ihre Mannigfaltigkeit zu behaupten strebt, so
darf der moralischen Einheit dadurch kein Abbruch geschehen;
gleich weit von Einförmigkeit und Verwirrung ruht die siegende
Form. Totalität des Charakters muß also bei dem Volke
gefunden werden, welches fähig und würdig sein soll, den Staat
der Noth mit dem Staat der Freiheit zu vertauschen.

Fünfter Brief.

Ist es dieser Charakter, den uns das jetzige Zeitalter, den
die gegenwärtigen Ereignisse zeigen? Ich richte meine Aufmerksamkeit sogleich auf den hervorstechendsten Gegenstand in diesem
weitläuftigen Gemälde.

Wahr ist es, das Ansehen der Meinung ist gefallen, die
Willkür ist entlarvt, und, obgleich noch mit Macht bewaffnet,
erschleicht sie doch keine Würde mehr; der Mensch ist aus seiner
langen Indolenz und Selbsttäuschung aufgewacht, und mit nach-
drücklicher Stimmenmehrheit fordert er die Wiederherstellung in
seine unverlierbaren Rechte. Aber er fordert sie nicht bloß; jenseits und dießseits steht er auf, sich gewaltsam zu nehmen, was

ihm nach seiner Meinung mit Unrecht verweigert wird. Das Gebäude des Naturstaates wankt, seine mürben Fundamente weichen, und eine physische Möglichkeit scheint gegeben, das Gesetz auf den Thron zu stellen, den Menschen endlich als Selbstzweck zu ehren und wahre Freiheit zur Grundlage der politischen Verbindung zu machen. Vergebliche Hoffnung! Die moralische Möglichkeit fehlt, und der freigebige Augenblick findet ein unempfängliches Geschlecht.

In seinen Thaten malt sich der Mensch, und welche Gestalt ist es, die sich in dem Drama der jetzigen Zeit abbildet! Hier Verwilderung, dort Erschlaffung: die zwei Aeußersten des menschlichen Verfalls, und beide in einem Zeitraum vereinigt.

In den niedern und zahlreichern Klassen stellen sich uns rohe, gesetzlose Triebe dar, die sich nach aufgelöstem Band der bürgerlichen Ordnung entfesseln und mit unlenksamer Muth zu ihrer thierischen Befriedigung eilen. Es mag also sein, daß die objektive Menschheit Ursache gehabt hätte, sich über den Staat zu beklagen; die subjektive muß seine Anstalten ehren. Darf man ihn tadeln, daß er die Würde der menschlichen Natur aus den Augen setzte, so lange es noch galt, ihre Existenz zu vertheidigen? daß er eilte, durch die Schwerkraft zu scheiden und durch die Cohäsionskraft zu binden, wo an die bildende noch nicht zu denken war? Seine Auflösung enthält seine Rechtfertigung. Die losgebundene Gesellschaft, anstatt aufwärts in das organische Leben zu eilen, fällt in das Elementarreich zurück.

Auf der andern Seite geben uns die civilisirten Klassen den noch widrigern Anblick der Schlaffheit und einer Depravation des Charakters, die desto mehr empört, weil die Kultur selbst ihre Quelle ist. Ich erinnere mich nicht mehr, welcher alte oder neue Philosoph die Bemerkung machte, daß das Edlere in seiner Zerstörung das Abscheulichere sei; aber man wird sie auch im Moralischen wahr finden. Aus dem Natursohne wird, wenn er ausschweift, ein Rasender; aus dem Zögling der Kunst ein Nichts-

würdiger. Die Aufklärung des Verstandes, deren sich die ver=
feinerten Stände nicht ganz mit Unrecht rühmen, zeigt im Ganzen
so wenig einen veredelnden Einfluß auf die Gesinnungen, daß
sie vielmehr die Verderbniß durch Maximen befestigt. Wir ver=
läugnen die Natur auf ihrem rechtmäßigen Felde, um auf dem
moralischen ihre Tyrannei zu erfahren, und indem wir ihren
Eindrücken widerstreben, nehmen wir unsere Grundsätze von ihr
an. Die affektierte Decenz unserer Sitten verweigert ihr die ver=
zeihliche erste Stimme, um ihr, in unserer materialistischen
Sittenlehre, die entscheidende letzte einzuräumen. Mitten im
Schooße der raffinirtesten Geselligkeit hat der Egoism sein System
gegründet, und ohne ein geselliges Herz mit heraus zu bringen,
erfahren wir alle Ansteckungen und alle Drangsale der Gesell=
schaft. Unser freies Urtheil unterwerfen wir ihrer despotischen
Meinung, unser Gefühl ihren bizarren Gebräuchen, unsern Willen
ihren Verführungen; nur unsere Willkür behaupten wir gegen
ihre heiligen Rechte. Stolze Selbstgenügsamkeit zieht das Herz
des Weltmanns zusammen, das in dem rohen Naturmenschen
noch oft sympathetisch schlägt, und wie aus einer brennenden
Stadt sucht jeder nur sein elendes Eigenthum aus der Verwüstung
zu flüchten. Nur in einer völligen Abschwörung der Empfindsam=
keit glaubt man gegen ihre Verirrungen Schutz zu finden, und der
Spott, der den Schwärmer oft heilsam züchtigt, lästert mit gleich
wenig Schonung das edelste Gefühl. Die Kultur, weit entfernt
uns in Freiheit zu setzen, entwickelt mit jeder Kraft, die sie in uns
ausbildet, nur ein neues Bedürfniß; die Bande des Physischen
schnüren sich immer beängstigender zu, so daß die Furcht zu ver=
lieren selbst den feurigen Trieb nach Verbesserung erstickt, und die
Maxime des leidenden Gehorsams für die höchste Weisheit des Lebens
gilt. So sieht man den Geist der Zeit zwischen Verkehrtheit und
Rohigkeit, zwischen Unnatur und bloßer Natur, zwischen Super=
stition und moralischem Unglauben schwanken, und es ist bloß das
Gleichgewicht des Schlimmen, was ihm zuweilen noch Grenzen setzt.

Sechster Brief.

Sollte ich mit dieser Schilderung dem Zeitalter wohl zu viel gethan haben? Ich erwarte diesen Einwurf nicht, eher einen andern: daß ich zu viel dadurch bewiesen habe. Dieses Gemälde, werden Sie mir sagen, gleicht zwar der gegenwärtigen Mensch= heit, aber es gleicht überhaupt allen Völkern, die in der Kultur begriffen sind, weil alle ohne Unterschied durch Vernünftelei von der Natur abfallen müssen, ehe sie durch Vernunft zu ihr zurückkehren können.

Aber bei einiger Aufmerksamkeit auf den Zeitcharakter muß uns der Contrast in Verwunderung setzen, der zwischen der heutigen Form der Menschheit und zwischen der ehemaligen, be= sonders der griechischen, angetroffen wird. Der Ruhm der Aus= bildung und Verfeinerung, den wir mit Recht gegen jede andere bloße Natur geltend machen, kann uns gegen die griechische Natur nicht zu Statten kommen, die sich mit allen Reizen der Kunst und mit aller Würde der Weisheit vermählte, ohne doch, wie die unsrige, das Opfer derselben zu sein. Die Griechen beschämen uns nicht bloß durch eine Simplicität, die unserm Zeitalter fremd ist; sie sind zugleich unsere Nebenbuhler, ja oft unsere Muster in den nämlichen Vorzügen, mit denen wir uns über die Naturwidrigkeit unserer Sitten zu trösten pflegen. Zu= gleich voll Form und voll Fülle, zugleich philosophierend und bildend, zugleich zart und energisch sehen wir sie die Jugend der Phantasie mit der Männlichkeit der Vernunft in einer herrlichen Menschheit vereinigen.

Damals, bei jenem schönen Erwachen der Geisteskräfte, hatten die Sinne und der Geist noch kein strenge geschiedenes Eigenthum; denn noch hatte kein Zwiespalt sie gereizt, mit einander feindselig abzutheilen und ihre Markung zu bestimmen. Die Poesie hatte noch nicht mit dem Witze gebuhlt, und die Spekulation sich noch nicht durch Spitzfindigkeit geschändet. Beide konnten im Nothfall

ihre Verrichtungen tauschen, weil jedes, nur auf seine eigene
Weise, die Wahrheit ehrte. So hoch die Vernunft auch stieg,
so zog sie doch immer die Materie liebend nach, und so fein und
scharf sie auch trennte, so verstümmelte sie doch nie. Sie zerlegte
zwar die menschliche Natur und warf sie in ihrem herrlichen
Götterkreis vergrößert auseinander, aber nicht dadurch, daß sie
sie in Stücken riß, sondern dadurch, daß sie sie verschiedentlich
mischte, denn die ganze Menschheit fehlte in keinem einzelnen
Gott. Wie ganz anders bei uns Neuern! Auch bei uns ist das
Bild der Gattung in den Individuen vergrößert auseinander ge-
worfen — aber in Bruchstücken, nicht in veränderten Mischungen,
daß man von Individuum zu Individuum herumfragen muß,
um die Totalität der Gattung zusammenzulesen. Bei uns, möchte
man fast versucht werden zu behaupten, äußern sich die Gemüths-
kräfte auch in der Erfahrung so getrennt, wie der Psychologe sie
in der Vorstellung scheidet, und wir sehen nicht bloß einzelne
Subjekte, sondern ganze Klassen von Menschen nur einen Theil
ihrer Anlagen entfalten, während daß die übrigen, wie bei ver-
krüppelten Gewächsen, kaum mit matter Spur angedeutet sind.

Ich verkenne nicht die Vorzüge, welche das gegenwärtige
Geschlecht, als Einheit betrachtet und auf der Wage des Verstandes, vor dem besten in der Vorwelt behaupten mag; aber in
geschlossenen Gliedern muß es den Wettkampf beginnen, und das
Ganze mit dem Ganzen sich messen. Welcher einzelne Neuere
tritt heraus, Mann gegen Mann, mit dem einzelnen Athenienser
um den Preis der Menschheit zu streiten?

Woher wohl dieses nachtheilige Verhältniß der Individuen
bei allem Vortheil der Gattung? Warum qualificierte sich der
einzelne Grieche zum Repräsentanten seiner Zeit, und warum
darf dies der einzelne Neuere nicht wagen? Weil jenem die alles
vereinende Natur, diesem der alles trennende Verstand seine
Formen ertheilten.

Die Kultur selbst war es, welche der neuern Menschheit diese

Wunde schlug. Sobald auf der einen Seite die erweiterte Er=
fahrung und das bestimmtere Denken eine schärfere Scheidung
der Wissenschaften, auf der andern das verwickeltere Uhrwerk der
Staaten eine strengere Absonderung der Stände und Geschäfte
nothwendig machte, so zerriß auch der innere Bund der mensch=
lichen Natur, und ein verderblicher Streit entzweite ihre harmo=
nischen Kräfte. Der intuitive und der spekulative Verstand ver=
theilten sich jetzt feindlich gesinnt auf ihren verschiedenen Feldern,
deren Grenzen sie jetzt anfingen mit Mißtrauen und Eifersucht
zu bewachen, und mit der Sphäre, auf die man seine Wirksam=
keit einschränkt, hat man sich auch in sich selbst einen Herrn
gegeben, der nicht selten mit Unterdrückung der übrigen Anlagen
zu endigen pflegt. Indem hier die luxurierende Einbildungskraft
die mühsamen Pflanzungen des Verstandes verwüstet, verzehrt
dort der Abstraktionsgeist das Feuer, an dem das Herz sich hätte
wärmen, und die Phantasie sich entzünden sollen.

Diese Zerrüttung, welche Kunst und Gelehrsamkeit in dem
innern Menschen anfingen, machte der neue Geist der Regierung
vollkommen und allgemein. Es war freilich nicht zu erwarten,
daß die einfache Organisation der ersten Republiken die Einfalt
der ersten Sitten und Verhältnisse überlebte; aber anstatt zu
einem höhern animalischen Leben zu steigen, sank sie zu einer
gemeinen und groben Mechanik herab. Jene Polypennatur der
griechischen Staaten, wo jedes Individuum eines unabhängigen
Lebens genoß und, wenn es noth that, zum Ganzen werden
konnte, machte jetzt einem kunstreichen Uhrwerke Platz, wo aus
der Zusammenstückelung unendlich vieler, aber lebloser Theile ein
mechanisches Leben im Ganzen sich bildet. Auseinandergerissen
wurden jetzt der Staat und die Kirche, die Gesetze und die Sitten;
der Genuß wurde von der Arbeit, das Mittel vom Zweck, die
Anstrengung von der Belohnung geschieden. Ewig nur an ein
einzelnes kleines Bruchstück des Ganzen gefesselt, bildet sich der
Mensch selbst nur als Bruchstück aus; ewig nur das eintönige

Geräusch des Rades, das er umtreibt, im Ohre, entwickelt er nie die Harmonie seines Wesens, und anstatt die Menschheit in seiner Natur auszuprägen, wird er bloß zu einem Abdruck seines Geschäfts, seiner Wissenschaft. Aber selbst der karge, fragmentarische Antheil, der die einzelnen Glieder noch an das Ganze knüpft, hängt nicht von Formen ab, die sie sich selbstthätig geben (denn wie dürfte man ihrer Freiheit ein so künstliches und lichtscheues Uhrwerk vertrauen?), sondern wird ihnen mit scrupulöser Strenge durch ein Formular vorgeschrieben, in welchem man ihre freie Einsicht gebunden hält. Der todte Buchstabe vertritt den lebendigen Verstand, und ein geübtes Gedächtniß leitet sicherer als Genie und Empfindung.

Wenn das gemeine Wesen das Amt zum Maßstab des Mannes macht; wenn es an dem einen seiner Bürger nur die Memorie, an einem andern den tabellarischen Verstand, an einem dritten nur die mechanische Fertigkeit ehrt; wenn es hier, gleichgültig gegen den Charakter, nur auf Kenntnisse dringt, dort hingegen einem Geiste der Ordnung und einem gesetzlichen Verhalten die größte Verfinsterung des Verstandes zu gut hält; wenn es zugleich diese einzelnen Fertigkeiten zu einer eben so großen Intensität will getrieben wissen, als es dem Subjekt an Extensität erläßt — darf es uns da wundern, daß die übrigen Anlagen des Gemüths vernachlässigt werden, um der einzigen, welche ehrt und lohnt, alle Pflege zuzuwenden? Zwar wissen wir, daß das kraftvolle Genie die Grenzen seines Geschäfts nicht zu Grenzen seiner Thätigkeit macht; aber das mittelmäßige Talent verzehrt in dem Geschäfte, das ihm zum Antheil fiel, die ganze karge Summe seiner Kraft, und es muß schon kein gemeiner Kopf sein, um, unbeschadet seines Berufs, für Liebhabereien übrig zu behalten. Noch dazu ist es selten eine gute Empfehlung bei dem Staat, wenn die Kräfte die Aufträge übersteigen, oder wenn das höhere Geistesbedürfniß des Mannes von Genie seinem Amt einen Nebenbuhler gibt. So eifersüchtig ist der Staat auf den

Alleinbesitz seiner Diener, daß er sich leichter dazu entschließen wird (und wer kann ihm Unrecht geben?), seinen Mann mit einer Venus Cytherea als mit einer Venus Urania zu theilen.

Und so wird denn allmählig das einzelne concrete Leben vertilgt, damit das Abstrakt des Ganzen sein dürftiges Dasein friste, und ewig bleibt der Staat seinen Bürgern fremd, weil ihn das Gefühl nirgends findet. Genöthigt, sich die Mannigfaltigkeit seiner Bürger durch Klassificierung zu erleichtern und die Menschheit nie anders als durch Repräsentation aus der zweiten Hand zu empfangen, verliert der regierende Theil sie zuletzt ganz und gar aus den Augen, indem er sie mit einem bloßen Machwerk des Verstandes vermengt; und der Regierte kann nicht anders als mit Kaltsinn die Gesetze empfangen, die an ihn selbst so wenig gerichtet sind. Endlich überdrüssig, ein Band zu unterhalten, das ihr von dem Staate so wenig erleichtert wird, fällt die positive Gesellschaft (wie schon längst das Schicksal der meisten europäischen Staaten ist) in einen moralischen Naturstand auseinander, wo die öffentliche Macht nur eine Partei mehr ist, gehaßt und hintergangen von dem, der sie nöthig macht, und nur von dem, der sie entbehren kann, geachtet.

Konnte die Menschheit bei dieser doppelten Gewalt, die von innen und außen auf sie drückte, wohl eine andere Richtung nehmen, als sie wirklich nahm? Indem der spekulative Geist im Ideenreich nach unverlierbaren Besitzungen strebte, mußte er ein Fremdling in der Sinnenwelt werden und über der Form die Materie verlieren. Der Geschäftsgeist, in einen einförmigen Kreis von Objekten eingeschlossen und in diesen noch mehr durch Formeln eingeengt, mußte das freie Ganze sich aus den Augen gerückt sehen und zugleich mit seiner Sphäre verarmen. So wie ersterer versucht wird, das Wirkliche nach dem Denkbaren zu modeln und die subjektiven Bedingungen seiner Vorstellungskraft zu constitutiven Gesetzen für das Dasein der Dinge zu erheben, so stürzte letzterer in das entgegenstehende Extrem, alle Erfahrung,

überhaupt nach einem besondern Fragment von Erfahrung zu
schätzen und die Regeln seines Geschäfts jedem Geschäft ohne
Unterschied anpassen zu wollen. Der eine mußte einer leeren
Subtilität, der andere einer pedantischen Beschränktheit zum
Raube werden, weil jener für das Einzelne zu hoch, dieser zu
tief für das Ganze stand. Aber das Nachtheilige dieser Geistes=
richtung schränkte sich nicht bloß auf das Wissen und Hervor=
bringen ein; es erstreckte sich nicht weniger auf das Empfinden
und Handeln. Wir wissen, daß die Sensibilität des Gemüths
ihrem Grade nach von der Lebhaftigkeit, ihrem Umfange nach
von dem Reichthum der Einbildungskraft abhängt. Nun muß
aber das Uebergewicht des analytischen Vermögens die Phantasie
nothwendig ihrer Kraft und ihres Feuers berauben, und eine
eingeschränktere Sphäre von Objekten ihren Reichthum vermin=
dern. Der abstrakte Denker hat daher gar oft ein kaltes Herz,
weil er die Eindrücke zergliedert, die doch nur als ein Ganzes
die Seele rühren; der Geschäftsmann hat gar oft ein enges
Herz, weil seine Einbildungskraft, in den einförmigen Kreis
seines Berufs eingeschlossen, sich zu fremder Vorstellungsart nicht
erweitern kann.

Es lag auf meinem Wege, die nachtheilige Richtung des
Zeitcharakters und ihre Quellen aufzudecken, nicht die Vortheile
zu zeigen, wodurch die Natur sie vergütet. Gerne will ich Ihnen
eingestehen, daß, so wenig es auch den Individuen bei dieser
Zerstückelung ihres Wesens wohl werden kann, doch die Gattung
auf keine andere Art hätte Fortschritte machen können. Die Er=
scheinung der griechischen Menschheit war unstreitig ein Maximum,
das auf dieser Stufe weder verharren noch höher steigen konnte
— nicht verharren, weil der Verstand durch den Vorrath, den er
schon hatte, unausbleiblich genöthigt werden mußte, sich von der
Empfindung und Anschauung abzusondern und nach Deutlichkeit
der Erkenntniß zu streben; auch nicht höher steigen, weil nur ein
bestimmter Grad von Klarheit mit einer bestimmten Fülle und

Wärme zusammen besteben kann. Die Griechen hatten diesen Grad erreicht, und wenn sie zu einer höhern Ausbildung fortschreiten wollten, so mußten sie, wie wir, die Totalität ihres Wesens aufgeben und die Wahrheit auf getrennten Bahnen verfolgen.

Die mannigfaltigen Anlagen im Menschen zu entwickeln, war kein anderes Mittel, als sie einander entgegen zu setzen. Dieser Antagonism der Kräfte ist das große Instrument der Kultur, aber auch nur das Instrument; denn so lange derselbe dauert, ist man erst auf dem Wege zu dieser. Dadurch allein, daß in dem Menschen einzelne Kräfte sich isolieren und einer ausschließenden Gesetzgebung anmaßen, gerathen sie in Widerstreit mit der Wahrheit der Dinge und nöthigen den Gemeinsinn, der sonst mit träger Genügsamkeit auf der äußern Erscheinung ruht, in die Tiefen der Objekte zu bringen. Indem der reine Verstand eine Autorität in der Sinnenwelt usurpiert, und der empirische beschäftigt ist, ihn den Bedingungen der Erfahrung zu unterwerfen, bilden beide Anlagen sich zu möglichster Reife aus und erschöpfen den ganzen Umfang ihrer Sphäre. Indem hier die Einbildungskraft durch ihre Willkür die Weltordnung aufzulösen wagt, nöthiget sie dort die Vernunft, zu den obersten Quellen der Erkenntniß zu steigen und das Gesetz der Nothwendigkeit gegen sie zu Hilfe zu rufen.

Einseitigkeit in Uebung der Kräfte führt zwar das Individuum unausbleiblich zum Irrthum, aber die Gattung zur Wahrheit. Dadurch allein, daß wir die ganze Energie unseres Geistes in einem Brennpunkt versammeln und unser ganzes Wesen in eine einzige Kraft zusammenziehen, setzen wir dieser einzelnen Kraft gleichsam Flügel an und führen sie künstlicher Weise weit über die Schranken hinaus, welche die Natur ihr gesetzt zu haben scheint. So gewiß es ist, daß alle menschlichen Individuen zusammen genommen mit der Sehkraft, welche die Natur ihnen ertheilt, nie dahin gekommen sein würden, einen Trabanten des Jupiter auszuspähen, den der Teleskop dem Astronomen entdeckt; eben so ausgemacht ist es, daß die menschliche Denkkraft niemals eine Analysis des Unendlichen oder eine Kritik der reinen Vernunft würde aufgestellt haben, wenn nicht in einzelnen dazu berufenen Subjekten die Vernunft sich vereinzelt, von allem Stoff gleichsam losgewunden und durch die angestrengteste Abstraktion ihren Blick ins Unbedingte bewaffnet hätte. Aber wird wohl ein solcher, in reinen Verstand und reine Anschauung gleichsam aufgelöster Geist dazu tüchtig sein, die strengen Fesseln der Logik mit dem freien Gange der Dichtungskraft zu vertauschen und die Individualität der Dinge mit treuem und keuschem Sinn zu ergreifen? Hier setzt die Natur auch dem Universalgenie eine Grenze, die es nicht überschreiten kann, und die Wahrheit wird so lange Märtyrer machen, als die Philosophie noch ihr vornehmstes Geschäft daraus machen muß, Anstalten gegen den Irrthum zu treffen.

Wie viel also auch für das Ganze der Welt durch diese getrennte Ausbildung der menschlichen Kräfte gewonnen werden mag, so ist nicht zu läugnen, daß die Individuen, welche sie trifft, unter dem Fluch dieses Weltzweckes leiden. Durch gymnastische Uebungen bilden sich zwar athletische Körper aus, aber nur durch das freie und gleichförmige Spiel der Glieder die Schönheit. Eben so kann die Anspannung einzelner Geisteskräfte zwar außerordentliche, aber nur die gleichförmige Temperatur derselben glückliche und vollkommene Menschen erzeugen. Und in welchem Verhältniß stünden wir also zu dem vergangenen und kommenden Weltalter, wenn die Ausbildung der menschlichen Natur ein solches Opfer nothwendig machte? Wir wären die Knechte der Menschheit gewesen, wir hätten einige Jahrtausende lang die Sklavenarbeit für sie getrieben und unserer verstümmelten Natur die beschämenden Spuren dieser Dienstbarkeit eingedrückt — damit das spätere Geschlecht, in einem seligen Müßiggange, seiner moralischen Gesundheit warten und den freien Wuchs seiner Menschheit entwickeln könnte!

Kann aber wohl der Mensch dazu bestimmt sein, über irgend einem Zwecke sich selbst zu versäumen? Sollte uns die Natur

durch ihre Zwecke eine Vollkommenheit rauben können, welche
uns die Vernunft durch die ihrigen vorschreibt? Es muß also
falsch sein, daß die Ausbildung der einzelnen Kräfte das Opfer
ihrer Totalität nothwendig macht; oder wenn auch das Gesetz
der Natur noch so sehr dahin strebte, so muß es bei uns stehen,
diese Totalität in unsrer Natur, welche die Kunst zerstört hat,
durch eine höhere Kunst wieder herzustellen.

Siebenter Brief.

Sollte diese Wirkung vielleicht von dem Staat zu erwarten
sein? Das ist nicht möglich; denn der Staat, wie er jetzt be=
schaffen ist, hat das Uebel veranlaßt, und der Staat, wie ihn
die Vernunft in der Idee sich aufgibt, anstatt diese bessere Mensch=
heit begründen zu können, müßte selbst erst darauf gegründet
werden. Und so hätten mich denn die bisherigen Untersuchungen
wieder auf den Punkt zurückgeführt, von dem sie mich eine Zeit=
lang entfernten. Das jetzige Zeitalter, weit entfernt uns die=
jenige Form der Menschheit aufzuweisen, welche als nothwendige
Bedingung einer moralischen Staatsverbesserung erkannt worden
ist, zeigt uns vielmehr das direkte Gegentheil davon. Sind also
die von mir aufgestellten Grundsätze richtig, und bestätigt die
Erfahrung mein Gemälde der Gegenwart, so muß man jeden
Versuch einer solchen Staatsveränderung so lange für unzeitig
und jede darauf gegründete Hoffnung so lange für chimärisch
erklären, bis die Trennung in dem innern Menschen wieder auf=
gehoben, und seine Natur vollständig genug entwickelt ist, um
selbst die Künstlerin zu sein und der politischen Schöpfung der
Vernunft ihre Realität zu verbürgen.

Die Natur zeichnet uns in ihrer physischen Schöpfung den
Weg vor, den man in der moralischen zu wandeln hat. Nicht
eher, als bis der Kampf elementarischer Kräfte in den niedrigern

Organisationen besänftiget ist, erhebt sie sich zu der edeln Bildung des physischen Menschen. Eben so muß der Elementenstreit in dem ethischen Menschen, der Conflikt blinder Triebe fürs erste beruhigt sein, und die grobe Entgegensetzung muß in ihm aufgehört haben, ehe man es wagen darf die Mannigfaltigkeit zu begünstigen. Auf der andern Seite muß die Selbstständigkeit seines Charakters gesichert sein, und die Unterwürfigkeit unter fremde despotische Formen einer anständigen Freiheit Platz gemacht haben, ehe man die Mannigfaltigkeit in ihm der Einheit des Ideals unterwerfen darf. Wo der Naturmensch seine Willkür noch so gesetzlos mißbraucht, da darf man ihm seine Freiheit kaum zeigen; wo der künstliche Mensch seine Freiheit noch so wenig gebraucht, da darf man ihm seine Willkür nicht nehmen. Das Geschenk liberaler Grundsätze wird Verrätherei an dem Ganzen, wenn es sich zu einer noch gährenden Kraft gesellt und einer schon übermächtigen Natur Verstärkung zusendet; das Gesetz der Uebereinstimmung wird Tyrannei gegen das Individuum, wenn es sich mit einer schon herrschenden Schwäche und physischen Beschränkung verknüpft und so den letzten glimmenden Funken von Selbstthätigkeit und Eigenthümlichkeit auslöscht.

Der Charakter der Zeit muß sich also von seiner tiefen Entwürdigung erst aufrichten, dort der blinden Gewalt der Natur sich entziehen und hier zu ihrer Einfalt, Wahrheit und Fülle zurückkehren — eine Aufgabe für mehr als ein Jahrhundert. Unterdessen, gebe ich gerne zu, kann mancher Versuch im Einzelnen gelingen; aber am Ganzen wird dadurch nichts gebessert sein, und der Widerspruch des Betragens wird stets gegen die Einheit der Maximen beweisen. Man wird in andern Welttheilen in dem Neger die Menschheit ehren und in Europa sie in dem Denker schänden. Die alten Grundsätze werden bleiben, aber sie werden das Kleid des Jahrhunderts tragen, und zu einer Unterdrückung, welche sonst die Kirche autorisierte, wird die Philosophie ihren Namen leihen. Von der Freiheit erschreckt, die in ihren ersten Versuchen sich immer als Feindin ankündigt, wird man dort einer bequemen Knechtschaft sich in die Arme werfen und hier, von einer pedantischen Curatel zur Verzweiflung gebracht, in die wilde Ungebundenheit des Naturstands entspringen. Die Usurpation wird sich auf die Schwachheit der menschlichen Natur, die Insurrektion auf die Würde derselben berufen, bis endlich die große Beherrscherin aller menschlichen Dinge, die blinde Stärke, dazwischen tritt und den vorgeblichen Streit der Principien wie einen gemeinen Faustkampf entscheidet.

Achter Brief.

Soll sich also die Philosophie, muthlos und ohne Hoffnung, aus diesem Gebiete zurückziehen? Während daß sich die Herrschaft der Formen nach jeder andern Richtung erweitert, soll dieses wichtigste aller Güter dem gestaltlosen Zufall preisgegeben sein? Der Conflikt blinder Kräfte soll in der politischen Welt ewig dauern, und das gesellige Gesetz nie über die feindselige Selbstsucht siegen?

Nichts weniger! Die Vernunft selbst wird zwar mit dieser rauhen Macht, die ihren Waffen widersteht, unmittelbar den Kampf nicht versuchen und so wenig, als der Sohn des Saturns in der Ilias, selbsthandelnd auf den finstern Schauplatz heruntersteigen. Aber aus der Mitte der Streiter wählt sie sich den würdigsten aus, bekleidet ihn, wie Zeus seinen Enkel, mit göttlichen Waffen und bewirkt durch seine siegende Kraft die große Entscheidung.

Die Vernunft hat geleistet, was sie leisten kann, wenn sie das Gesetz findet und aufstellt; vollstrecken muß es der muthige Wille und das lebendige Gefühl. Wenn die Wahrheit im Streit mit Kräften den Sieg erhalten soll, so muß sie selbst erst zur Kraft werden und zu ihrem Sachführer im Reich der Erscheinungen einen Trieb aufstellen; denn Triebe sind die einzigen bewegenden Kräfte in der empfindenden Welt. Hat sie bis jetzt ihre siegende Kraft noch so wenig bewiesen, so liegt dies nicht an dem Verstande, der sie nicht zu entschleiern wußte, sondern an dem Herzen, das sich ihr verschloß, und an dem Triebe, der nicht für sie handelte.

Denn woher diese noch so allgemeine Herrschaft der Vor= urtheile und diese Verfinsterung der Köpfe bei allem Licht, das Philosophie und Erfahrung aufsteckten? Das Zeitalter ist auf= geklärt, das heißt, die Kenntnisse sind gefunden und öffentlich preisgegeben, welche hinreichen würden, wenigstens unsere prak= tischen Grundsätze zu berichtigen. Der Geist der freien Unter= suchung hat die Wahnbegriffe zerstreut, welche lange Zeit den Zugang zu der Wahrheit verwehrten, und den Grund unter= wühlt, auf welchem Fanatismus und Betrug ihren Thron er= bauten. Die Vernunft hat sich von den Täuschungen der Sinne und von einer betrüglichen Sophistik gereinigt, und die Philo= sophie selbst, welche uns zuerst von ihr abtrünnig machte, ruft uns laut und dringend in den Schooß der Natur zurück — woran liegt es, daß wir noch immer Barbaren sind?

Es muß also, weil es nicht in den Dingen liegt, in den Gemüthern der Menschen etwas vorhanden sein, was der Auf= nahme der Wahrheit, auch wenn sie noch so hell leuchtete, und der Annahme derselben, auch wenn sie noch so lebendig überzeugte, im Wege steht. Ein alter Weiser hat es empfunden, und es liegt in dem vielbedeutenden Ausdruck versteckt: sapere aude.

Erkühne dich, weise zu sein. Energie des Muths gehört dazu, die Hindernisse zu bekämpfen, welche sowohl die Trägheit der Natur als die Feigheit des Herzens der Belehrung entgegen setzen. Nicht ohne Bedeutung läßt der alte Mythus die Göttin der Weisheit in voller Rüstung aus Jupiters Haupte steigen; denn schon ihre erste Verrichtung ist kriegerisch. Schon in der Geburt hat sie einen harten Kampf mit den Sinnen zu bestehen, die aus ihrer süßen Ruhe nicht gerissen sein wollen. Der zahlreichere Theil der Menschen wird durch den Kampf mit der Noth viel zu sehr ermüdet und abgespannt, als daß er sich zu einem neuen und härtern Kampf mit dem Irrthum aufraffen sollte. Zufrieden, wenn er selbst der sauren Mühe des Denkens entgeht, läßt er andere gern über seine Begriffe die Vormundschaft führen, und geschieht es, daß sich höhere Bedürfnisse in ihm regen, so ergreift er mit durstigem Glauben die Formeln, welche der Staat und das Priesterthum für diesen Fall in Bereitschaft halten. Wenn diese unglücklichen Menschen unser Mitleiden verdienen, so trifft unsere gerechte Verachtung die andern, die ein besseres Loos von dem Joch der Bedürfnisse frei macht, aber eigene Wahl darunter beugt. Diese ziehen den Dämmerschein dunkler Begriffe, wo man lebhafter fühlt, und die Phantasie sich nach eignem Belieben bequeme Gestalten bildet, den Strahlen der Wahrheit vor, die das angenehme Blendwerk ihrer Träume verjagen. Auf eben diese Täuschungen, die das feindselige Licht der Erkenntniß zerstreuen soll, haben sie den ganzen Bau ihres Glücks gegründet, und sie sollten eine Wahrheit so theuer kaufen, die damit anfängt, ihnen alles zu nehmen, was Werth für sie besitzt. Sie müßten schon weise sein, um die Weisheit zu lieben: eine Wahrheit, die derjenige schon fühlte, der der Philosophie ihren Namen gab.

Nicht genug also, daß alle Aufklärung des Verstandes nur insoferne Achtung verdient, als sie auf den Charakter zurückfließt; sie geht auch gewissermaßen von dem Charakter aus, weil der Weg zu dem Kopf durch das Herz muß geöffnet werden. Ausbildung des Empfindungsvermögens ist also das dringendere Bedürfniß der Zeit, nicht bloß weil sie ein Mittel wird, die verbesserte Einsicht für das Leben wirksam zu machen, sondern selbst darum, weil sie zur Verbesserung der Einsicht erweckt.

Neunter Brief.

Aber ist hier nicht vielleicht ein Cirkel? Die theoretische Kultur soll die praktische herbeiführen, und die praktische doch die Bedingung der theoretischen sein? Alle Verbesserung im Politischen soll von Veredlung des Charakters ausgehen — aber wie kann sich unter den Einflüssen einer barbarischen Staatsverfassung der Charakter veredeln? Man müßte also zu diesem Zweck ein Werkzeug aufsuchen, welches der Staat nicht hergibt, und Quellen dazu eröffnen, die sich bei aller politischen Verderbniß rein und lauter erhalten.

Jetzt bin ich an dem Punkt angelangt, zu welchem alle meine bisherigen Betrachtungen hingestrebt haben. Dieses Werkzeug ist die schöne Kunst, diese Quellen öffnen sich in ihren unsterblichen Mustern.

Von allem, was positiv ist, und was menschliche Conventionen einführten, ist die Kunst wie die Wissenschaft losgesprochen, und beide erfreuen sich einer absoluten Immunität von der Willkür der Menschen. Der politische Gesetzgeber kann ihr Gebiet sperren, aber darin herrschen kann er nicht. Er kann den Wahrheitsfreund ächten, aber die Wahrheit besteht; er kann den Künstler erniedrigen, aber die Kunst kann er nicht verfälschen. Zwar ist nichts gewöhnlicher, als daß beide, Wissenschaft und Kunst, dem Geist des Zeitalters huldigen, und der hervorbringende Geschmack von dem beurtheilenden das Gesetz empfängt. Wo der Charakter straff wird und sich verhärtet, da sehen wir die Wissenschaft streng ihre Grenzen bewachen und die Kunst in den schweren Fesseln der Regel gehen; wo der Charakter erschlafft und sich auflöst, da wird die Wissenschaft zu gefallen und die Kunst zu vergnügen streben. Ganze Jahrhunderte lang zeigen sich die Philosophen wie die Künstler geschäftig, Wahrheit und Schönheit in die Tiefen gemeiner Menschheit hinabzutauchen; jene gehen darin unter, aber mit eigener unzerstörbarer Lebenskraft ringen sich diese siegend empor.

Der Künstler ist zwar der Sohn seiner Zeit, aber schlimm für ihn, wenn er zugleich ihr Zögling oder gar noch ihr Günstling ist. Ein wohlthätige Gottheit reiße den Säugling bei Zeiten von seiner Mutter Brust, nähre ihn mit der Milch eines bessern Alters und lasse ihn unter fernem griechischen Himmel zur Mündigkeit reifen. Wenn er dann Mann geworden ist, so kehre er, eine fremde Gestalt, in sein Jahrhundert zurück; aber nicht, um es mit seiner Erscheinung zu erfreuen, sondern furchtbar wie Agamemnons Sohn, um es zu reinigen. Den Stoff zwar wird er von der Gegenwart nehmen, aber die Form von einer edleren Zeit, ja, jenseits aller Zeit, von der absoluten, unwandelbaren Einheit seines Wesens entlehnen. Hier aus dem reinen Aether seiner dämonischen Natur rinnt die Quelle der Schönheit herab, unangesteckt von der Verderbniß der Geschlechter und Zeiten, welche tief unter ihr in trüben Strudeln sich wälzen. Seinen Stoff kann die Laune entehren, wie sie ihn geadelt hat, aber die keusche Form ist ihrem Wechsel entzogen. Der Römer des ersten Jahrhunderts hatte längst schon die Knie vor seinen Kaisern gebeugt, als die Bildsäulen noch aufrecht standen; die Tempel blieben dem Auge heilig, als die Götter längst zum Gelächter dienten, und die Schandthaten eines Nero und Commodus beschämte der edle Styl des Gebäudes, das seine Hülle dazu gab. Die Menschheit hat ihre Würde verloren, aber die Kunst hat sie gerettet und aufbewahrt in bedeutenden Steinen; die Wahrheit lebt in der Täuschung fort, und aus dem Nachbilde wird das Urbild wieder hergestellt werden. So wie die edle Kunst die edle Natur überlebte, so schreitet sie derselben auch in der Begeisterung, bildend und erweckend, voran. Ehe noch die Wahrheit ihr siegendes Licht in die Tiefen der Herzen sendet, fängt die Dichtungskraft ihre Strahlen auf, und die Gipfel der Menschheit werden glänzen, wenn noch feuchte Nacht in den Thälern liegt.

Wie verwahrt sich aber der Künstler vor den Verderbnissen

seiner Zeit, die ihn von allen Seiten umfangen? Wenn er ihr
Urtheil verachtet. Er blicke aufwärts nach seiner Würde und
dem Gesetz, nicht niederwärts nach dem Glück und nach dem
Bedürfniß. Gleich frei von der eiteln Geschäftigkeit, die in den
flüchtigen Augenblick gern ihre Spur drücken möchte, und von
dem ungeduldigen Schwärmergeist, der auf die dürftige Geburt
der Zeit den Maßstab des Unbedingten anwendet, überlasse er
dem Verstande, der hier einheimisch ist, die Sphäre des Wirklichen; er aber strebe, aus dem Bunde des Möglichen mit dem
Nothwendigen das Ideal zu erzeugen. Dieses präge er aus in
Täuschung und Wahrheit, präge es in die Spiele seiner Einbildungskraft und in den Ernst seiner Thaten, präge es aus in
allen sinnlichen und geistigen Formen und werfe es schweigend
in die unendliche Zeit.

Aber nicht jedem, dem dieses Ideal in der Seele glüht,
wurde die schöpferische Ruhe und der große geduldige Sinn verliehen, es in den verschwiegenen Stein einzudrücken oder in das
nüchterne Wort auszugießen und den treuen Händen der Zeit zu
vertrauen. Viel zu ungestüm, um durch dieses ruhige Mittel
zu wandern, stürzt sich der göttliche Bildungstrieb oft unmittelbar auf die Gegenwart und auf das handelnde Leben und unternimmt, den formlosen Stoff der moralischen Welt umzubilden.
Dringend spricht das Unglück seiner Gattung zu dem fühlenden
Menschen, dringender ihre Entwürdigung, der Enthusiasmus ent-
flammt sich, und das glühende Verlangen strebt in kraftvollen
Seelen ungeduldig zur That. Aber befragte er sich auch, ob
diese Unordnungen in der moralischen Welt seine Vernunft beleidigen oder nicht vielmehr seine Selbstliebe schmerzen? Weiß er
es noch nicht, so wird er es an dem Eifer erkennen, womit er
auf bestimmte und beschleunigte Wirkungen dringt. Der reine
moralische Trieb ist aufs Unbedingte gerichtet, für ihn gibt es
keine Zeit, und die Zukunft wird ihm zur Gegenwart, sobald
sie sich aus der Gegenwart nothwendig entwickeln muß. Vor einer

Vernunft ohne Schranken ist die Richtung zugleich die Vollendung, und der Weg ist zurückgelegt, sobald er eingeschlagen ist.

Gib also, werde ich dem jungen Freund der Wahrheit und Schönheit zur Antwort geben, der von mir wissen will, wie er dem edeln Trieb in seiner Brust, bei allem Widerstande des Jahrhunderts, Genüge zu thun habe, gib der Welt, auf die du wirkst, die Richtung zum Guten, so wird der ruhige Rhythmus der Zeit die Entwicklung bringen. Diese Richtung hast du ihr gegeben, wenn du, lehrend, ihre Gedanken zum Nothwendigen und Ewigen erhebst, wenn du, handelnd oder bildend, das Nothwendige und Ewige in einen Gegenstand ihrer Triebe verwandelst. Fallen wird das Gebäude des Wahns und der Willkürlichkeit, fallen muß es, es ist schon gefallen, sobald du gewiß bist, daß es sich neigt, aber in dem innern, nicht bloß in dem äußern Menschen muß es sich neigen. In der schamhaften Stille deines Gemüths erziehe die siegende Wahrheit, stelle sie aus dir heraus in der Schönheit, daß nicht bloß der Gedanke ihr huldige, sondern auch der Sinn ihre Erscheinung liebend ergreife. Und damit es dir nicht begegne, von der Wirklichkeit das Muster zu empfangen, das du ihr geben sollst, so wage dich nicht eher in ihre bedenkliche Gesellschaft, bis du eines idealischen Gefolges in deinem Herzen versichert bist. Lebe mit deinem Jahrhundert, aber sei nicht sein Geschöpf; leiste deinen Zeitgenossen, aber, was sie bedürfen, nicht, was sie loben. Ohne ihre Schuld getheilt zu haben, theile mit edler Resignation ihre Strafen und beuge dich mit Freiheit unter das Joch, das sie gleich schlecht entbehren und tragen. Durch den standhaften Muth, mit dem du ihr Glück verschmähest, wirst du ihnen beweisen, daß nicht deine Feigheit sich ihren Leiden unterwirft. Denke sie dir, wie sie sein sollten, wenn du auf sie zu wirken hast, aber denke sie dir, wie sie sind, wenn du für sie zu handeln versucht wirst. Ihren Beifall suche durch ihre Würde, aber auf ihren Unwerth berechne ihr Glück, so wird dein eigner Adel

dort den ihrigen aufwecken, und ihre Unwürdigkeit hier deinen
Zweck nicht vernichten. Der Ernst deiner Grundsätze wird sie
von dir scheuchen, aber im Spiele ertragen sie sie noch; ihr
Geschmack ist keuscher als ihr Herz, und hier mußt du den
scheuen Flüchtling ergreifen. Ihre Maximen wirst du umsonst
bestürmen, ihre Thaten umsonst verdammen, aber an ihrem
Müßiggange kannst du deine bildende Hand versuchen. Verjage
die Willkür, die Frivolität, die Rohigkeit aus ihren Vergnügungen,
so wirst du sie unvermerkt auch aus ihren Handlungen, endlich
aus ihren Gesinnungen verbannen. Wo du sie findest, umgib
sie mit edeln, mit großen, mit geistreichen Formen, schließe sie
ringsum mit den Symbolen des Vortrefflichen ein, bis der Schein
die Wirklichkeit, und die Kunst die Natur überwindet.

Zehnter Brief.

Sie sind also mit mir darin einig und durch den Inhalt
meiner vorigen Briefe überzeugt, daß sich der Mensch auf zwei
entgegengesetzten Wegen von seiner Bestimmung entfernen könne,
daß unser Zeitalter wirklich auf beiden Abwegen wandle und
hier der Rohigkeit, dort der Erschlaffung und Verkehrtheit zum
Raub geworden sei. Von dieser doppelten Verirrung soll es
durch die Schönheit zurückgeführt werden. Wie kann aber die
schöne Kultur beiden entgegengesetzten Gebrechen zugleich begegnen
und zwei widersprechende Eigenschaften in sich vereinigen? Kann
sie in dem Wilden die Natur in Fesseln legen und in dem Bar=
baren dieselbe in Freiheit setzen? Kann sie zugleich anspannen
und auflösen — und wenn sie nicht wirklich beides leistet, wie
kann ein so großer Effekt, als die Ausbildung der Menschheit
ist, vernünftiger Weise von ihr erwartet werden?

Zwar hat man schon zum Ueberdruß die Behauptung hören
müssen, daß das entwickelte Gefühl für Schönheit die Sitten

verfeinere, so daß es hiezu keines neuen Beweises mehr zu bedürfen scheint. Man stützt sich auf die alltägliche Erfahrung, welche fast durchgängig mit einem gebildeten Geschmacke Klarheit des Verstandes, Regsamkeit des Gefühls, Liberalität und selbst Würde des Betragens, mit einem ungebildeten gewöhnlich das Gegentheil verbunden zeigt. Man beruft sich, zuversichtlich genug, auf das Beispiel der gesittetsten aller Nationen des Alterthums, bei welcher das Schönheitsgefühl zugleich seine höchste Entwicklung erreichte, und auf das entgegengesetzte Beispiel jener theils wilden, theils barbarischen Völker, die ihre Unempfindlichkeit für das Schöne mit einem rohen oder doch austeren Charakter büßen. Nichts desto weniger fällt es zuweilen denkenden Köpfen ein, entweder das Faktum zu läugnen oder doch die Rechtmäßigkeit der daraus gezogenen Schlüsse zu bezweifeln. Sie denken nicht ganz so schlimm von jener Wildheit, die man den ungebildeten Völkern zum Vorwurf macht, und nicht ganz so vortheilhaft von dieser Verfeinerung, die man an den gebildeten preist. Schon im Alterthum gab es Männer, welche die schöne Kultur für nichts weniger als eine Wohlthat hielten und deßwegen sehr geneigt waren, den Künsten der Einbildungskraft den Eintritt in ihre Republik zu verwehren.

Nicht von denjenigen rede ich, die bloß darum die Grazien schmähn, weil sie nie ihre Gunst erfuhren. Sie, die keinen andern Maßstab des Werthes kennen als die Mühe der Erwerbung und den handgreiflichen Ertrag — wie sollten sie fähig sein, die stille Arbeit des Geschmacks an dem äußern und innern Menschen zu würdigen, und über den zufälligen Nachtheilen der schönen Kultur nicht ihre wesentlichen Vortheile aus den Augen setzen? Der Mensch ohne Form verachtet alle Anmuth im Vortrage als Bestechung, alle Feinheit im Umgang als Verstellung, alle Delicatesse und Großheit im Betragen als Ueberspannung und Affektation. Er kann es dem Günstling der Grazien nicht vergeben, daß er als Gesellschafter alle Cirkel aufheitert, als

Geschäftsmann alle Köpfe nach seinen Absichten lenkt, als Schrift=
steller seinem ganzen Jahrhundert vielleicht seinen Geist aufdrückt,
während daß er, das Schlachtopfer des Fleißes, mit all seinem
Wissen keine Aufmerksamkeit erzwingen, keinen Stein von der
Stelle rücken kann. Da er jenem das genialische Geheimniß,
angenehm zu sein, niemals abzulernen vermag, so bleibt ihm
nichts anders übrig, als die Verkehrtheit der menschlichen Natur
zu bejammern, die mehr dem Schein als dem Wesen huldigt.

Aber es gibt achtungswürdige Stimmen, die sich gegen die
Wirkungen der Schönheit erklären und aus der Erfahrung mit
furchtbaren Gründen dagegen gerüstet sind. „Es ist nicht zu
läugnen," sagen sie, „die Reize des Schönen können in guten
Händen zu löblichen Zwecken wirken, aber es widerspricht ihrem
Wesen nicht, in schlimmen Händen gerade das Gegentheil zu
thun und ihre seelenfesselnde Kraft für Irrthum und Unrecht zu
verwenden. Eben deßwegen, weil der Geschmack nur auf die
Form und nie auf den Inhalt achtet, so gibt er dem Gemüth
zuletzt die gefährliche Richtung, alle Realität überhaupt zu ver=
nachlässigen und einer reizenden Einkleidung Wahrheit und Sitt=
lichkeit aufzuopfern. Aller Sachunterschied der Dinge verliert
sich, und es ist bloß die Erscheinung, die ihren Werth bestimmt.
Wie viele Menschen von Fähigkeit," fahren sie fort, „werden
nicht durch die verführerische Macht des Schönen von einer ernsten
und anstrengenden Wirksamkeit abgezogen oder wenigstens ver=
leitet, sie oberflächlich zu behandeln! Wie mancher schwache Ver=
stand wird bloß deßwegen mit der bürgerlichen Einrichtung un=
eins, weil es der Phantasie der Poeten beliebte, eine Welt
aufzustellen, worin alles ganz anders erfolgt, wo keine Con=
venienz die Meinungen bindet, keine Kunst die Natur unterdrückt.
Welche gefährliche Dialektik haben die Leidenschaften nicht erlernt,
seitdem sie in den Gemälden der Dichter mit den glänzendsten
Farben prangen und im Kampf mit Gesetzen und Pflichten ge=
wöhnlich das Feld behalten? Was hat wohl die Gesellschaft dabei

gewonnen, daß jetzt die Schönheit dem Umgang Gesetze gibt, den sonst die Wahrheit regierte, und daß der äußere Eindruck die Achtung entscheidet, die nur an das Verdienst gefesselt sein sollte? Es ist wahr, man sieht jetzt alle Tugenden blühen, die einen gefälligen Effekt in der Erscheinung machen und einen Werth in der Gesellschaft verleihen, dafür aber auch alle Ausschweifungen herrschen und alle Laster im Schwange gehn, die sich mit einer schönen Hülle vertragen." In der That muß es Nachdenken erregen, daß man beinahe in jeder Epoche der Geschichte, wo die Künste blühen, und der Geschmack regiert, die Menschheit gesunken findet und auch nicht ein einziges Beispiel aufweisen kann, daß ein hoher Grad und eine große Allgemeinheit ästhetischer Kultur bei einem Volke mit politischer Freiheit und bürgerlicher Tugend, daß schöne Sitten mit guten Sitten, und Politur des Betragens mit Wahrheit desselben Hand in Hand gegangen wäre.

So lange Athen und Sparta ihre Unabhängigkeit behaupteten, und Achtung für die Gesetze ihrer Verfassung zur Grundlage diente, war der Geschmack noch unreif, die Kunst noch in ihrer Kindheit, und es fehlte noch viel, daß die Schönheit die Gemüther beherrschte. Zwar hatte die Dichtkunst schon einen erhabenen Flug gethan, aber nur mit den Schwingen des Genies, von dem wir wissen, daß es am nächsten an die Wildheit grenzt und ein Licht ist, das gern aus der Finsterniß schimmert, welches also vielmehr gegen den Geschmack seines Zeitalters, als für denselben zeugt. Als unter dem Perikles und Alexander das goldene Alter der Künste herbeikam, und die Herrschaft des Geschmacks sich allgemeiner verbreitete, findet man Griechenlands Kraft und Freiheit nicht mehr, die Beredsamkeit verfälschte die Wahrheit, die Weisheit beleidigte in dem Mund eines Sokrates, und die Tugend in dem Leben eines Phocion. Die Römer, wissen wir, mußten erst in den bürgerlichen Kriegen ihre Kraft erschöpfen und, durch morgenländische Ueppigkeit entmannt, unter das Joch eines glücklichen Dynasten sich beugen, ehe wir die griechische Kunst über die Rigidität ihres Charakters triumphieren sehen. Auch den Arabern ging die Morgenröthe der Kultur nicht eher auf, als bis die Energie ihres kriegerischen Geistes unter dem Scepter der Abbassiden erschlafft war. In dem neueren Italien zeigte sich die schöne Kunst nicht eher, als nachdem der herrliche Bund der Lombarden zerrissen war, Florenz sich den Medicäern unterworfen, und der Geist der Unabhängigkeit in allen jenen muthvollen Städten einer unrühmlichen Ergebung Platz gemacht hatte. Es ist beinahe überflüssig, noch an das Beispiel der neuern Nationen zu erinnern, deren Verfeinerung in demselben Verhältnisse zunahm, als ihre Selbstständigkeit endigte. Wohin wir immer in der vergangenen Welt unsere Augen richten, da finden wir, daß Geschmack und Freiheit einander fliehen, und daß die Schönheit nur auf den Untergang heroischer Tugenden ihre Herrschaft gründet.

Und doch ist gerade diese Energie des Charakters, mit welcher die ästhetische Kultur gewöhnlich erkauft wird, die wirksamste Feder alles Großen und Trefflichen im Menschen, deren Mangel kein anderer, wenn auch noch so großer Vorzug ersetzen kann. Hält man sich also einzig nur an das, was die bisherigen Erfahrungen über den Einfluß der Schönheit lehren, so kann man in der That nicht sehr aufgemuntert sein, Gefühle auszubilden, die der wahren Kultur des Menschen so gefährlich sind; und lieber wird man auf die Gefahr der Rohigkeit und Härte die schmelzende Kraft der Schönheit entbehren, als sich bei allen Vortheilen der Verfeinerung ihren erschlaffenden Wirkungen überliefert sehen. Aber vielleicht ist die Erfahrung der Richterstuhl nicht, vor welchem sich eine Frage wie diese ausmachen läßt, und ehe man ihrem Zeugniß Gewicht einräumte, müßte erst außer Zweifel gesetzt sein, daß es dieselbe Schönheit ist, von der wir reden, und gegen welche jene Beispiele zeugen. Dies scheint aber einen Begriff der Schönheit vorauszusetzen, der eine

andere Quelle hat als die Erfahrung, weil durch denselben erkannt werden soll, ob das, was in der Erfahrung schön heißt,
mit Recht diesen Namen führe.

Dieser reine Vernunftbegriff der Schönheit, wenn ein
solcher sich aufzeigen ließe, müßte also — weil er aus keinem
wirklichen Falle geschöpft werden kann, vielmehr unser Urtheil
über jeden wirklichen Fall erst berichtigt und leitet — auf dem
Wege der Abstraktion gesucht und schon aus der Möglichkeit der
sinnlich vernünftigen Natur gefolgert werden können; mit einem
Wort: die Schönheit müßte sich als eine nothwendige Bedingung
der Menschheit aufzeigen lassen. Zu dem reinen Begriff der
Menschheit müssen wir uns also nunmehr erheben, und da uns
die Erfahrung nur einzelne Zustände einzelner Menschen, aber
niemals die Menschheit zeigt, so müssen wir aus diesen ihren
individuellen und wandelbaren Erscheinungsarten das Absolute
und Bleibende zu entdecken und durch Wegwerfung aller zufälligen
Schranken uns der nothwendigen Bedingungen ihres Daseins zu
bemächtigen suchen. Zwar wird uns dieser transcendentale Weg
eine Zeit lang aus dem traulichen Kreis der Erscheinungen und
aus der lebendigen Gegenwart der Dinge entfernen und auf dem
nackten Gefild abgezogener Begriffe verweilen; aber wir streben
ja nach einem festen Grund der Erkenntniß, den nichts mehr
erschüttern soll, und wer sich über die Wirklichkeit nicht hinaus-
wagt, der wird nie die Wahrheit erobern.

Eilfter Brief.

Wenn die Abstraktion so hoch, als sie immer kann, hinauf-
steigt, so gelangt sie zu zwei letzten Begriffen, bei denen sie stille
stehen und ihre Grenzen bekennen muß. Sie unterscheidet in
dem Menschen etwas, das bleibt, und etwas, das sich unauf-

hörlich verändert. Das Bleibende nennt sie seine Person, das Wechselnde seinen Zustand.

Person und Zustand — das Selbst und seine Bestimmungen — die wir uns in dem nothwendigen Wesen als Eins und Dasselbe denken, sind ewig Zwei in dem Endlichen. Bei aller Beharrung der Person wechselt der Zustand, bei allem Wechsel des Zustands beharret die Person. Wir gehen von der Ruhe zur Thätigkeit, vom Affekt zur Gleichgültigkeit, von der Ueber-einstimmung zum Widerspruch; aber wir sind doch immer, und was unmittelbar aus uns folgt, bleibt. In dem absoluten Subjekt allein beharren mit der Persönlichkeit auch alle ihre Bestimmungen, weil sie aus der Persönlichkeit fließen. Alles, was die Gottheit ist, ist sie deßwegen, weil sie ist; sie ist folg-lich alles auf ewig, weil sie ewig ist.

Da in dem Menschen, als endlichem Wesen, Person und Zustand verschieden sind, so kann sich weder der Zustand auf die Person, noch die Person auf den Zustand gründen. Wäre das letztere, so müßte die Person sich verändern; wäre das erstere, so müßte der Zustand beharren; also in jedem Fall entweder die Persönlichkeit oder die Endlichkeit aufhören. Nicht, weil wir denken, wollen, empfinden, sind wir; nicht, weil wir sind, denken, wollen, empfinden wir. Wir sind, weil wir sind: wir empfinden, denken und wollen, weil außer uns noch etwas Anderes ist.

Die Person also muß ihr eigener Grund sein; denn das Bleibende kann nicht aus der Veränderung fließen; und so hätten wir denn fürs erste die Idee des absoluten, in sich selbst gegründeten Seins, d. i. die Freiheit. Der Zustand muß einen Grund haben; er muß, da er nicht durch die Person, also nicht absolut ist, erfolgen; und so hätten wir fürs zweite die Bedingung alles abhängigen Seins oder Werdens, die Zeit. Die Zeit ist die Bedingung alles Werdens, ist ein identischer Satz, denn er sagt nichts anders, als: Die Folge ist die Be-dingung, daß etwas erfolgt.

Die Person, die sich in dem ewig beharrenden Ich und nur in diesem offenbart, kann nicht werden, nicht anfangen in der Zeit, weil vielmehr umgekehrt die Zeit in ihr anfangen, weil dem Wechsel ein Beharrliches zum Grund liegen muß. Etwas muß sich verändern, wenn Veränderung sein soll; dieses Etwas kann also nicht selbst schon Veränderung sein. Indem wir sagen, die Blume blühet und verwelkt, machen wir die Blume zum Bleibenden in dieser Verwandlung und leihen ihr gleichsam eine Person, an der sich jene beiden Zustände offenbaren. Daß der Mensch erst wird, ist kein Einwurf; denn der Mensch ist nicht bloß Person überhaupt, sondern Person, die sich in einem bestimmten Zustand befindet. Aller Zustand aber, alles bestimmte Dasein entsteht in der Zeit, und so muß also der Mensch, als Phänomen, einen Anfang nehmen, obgleich die reine Intelligenz in ihm ewig ist. Ohne die Zeit, das heißt, ohne es zu werden, würde er nie ein bestimmtes Wesen sein; seine Persönlichkeit würde zwar in der Anlage, aber nicht in der That existieren. Nur durch die Folge seiner Vorstellungen wird das beharrliche Ich sich selbst zur Erscheinung.

Die Materie der Thätigkeit also oder die Realität, welche die höchste Intelligenz aus sich selber schöpft, muß der Mensch erst empfangen, und zwar empfängt er dieselbe als etwas außer ihm Befindliches im Raume, und als etwas in ihm Wechselndes in der Zeit auf dem Wege der Wahrnehmung. Diesen in ihm wechselnden Stoff begleitet sein niemals wechselndes Ich — und in allem Wechsel beständig er selbst zu bleiben, alle Wahrnehmungen zur Erfahrung, d. h. zur Einheit der Erkenntniß, und jede seiner Erscheinungsarten in der Zeit zum Gesetz für alle Zeiten zu machen, ist die Vorschrift, die durch seine vernünftige Natur ihm gegeben ist. Nur indem er sich verändert, existiert er; nur indem er unveränderlich bleibt, existiert er. Der Mensch, vorgestellt in seiner Vollendung, wäre demnach die beharrliche Einheit, die in den Fluthen der Veränderung ewig dieselbe bleibt.

Ob nun gleich ein unendliches Wesen, eine Gottheit nicht werden kann, so muß man doch eine Tendenz göttlich nennen, die das eigentlichste Merkmal der Gottheit, absolute Verkündigung des Vermögens (Wirklichkeit alles Möglichen) und absolute Einheit des Erscheinens (Nothwendigkeit alles Wirklichen) zu ihrer unendlichen Aufgabe hat. Die Anlage zu der Gottheit trägt der Mensch unwidersprechlich in seiner Persönlichkeit in sich; der Weg zu der Gottheit, wenn man einen Weg nennen kann, was niemals zum Ziele führt, ist ihm aufgethan in den Sinnen.

Seine Persönlichkeit, für sich allein und unabhängig von allem sinnlichen Stoffe betrachtet, ist bloß die Anlage zu einer möglichen, unendlichen Aeußerung; und so lange er nicht anschaut und nicht empfindet, ist er noch weiter nichts als Form und leeres Vermögen. Seine Sinnlichkeit, für sich allein und abgesondert von aller Selbstthätigkeit des Geistes betrachtet, vermag weiter nichts, als daß sie ihn, der ohne sie bloß Form ist, zur Materie macht, aber keineswegs, daß sie die Materie mit ihm vereinigt. So lange er bloß empfindet, bloß begehrt und aus bloßer Begierde wirkt, ist er noch weiter nichts als Welt, wenn wir unter diesem Namen bloß den formlosen Inhalt der Zeit verstehen. Seine Sinnlichkeit ist es zwar allein, die sein Vermögen zur wirkenden Kraft macht; aber nur seine Persönlichkeit ist es, die sein Wirken zu dem seinigen macht. Um also nicht bloß Welt zu sein, muß er der Materie Form ertheilen; um nicht bloß Form zu sein, muß er der Anlage, die er in sich trägt, Wirklichkeit geben. Er verwirklicht die Form, wenn er die Zeit erschafft und dem Beharrlichen die Veränderung, der ewigen Einheit seines Ichs die Mannigfaltigkeit der Welt gegenüberstellt; er formt die Materie, wenn er die Zeit wieder aufhebt, Beharrlichkeit im Wechsel behauptet und die Mannigfaltigkeit der Welt der Einheit seines Ichs unterwürfig macht.

Hieraus fließen nun zwei entgegengesetzte Anforderungen an den Menschen, die zwei Fundamentalgesetze der sinnlich vernünftigen

Natur. Das erste dringt auf absolute Realität: er soll alles zur Welt machen, was bloß Form ist, und alle seine Anlagen zur Erscheinung bringen; das zweite dringt auf absolute Formalität: er soll alles in sich vertilgen, was bloß Welt ist, und Uebereinstimmung in alle seine Veränderungen bringen; mit andern Worten: er soll alles Innere veräußern und alles Aeußere formen. Beide Aufgaben, in ihrer höchsten Erfüllung gedacht, führen zu dem Begriff der Gottheit zurück, von dem ich ausgegangen bin.

Zwölfter Brief.

Zur Erfüllung dieser doppelten Aufgabe, das Nothwendige in uns zur Wirklichkeit zu bringen und das Wirkliche außer uns dem Gesetz der Nothwendigkeit zu unterwerfen, werden wir durch zwei entgegengesetzte Kräfte gedrungen, die man, weil sie uns antreiben ihr Objekt zu verwirklichen, ganz schicklich Triebe nennt. Der erste dieser Triebe, den ich den sinnlichen nennen will, geht aus von dem physischen Dasein des Menschen oder von seiner sinnlichen Natur und ist beschäftigt ihn in die Schranken der Zeit zu setzen und zur Materie zu machen, nicht ihm Materie zu geben, weil dazu schon eine freie Thätigkeit der Person gehört, welche die Materie aufnimmt und von sich, dem Beharrlichen, unterscheidet. Materie aber heißt hier nichts als Veränderung oder Realität, die die Zeit erfüllt; mithin fordert dieser Trieb, daß Veränderung sei, daß die Zeit einen Inhalt habe. Dieser Zustand der bloß erfüllten Zeit heißt Empfindung, und er ist es allein, durch den sich das physische Dasein verkündigt.

Da alles, was in der Zeit ist, nacheinander ist, so wird dadurch, daß etwas ist, alles andere ausgeschlossen. Indem man auf einem Instrument einen Ton greift, ist unter allen Tönen, die es möglicher Weise angeben kann, nur dieser einzige wirklich;

indem der Mensch das Gegenwärtige empfindet, ist die ganze unendliche Möglichkeit seiner Bestimmungen auf diese einzige Art des Daseins beschränkt. Wo also dieser Trieb ausschließend wirkt, da ist nothwendig die höchste Begrenzung vorhanden; der Mensch ist in diesem Zustande nichts als eine Größeneinheit, ein erfüllter Moment der Zeit — oder vielmehr, er ist nicht, denn seine Persönlichkeit ist so lange aufgehoben, als ihn die Empfindung beherrscht und die Zeit mit sich fortreißt. [1]

Soweit der Mensch endlich ist, erstreckt sich das Gebiet dieses Triebs; und da alle Form nur an einer Materie, alles Absolute nur durch das Medium der Schranken erscheint, so ist es freilich der sinnliche Trieb, an dem zuletzt die ganze Erscheinung der Menschheit befestiget ist. Aber obgleich er allein die Anlagen der Menschheit weckt und entfaltet, so ist er es doch allein, der ihre Vollendung unmöglich macht. Mit unzerreißbaren Banden fesselt er den höher strebenden Geist an die Sinnenwelt, und von ihrer freiesten Wanderung ins Unendliche ruft er die Abstraktion in die Grenzen der Gegenwart zurück. Der Gedanke zwar darf ihm augenblicklich entfliehen, und ein fester Wille setzt sich seinen Forderungen sieghaft entgegen; aber bald tritt die unterdrückte Natur wieder in ihre Rechte zurück, um auf Realität des Daseins, auf einen Inhalt unserer Erkenntnisse und auf einen Zweck unsers Handelns zu dringen.

Der zweite jener Triebe, den man den Formtrieb nennen

[1] Die Sprache hat für diesen Zustand der Selbstlosigkeit unter der Herrschaft der Empfindung den sehr treffenden Ausdruck: außer sich sein, das heißt, außer seinem Ich sein. Obgleich diese Redensart nur da Statt findet, wo die Empfindung zum Affekt, und dieser Zustand durch seine längere Dauer mehr bemerkbar wird, so ist doch jeder außer sich, solange er nur empfindet. Von diesem Zustande zur Besonnenheit zurückkehren, nennt man eben so richtig: in sich gehen, das heißt, in sein Ich zurückkehren, seine Person wieder herstellen. Von einem, der in Ohnmacht liegt, sagt man nicht: er ist außer sich, sondern: er ist von sich, d. h. er ist seinem Ich geraubt, da jener nur nicht in demselben ist. Daher ist derjenige, der aus einer Ohnmacht zurückkehrte, bloß bei sich, welches sehr gut mit dem Außersichsein bestehen kann.

kann, geht aus von dem absoluten Dasein des Menschen oder
von seiner vernünftigen Natur und ist bestrebt ihn in Freiheit
zu setzen, Harmonie in die Verschiedenheit seines Erscheinens zu
bringen und bei allem Wechsel des Zustands seine Person zu
behaupten. Da nun die letztere als absolute und untheilbare
Einheit mit sich selbst nie im Widerspruch sein kann, da wir
in alle Ewigkeit wir sind, so kann derjenige Trieb, der auf
Behauptung der Persönlichkeit dringt, nie etwas anders fordern,
als was er in alle Ewigkeit fordern muß; er entscheidet also für
immer, wie er für jetzt entscheidet, und gebietet für jetzt, was
er für immer gebietet. Er umfaßt mithin die ganze Folge der
Zeit, das ist so viel als: er hebt die Zeit, er hebt die Veränderung auf; er will, daß das Wirkliche nothwendig und ewig,
und daß das Ewige und Nothwendige wirklich sei; mit andern
Worten: er dringt auf Wahrheit und auf Recht.

Wenn der erste nur Fälle macht, so gibt der andere
Gesetze — Gesetze für jedes Urtheil, wenn es Erkenntnisse,
Gesetze für jeden Willen, wenn es Thaten betrifft. Es sei nun,
daß wir einen Gegenstand erkennen, daß wir einem Zustande
unsers Subjekts objektive Gültigkeit beilegen, oder daß wir aus
Erkenntnissen handeln, daß wir das Objektive zum Bestimmungs-
grund unseres Zustandes machen — in beiden Fällen reißen wir
diesen Zustand aus der Gerichtsbarkeit der Zeit und gestehen
ihm Realität für alle Menschen und alle Zeiten, d. i. Allgemeinheit und Nothwendigkeit zu. Das Gefühl kann bloß sagen:
Das ist wahr für dieses Subjekt und in diesem Moment,
und ein anderer Moment, ein anderes Subjekt kann kommen,
das die Aussage der gegenwärtigen Empfindung zurücknimmt.
Aber wenn der Gedanke einmal ausspricht: Das ist, so entscheidet er für immer und ewig, und die Gültigkeit seines Aus-
spruchs ist durch die Persönlichkeit selbst verbürgt, die allem
Wechsel Trotz bietet. Die Neigung kann bloß sagen: Das ist
für dein Individuum und für dein jetziges Bedürfniß;

gut; aber dein Individuum und dein jetziges Bedürfniß wird
die Veränderung mit sich fortreißen, und was du jetzt feurig
begehrst, dereinst zum Gegenstand deines Abscheues machen.
Wenn aber das moralische Gefühl sagt: Das soll sein, so
entscheidet es für immer und ewig — wenn du Wahrheit be-
kennst, weil sie Wahrheit ist, und Gerechtigkeit ausübst, weil
sie Gerechtigkeit ist, so hast du einen einzelnen Fall zum Gesetz
für alle Fälle gemacht, einen Moment in deinem Leben als
Ewigkeit behandelt.

Wo also der Formtrieb die Herrschaft führt, und das reine
Objekt in uns handelt, da ist die höchste Erweiterung des Seins,
da verschwinden alle Schranken, da hat sich der Mensch aus einer
Größen-Einheit, auf welche der dürftige Sinn ihn beschränkte,
zu einer Ideen-Einheit erhoben, die das ganze Reich der
Erscheinungen unter sich faßt. Wir sind bei dieser Operation
nicht mehr in der Zeit, sondern die Zeit ist in uns mit ihrer
ganzen nie endenden Reihe. Wir sind nicht mehr Individuen,
sondern Gattung; das Urtheil aller Geister ist durch das unsrige
ausgesprochen, die Wahl aller Herzen ist repräsentiert durch
unsere That.

Dreizehnter Brief.

Beim ersten Anblick scheint nichts einander mehr entgegengesetzt zu sein, als die Tendenzen dieser beiden Triebe, indem der
eine auf Veränderung, der andere auf Unveränderlichkeit dringt.
Und doch sind es diese beiden Triebe, die den Begriff der Menschheit erschöpfen, und ein dritter Grundtrieb, der beide vermit-
teln könnte, ist schlechterdings ein undenkbarer Begriff. Wie
werden wir also die Einheit der menschlichen Natur wieder herstellen, die durch diese ursprüngliche und radicale Entgegensetzung
völlig aufgehoben scheint?

Wahr ist es, ihre Tendenzen widersprechen sich, aber, was wohl zu bemerken ist, **nicht in denselben Objekten,** und was nicht auf einander trifft, kann nicht gegen einander stoßen. Der sinnliche Trieb fordert zwar Veränderung, aber er fordert nicht, daß sie auch auf die Person und ihr Gebiet sich erstrecke, daß ein Wechsel der Grundsätze sei. Der Formtrieb dringt auf Einheit und Beharrlichkeit — aber er will nicht, daß mit der Person sich auch der Zustand fixiere, daß Identität der Empfindung sei. Sie sind einander also von Natur nicht entgegengesetzt, und wenn sie demohngeachtet so erscheinen, so sind sie es erst geworden durch eine freie Uebertretung der Natur, indem sie sich selbst mißverstehen und ihre Sphären verwirren. [1]

[1] Sobald man einen ursprünglichen, mithin nothwendigen Antagonism beider Triebe behauptet, so ist freilich kein anderes Mittel, die Einheit im Menschen zu erhalten, als daß man den sinnlichen Trieb dem vernünftigen unbedingt unterordnet. Daraus aber kann bloß Einförmigkeit, aber keine Harmonie entstehen, und der Mensch bleibt noch ewig fort getheilt. Die Unterordnung muß allerdings sein, aber wechselseitig; denn wenn gleich die Schranken nie das Absolute begründen können, also die Freiheit nie von der Zeit abhängen kann, so ist es eben so gewiß, daß das Absolute durch sich selbst nie die Schranken begründen, daß der Zustand in der Zeit nicht von der Freiheit abhängen kann. Beide Principien sind einander also zugleich subordiniert und coordiniert, d. h., sie stehen in Wechselwirkung: ohne Form keine Materie, ohne Materie keine Form. (Diesen Begriff der Wechselwirkung und die ganze Wichtigkeit desselben findet man vortrefflich auseinandergesetzt in Fichtes Grundlage der gesammten Wissenschaftslehre, Leipzig 1794.) Wie es mit der Person im Reich der Ideen stehe, wissen wir freilich nicht, aber daß sie, ohne Materie zu empfangen, in dem Reiche der Zeit sich nicht offenbaren könne, wissen wir gewiß: in diesem Reiche also wird die Materie nicht bloß unter der Form, sondern auch neben der Form und unabhängig von derselben, etwas zu bestimmen haben. So nothwendig es also ist, daß das Gefühl im Gebiet der Vernunft nichts entscheide, eben so nothwendig ist es, daß die Vernunft im Gebiet des Gefühls sich nichts zu bestimmen anmaße. Schon indem man jedem von beiden ein Gebiet zuspricht, schließt man das andere davon aus und setzt jedem eine Grenze, die nicht anders als zum Nachtheile beider überschritten werden kann.

In einer Transcendental-Philosophie, wo alles darauf ankommt, die Form von dem Inhalt zu befreien und das Nothwendige von allem Zufälligen rein zu erhalten, gewöhnt man sich gar leicht, das Materielle sich bloß als Hinderniß zu denken und die Sinnlichkeit, weil sie gerade bei diesem Geschäft im Wege

Ueber diese zu wachen und einem jeden dieser beiden Triebe seine
Grenzen zu sichern, ist die Aufgabe der Kultur, die also beiden
eine gleiche Gerechtigkeit schuldig ist und nicht bloß den vernünftigen Trieb gegen den sinnlichen, sondern auch diesen gegen jenen
zu behaupten hat. Ihr Geschäft ist also doppelt, erstlich: die
Sinnlichkeit gegen die Eingriffe der Freiheit zu verwahren;
zweitens: die Persönlichkeit gegen die Macht der Empfindungen
sicher zu stellen. Jenes erreicht sie durch Ausbildung des Gefühl-
vermögens, dieses durch Ausbildung des Vernunftvermögens.

Da die Welt ein Ausgedehntes in der Zeit, Veränderung,
ist, so wird die Vollkommenheit desjenigen Vermögens, welches
den Menschen mit der Welt in Verbindung setzt, größtmöglichste
Veränderlichkeit und Extensität sein müssen. Da die Person das
Bestehende in der Veränderung ist, so wird die Vollkommenheit
desjenigen Vermögens, welches sich dem Wechsel entgegensetzen
soll, größtmöglichste Selbstständigkeit und Intensität sein müssen.
Je vielseitiger sich die Empfänglichkeit ausbildet, je beweglicher
dieselbe ist, und je mehr Fläche sie den Erscheinungen darbietet,
desto mehr Welt ergreift der Mensch, desto mehr Anlagen
entwickelt er in sich; je mehr Kraft und Tiefe die Persönlichkeit,
je mehr Freiheit die Vernunft gewinnt, desto mehr Welt begreift der Mensch, desto mehr Form schafft er außer sich. Seine
Kultur wird also darin bestehen, erstlich: dem empfangenden
Vermögen die vielfältigsten Berührungen mit der Welt zu verschaffen und auf Seiten des Gefühls die Passivität aufs Höchste
zu treiben; zweitens: dem bestimmenden Vermögen die höchste
Unabhängigkeit von dem empfangenden zu erwerben und auf
Seiten der Vernunft die Activität aufs Höchste zu treiben. Wo
beide Eigenschaften sich vereinigen, da wird der Mensch mit der
höchsten Fülle von Dasein die höchste Selbstständigkeit und Freiheit

steht, in einem nothwendigen Widerspruch mit der Vernunft vorzustellen. Eine
solche Vorstellungsart liegt zwar auf keine Weise im Geiste des Kantischen
Systems, aber im Buchstaben desselben könnte sie gar wohl liegen.

verbinden und, anstatt sich an die Welt zu verlieren, diese vielmehr mit der ganzen Unendlichkeit ihrer Erscheinungen in sich
ziehen und der Einheit seiner Vernunft unterwerfen.

Dieses Verhältniß nun kann der Mensch umkehren und
dadurch auf eine zweifache Weise seine Bestimmung verfehlen.
Er kann die Intensität, welche die thätige Kraft erheischt, auf die
leidende legen, durch den Stofftrieb dem Formtriebe vorgreifen
und das empfangende Vermögen zum bestimmenden machen. Er
kann die Extensität, welche der leidenden Kraft gebührt, der
thätigen zutheilen, durch den Formtrieb dem Stofftriebe vorgreifen und dem empfangenden Vermögen das bestimmende unter-
schieben. In dem ersten Fall wird er nie er selbst, in dem
zweiten wird er nie etwas Anderes sein, mithin eben darum
in beiden Fällen Keines von Beiden, folglich — Null sein. [1]

[1] Der schlimme Einfluß einer überwiegenden Sensualität auf unser Denken
und Handeln fällt jedermann leicht in die Augen; nicht so leicht, ob er gleich
eben so häufig vorkommt und eben so wichtig ist, der nachtheilige Einfluß
einer überwiegenden Rationalität auf unsere Erkenntniß und auf unser Betragen. Man erlaube mir daher, aus der großen Menge der hieher gehörenden
Fälle nur zwei in Erinnerung zu bringen, welche den Schaden einer der Anschauung und Empfindung vorgreifenden Denk- und Willenskraft ins Licht
setzen können.

Eine der vornehmsten Ursachen, warum unsere Naturwissenschaften so
langsame Schritte machen, ist offenbar der allgemeine und kaum bezwingbare
Hang zu teleologischen Urtheilen, bei denen sich, sobald sie constitutiv gebraucht
werden, das bestimmende Vermögen dem empfangenden unterschiebt. Die
Natur mag unsere Organe noch so nachdrücklich und noch so vielfach berühren
— alle ihre Mannigfaltigkeit ist verloren für uns, weil wir nichts in ihr
suchen, als was wir in sie hineingelegt haben; weil wir ihr nicht erlauben,
sich gegen uns herein zu bewegen, sondern vielmehr mit ungeduldig vor-
greifender Vernunft gegen sie hinaus streben. Kommt alsdann in Jahr-
hunderten Einer, der sich ihr mit ruhigen, keuschen und offenen Sinnen naht,
und deswegen auf eine Menge von Erscheinungen stößt, die wir bei unserer
Prävention übersehen haben, so erstaunen wir höchlich darüber, daß so viele
Augen bei so hellem Tag nichts bemerkt haben sollen. Dieses voreilige Streben
nach Harmonie, ehe man die einzelnen Laute beisammen hat, die sie ausmachen sollen, diese gewaltthätige Usurpation der Denkkraft in einem Gebiete,
wo sie nicht unbedingt zu gebieten hat, ist der Grund der Unfruchtbarkeit so
vieler denkenden Köpfe für das Beste der Wissenschaft, und es ist schwer zu

Wird nämlich der sinnliche Trieb bestimmend, macht der Sinn den Gesetzgeber, und unterdrückt die Welt die Person, so hört sie in demselben Verhältnisse auf, Objekt zu sein, als

sagen, ob die Sinnlichkeit, welche keine Form annimmt, oder die Vernunft, welche keinen Inhalt abwartet, der Erweiterung unserer Kenntnisse mehr geschadet haben.

Eben so schwer dürfte es zu bestimmen sein, ob unsere praktische Philanthropie mehr durch die Heftigkeit unserer Begierden oder durch die Rigidität unserer Grundsätze, mehr durch den Egoism unserer Sinne oder durch den Egoism unserer Vernunft gestört und erkältet wird. Um uns zu theilnehmenden, hilfreichen, thätigen Menschen zu machen, müssen sich Gefühl und Charakter mit einander vereinigen, so wie, um uns Erfahrung zu verschaffen, Offenbarkeit des Sinnes mit Energie des Verstandes zusammentreffen muß. Wie können wir, bei noch so liebenswürdigen Maximen, billig, gütig und menschlich gegen andere sein, wenn uns das Vermögen fehlt, fremde Natur treu und wahr in uns aufzunehmen, fremde Situationen uns anzueignen, fremde Gefühle zu den unsrigen zu machen? Dieses Vermögen aber wird sowohl in der Erziehung, die wir empfangen, als in der, die wir selbst uns geben, in demselben Maße unterdrückt, als man die Macht der Begierden zu brechen und den Charakter durch Grundsätze zu befestigen sucht. Weil es Schwierigkeit kostet, bei aller Regsamkeit des Gefühls seinen Grundsätzen treu zu bleiben, so ergreift man das bequemere Mittel, durch Abstumpfung der Gefühle den Charakter sicher zu stellen; denn freilich ist es unendlich leichter, vor einem entwaffneten Gegner Ruhe zu haben, als einen muthigen und rüstigen Feind zu beherrschen. In dieser Operation besteht denn auch größtentheils das, was man einen Menschen formieren nennt, und zwar im besten Sinne des Worts, wo es Bearbeitung des innern, nicht bloß des äußern Menschen bedeutet. Ein so formierter Mensch wird freilich davor gesichert sein, rohe Natur zu sein und als solche zu erscheinen; er wird aber zugleich gegen alle Empfindungen der Natur durch Grundsätze geharnischt sein, und die Menschheit von außen wird ihm eben so wenig als die Menschheit von innen beikommen können.

Es ist ein sehr verderblicher Mißbrauch, der von dem Ideal der Vollkommenheit gemacht wird, wenn man es bei der Beurtheilung anderer Menschen und in den Fällen, wo man für sie wirken soll, in seiner ganzen Strenge zum Grund legt. Jenes wird zur Schwärmerei, dieses zur Härte und zur Kaltsinnigkeit führen. Man macht sich freilich seine gesellschaftlichen Pflichten ungemein leicht, wenn man dem wirklichen Menschen, der unsere Hilfe auffordert, in Gedanken den Ideal-Menschen unterschiebt, der sich wahrscheinlich selbst helfen könnte. Strenge gegen sich selbst, mit Weichheit gegen Andere verbunden, macht den wahrhaft vortrefflichen Charakter aus. Aber meistens wird der gegen Andere weiche Mensch es auch gegen sich selbst, und der gegen sich selbst strenge es auch gegen Andere sein; weich gegen sich und streng gegen Andere ist der verächtlichste Charakter.

sie Macht wird. Sobald der Mensch nur Inhalt der Zeit ist, so ist er nicht, und er hat folglich auch keinen Inhalt. Mit seiner Persönlichkeit ist auch sein Zustand aufgehoben, weil Beides Wechselbegriffe sind — weil die Veränderung ein Beharrliches, und die begrenzte Realität eine unendliche fordert. Wird der Formtrieb empfangend, das heißt, kommt die Denkkraft der Empfindung zuvor, und unterschiebt die Person sich der Welt, so hört sie in demselben Verhältniß auf, selbstständige Kraft und Subjekt zu sein, als sie sich in den Platz des Objekts drängt, weil das Beharrliche die Veränderung, und die absolute Realität zu ihrer Verkündigung Schranken fordert. Sobald der Mensch nur Form ist, so hat er keine Form, und mit dem Zustand ist folglich auch die Person aufgehoben. Mit einem Wort: nur, insofern er selbstständig ist, ist Realität außer ihm, ist er empfänglich; nur, insofern er empfänglich ist, ist Realität in ihm, ist er eine denkende Kraft.

Beide Triebe haben also Einschränkung und, insofern sie als Energieen gedacht werden, Abspannung nöthig; jener, daß er sich nicht ins Gebiet der Gesetzgebung, dieser, daß er sich nicht ins Gebiet der Empfindung eindringe. Jene Abspannung des sinnlichen Triebes darf aber keineswegs die Wirkung eines physischen Unvermögens und einer Stumpfheit der Empfindungen sein, welche überall nur Verachtung verdient; sie muß eine Handlung der Freiheit, eine Thätigkeit der Person sein, die durch ihre moralische Intensität jene sinnliche mäßigt und durch Beherrschung der Eindrücke ihnen an Tiefe nimmt, um ihnen an Fläche zu geben. Der Charakter muß dem Temperament seine Grenzen bestimmen, denn nur an den Geist darf der Sinn verlieren. Jene Abspannung des Formtriebs darf eben so wenig die Wirkung eines geistigen Unvermögens und einer Schlaffheit der Denk- oder Willenskräfte sein, welche die Menschheit erniedrigen würde. Fülle der Empfindungen muß ihre rühmliche Quelle sein; die Sinnlichkeit selbst muß mit siegender Kraft ihr

Gebiet behaupten und der Gewalt widerstreben, die ihr der Geist durch seine vorgreifende Thätigkeit gerne zufügen möchte. Mit einem Wort: den Stofftrieb muß die Persönlichkeit, und den Formtrieb die Empfänglichkeit oder die Natur in seinen gehörigen Schranken halten.

Vierzehnter Brief.

Wir sind nunmehr zu dem Begriff einer solchen Wechsel= wirkung zwischen beiden Trieben geführt worden, wo die Wirk= samkeit des einen die Wirksamkeit des andern zugleich begründet und begrenzt, und wo jeder einzelne für sich gerade dadurch zu seiner höchsten Verkündigung gelangt, daß der andere thätig ist.

Dieses Wechselverhältniß beider Triebe ist zwar bloß eine Aufgabe der Vernunft, die der Mensch nur in der Vollendung seines Daseins ganz zu lösen im Stand ist. Es ist im eigent= lichsten Sinne des Worts die Idee seiner Menschheit, mit= hin ein Unendliches, dem er sich im Laufe der Zeit immer mehr nähern kann, aber ohne es jemals zu erreichen. „Er soll nicht „auf Kosten seiner Realität nach Form und nicht auf Kosten der „Form nach Realität streben; vielmehr soll er das absolute Sein „durch ein bestimmtes und das bestimmte Sein durch ein unend= „liches suchen. Er soll sich eine Welt gegenüber stellen, weil er „Person ist, und soll Person sein, weil ihm eine Welt gegen= „über steht. Er soll empfinden, weil er sich bewußt ist, und „soll sich bewußt sein, weil er empfindet.“ — Daß er dieser Idee wirklich gemäß, folglich in voller Bedeutung des Worts, Mensch ist, kann er nie in Erfahrung bringen, so lange er nur einen dieser beiden Triebe ausschließend oder nur einen nach dem andern befriedigt; denn, so lang er nur empfindet, bleibt ihm seine Person oder seine absolute Existenz, und, so lange er nur denkt, bleibt ihm seine Existenz in der Zeit oder sein

Zustand Geheimniß. Gäbe es aber Fälle, wo er diese doppelte Erfahrung zugleich machte, wo er sich zugleich seiner Freiheit bewußt würde und sein Dasein empfände, wo er sich zugleich als Materie fühlte und als Geist kennen lernte, so hätte er in diesen Fällen, und schlechterdings nur in diesen, eine vollständige Anschauung seiner Menschheit, und der Gegenstand, der diese Anschauung ihm verschaffte, würde ihm zu einem Symbol seiner ausgeführten Bestimmung, folglich (weil diese nur in der Allheit der Zeit zu erreichen ist) zu einer Darstellung des Unend= lichen dienen.

Vorausgesetzt, daß Fälle dieser Art in der Erfahrung vor= kommen können, so würden sie einen neuen Trieb in ihm aufwecken, der eben darum, weil die beiden andern in ihm zu= sammenwirken, einem jeden derselben, einzeln betrachtet, ent= gegengesetzt sein und mit Recht für einen neuen Trieb gelten würde. Der sinnliche Trieb will, daß Veränderung sei, daß die Zeit einen Inhalt habe; der Formtrieb will, daß die Zeit auf= gehoben, daß keine Veränderung sei. Derjenige Trieb also, in welchem beide verbunden wirken (es sei mir einstweilen, bis ich diese Benennung gerechtfertigt haben werde, vergönnt, ihn Spieltrieb zu nennen), der Spieltrieb also würde dahin ge= richtet sein, die Zeit in der Zeit aufzuheben, Werden mit ab= solutem Sein, Veränderung mit Identität zu vereinbaren.

Der sinnliche Trieb will bestimmt werden, er will sein Objekt empfangen; der Formtrieb will selbst bestimmen, er will sein Objekt hervorbringen; der Spieltrieb wird also bestrebt sein, so zu empfangen, wie er selbst hervorgebracht hätte, und so her= vorzubringen, wie der Sinn zu empfangen trachtet.

Der sinnliche Trieb schließt aus seinem Subjekt alle Selbst= thätigkeit und Freiheit, der Formtrieb schließt aus dem seinigen alle Abhängigkeit, alles Leiden aus. Ausschließung der Freiheit ist aber physische, Ausschließung des Leidens ist moralische Noth= wendigkeit. Beide Triebe nöthigen also das Gemüth, jener durch Naturgesetze, dieser durch Gesetze der Vernunft. Der Spieltrieb also, als in welchem beide verbunden wirken, wird das Gemüth zugleich moralisch und physisch nöthigen; er wird also, weil er alle Zufälligkeit aufhebt, auch alle Nöthigung aufheben und den Menschen sowohl physisch als moralisch in Freiheit setzen. Wenn wir jemand mit Leidenschaft umfassen, der unserer Verachtung würdig ist, so empfinden wir peinlich die Nöthigung der Natur. Wenn wir gegen einen andern feindlich gesinnt sind, der uns Achtung abnöthigt, so empfinden wir peinlich die Nöthigung der Vernunft. Sobald er aber zugleich unsere Neigung interessiert und unsere Achtung sich erworben, so verschwindet sowohl der Zwang der Empfindung als der Zwang der Vernunft, und wir fangen an, ihn zu lieben, d. h., zugleich mit unsrer Neigung und mit unsrer Achtung zu spielen.

Indem uns ferner der sinnliche Trieb physisch und der Formtrieb moralisch nöthigt, so läßt jener unsere formale, dieser unsere materiale Beschaffenheit zufällig, das heißt, es ist zufällig, ob unsere Glückseligkeit mit unserer Vollkommenheit, oder ob diese mit jener übereinstimmen werde. Der Spieltrieb also, in welchem beide vereinigt wirken, wird zugleich unsere formale und unsere materiale Beschaffenheit, zugleich unsere Vollkommenheit und unsere Glückseligkeit zufällig machen; er wird also, eben weil er beide zufällig macht, und weil mit der Nothwendigkeit auch die Zufälligkeit verschwindet, die Zufälligkeit in beiden wieder aufheben, mithin Form in die Materie und Realität in die Form bringen. In demselben Maße, als er den Empfindungen und Affekten ihren dynamischen Einfluß nimmt, wird er sie mit Ideen der Vernunft in Uebereinstimmung bringen, und in demselben Maße, als er den Gesetzen der Vernunft ihre moralische Nöthigung benimmt, wird er sie mit dem Interesse der Sinne versöhnen.

Fünfzehnter Brief.

Immer näher komm' ich dem Ziel, dem ich Sie auf einem wenig ermunternden Pfade entgegenführe. Laſſen Sie es ſich gefallen, mir noch einige Schritte weiter zu folgen, ſo wird ein deſto freierer Geſichtskreis ſich aufthun, und eine muntere Aus-ſicht die Mühe des Wegs vielleicht belohnen.

Der Gegenſtand des ſinnlichen Triebes, in einem allgemeinen Begriff ausgedrückt, heißt Leben in weiteſter Bedeutung; ein Begriff, der alles materiale Sein und alle unmittelbare Gegen-wart in den Sinnen bedeutet. Der Gegenſtand des Formtriebes, in einem allgemeinen Begriff ausgedrückt, heißt Geſtalt, ſowohl in uneigentlicher als in eigentlicher Bedeutung; ein Begriff, der alle formalen Beſchaffenheiten der Dinge und alle Beziehungen derſelben auf die Denkkräfte unter ſich faßt. Der Gegenſtand des Spieltriebes, in einem allgemeinen Schema vorgeſtellt, wird alſo lebende Geſtalt heißen können; ein Begriff, der allen äſthetiſchen Beſchaffenheiten der Erſcheinungen und, mit einem Worte dem, was man in weiteſter Bedeutung Schönheit nennt, zur Bezeichnung dient.

Durch dieſe Erklärung, wenn es eine wäre, wird die Schön-heit weder auf das ganze Gebiet des Lebendigen ausgedehnt, noch bloß in dieſes Gebiet eingeſchloſſen. Ein Marmorblock, obgleich er leblos iſt und bleibt, kann darum nichts deſto weni-ger lebende Geſtalt durch den Architekt und Bildhauer werden; ein Menſch, wiewohl er lebt und Geſtalt hat, iſt darum noch lange keine lebende Geſtalt. Dazu gehört, daß ſeine Geſtalt Leben und ſein Leben Geſtalt ſei. So lange wir über ſeine Geſtalt bloß denken, iſt ſie leblos, bloße Abſtraktion; ſo lange wir ſein Leben bloß fühlen, iſt es geſtaltlos, bloße Impreſſion. Nur, indem ſeine Form in unſerer Empfindung lebt, und ſein Leben in unſerm Verſtande ſich formt, iſt er lebende Geſtalt,

und dies wird überall der Fall sein, wo wir ihn als schön
beurtheilen.

Dadurch aber, daß wir die Bestandtheile anzugeben wissen,
die in ihrer Vereinigung die Schönheit hervorbringen, ist die
Genesis derselben auf keine Weise noch erklärt; denn dazu würde
erfordert, daß man jene Vereinigung selbst begriffe, die
uns, wie überhaupt alle Wechselwirkung zwischen dem Endlichen
und Unendlichen, unerforschlich bleibt. Die Vernunft stellt aus
transcendentalen Gründen die Forderung auf: es soll eine Gemein=
schaft zwischen Formtrieb und Stofftrieb, das heißt, ein Spieltrieb
sein, weil nur die Einheit der Realität mit der Form, der Zu=
fälligkeit mit der Nothwendigkeit, des Leidens mit der Freiheit
den Begriff der Menschheit vollendet. Sie muß diese Forderung
aufstellen, weil sie ihrem Wesen nach auf Vollendung und auf
Wegräumung aller Schranken dringt, jede ausschließende Thätigkeit
des einen oder des andern Triebes aber die menschliche Natur
unvollendet läßt, und eine Schranke in derselben begründet. So=
bald sie demnach den Ausspruch thut: es soll eine Menschheit
existieren, so hat sie eben dadurch das Gesetz aufgestellt: es soll
eine Schönheit sein. Die Erfahrung kann uns beantworten, ob
eine Schönheit ist, und wir werden es wissen, sobald sie uns
belehrt hat, ob eine Menschheit ist. Wie aber eine Schönheit
sein kann, und wie eine Menschheit möglich ist, kann uns weder
Vernunft noch Erfahrung lehren.

Der Mensch, wissen wir, ist weder ausschließend Materie,
noch ist er ausschließend Geist. Die Schönheit, als Consum=
mation seiner Menschheit, kann also weder ausschließend bloßes
Leben sein, wie von scharfsinnigen Beobachtern, die sich zu genau
an die Zeugnisse der Erfahrung hielten, behauptet worden ist,
und wozu der Geschmack der Zeit sie gern herabziehen möchte;
noch kann sie ausschließend bloße Gestalt sein, wie von spekula=
tiven Weltweisen, die sich zu weit von der Erfahrung entfernten,
und von philosophierenden Künstlern, die sich in Erklärung

derselben allzusehr durch das Bedürfniß der Kunst leiten ließen,
geurtheilt worden ist: [1] sie ist das gemeinschaftliche Objekt beider
Triebe, das heißt, des Spieltriebs. Diesen Namen rechtfertigt der
Sprachgebrauch vollkommen, der alles das, was weder subjektiv
noch objektiv zufällig ist und doch weder äußerlich noch innerlich
nöthigt, mit dem Wort Spiel zu bezeichnen pflegt. Da sich das
Gemüth bei Anschauung des Schönen in einer glücklichen Mitte
zwischen dem Gesetz und Bedürfniß befindet, so ist es eben darum,
weil es sich zwischen beiden theilt, dem Zwange sowohl des einen
als des andern entzogen. Dem Stofftrieb wie dem Formtrieb
ist es mit ihren Forderungen ernst, weil der eine sich, beim
Erkennen, auf die Wirklichkeit, der andere auf die Nothwendigkeit
der Dinge bezieht; weil, beim Handeln, der erste auf Erhaltung
des Lebens, der zweite auf Bewahrung der Würde, beide also
auf Wahrheit und Vollkommenheit gerichtet sind. Aber das
Leben wird gleichgültiger, so wie die Würde sich einmischt, und
die Pflicht nöthigt nicht mehr, sobald die Neigung zieht; eben
so nimmt das Gemüth die Wirklichkeit der Dinge, die materiale
Wahrheit, freier und ruhiger auf, sobald solche der formalen
Wahrheit, dem Gesetz der Nothwendigkeit, begegnet, und fühlt
sich durch Abstraktion nicht mehr angespannt, sobald die unmittelbare Anschauung sie begleiten kann. Mit einem Wort: indem
es mit Ideen in Gemeinschaft kommt, verliert alles Wirkliche
seinen Ernst, weil es klein wird, und indem es mit der Empfindung zusammentrifft, legt das Nothwendige den seinigen ab,
weil es leicht wird.

---

[1] Zum bloßen Leben macht die Schönheit Burke in seinen philosophischen
Untersuchungen über den Ursprung unserer Begriffe vom Erhabenen und
Schönen. Zur bloßen Gestalt macht sie, soweit mir bekannt ist, jeder An-
hänger des dogmatischen Systems, der über diesen Gegenstand je sein Be-
kenntniß ablegte: unter den Künstlern Raphael Mengs in seinen Gedanken
über den Geschmack in der Malerei; Anderer nicht zu gedenken. So wie in
allem, hat auch in diesem Stück die kritische Philosophie den Weg eröffnet,
die Empirie auf Principien und die Spekulation zur Erfahrung zurückzuführen.

Wird aber, möchten Sie längst schon versucht gewesen sein mir entgegenzusetzen, wird nicht das Schöne dadurch, daß man es zum bloßen Spiel macht, erniedrigt und den frivolen Gegenständen gleichgestellt, die von jeher im Besitz dieses Namens waren? Widerspricht es nicht dem Vernunftbegriff und der Würde der Schönheit, die doch als ein Instrument der Kultur betrachtet wird, sie auf ein bloßes Spiel einzuschränken, und widerspricht es nicht dem Erfahrungsbegriffe des Spiels, das mit Ausschließung alles Geschmackes zusammen bestehen kann, es bloß auf Schönheit einzuschränken?

Aber was heißt denn ein bloßes Spiel, nachdem wir wissen, daß unter allen Zuständen des Menschen gerade das Spiel, und nur das Spiel es ist, was ihn vollständig macht und seine doppelte Natur auf einmal entfaltet? Was Sie, nach Ihrer Vorstellung der Sache, Einschränkung nennen, das nenne ich nach der meinen, die ich durch Beweise gerechtfertigt habe, Erweiterung. Ich würde also vielmehr gerade umgekehrt sagen: mit dem Angenehmen, mit dem Guten, mit dem Vollkommenen ist es dem Menschen nur ernst; aber mit der Schönheit spielt er. Freilich dürfen wir uns hier nicht an die Spiele erinnern, die in dem wirklichen Leben im Gange sind, und die sich gewöhnlich nur auf sehr materielle Gegenstände richten; aber in dem wirklichen Leben würden wir auch die Schönheit vergebens suchen, von der hier die Rede ist. Die wirklich vorhandene Schönheit ist des wirklich vorhandenen Spieltriebes werth; aber durch das Ideal der Schönheit, welches die Vernunft aufstellt, ist auch ein Ideal des Spieltriebes aufgegeben, das der Mensch in allen seinen Spielen vor Augen haben soll.

Man wird niemals irren, wenn man das Schönheitsideal eines Menschen auf dem nämlichen Wege sucht, auf dem er seinen Spieltrieb befriedigt. Wenn sich die griechischen Völkerschaften in den Kampfspielen zu Olympia an den unblutigen Wettkämpfen

der Kraft, der Schnelligkeit, der Gelenkigkeit und an dem edlern
Wechselstreit der Talente ergötzen, und wenn das römische Volk
an dem Todeskampf eines erlegten Gladiators oder seines liby-
schen Gegners sich labt, so wird es uns aus diesem einzigen
Zuge begreiflich, warum wir die Idealgestalten einer Venus,
einer Juno, eines Apolls nicht in Rom, sondern in Griechenland
aufsuchen müssen.' Nun spricht aber die Vernunft: das Schöne
soll nicht bloßes Leben und nicht bloße Gestalt, sondern lebende
Gestalt, d. i., Schönheit sein, indem sie ja dem Menschen das
doppelte Gesetz der absoluten Formalität und der absoluten Realität
diktiert. Mithin thut sie auch den Ausspruch: der Mensch soll
mit der Schönheit nur spielen, und er soll nur mit der
Schönheit spielen.

Denn, um es endlich auf einmal herauszusagen, der Mensch
spielt nur, wo er in voller Bedeutung des Worts Mensch ist,
und er ist nur da ganz Mensch, wo er spielt. Dieser
Satz, der in diesem Augenblicke vielleicht paradox erscheint, wird
eine große und tiefe Bedeutung erhalten, wenn wir erst dahin
gekommen sein werden, ihn auf den doppelten Ernst der Pflicht
und des Schicksals anzuwenden; er wird, ich verspreche es Ihnen,
das ganze Gebäude der ästhetischen Kunst und der noch schwieri-
gern Lebenskunst tragen. Aber dieser Satz ist auch nur in der
Wissenschaft unerwartet; längst schon lebte und wirkte er in der
Kunst und in dem Gefühle der Griechen, ihrer vornehmsten
Meister; nur, daß sie in den Olympus versetzten, was auf der
Erde sollte ausgeführt werden. Von der Wahrheit desselben

' Wenn man (um bei der neuern Welt stehen zu bleiben) die Wettrennen in
London, die Stiergefechte in Madrid, die Spektakels in dem ehemaligen Paris,
die Gondelrennen in Venedig, die Thierhatzen in Wien und das frohe, schöne
Leben des Corso in Rom gegeneinander hält, so kann es nicht schwer sein,
den Geschmack dieser verschiedenen Völker gegeneinander zu nüancieren. Indessen zeigt sich unter den Volksspielen in diesen verschiedenen Ländern weit
weniger Einförmigkeit, als unter den Spielen der feineren Welt in eben diesen
Ländern, welches leicht zu erklären ist.

geleitet, ließen sie sowohl den Ernst und die Arbeit, welche die
Wangen der Sterblichen furchen, als die nichtige Lust, die das
leere Angesicht glättet, aus der Stirne der seligen Götter verschwinden, gaben die Ewigzufriedenen von den Fesseln jedes
Zweckes, jeder Pflicht, jeder Sorge frei, und machten den
Müßiggang und die Gleichgültigkeit zum beneideten Loose
des Götterstandes: ein bloß menschlicherer Name für das freieste
und erhabenste Sein. Sowohl der materielle Zwang der Naturgesetze, als der geistige Zwang der Sittengesetze verlor sich in
ihrem höhern Begriff von Nothwendigkeit, der beide Welten zugleich umfaßte, und aus der Einheit jener beiden Nothwendigkeiten ging ihnen erst die wahre Freiheit hervor. Beseelt von
diesem Geiste, löschten sie aus den Gesichtszügen ihres Ideals
zugleich mit der Neigung auch alle Spuren des Willens
aus, oder besser, sie machten beide unkenntlich, weil sie beide
in dem innigsten Bund zu verknüpfen wußten. Es ist weder
Anmuth, noch ist es Würde, was aus dem herrlichen Antlitz
einer Juno Ludovisi zu uns spricht; es ist keines von beiden,
weil es beides zugleich ist. Indem der weibliche Gott unsere
Anbetung heischt, entzündet das gottgleiche Weib unsere Liebe;
aber, indem wir uns der himmlischen Holdseligkeit aufgelöst hingeben, schreckt die himmlische Selbstgenügsamkeit uns zurück. In
sich selbst ruhet und wohnt die ganze Gestalt, eine völlig ge-
schlossene Schöpfung, und, als wenn sie jenseits des Raumes
wäre, ohne Nachgeben, ohne Widerstand; da ist keine Kraft,
die mit Kräften kämpfte, keine Blöße, wo die Zeitlichkeit ein-
brechen könnte. Durch jenes unwiderstehlich ergriffen und angezogen, durch dieses in der Ferne gehalten, befinden wir uns
zugleich in dem Zustand der höchsten Ruhe und der höchsten Bewegung, und es entsteht jene wunderbare Rührung, für welche
der Verstand keinen Begriff und die Sprache keinen Namen hat.

Sechzehnter Brief.

Aus der Wechselwirkung zwei entgegengesetzter Triebe und aus der Verbindung zwei entgegengesetzter Principien haben wir das Schöne hervorgehen sehen, dessen höchstes Ideal also in dem möglichst vollkommensten Bunde und Gleichgewicht der Realität und der Form wird zu suchen sein. Dieses Gleichgewicht bleibt aber immer nur Idee, die von der Wirklichkeit nie ganz erreicht werden kann. In der Wirklichkeit wird immer ein Uebergewicht des einen Elements über das andere übrig bleiben, und das Höchste, was die Erfahrung leistet, wird in einer Schwankung zwischen beiden Principien bestehen, wo bald die Realität, bald die Form überwiegend ist. Die Schönheit in der Idee ist also ewig nur eine untheilbare einzige, weil es nur ein einziges Gleichgewicht geben kann; die Schönheit in der Erfahrung hingegen wird ewig eine doppelte sein, weil bei einer Schwankung das Gleichgewicht auf eine doppelte Art, nämlich diesseits und jenseits, kann übertreten werden.

Ich habe in einem der vorhergehenden Briefe bemerkt, auch läßt es sich aus dem Zusammenhange des Bisherigen mit strenger Nothwendigkeit folgern, daß von dem Schönen zugleich eine auflösende und eine anspannende Wirkung zu erwarten sei: eine auflösende, um sowohl den sinnlichen Trieb als den Formtrieb in ihren Grenzen zu halten; eine anspannende, um beide in ihrer Kraft zu erhalten. Diese beiden Wirkungsarten der Schönheit sollen aber, der Idee nach, schlechterdings nur eine einzige sein. Sie soll auflösen, dadurch daß sie beide Naturen gleichförmig anspannt, und soll anspannen, dadurch daß sie beide Naturen gleichförmig auflöst. Dieses folgt schon aus dem Begriff einer Wechselwirkung, vermöge dessen beide Theile einander zugleich nothwendig bedingen und durch einander bedingt werden, und deren reinstes Produkt die Schönheit ist. Aber die Erfahrung bietet uns kein Beispiel einer so vollkommenen Wechselwirkung dar, sondern hier wird jederzeit, mehr oder weniger, das Uebergewicht einen Mangel und der Mangel ein Uebergewicht begründen. Was also in dem Ideal-Schönen nur in der Vorstellung unterschieden wird, das ist in dem Schönen der Erfahrung der Existenz nach verschieden. Das Ideal-Schöne, obgleich untheilbar und einfach, zeigt in verschiedener Beziehung sowohl eine schmelzende als energische Eigenschaft; in der Erfahrung gibt es eine schmelzende und energische Schönheit. So ist es und so wird es in allen den Fällen sein, wo das Absolute in die Schranken der Zeit gesetzt ist, und Ideen der Vernunft in der Menschheit realisiert werden sollen. So denkt der reflektierende Mensch sich die Tugend, die Wahrheit, die Glückseligkeit; aber der handelnde Mensch wird bloß Tugenden üben, bloß Wahrheiten fassen, bloß glückselige Tage genießen. Diese auf jene zurück zu führen — an die Stelle der Sitten die Sittlichkeit, an die Stelle der Kenntnisse die Erkenntniß, an die Stelle des Glückes die Glückseligkeit zu setzen, ist das Geschäft der physischen und moralischen Bildung; aus Schönheiten Schönheit zu machen, ist die Aufgabe der ästhetischen.

Die energische Schönheit kann den Menschen eben so wenig vor einem gewissen Ueberrest von Wildheit und Härte bewahren, als ihn die schmelzende vor einem gewissen Grade der Weichlichkeit und Entnervung schützt. Denn, da die Wirkung der erstern ist, das Gemüth sowohl im Physischen als Moralischen anzuspannen und seine Schnellkraft zu vermehren, so geschieht es nur gar zu leicht, daß der Widerstand des Temperaments und Charakters die Empfänglichkeit für Eindrücke mindert, daß auch die zärtere Humanität eine Unterdrückung erfährt, die nur die rohe Natur treffen sollte, und daß die rohe Natur an einem Kraftgewinn Theil nimmt, der nur der freien Person gelten sollte; daher findet man in den Zeitaltern der Kraft und der Fülle das wahrhaft Große der Vorstellung mit dem Gigantesken

und Abenteuerlichen und das Erhabene der Gesinnung mit den
schauderhaftesten Ausbrüchen der Leidenschaft gepaart; daher wird
man in den Zeitaltern der Regel und der Form die Natur eben
so oft unterdrückt als beherrscht, eben so oft beleidigt als übertroffen finden. Und weil die Wirkung der schmelzenden Schönheit ist, das Gemüth im Moralischen wie im Physischen aufzulösen, so begegnet es eben so leicht, daß mit der Gewalt der
Begierden auch die Energie der Gefühle erstickt wird, und daß
auch der Charakter einen Kraftverlust theilt, der nur die Leidenschaft treffen sollte: daher wird man in den sogenannten verfeinerten Weltaltern Weichheit nicht selten in Weichlichkeit, Fläche
in Flachheit, Correktheit in Leerheit, Liberalität in Willkürlichkeit, Leichtigkeit in Frivolität, Ruhe in Apathie ausarten und
die verächtlichste Carricatur zunächst an die herrlichste Menschlichkeit grenzen sehen. Für den Menschen unter dem Zwange entweder der Materie oder der Formen ist also die schmelzende
Schönheit Bedürfniß; denn von Größe und Kraft ist er längst
gerührt, ehe er für Harmonie und Grazie anfängt empfindlich
zu werden. Für den Menschen unter der Indulgenz des Geschmacks ist die energische Schönheit Bedürfniß; denn nur allzu-
gern verscherzt er im Stand der Verfeinerung eine Kraft, die
er aus dem Stand der Wildheit herüberbrachte.

Und nunmehr, glaube ich, wird jener Widerspruch erklärt
und beantwortet sein, den man in den Urtheilen der Menschen
über den Einfluß des Schönen, und in Würdigung der ästhetischen Kultur anzutreffen pflegt. Er ist erklärt dieser Widerspruch,
sobald man sich erinnert, daß es in der Erfahrung eine zweifache
Schönheit gibt, und daß beide Theile von der ganzen Gattung
behaupten, was jeder nur von einer besondern Art derselben zu
beweisen im Stande ist. Er ist gehoben dieser Widerspruch,
sobald man das doppelte Bedürfniß der Menschheit unterscheidet,
dem jene doppelte Schönheit entspricht. Beide Theile werden
also wahrscheinlich Recht behalten, wenn sie nur erst mit einander

verſtändigt ſind, welche Art der Schönheit und welche Form der
Menſchheit ſie in Gedanken haben.

Ich werde daher im Fortgange meiner Unterſuchungen den
Weg, den die Natur in äſthetiſcher Hinſicht mit dem Menſchen
einſchlägt, auch zu dem meinigen machen, und mich von den
Arten der Schönheit zu dem Gattungsbegriff derſelben erheben.
Ich werde die Wirkungen der ſchmelzenden Schönheit an dem
angeſpannten Menſchen, und die Wirkungen der energiſchen an
dem abgeſpannten prüfen, um zuletzt beide entgegengeſetzte Arten
der Schönheit in der Einheit des Ideal-Schönen auszulöſchen,
ſo wie jene zwei entgegengeſetzten Formen der Menſchheit in der
Einheit des Idealmenſchen untergehn.

Siebenzehnter Brief.

So lange es bloß darauf ankam, die allgemeine Idee der
Schönheit aus dem Begriffe der menſchlichen Natur überhaupt
abzuleiten, durften wir uns an keine andern Schranken der letztern erinnern, als die unmittelbar in dem Weſen derſelben gegründet und von dem Begriffe der Endlichkeit unzertrennlich ſind.
Unbekümmert um die zufälligen Einſchränkungen, die ſie in der
wirklichen Erſcheinung erleiden möchte, ſchöpften wir den Begriff
derſelben unmittelbar aus der Vernunft, als der Quelle aller
Nothwendigkeit, und mit dem Ideale der Menſchheit war zugleich
auch das Ideal der Schönheit gegeben.

Jetzt aber ſteigen wir aus der Region der Ideen auf den
Schauplatz der Wirklichkeit herab, um den Menſchen in einem
beſtimmten Zuſtand, mithin unter Einſchränkungen, anzutreffen, die nicht urſprünglich aus ſeinem bloßen Begriff, ſondern
aus äußern Umſtänden und aus einem zufälligen Gebrauch ſeiner
Freiheit fließen. Auf wie vielfache Weiſe aber auch die Idee der
Menſchheit in ihm eingeſchränkt ſein mag, ſo lehrt uns ſchon

der bloße Inhalt derselben, daß im Ganzen nur zwei entgegengesetzte Abweichungen von derselben Statt haben können. Liegt
nämlich seine Vollkommenheit in der übereinstimmenden Energie
seiner sinnlichen und geistigen Kräfte, so kann er diese Vollkommenheit nur entweder durch einen Mangel an Uebereinstimmung oder durch einen Mangel an Energie verfehlen. Ehe wir
also noch die Zeugnisse der Erfahrung darüber abgehört haben,
sind wir schon im voraus durch bloße Vernunft gewiß, daß wir
den wirklichen, folglich beschränkten Menschen entweder in einem
Zustande der Anspannung oder in einem Zustande der Abspannung finden werden, je nachdem entweder die einseitige Thätigkeit einzelner Kräfte die Harmonie seines Wesens stört, oder die
Einheit seiner Natur sich auf die gleichförmige Erschlaffung seiner
sinnlichen und geistigen Kräfte gründet. Beide entgegengesetzte
Schranken werden, wie nun bewiesen werden soll, durch die
Schönheit gehoben, die in dem angespannten Menschen die Harmonie, in dem abgespannten die Energie wieder herstellt und
auf diese Art, ihrer Natur gemäß, den eingeschränkten Zustand
auf einen absoluten zurückführt, und den Menschen zu einem
in sich selbst vollendeten Ganzen macht.

Sie verläugnet also in der Wirklichkeit auf keine Weise den
Begriff, den wir in der Spekulation von ihr faßten; nur, daß
sie hier ungleich weniger freie Hand hat, als dort, wo wir sie
auf den reinen Begriff der Menschheit anwenden durften. An
dem Menschen, wie die Erfahrung ihn aufstellt, findet sie einen
schon verdorbenen und widerstrebenden Stoff, der ihr gerade so
viel von ihrer idealen Vollkommenheit raubt, als er von seiner
individualen Beschaffenheit einmischt. Sie wird daher in der
Wirklichkeit überall nur als eine besondere und eingeschränkte
Species, nie als reine Gattung sich zeigen; sie wird in angespannten Gemüthern von ihrer Freiheit und Mannigfaltigkeit,
sie wird in abgespannten von ihrer belebenden Kraft ablegen; uns
aber, die wir nunmehr mit ihrem wahren Charakter vertraut

geworden sind, wird diese widersprechende Erscheinung nicht irre machen. Weit entfernt, mit dem großen Haufen der Beurtheiler aus einzelnen Erfahrungen ihren Begriff zu bestimmen und sie für die Mängel verantwortlich zu machen, die der Mensch unter ihrem Einflusse zeigt, wissen wir vielmehr, daß es der Mensch ist, der die Unvollkommenheiten seines Individuums auf sie überträgt, der durch seine subjektive Begrenzung ihrer Vollendung unaufhörlich im Wege steht, und ihr absolutes Ideal auf zwei eingeschränkte Formen der Erscheinung herabsetzt.

Die schmelzende Schönheit, wurde behauptet, sei für ein angespanntes Gemüth und für ein abgespanntes die energische. Angespannt aber nenne ich den Menschen sowohl, wenn er sich unter dem Zwange von Empfindungen, als, wenn er sich unter dem Zwange von Begriffen befindet. Jede ausschließende Herrschaft eines seiner beiden Grundtriebe ist für ihn ein Zustand des Zwanges und der Gewalt; und Freiheit liegt nur in der Zusammenwirkung seiner beiden Naturen. Der von Gefühlen einseitig beherrschte oder sinnlich angespannte Mensch wird also aufgelöst und in Freiheit gesetzt durch Form; der von Gesetzen einseitig beherrschte oder geistig angespannte Mensch wird aufgelöst und in Freiheit gesetzt durch Materie. Die schmelzende Schönheit, um dieser doppelten Aufgabe ein Genüge zu thun, wird sich also unter zwei verschiedenen Gestalten zeigen. Sie wird erstlich, als ruhige Form, das wilde Leben besänftigen, und von Empfindungen zu Gedanken den Uebergang bahnen; sie wird zweitens, als lebendes Bild, die abgezogene Form mit sinnlicher Kraft ausrüsten, den Begriff zur Anschauung und das Gesetz zum Gefühl zurückführen. Den ersten Dienst leistet sie dem Naturmenschen, den zweiten dem künstlichen Menschen. Aber weil sie in beiden Fällen über ihren Stoff nicht ganz frei gebietet, sondern von demjenigen abhängt, den ihr entweder die formlose Natur oder die naturwidrige Kunst darbietet, so wird sie in beiden Fällen noch Spuren ihres Ursprunges tragen, und

dort mehr in das materielle Leben, hier mehr in die bloße abgezogene Form sich verlieren.

Um uns einen Begriff davon machen zu können, wie die
Schönheit ein Mittel werden kann, jene doppelte Anspannung
zu heben, müssen wir den Ursprung derselben in dem menschlichen Gemüth zu erforschen suchen. Entschließen Sie sich also
noch zu einem kurzen Aufenthalt im Gebiete der Spekulation,
um es alsdann auf immer zu verlassen, und mit desto sichererem
Schritt auf dem Feld der Erfahrung fortzuschreiten.

Achtzehnter Brief.

Durch die Schönheit wird der sinnliche Mensch zur Form und
zum Denken geleitet; durch die Schönheit wird der geistige Mensch
zur Materie zurückgeführt und der Sinnenwelt wieder gegeben.

Aus diesem scheint zu folgen, daß es zwischen Materie und
Form, zwischen Leiden und Thätigkeit einen mittleren Zustand geben müsse, und daß uns die Schönheit in diesen mittleren Zustand versetze. Diesen Begriff bildet sich auch wirklich
der größte Theil der Menschen von der Schönheit, sobald er
angefangen hat, über ihre Wirkungen zu reflektieren, und alle
Erfahrungen weisen darauf hin. Auf der andern Seite aber
ist nichts ungereimter und widersprechender, als ein solcher Begriff, da der Abstand zwischen Materie und Form, zwischen
Leiden und Thätigkeit, zwischen Empfinden und Denken unendlich ist, und schlechterdings durch nichts kann vermittelt
werden. Wie heben wir nun diesen Widerspruch? Die Schönheit verknüpft die zwei entgegengesetzten Zustände des Empfindens
und des Denkens, und doch gibt es schlechterdings kein Mittleres
zwischen beiden. Jenes ist durch Erfahrung, dieses ist unmittelbar durch Vernunft gewiß.

Dies ist der eigentliche Punkt, auf den zuletzt die ganze Frage über die Schönheit hinausläuft, und gelingt es uns, dieses Problem befriedigend aufzulösen, so haben wir zugleich den Faden gefunden, der uns durch das ganze Labyrinth der Aesthetik führt.

Es kommt aber hiebei auf zwei höchst verschiedene Operationen an, welche bei dieser Untersuchung einander nothwendig unterstützen müssen. Die Schönheit, heißt es, verknüpft zwei Zustände mit einander, die einander entgegengesetzt sind, und niemals eins werden können. Von dieser Entgegensetzung müssen wir ausgehen; wir müssen sie in ihrer ganzen Reinheit und Strengigkeit auffassen und anerkennen, so daß beide Zustände sich auf das bestimmteste scheiden; sonst vermischen wir, aber vereinigen nicht. Zweitens heißt es: jene zwei entgegengesetzten Zustände verbindet die Schönheit, und hebt also die Entgegensetzung auf. Weil aber beide Zustände einander ewig entgegengesetzt bleiben, so sind sie nicht anders zu verbinden, als, indem sie aufgehoben werden. Unser zweites Geschäft ist also, diese Verbindung vollkommen zu machen, sie so rein und vollständig durchzuführen, daß beide Zustände in einem dritten gänzlich verschwinden, und keine Spur der Theilung in dem Ganzen zurückbleibt; sonst vereinzeln wir, aber vereinigen nicht. Alle Streitigkeiten, welche jemals in der philosophischen Welt über den Begriff der Schönheit geherrscht haben, und zum Theil noch heut zu Tag herrschen, haben keinen andern Ursprung, als daß man die Untersuchung entweder nicht von einer gehörig strengen Unterscheidung anfing, oder sie nicht bis zu einer völlig reinen Vereinigung durchführte. Diejenigen unter den Philosophen, welche sich bei der Reflexion über diesen Gegenstand der Leitung ihres Gefühls blindlings anvertrauen, können von der Schönheit keinen Begriff erlangen, weil sie in dem Total des sinnlichen Eindrucks nichts Einzelnes unterscheiden. Die andern, welche den Verstand ausschließend zum Führer nehmen,

können nie einen Begriff von der Schönheit erlangen, weil
sie in dem Total derselben nie etwas Anderes als die Theile
sehen, und Geist und Materie auch in ihrer vollkommensten
Einheit ihnen ewig geschieden bleiben. Die Ersten fürchten, die
Schönheit dynamisch, d. h. als wirkende Kraft aufzuheben,
wenn sie trennen sollen, was im Gefühl doch verbunden ist; die
Andern fürchten, die Schönheit logisch, d. h. als Begriff aufzuheben, wenn sie zusammenfassen sollen, was im Verstand doch
geschieden ist. Jene wollen die Schönheit auch eben so denken,
wie sie wirkt; diese wollen sie eben so wirken lassen, wie sie
gedacht wird. Beide müssen also die Wahrheit verfehlen: jene,
weil sie es mit ihrem eingeschränkten Denkvermögen der unendlichen Natur nachthun; diese, weil sie die unendliche Natur nach
ihren Denkgesetzen einschränken wollen. Die Ersten fürchten, durch
eine zu strenge Zergliederung der Schönheit von ihrer Freiheit
zu rauben; die Andern fürchten, durch eine zu kühne Vereinigung
die Bestimmtheit ihres Begriffs zu zerstören. Jene bedenken aber
nicht, daß die Freiheit, in welche sie mit allem Recht das Wesen
der Schönheit setzen, nicht Gesetzlosigkeit, sondern Harmonie von
Gesetzen, nicht Willkürlichkeit, sondern höchste innere Nothwendigkeit ist; diese bedenken nicht, daß die Bestimmtheit, welche sie
mit gleichem Recht von der Schönheit fordern, nicht in der Ausschließung gewisser Realitäten, sondern in der absoluten
Einschließung aller besteht, daß sie also nicht Begrenzung,
sondern Unendlichkeit ist. Wir werden die Klippen vermeiden,
an welchen beide gescheitert sind, wenn wir von den zwei
Elementen beginnen, in welche die Schönheit sich vor dem Verstande theilt, aber uns alsdann auch zu der reinen ästhetischen
Einheit erheben, durch die sie auf die Empfindung wirkt, und
in welcher jene beiden Zustände gänzlich verschwinden. [1]

---

[1] Einem aufmerksamen Leser wird sich bei der hier angestellten Vergleichung
die Bemerkung dargeboten haben, daß die sensualen Aesthetiker, welche
das Zeugniß der Empfindung mehr als das Raisonnement gelten lassen, sich

Neunzehnter Brief.

Es lassen sich in dem Menschen überhaupt zwei verschiedene Zustände der passiven und aktiven Bestimmbarkeit, und eben so viele Zustände der passiven und aktiven Bestimmung unterscheiden. Die Erklärung dieses Satzes führt uns am kürzesten zum Ziel.

Der Zustand des menschlichen Geistes vor aller Bestimmung, die ihm durch Eindrücke der Sinne gegeben wird, ist eine Bestimmbarkeit ohne Grenzen. Das Endlose des Raumes und der Zeit ist seiner Einbildungskraft zu freiem Gebrauch hingegeben, und weil, der Voraussetzung nach, in diesem weiten Reiche des Möglichen nichts gesetzt, folglich auch noch nichts ausgeschlossen ist, so kann man diesen Zustand der Bestimmungslosigkeit eine leere Unendlichkeit nennen, welches mit einer unendlichen Leere keineswegs zu verwechseln ist.

Jetzt soll sein Sinn gerührt werden, und aus der unendlichen Menge möglicher Bestimmungen soll eine einzelne Wirklichkeit erhalten. Eine Vorstellung soll in ihm entstehen. Was in dem vorhergegangenen Zustand der bloßen Bestimmbarkeit nichts als ein leeres Vermögen war, das wird jetzt zu einer wirkenden Kraft, das bekommt einen Inhalt; zugleich aber erhält

---

ter That nach weit weniger von der Wahrheit entfernen als ihre Gegner, obgleich sie der Einsicht nach es nicht mit diesen aufnehmen können; und dieses Verhältniß findet man überall zwischen der Natur und der Wissenschaft. Die Natur (der Sinn) vereinigt überall, der Verstand scheidet überall; aber die Vernunft vereinigt wieder: daher ist der Mensch, ehe er anfängt zu philosophieren, der Wahrheit näher als der Philosoph, der seine Untersuchung noch nicht geendigt hat. Man kann deswegen ohne alle weitere Prüfung ein Philosophem für irrig erklären, sobald dasselbe, dem Resultat nach, die gemeine Empfindung gegen sich hat: mit demselben Rechte aber kann man es für verdächtig halten, wenn es, der Form und Methode nach, die gemeine Empfindung auf seiner Seite hat. Mit dem letztern mag sich ein jeder Schriftsteller trösten, der eine philosophische Deduktion nicht, wie manche Leser zu erwarten scheinen, wie eine Unterhaltung am Kaminfeuer vertragen kann. Mit dem erstern mag man jeden zum Stillschweigen bringen, der auf Kosten des Menschenverstandes neue Systeme gründen will.

es, als wirkende Kraft, eine Grenze, da es, als bloßes Ver=
mögen, unbegrenzt war. Realität ist also da, aber die Unend=
lichkeit ist verloren. Um eine Gestalt im Raum zu beschreiben,
müssen wir den endlosen Raum begrenzen; um uns eine Ver=
änderung in der Zeit vorzustellen, müssen wir das Zeitganze
theilen. Wir gelangen also nur durch Schranken zur Realität,
nur durch Negation oder Ausschließung zur Position oder
wirklichen Setzung, nur durch Aufhebung unserer freien Be=
stimmbarkeit zur Bestimmung.

Aber aus einer bloßen Ausschließung würde in Ewigkeit
keine Realität und aus einer bloßen Sinnenempfindung in
Ewigkeit keine Vorstellung werden, wenn nicht etwas vorhanden
wäre, von welchem ausgeschlossen wird, wenn nicht durch eine
absolute Thathandlung des Geistes die Negation auf etwas
Positives bezogen, und aus Nichtsetzung Entgegensetzung würde;
diese Handlung des Gemüths heißt urtheilen oder denken, und
das Resultat derselben der Gedanke.

Ehe wir im Raum einen Ort bestimmen, gibt es überhaupt
keinen Raum für uns; aber ohne den absoluten Raum würden
wir nimmermehr einen Ort bestimmen. Eben so mit der Zeit.
Ehe wir den Augenblick haben, gibt es überhaupt keine Zeit
für uns; aber ohne die ewige Zeit würden wir nie eine Vor=
stellung des Augenblicks haben. Wir gelangen also freilich nur
durch den Theil zum Ganzen, nur durch die Grenze zum Unbe=
grenzten; aber wir gelangen auch nur durch das Ganze zum Theil,
nur durch das Unbegrenzte zur Grenze.

Wenn nun also von dem Schönen behauptet wird, daß es
dem Menschen einen Uebergang vom Empfinden zum Denken
bahne, so ist dies keineswegs so zu verstehen, als ob durch das
Schöne die Kluft könnte ausgefüllt werden, die das Empfinden
vom Denken, die das Leiden von der Thätigkeit trennt; diese
Kluft ist unendlich, und ohne Dazwischenkunft eines neuen und
selbstständigen Vermögens kann aus dem Einzelnen in Ewigkeit

nichts Allgemeines, kann aus dem Zufälligen nichts Nothwendiges
werden. Der Gedanke ist die unmittelbare Handlung dieses
absoluten Vermögens, welches zwar durch die Sinne veranlaßt
werden muß, sich zu äußern, in seiner Aeußerung selbst aber
so wenig von der Sinnlichkeit abhängt, daß es sich vielmehr
nur durch Entgegensetzung gegen dieselbe verkündiget. Die Selbstständigkeit, mit der es handelt, schließt jede fremde Einwirkung
aus; und nicht insofern sie beim Denken hilft (welches einen
offenbaren Widerspruch enthält), bloß insofern sie den Denk-
kräften Freiheit verschafft, ihren eigenen Gesetzen gemäß sich zu
äußern, kann die Schönheit ein Mittel werden, den Menschen
von der Materie zur Form, von Empfindungen zu Gesetzen,
von einem beschränkten zu einem absoluten Dasein zu führen.

Dies aber setzt voraus, daß die Freiheit der Denkkräfte
gehemmt werden könne, welches mit dem Begriff eines selbstständigen Vermögens zu streiten scheint. Ein Vermögen nämlich,
welches von außen nichts als den Stoff seines Wirkens empfängt,
kann nur durch Entziehung des Stoffes, also nur negativ an
seinem Wirken gehindert werden, und es heißt die Natur eines
Geistes verkennen, wenn man den sinnlichen Passionen eine
Macht beilegt, die Freiheit des Gemüths positiv unterdrücken
zu können. Zwar stellt die Erfahrung Beispiele in Menge auf,
wo die Vernunftkräfte in demselben Maß unterdrückt erscheinen,
als die sinnlichen Kräfte feuriger wirken; aber, anstatt jene
Geistesschwäche von der Stärke des Affekts abzuleiten, muß man
vielmehr diese überwiegende Stärke des Affekts durch jene Schwäche
des Geistes erklären; denn die Sinne können nicht anders eine
Macht gegen den Menschen vorstellen, als insofern der Geist frei
unterlassen hat, sich als eine solche zu beweisen.

Indem ich aber durch diese Erklärung einem Einwurfe zu
begegnen suche, habe ich mich, wie es scheint, in einen andern
verwickelt, und die Selbstständigkeit des Gemüths nur auf Kosten
seiner Einheit gerettet. Denn wie kann das Gemüth aus sich

selbst zugleich Gründe der Nichtthätigkeit und der Thätigkeit nehmen, wenn es nicht selbst getheilt, wenn es nicht sich selbst entgegengesetzt ist?

Hier müssen wir uns nun erinnern, daß wir den endlichen, nicht den unendlichen Geist vor uns haben. Der endliche Geist ist derjenige, der nicht anders als durch Leiden thätig wird, nur durch Schranken zum Absoluten gelangt, nur, insofern er Stoff empfängt, handelt und bildet. Ein solcher Geist wird also mit dem Triebe nach Form oder nach dem Absoluten einen Trieb nach Stoff oder nach Schranken verbinden, als welche die Bedingungen sind, ohne welche er den ersten Trieb weder haben noch befriedigen könnte. Inwiefern in demselben Wesen zwei so entgegengesetzte Tendenzen zusammen bestehen können, ist eine Aufgabe, die zwar den Metaphysiker, aber nicht den Transcendentalphilosophen in Verlegenheit setzen kann. Dieser gibt sich keineswegs dafür aus, die Möglichkeit der Dinge zu erklären, sondern begnügt sich, die Kenntnisse festzusetzen, aus welchen die Möglichkeit der Erfahrung begriffen wird. Und da nun Erfahrung eben so wenig ohne jene Entgegensetzung im Gemüthe als ohne die absolute Einheit desselben möglich wäre, so stellt er beide Begriffe mit vollkommener Befugniß als gleich nothwendige Bedingungen der Erfahrung auf, ohne sich weiter um ihre Vereinbarkeit zu bekümmern. Diese Inwohnung zweier Grundtriebe widerspricht übrigens auf keine Weise der absoluten Einheit des Geistes, sobald man nur von beiden Trieben ihn selbst unterscheidet. Beide Triebe existieren und wirken zwar in ihm, aber er selbst ist weder Materie noch Form, weder Sinnlichkeit noch Vernunft, welches diejenigen, die den menschlichen Geist nur da selbst handeln lassen, wo sein Verfahren mit der Vernunft übereinstimmt, und, wo dieses der Vernunft widerspricht, ihn bloß für passiv erklären, nicht immer bedacht zu haben scheinen.

Jeder dieser beiden Grundtriebe strebt, sobald er zur Entwicklung gekommen, seiner Natur nach und nothwendig nach

Befriedigung; aber eben darum, weil beide nothwendig und beide doch nach entgegengesetzten Objekten streben, so hebt diese doppelte Nöthigung sich gegenseitig auf, und der Wille behauptet eine vollkommene Freiheit zwischen beiden. Der Wille ist es also, der sich gegen beide Triebe als eine **Macht** (als Grund der Wirklichkeit) verhält, aber keiner von beiden kann sich für sich selbst als eine Macht gegen den andern verhalten. Durch den positivsten Antrieb zur Gerechtigkeit, woran es ihm keineswegs mangelt, wird der Gewaltthätige nicht von Unrecht abgehalten, und durch die lebhafteste Versuchung zum Genuß der Starkmüthige nicht zum Bruch seiner Grundsätze gebracht. Es gibt in dem Menschen keine andere Macht als seinen Willen, und nur, was den Menschen aufhebt, der Tod und jeder Raub des Bewußtseins, kann die innere Freiheit aufheben.

Eine Nothwendigkeit außer uns bestimmt unsern Zustand, unser Daseyn in der Zeit vermittelst der Sinnenempfindung. Diese ist ganz unwillkürlich, und so, wie auf uns gewirkt wird, müssen wir leiden. Eben so eröffnet eine Nothwendigkeit in uns unsre Persönlichkeit, auf Veranlassung jener Sinnenempfindung und durch Entgegensetzung gegen dieselbe; denn das Selbstbewußtsein kann von dem Willen, der es voraussetzt, nicht abhängen. Diese ursprüngliche Verkündigung der Persönlichkeit ist nicht unser Verdienst, und der Mangel derselben nicht unser Fehler. Nur von demjenigen, der sich bewußt ist, wird Vernunft, das heißt, absolute Consequenz und Universalität des Bewußtseins gefordert; vorher ist er nicht Mensch, und kein Akt der Menschheit kann von ihm erwartet werden. So wenig nun der **Metaphysiker** sich die Schranken erklären kann, die der freie und selbstständige Geist durch die Empfindung erleidet, so wenig begreift der **Physiker** die Unendlichkeit, die sich auf Veranlassung dieser Schranken in der Persönlichkeit offenbart. Weder Abstraktion noch Erfahrung leiten uns bis zu der Quelle zurück, aus der unsere Begriffe von Allgemeinheit und

Nothwendigkeit fließen; ihre frühe Erscheinung in der Zeit entzieht sie dem Beobachter und ihr übersinnlicher Ursprung dem metaphysischen Forscher. Aber genug, das Selbstbewußtsein ist da, und zugleich mit der unveränderlichen Einheit desselben ist das Gesetz der Einheit für alles, was für den Menschen ist, und für alles, was durch ihn werden soll, für sein Erkennen und Handeln aufgestellt. Unentfliehbar, unverfälschbar, unbegreiflich stellen die Begriffe von Wahrheit und Recht schon im Alter der Sinnlichkeit sich dar, und, ohne daß man zu sagen wüßte, woher und wie es entstand, bemerkt man das Ewige in der Zeit und das Nothwendige im Gefolge des Zufalls. So entspringen Empfindung und Selbstbewußtsein, völlig ohne Zuthun des Subjekts, und beider Ursprung liegt eben sowohl jenseits unseres Willens, als er jenseits unseres Erkenntnißkreises liegt.

Sind aber beide wirklich, und hat der Mensch, vermittelst der Empfindung, die Erfahrung einer bestimmten Existenz, hat er durch das Selbstbewußtsein die Erfahrung seiner absoluten Existenz gemacht, so werden mit ihren Gegenständen auch seine beiden Grundtriebe rege. Der sinnliche Trieb erwacht mit der Erfahrung des Lebens (mit dem Anfang des Individuums), der vernünftige mit der Erfahrung des Gesetzes (mit dem Anfang der Persönlichkeit), und jetzt erst, nachdem beide zum Dasein gekommen, ist seine Menschheit aufgebaut. Bis dies geschehen ist, erfolgt alles in ihm nach dem Gesetz der Nothwendigkeit; jetzt aber verläßt ihn die Hand der Natur, und es ist seine Sache, die Menschheit zu behaupten, welche jene in ihm anlegte und eröffnete. Sobald nämlich zwei entgegengesetzte Grundtriebe in ihm thätig sind, so verlieren beide ihre Nöthigung, und die Entgegensetzung zweier Nothwendigkeiten gibt der Freiheit den Ursprung. [1]

---

[1] Um aller Mißdeutung vorzubeugen, bemerke ich, daß, so oft hier von Freiheit die Rede ist, nicht diejenige gemeint ist, die dem Menschen, als Intelligenz betrachtet, nothwendig zukommt, und ihm weder gegeben noch

Zwanzigster Brief.

Daß auf die Freiheit nicht gewirkt werden könne, ergibt sich schon aus ihrem bloßen Begriff, daß aber die Freiheit selbst eine Wirkung der Natur (dieses Wort in seinem weitesten Sinne genommen), kein Werk des Menschen sei, daß sie also auch durch natürliche Mittel befördert und gehemmt werden könne, folgt gleich nothwendig aus dem Vorigen. Sie nimmt ihren Anfang erst, wenn der Mensch vollständig ist, und seine beiden Grundtriebe sich entwickelt haben; sie muß also fehlen, solang er unvollständig, und einer von beiden Trieben ausgeschlossen ist, und muß durch alles das, was ihm seine Vollständigkeit zurückgibt, wieder hergestellt werden können.

Nun läßt sich wirklich, sowohl in der ganzen Gattung als in dem einzelnen Menschen, ein Moment aufzeigen, in welchem der Mensch noch nicht vollständig, und einer von beiden Trieben ausschließend in ihm thätig ist. Wir wissen, daß er anfängt mit bloßem Leben, um zu endigen mit Form, daß er früher Individuum als Person ist, daß er von den Schranken aus zur Unendlichkeit geht. Der sinnliche Trieb kommt also früher als der vernünftige zur Wirkung, weil die Empfindung dem Bewußtsein vorhergeht, und in dieser Priorität des sinnlichen Triebes finden wir den Aufschluß zu der ganzen Geschichte der menschlichen Freiheit. '

Denn es gibt nun einen Moment, wo der Lebenstrieb, weil ihm der Formtrieb noch nicht entgegenwirkt, als Natur und als Nothwendigkeit handelt; wo die Sinnlichkeit eine Macht ist, weil der Mensch noch nicht angefangen; denn in dem Menschen

genommen werden kann, sondern diejenige, welche sich auf seine gemischte Natur gründet. Dadurch daß der Mensch überhaupt nur vernünftig handelt, beweist er eine Freiheit der ersten Art; dadurch daß er in den Schranken des Stoffes vernünftig und unter Gesetzen der Vernunft materiell handelt, beweist er eine Freiheit der zweiten Art. Man könnte die letztere schlechtweg durch eine natürliche Möglichkeit der ersteren erklären.

selbst kann es keine andere Macht als den Willen geben. Aber im Zustand des Denkens, zu welchem der Mensch jetzt übergehen soll, soll gerade umgekehrt die Vernunft eine Macht sein, und eine logische oder moralische Nothwendigkeit soll an die Stelle jener physischen treten. Jene Macht der Empfindung muß also vernichtet werden, ehe das Gesetz dazu erhoben werden kann. Es ist also nicht damit gethan, daß etwas anfange, was noch nicht war; es muß zuvor etwas aufhören, welches war. Der Mensch kann nicht unmittelbar vom Empfinden zum Denken übergehen; er muß einen Schritt zurückthun, weil nur, indem eine Determination wieder aufgehoben wird, die entgegengesetzte eintreten kann. Er muß also, um Leiden mit Selbstthätigkeit, um eine passive Bestimmung mit einer aktiven zu vertauschen, augenblicklich von aller Bestimmung frei sein, und einen Zustand der bloßen Bestimmbarkeit durchlaufen. Mithin muß er auf gewisse Weise zu jenem negativen Zustand der bloßen Bestimmungslosigkeit zurückkehren, in welchem er sich befand, ehe noch irgend etwas auf seinen Sinn einen Eindruck machte. Jener Zustand aber war an Inhalt völlig leer, und jetzt kommt es darauf an, eine gleiche Bestimmungslosigkeit und eine gleich unbegrenzte Bestimmbarkeit mit dem größtmöglichen Gehalt zu vereinbaren, weil unmittelbar aus diesem Zustand etwas Positives erfolgen soll. Die Bestimmung, die er durch Sensation empfangen, muß also festgehalten werden, weil er die Realität nicht verlieren darf; zugleich aber muß sie, insofern sie Begrenzung ist, aufgehoben werden, weil eine unbegrenzte Bestimmbarkeit Statt finden soll. Die Aufgabe ist also, die Determination des Zustandes zugleich zu vernichten und beizubehalten, welches nur auf die einzige Art möglich ist, daß man ihr eine andere entgegensetzt. Die Schalen einer Wage stehen gleich, wenn sie leer sind; sie stehen aber auch gleich, wenn sie gleiche Gewichte enthalten.

Das Gemüth geht also von der Empfindung zum Gedanken

durch eine mittlere Stimmung über, in welcher Sinnlichkeit und
Vernunft zugleich thätig sind, eben deßwegen aber ihre bestimmende Gewalt gegenseitig aufheben, und durch eine Entgegensetzung eine Negation bewirken. Diese mittlere Stimmung,
in welcher das Gemüth weder physisch noch moralisch genöthigt
und doch auf beide Art thätig ist, verdient vorzugsweise eine
freie Stimmung zu heißen, und wenn man den Zustand sinnlicher Bestimmung den physischen, den Zustand vernünftiger Bestimmung aber den logischen und moralischen nennt, so muß
man diesen Zustand der realen und aktiven Bestimmbarkeit den
ästhetischen heißen.'

' Für Leser, denen die reine Bedeutung dieses durch Unwissenheit so sehr
gemißbrauchten Wortes nicht ganz geläufig ist, mag Folgendes zur Erklärung
dienen. Alle Dinge, die irgend in der Erscheinung vorkommen können, lassen
sich unter vier verschiedenen Beziehungen denken. Eine Sache kann sich unmittelbar auf unsern sinnlichen Zustand (unser Dasein und Wohlsein) beziehen:
das ist ihre physische Beschaffenheit. Oder sie kann sich auf den Verstand
beziehen, und uns eine Erkenntniß verschaffen: das ist ihre logische Beschaffenheit. Oder sie kann sich auf unsern Willen beziehen und als ein Gegenstand der Wahl für ein vernünftiges Wesen betrachtet werden, das ist ihre
moralische Beschaffenheit. Oder endlich, sie kann sich auf das Ganze unserer
verschiedenen Kräfte beziehen, ohne für eine einzelne derselben ein bestimmtes
Objekt zu sein: das ist ihre ästhetische Beschaffenheit. Ein Mensch kann
uns durch seine Dienstfertigkeit angenehm sein; er kann uns durch seine Unterhaltung zu denken geben, er kann uns durch seinen Charakter Achtung einflößen; endlich kann er uns aber auch, unabhängig von diesem allen, und ohne
daß wir bei seiner Beurtheilung weder auf irgend ein Gesetz, noch auf irgend
einen Zweck Rücksicht nehmen, in der bloßen Betrachtung und durch seine bloße
Erscheinungsart gefallen. In dieser letztern Qualität beurtheilen wir ihn
ästhetisch. So gibt es eine Erziehung zur Gesundheit, eine Erziehung zur
Einsicht, eine Erziehung zur Sittlichkeit, eine Erziehung zum Geschmack und
zur Schönheit. Diese letztere hat zur Absicht, das Ganze unserer sinnlichen
und geistigen Kräfte in möglichster Harmonie auszubilden. Weil man indessen,
von einem falschen Geschmack verführt, und durch ein falsches Raisonnement
noch mehr in diesem Irrthum befestigt, den Begriff des Willkürlichen in den
Begriff des Aesthetischen gern mit aufnimmt, so merke ich hier zum Ueberfluß
noch an (obgleich diese Briefe über ästhetische Erziehung fast mit nichts anderm
umgehen, als jenen Irrthum zu widerlegen), daß das Gemüth im ästhetischen
Zustande zwar frei und im höchsten Grade frei von allem Zwang, aber keineswegs frei von Gesetzen handelt, und daß diese ästhetische Freiheit sich von der

Ein und zwanzigster Brief.

Es gibt, wie ich am Anfange des vorigen Briefs bemerkte, einen doppelten Zustand der Bestimmbarkeit und einen doppelten Zustand der Bestimmung. Jetzt kann ich diesen Satz deutlich machen.

Das Gemüth ist bestimmbar, bloß insofern es überhaupt nicht bestimmt ist; es ist aber auch bestimmbar, insofern es nicht ausschließend bestimmt, d. h., bei seiner Bestimmung nicht beschränkt ist. Jenes ist bloße Bestimmungslosigkeit (es ist ohne Schranken, weil es ohne Realität ist); dieses ist die ästhetische Bestimmbarkeit (es hat keine Schranken, weil es alle Realität vereinigt).

Das Gemüth ist bestimmt, insofern es überhaupt nur beschränkt ist; es ist aber auch bestimmt, insofern es sich selbst aus eignem absoluten Vermögen beschränkt. In dem ersten Falle befindet es sich, wenn es empfindet; in dem zweiten, wenn es denkt. Was also das Denken in Rücksicht auf Bestimmung ist, das ist die ästhetische Verfassung in Rücksicht auf Bestimmbarkeit; jenes ist Beschränkung aus innerer unendlicher Kraft, diese ist eine Negation aus innerer unendlicher Fülle. So wie Empfinden und Denken einander in dem einzigen Punkt berühren, daß in beiden Zuständen das Gemüth determinirt, daß der Mensch ausschließungsweise Etwas — entweder Individuum oder Person — ist, sonst aber sich ins Unendliche von einander entfernen: gerade so trifft die ästhetische Bestimmbarkeit mit der bloßen Bestimmungslosigkeit in dem einzigen Punkt überein, daß beide jedes bestimmte Dasein ausschließen, indem sie in allen übrigen Punkten wie Nichts und Alles, mithin unendlich verschieden sind. Wenn also die letztere, die Bestimmungslosigkeit aus Mangel, als eine

---

seglichen Nothwendigkeit beim Denken und von der moralischen Nothwendigkeit beim Wollen nur dadurch unterscheidet, daß die Gesetze, nach denen das Gemüth dabei verfährt, nicht vorgestellt werden, und weil sie keinen Widerstand finden, nicht als Nöthigung erscheinen.

leere Unendlichkeit vorgestellt wurde, so muß die ästhetische Bestimmungsfreiheit, welche das reale Gegenstück derselben ist, als eine erfüllte Unendlichkeit betrachtet werden: eine Vorstellung, welche mit demjenigen, was die vorhergehenden Untersuchungen lehren, aufs genaueste zusammentrifft.

In dem ästhetischen Zustande ist der Mensch also Null, insofern man auf ein einzelnes Resultat, nicht auf das ganze Vermögen achtet, und den Mangel jeder besondern Determination in ihm in Betrachtung zieht. Daher muß man denjenigen vollkommen Recht geben, welche das Schöne und die Stimmung, in die es unser Gemüth versetzt, in Rücksicht auf Erkenntniß und Gesinnung für völlig indifferent und unfruchtbar erklären. Sie haben vollkommen Recht; denn die Schönheit gibt schlechterdings kein einzelnes Resultat, weder für den Verstand noch für den Willen, sie führt keinen einzelnen, weder intellektuellen noch moralischen Zweck aus; sie findet keine einzige Wahrheit, hilft uns keine einzige Pflicht erfüllen und ist, mit einem Worte, gleich ungeschickt, den Charakter zu gründen und den Kopf aufzuklären. Durch die ästhetische Kultur bleibt also der persönliche Werth eines Menschen oder seine Würde, insofern diese nur von ihm selbst abhängen kann, noch völlig unbestimmt, und es ist weiter nichts erreicht, als daß es ihm nunmehr von Natur wegen möglich gemacht ist, aus sich selbst zu machen, was er will — daß ihm die Freiheit, zu sein, was er sein soll, vollkommen zurückgegeben ist.

Eben dadurch aber ist etwas Unendliches erreicht. Denn, sobald wir uns erinnern, daß ihm durch die einseitige Nöthigung der Natur beim Empfinden und durch die ausschließende Gesetzgebung der Vernunft beim Denken gerade diese Freiheit entzogen wurde, so müssen wir das Vermögen, welches ihm in der ästhetischen Stimmung zurückgegeben wird, als die höchste aller Schenkungen, als die Schenkung der Menschheit betrachten. Freilich besitzt er diese Menschheit der Anlage nach schon vor

jedem bestimmten Zustand, in den er kommen kann; aber der
That nach verliert er sie mit jedem bestimmten Zustand, in den
er kommt, und sie muß ihm, wenn er zu einem entgegengesetzten
soll übergehen können, jedesmal aufs neue durch das ästhetische
Leben zurückgegeben werden. '

  Es ist also nicht bloß poetisch erlaubt, sondern auch philo=
sophisch richtig, wenn man die Schönheit unsere zweite Schöpferin
nennt.   Denn, ob sie uns gleich die Menschheit bloß möglich
macht, und es im Uebrigen unserm freien Willen anheimstellt,
in wie weit wir sie wirklich machen wollen, so hat sie dieses ja
mit unserer ursprünglichen Schöpferin, der Natur, gemein, die
uns gleichfalls nichts weiter als das Vermögen zur Menschheit
ertheilte, den Gebrauch desselben aber auf unsere eigene Willens=
bestimmung ankommen läßt.

Zwei und zwanzigster Brief.

  Wenn also die ästhetische Stimmung des Gemüths in e i n e r
Rücksicht als N u l l betrachtet werden muß, sobald man nämlich
sein Augenmerk auf einzelne und bestimmte Wirkungen richtet,
so ist sie in anderer Rücksicht wieder als ein Zustand der h ö ch s t e n
Realität anzusehen, insofern man dabei auf die Abwesenheit

' Zwar läßt die Schnelligkeit, mit welcher gewisse Charaktere von Empfin=
dungen zu Gedanken und zu Entschließungen übergeben, die ästhetische Stimmung,
welche sie in dieser Zeit nothwendig durchlaufen müssen, kaum oder gar nicht
bemerkbar werden.   Solche Gemüther können den Zustand der Bestimmungs=
losigkeit nicht lang ertragen, und dringen ungeduldig auf ein Resultat, welches
sie in dem Zustand ästhetischer Unbegrenztheit nicht finden.   Dahingegen
breitet sich bei Andern, welche ihren Genuß mehr in das Gefühl des ganzen
Vermögens, als einer einzelnen Handlung desselben setzen, der ästhetische
Zustand in eine weit größere Fläche aus.   So sehr die Ersten sich vor der Leer=
heit fürchten, so wenig können die Letzten Beschränkung ertragen.   Ich brauche
kaum zu erinnern, daß die Ersten fürs Detail und für subalterne Geschäfte,
die Letzten, vorausgesetzt, daß sie mit diesem Vermögen zugleich Realität ver=
einigen, fürs Ganze und zu großen Rollen geboren sind.

aller Schranken und auf die Summe der Kräfte achtet, die in
derselben gemeinschaftlich thätig sind. Man kann also denjenigen
eben so wenig Unrecht geben, die den ästhetischen Zustand für
den fruchtbarsten in Rücksicht auf Erkenntniß und Moralität erklären. Sie haben vollkommen Recht; denn eine Gemüthsstimmung, welche das Ganze der Menschheit in sich begreift, muß
nothwendig auch jede einzelne Aeußerung derselben, dem Vermögen
nach, in sich schließen; eine Gemüthsstimmung, welche von dem
Ganzen der menschlichen Natur alle Schranken entfernt, muß
diese nothwendig auch von jeder einzelnen Aeußerung derselben
entfernen. Eben deßwegen, weil sie keine einzelne Function der
Menschheit ausschließend in Schutz nimmt, so ist sie einer jeden
ohne Unterschied günstig, und sie begünstigt ja nur deßwegen
keine einzelne vorzugsweise, weil sie der Grund der Möglichkeit
von allen ist. Alle anderen Uebungen geben dem Gemüth irgend
ein besonderes Geschick, aber setzen ihm dafür auch eine besondere
Grenze; die ästhetische allein führt zum Unbegrenzten. Jeder
andere Zustand, in den wir kommen können, weist uns auf einen
vorhergehenden zurück und bedarf zu seiner Auflösung eines folgenden; nur der ästhetische ist ein Ganzes in sich selbst, da er
alle Bedingungen seines Ursprungs und seiner Fortdauer in sich
vereinigt. Hier allein fühlen wir uns wie aus der Zeit gerissen, und unsere Menschheit äußert sich mit einer Reinheit und
Integrität, als hätte sie von der Einwirkung äußerer Kräfte
noch keinen Abbruch erfahren.

Was unsern Sinnen in der unmittelbaren Empfindung
schmeichelt, das öffnet unser weiches und bewegliches Gemüth
jedem Eindruck, aber macht uns auch in demselben Grad zur
Anstrengung weniger tüchtig. Was unsere Denkkräfte anspannt
und zu abgezogenen Begriffen einladet, das stärkt unsern Geist
zu jeder Art des Widerstandes, aber verhärtet ihn auch in demselben Verhältniß, und raubt uns eben so viel an Empfänglichkeit,
als es uns zu einer größern Selbstthätigkeit verhilft. Eben

deßwegen führt auch das Eine wie das Andere zuletzt nothwendig zur Erschöpfung, weil der Stoff nicht lange der bildenden Kraft, weil die Kraft nicht lange des bildsamen Stoffes
entrathen kann. Haben wir uns hingegen dem Genuß echter
Schönheit dahingegeben, so sind wir in einem solchen Augenblick
unserer leidenden und thätigen Kräfte in gleichem Grad Meister,
und mit gleicher Leichtigkeit werden wir uns zum Ernst und zum
Spiele, zur Ruhe und zur Bewegung, zur Nachgiebigkeit und zum
Widerstand, zum abstrakten Denken und zur Anschauung wenden.

Diese hohe Gleichmüthigkeit und Freiheit des Geistes, mit
Kraft und Rüstigkeit verbunden, ist die Stimmung, in der uns
ein echtes Kunstwerk entlassen soll, und es gibt keinen sicherern
Probierstein der wahren ästhetischen Güte. Finden wir uns nach
einem Genuß dieser Art zu irgend einer besondern Empfindungsweise oder Handlungsweise vorzugsweise aufgelegt, zu einer andern
hingegen ungeschickt und verdrossen, so dient dies zu einem un-
trüglichen Beweise, daß wir keine rein ästhetische Wirkung
erfahren haben, es sei nun, daß es an dem Gegenstand oder an
unserer Empfindungsweise oder (wie fast immer der Fall ist) an
beiden zugleich gelegen habe.

Da in der Wirklichkeit keine rein ästhetische Wirkung anzu-
treffen ist (denn der Mensch kann nie aus der Abhängigkeit der
Kräfte treten), so kann die Vortrefflichkeit eines Kunstwerks
bloß in seiner größern Annäherung zu jenem Ideale ästhetischer
Reinigkeit bestehen, und bei aller Freiheit, zu der man es
steigern mag, werden wir es doch immer in einer besondern
Stimmung und mit einer eigenthümlichen Richtung verlassen.
Je allgemeiner nun die Stimmung, und je weniger eingeschränkt
die Richtung ist, welche unserm Gemüth durch eine bestimmte
Gattung der Künste und durch ein bestimmtes Produkt aus
derselben gegeben wird, desto edler ist jene Gattung, und desto
vortrefflicher ein solches Produkt. Man kann dies mit Werken
aus verschiedenen Künsten und mit verschiedenen Werken der

nämlichen Kunst versuchen. Wir verlassen eine schöne Musik mit reger Empfindung, ein schönes Gedicht mit belebter Einbildungskraft, ein schönes Bildwerk und Gebäude mit aufgewecktem Verstand; wer uns aber unmittelbar nach einem hohen musikalischen Genuß zu abgezogenem Denken einladen, unmittelbar nach einem hohen poetischen Genuß in einem abgemessenen Geschäft des gemeinen Lebens gebrauchen, unmittelbar nach Betrachtung schöner Malereien und Bildhauerwerke unsere Einbildungskraft erhitzen, und unser Gefühl überraschen wollte, der würde seine Zeit nicht gut wählen. Die Ursache ist, weil auch die geistreichste Musik durch ihre Materie noch immer in einer größern Affinität zu den Sinnen steht, als die wahre ästhetische Freiheit duldet, weil auch das glücklichste Gedicht von dem willkürlichen und zufälligen Spiele der Imagination, als seines Mediums, noch immer mehr participiert, als die innere Nothwendigkeit des wahrhaft Schönen verstattet, weil auch das trefflichste Bildwerk, und dieses vielleicht am meisten, durch die Bestimmtheit seines Begriffs an die ernste Wissenschaft grenzt. Indessen verlieren sich diese besondern Affinitäten mit jedem höhern Grade, den ein Werk aus diesen drei Kunstgattungen erreicht, und es ist eine nothwendige und natürliche Folge ihrer Vollendung, daß, ohne Verrückung ihrer objektiven Grenzen, die verschiedenen Künste in ihrer Wirkung auf das Gemüth einander immer ähnlicher werden. Die Musik in ihrer höchsten Veredlung muß Gestalt werden und mit der ruhigen Macht der Antike auf uns wirken; die bildende Kunst in ihrer höchsten Vollendung muß Musik werden und uns durch unmittelbare sinnliche Gegenwart rühren; die Poesie in ihrer vollkommensten Ausbildung muß uns, wie die Tonkunst, mächtig fassen, zugleich aber, wie die Plastik, mit ruhiger Klarheit umgeben. Darin eben zeigt sich der vollkommene Styl in jeglicher Kunst, daß er die specifischen Schranken derselben zu entfernen weiß, ohne doch ihre specifischen Vorzüge mit aufzuheben, und durch eine weise

Benutzung ihrer Eigenthümlichkeit ihr einen mehr allgemeinen
Charakter ertheilt.

Und nicht bloß die Schranken, welche der specifische Charakter
seiner Kunstgattung mit sich bringt, auch diejenigen, welche dem
besondern Stoffe, den er bearbeitet, anhängig sind, muß der
Künstler durch die Behandlung überwinden. In einem wahrhaft
schönen Kunstwerk soll der Inhalt nichts, die Form aber alles
thun; denn durch die Form allein wird auf das Ganze des
Menschen, durch den Inhalt hingegen nur auf einzelne Kräfte
gewirkt. Der Inhalt, wie erhaben und weitumfassend er auch
sei, wirkt also jederzeit einschränkend auf den Geist, und nur
von der Form ist wahre ästhetische Freiheit zu erwarten. Darin
also besteht das eigentliche Kunstgeheimniß des Meisters, daß
er den Stoff durch die Form vertilgt; und je imposanter,
anmaßender, verführerischer der Stoff an sich selbst ist, je eigen-
mächtiger derselbe mit seiner Wirkung sich vordrängt, oder je
mehr der Betrachter geneigt ist, sich unmittelbar mit dem Stoff
einzulassen, desto triumphierender ist die Kunst, welche jenen
zurückzwingt und über diesen die Herrschaft behauptet. Das
Gemüth des Zuschauers und Zuhörers muß völlig frei und un-
verletzt bleiben, es muß aus dem Zauberkreise des Künstlers
rein und vollkommen wie aus den Händen des Schöpfers gehen.
Der frivolste Gegenstand muß so behandelt werden, daß wir
aufgelegt bleiben, unmittelbar von demselben zu dem strengsten
Ernste überzugehen. Der ernsteste Stoff muß so behandelt werden, daß wir die Fähigkeit behalten, ihn unmittelbar mit dem
leichtesten Spiele zu vertauschen. Künste des Affekts, dergleichen
die Tragödie ist, sind kein Einwurf: denn erstlich sind es keine
ganz freien Künste, da sie unter der Dienstbarkeit eines besonderen Zweckes (des Pathetischen) stehen, und dann wird wohl
kein wahrer Kunstkenner läugnen, daß Werke, auch selbst aus
dieser Klasse, um so vollkommener sind, je mehr sie auch im
höchsten Sturme des Affekts die Gemüthsfreiheit schonen. Eine

ſchöne Kunſt der Leidenſchaft gibt es; aber eine ſchöne leidenſchaftliche Kunſt iſt ein Widerſpruch, denn der unausbleibliche
Effekt des Schönen iſt Freiheit von Leidenſchaften. Nicht weniger
widerſprechend iſt der Begriff einer ſchönen lehrenden (didaktiſchen)
oder beſſernden (moraliſchen) Kunſt, denn nichts ſtreitet mehr
mit dem Begriff der Schönheit, als dem Gemüth eine beſtimmte
Tendenz zu geben.

Nicht immer beweiſt es indeſſen eine Formloſigkeit in dem
Werke, wenn es bloß durch ſeinen Inhalt Effekt macht; es kann
eben ſo oft von einem Mangel an Form in dem Beurtheiler
zeugen. Iſt dieſer entweder zu geſpannt oder zu ſchlaff; iſt er
gewohnt, entweder bloß mit dem Verſtand oder bloß mit den
Sinnen aufzunehmen, ſo wird er ſich auch bei dem glücklichſten
Ganzen nur an die Theile, und bei der ſchönſten Form nur an
die Materie halten. Nur für das rohe Element empfänglich,
muß er die äſthetiſche Organiſation eines Werks erſt zerſtören,
ehe er einen Genuß daran findet, und das Einzelne ſorgfältig
aufſcharren, das der Meiſter mit unendlicher Kunſt in der Harmonie des Ganzen verſchwinden machte. Sein Intereſſe daran
iſt ſchlechterdings entweder moraliſch oder phyſiſch; nur gerade,
was es ſein ſoll, äſthetiſch iſt es nicht. Solche Leſer genießen
ein ernſthaftes und pathetiſches Gedicht, wie eine Predigt, und
ein naives oder ſcherzhaftes, wie ein berauſchendes Getränk; und
waren ſie geſchmacklos genug, von einer Tragödie und Epopöe,
wenn es auch eine Meſſiade wäre, Erbauung zu verlangen,
ſo werden ſie an einem anakreontiſchen oder catulliſchen Lied
unfehlbar ein Aergerniß nehmen.

Drei und zwanzigſter Brief.

Ich nehme den Faden meiner Unterſuchung wieder auf, den
ich nur darum abgeriſſen habe, um von den aufgeſtellten Sätzen

die Anwendung auf die ausübende Kunst und auf die Beurtheilung ihrer Werke zu machen.

Der Uebergang von dem leidenden Zustande des Empfindens
zu dem thätigen des Denkens und Wollens geschieht also nicht
anders, als durch einen mittleren Zustand ästhetischer Freiheit,
und obgleich dieser Zustand an sich selbst weder für unsere Ein-
sichten, noch Gesinnungen etwas entscheidet, mithin unsern intellektuellen und moralischen Werth ganz und gar problematisch
läßt, so ist er doch die nothwendige Bedingung, unter welcher
allein wir zu einer Einsicht und zu einer Gesinnung gelangen
können. Mit einem Wort: es gibt keinen andern Weg, den
sinnlichen Menschen vernünftig zu machen, als daß man denselben zuvor ästhetisch macht.

Aber, möchten Sie mir einwenden, sollte diese Vermittlung
durchaus unentbehrlich sein? Sollten Wahrheit und Pflicht nicht
auch schon für sich allein und durch sich selbst bei dem sinnlichen
Menschen Eingang finden können? Hierauf muß ich antworten:
sie können nicht nur, sie sollen schlechterdings ihre bestimmende
Kraft bloß sich selbst zu verdanken haben, und nichts würde
meinen bisherigen Behauptungen widersprechender sein, als wenn
sie das Ansehen hätten, die entgegengesetzte Meinung in Schutz
zu nehmen. Es ist ausdrücklich bewiesen worden, daß die Schönheit kein Resultat weder für den Verstand noch den Willen gebe,
daß sie sich in kein Geschäft weder des Denkens noch des Ent-
schließens mische, daß sie zu beiden bloß das Vermögen ertheile,
aber über den wirklichen Gebrauch dieses Vermögens durchaus
nichts bestimme. Bei diesem fällt alle fremde Hilfe hinweg, und
die reine logische Form, der Begriff, muß unmittelbar zu dem
Verstand, die reine moralische Form, das Gesetz, unmittelbar zu
dem Willen reden.

Aber daß sie dieses überhaupt nur könne — daß es überhaupt nur eine reine Form für den sinnlichen Menschen gebe,
dies, behaupte ich, muß durch die ästhetische Stimmung des

Gemüths erst möglich gemacht werden. Die Wahrheit ist nichts, was so, wie die Wirklichkeit oder das sinnliche Dasein der Dinge von außen empfangen werden kann; sie ist etwas, das die Denkkraft selbstthätig und in ihrer Freiheit hervorbringt, und diese Selbstthätigkeit, diese Freiheit ist es ja eben, was wir bei dem sinnlichen Menschen vermissen. Der sinnliche Mensch ist schon (physisch) bestimmt und hat folglich keine freie Bestimmbarkeit mehr: diese verlorne Bestimmbarkeit muß er nothwendig erst zurückerhalten, ehe er die leidende Bestimmung mit einer thätigen vertauschen kann. Er kann sie aber nicht anders zurückerhalten, als entweder indem er die passive Bestimmung verliert, die er hatte, oder indem er die aktive schon in sich enthält, zu welcher er übergehen soll. Verlöre er bloß die passive Bestimmung, so würde er zugleich mit derselben auch die Möglichkeit einer aktiven verlieren, weil der Gedanke einen Körper braucht, und die Form nur an einem Stoffe realisiert werden kann. Er wird also die letztere schon in sich enthalten, er wird zugleich leidend und thätig bestimmt sein, das heißt, er wird ästhetisch werden müssen.

Durch die ästhetische Gemüthsstimmung wird also die Selbstthätigkeit der Vernunft schon auf dem Felde der Sinnlichkeit eröffnet, die Macht der Empfindung schon innerhalb ihrer eigenen Grenzen gebrochen, und der physische Mensch so weit veredelt, daß nunmehr der geistige sich nach Gesetzen der Freiheit aus demselben bloß zu entwickeln braucht. Der Schritt von dem ästhetischen Zustand zu dem logischen und moralischen (von der Schönheit zur Wahrheit und zur Pflicht) ist daher unendlich leichter, als der Schritt von dem physischen Zustande zu dem ästhetischen (von dem bloßen blinden Leben zur Form) war. Jenen Schritt kann der Mensch durch seine bloße Freiheit vollbringen, da er sich bloß zu nehmen und nicht zu geben, bloß seine Natur zu vereinzeln, nicht zu erweitern braucht; der ästhetisch gestimmte Mensch wird allgemein gültig urtheilen und

allgemein gültig handeln, sobald er es wollen wird. Den Schritt
von der rohen Materie zur Schönheit, wo eine ganz neue Thätig:
keit in ihm eröffnet werden soll, muß die Natur ihm erleichtern,
und sein Wille kann über eine Stimmung nichts gebieten, die
ja dem Willen selbst erst das Dasein gibt. Um den ästhetischen
Menschen zur Einsicht und großen Gesinnungen zu führen, darf
man ihm weiter nichts als wichtige Anlässe geben; um von dem
sinnlichen Menschen eben das zu erhalten, muß man erst seine
Natur verändern. Bei jenem braucht es oft nichts als die
Aufforderung einer erhabenen Situation (die am unmittelbarsten
auf das Willensvermögen wirkt), um ihn zum Helden und zum
Weisen zu machen; diesen muß man erst unter einen andern
Himmel versetzen.

Es gehört also zu den wichtigsten Aufgaben der Kultur, den
Menschen auch schon in seinem bloß physischen Leben der Form
zu unterwerfen und ihn, so weit das Reich der Schönheit nur
immer reichen kann, ästhetisch zu machen, weil nur aus dem
ästhetischen, nicht aber aus dem physischen Zustand der moralische
sich entwickeln kann. Soll der Mensch in jedem einzelnen Fall
das Vermögen besitzen, sein Urtheil und seinen Willen zum
Urtheil der Gattung zu machen, soll er aus jedem beschränkten
Dasein den Durchgang zu einem unendlichen finden, aus jedem
abhängigen Zustand zur Selbstständigkeit und Freiheit den Auf:
schwung nehmen können, so muß dafür gesorgt werden, daß er
in keinem Momente bloß Individuum sei und bloß dem Natur:
gesetze diene. Soll er fähig und fertig sein, aus dem engen
Kreis der Naturzwecke sich zu Vernunftzwecken zu erheben, so
muß er sich schon innerhalb der erstern für die letztern geübt
und schon seine physische Bestimmung mit einer gewissen Freiheit
der Geister, d. i. nach Gesetzen der Schönheit, ausgeführt haben.

Und zwar kann er dieses, ohne dadurch im geringsten seinem
physischen Zweck zu widersprechen. Die Anforderungen der Natur
an ihn gehen bloß auf das, was er wirkt, auf den

Inhalt seines Handelns: über die Art, wie er wirkt, über die Form desselben, ist durch die Naturzwecke nichts bestimmt. Die Anforderungen der Vernunft hingegen sind streng auf die Form seiner Thätigkeit gerichtet. So nothwendig es also für seine moralische Bestimmung ist, daß er rein moralisch sei, daß er eine absolute Selbstthätigkeit beweise, so gleichgültig ist es für seine physische Bestimmung, ob er rein physisch ist, ob er sich absolut leidend verhält. In Rücksicht auf diese letztere ist es also ganz in seine Willkür gestellt, ob er sie bloß als Sinnenwesen und als Naturkraft (als eine Kraft nämlich, welche nur wirkt, jenachdem sie erleidet), oder ob er sie zugleich als absolute Kraft, als Vernunftwesen ausführen will, und es dürfte wohl keine Frage sein, welches von beiden seiner Würde mehr entspricht. Vielmehr, so sehr es ihn erniedrigt und schändet, dasjenige aus sinnlichem Antriebe zu thun, wozu er sich aus reinen Motiven der Pflicht bestimmt haben sollte, so sehr ehrt und adelt es ihn, auch da nach Gesetzmäßigkeit, nach Harmonie, nach Unbeschränktheit zu streben, wo der gemeine Mensch nur sein erlaubtes Verlangen stillt.¹ Mit einem Wort: im Gebiete der

¹ Diese geistreiche und ästhetisch freie Behandlung gemeiner Wirklichkeit ist, wo man sie auch antrifft, das Kennzeichen einer edeln Seele. Edel ist überhaupt ein Gemüth zu nennen, welches die Gabe besitzt, auch das beschränkteste Geschäft und den kleinlichsten Gegenstand durch die Behandlungsweise in ein Unendliches zu verwandeln. Edel heißt jede Form, welche dem, was seiner Natur nach bloß dient (bloßes Mittel ist) das Gepräge der Selbstständigkeit aufdrückt. Ein edler Geist begnügt sich nicht damit selbst frei zu sein: er muß alles andere um sich her, auch das Leblose, in Freiheit setzen. Schönheit aber ist der einzig mögliche Ausdruck der Freiheit in der Erscheinung. Der vorherrschende Ausdruck des Verstandes in einem Gesicht, einem Kunstwerk u dergl. kann daher niemals edel ausfallen, wie er denn auch niemals schön ist, weil er die Abhängigkeit (welche von der Zweckmäßigkeit nicht zu trennen ist) heraushebt, anstatt sie zu verbergen.

Der Moralphilosoph lehrt uns zwar, daß man nie mehr thun könne als seine Pflicht, und er hat vollkommen Recht, wenn er bloß die Beziehung meint, welche Handlungen auf das Moralgesetz haben. Aber bei Handlungen, welche sich bloß auf einen Zweck beziehen, über diesen Zweck noch hinaus ins Uebersinnliche gehen (welches hier nichts anders heißen kann als das

Wahrheit und Moralität darf die Empfindung nichts zu bestimmen haben; aber im Bezirke der Glückseligkeit darf Form sein, und darf der Spieltrieb gebieten.

Also hier schon, auf dem gleichgültigen Felde des physischen Lebens, muß der Mensch sein moralisches anfangen; noch in seinem Leiden muß er seine Selbstthätigkeit, noch innerhalb seiner sinnlichen Schranken seine Vernunftfreiheit beginnen. Schon seinen Neigungen muß er das Gesetz seines Willens auflegen; er muß, wenn Sie mir den Ausdruck verstatten wollen, den Krieg gegen die Materie in ihre eigene Grenze spielen, damit er es überhoben sei, auf dem heiligen Boden der Freiheit gegen diesen furcht-baren Feind zu fechten; er muß lernen edler begehren, damit er nicht nöthig habe, erhaben zu wollen. Dieses wird ge-leistet durch ästhetische Kultur, welche alles das, worüber weder Naturgesetze die menschliche Willkür binden, noch Vernunftgesetze,

Pflichte ästhetisch auszuüben), heißt zugleich über die Pflicht hinaus gehen, indem diese nur vorschreiben kann, daß der Wille heilig sei, nicht daß auch schon die Natur sich geheiligt habe. Es gibt also zwar kein morali-sches, aber es gibt ein ästhetisches Uebertreffen der Pflicht, und ein solches Betragen heißt edel. Eben deßwegen aber, weil bei dem Edeln immer ein Ueberfluß wahrgenommen wird, indem dasjenige auch einen freien formalen Werth besitzt, was bloß einen materialen zu haben brauchte, oder mit dem innern Werth, den es haben soll, noch einen äußern, der ihm fehlen dürfte, vereinigt, so haben Manche ästhetischen Ueberfluß mit einem moralischen ver-wechselt und, von der Erscheinung des Edeln verführt, eine Willkür und Zu-fälligkeit in die Moralität selbst hineingetragen, wodurch sie ganz würde auf-gehoben werden.

Von einem edeln Betragen ist ein erhabenes zu unterscheiden. Das erste geht über die sittliche Verbindlichkeit noch hinaus, aber nicht so das letztere, obgleich wir es ungleich höher als jenes achten. Wir achten es aber nicht deß-wegen, weil es den Vernunftbegriff seines Objekts (des Moralgesetzes), sondern weil es den Erfahrungsbegriff seines Subjekts (unsere Kenntnisse menschlicher Willensgüte und Willensstärke) übertrifft; so schätzen wir umgekehrt ein edles Betragen nicht darum, weil es die Natur des Subjekts überschreitet, aus der es vielmehr völlig zwanglos hervorfließen muß, sondern weil es über die Natur seines Objekts (den physischen Zweck) hinaus in das Geisterreich schreitet. Dort, möchte man sagen, erstaunen wir über den Sieg, den der Gegenstand über den Menschen davon trägt; hier bewundern wir den Schwung, den der Mensch dem Gegenstande gibt.

Gesetzen der Schönheit unterwirft, und in der Form, die sie dem äußern Leben gibt, schon das innere eröffnet.

Vier und zwanzigster Brief.

Es lassen sich also drei verschiedene Momente oder Stufen der Entwicklung unterscheiden, die sowohl der einzelne Mensch als die ganze Gattung nothwendig und in einer bestimmten Ordnung durchlaufen müssen, wenn sie den ganzen Kreis ihrer Bestimmung erfüllen sollen. Durch zufällige Ursachen, die entweder in dem Einfluß der äußern Dinge oder in der freien Willkür des Menschen liegen, können zwar die einzelnen Perioden bald verlängert, bald abgekürzt, aber keine kann ganz übersprungen, und auch die Ordnung, in welcher sie aufeinander folgen, kann weder durch die Natur noch durch den Willen umgekehrt werden. Der Mensch in seinem physischen Zustand erleidet bloß die Macht der Natur; er entledigt sich dieser Macht in dem ästhetischen Zustand, und er beherrscht sie in dem moralischen.

Was ist der Mensch, ehe die Schönheit die freie Lust ihm entlockt, und die ruhige Form das wilde Leben besänftigt? Ewig einförmig in seinen Zwecken, ewig wechselnd in seinen Urtheilen, selbstsüchtig ohne er selbst zu sein, ungebunden ohne frei zu sein, Sklave ohne einer Regel zu dienen. In dieser Epoche ist ihm die Welt bloß Schicksal, noch nicht Gegenstand; alles hat nur Existenz für ihn, insofern es ihm Existenz verschafft; was ihm weder gibt noch nimmt, ist ihm gar nicht vorhanden. Einzeln und abgeschnitten, wie er sich selbst in der Reihe der Wesen findet, steht jede Erscheinung vor ihm da. Alles, was ist, ist ihm durch das Machtwort des Augenblicks; jede Veränderung ist ihm eine ganz frische Schöpfung, weil mit dem Nothwendigen in ihm die Nothwendigkeit außer ihm fehlt, welche die wechselnden Gestalten in ein Weltall zusammenbindet, und, indem das Individuum flieht, das Gesetz auf dem Schauplatze festhält. Umsonst läßt die Natur ihre reiche Mannigfaltigkeit an seinen Sinnen vorübergehen; er sieht in ihrer herrlichen Fülle nichts als seine Beute, in ihrer Macht und Größe nichts als seinen Feind. Entweder er stürzt auf die Gegenstände und will sie in sich reißen, in der Begierde; oder die Gegenstände dringen zerstörend auf ihn ein, und er stößt sie von sich, in der Verabscheuung. In beiden Fällen ist sein Verhältniß zur Sinnenwelt unmittelbare Berührung, und ewig von ihrem Andrang geängstigt, rastlos von dem gebieterischen Bedürfniß gequält, findet er nirgends Ruhe als in der Ermattung und nirgends Grenzen als in der erschöpften Begier.

> Zwar die gewalt'ge Brust und der Titanen
> Kraftvolles Mark ist sein . . . . .
> Gewisses Erbtheil; doch es schmiedete
> Der Gott um seine Stirn ein ehern Band.
> Rath, Mäßigung und Weisheit und Geduld
> Verbarg er seinem scheuen, düstern Blick.
> Es wird zur Wuth ihm jegliche Begier,
> Und grenzenlos dringt seine Wuth umher.
> > Iphigenie auf Tauris.

Mit seiner Menschenwürde unbekannt, ist er weit entfernt sie in Andern zu ehren; und der eigenen wilden Gier sich bewußt, fürchtet er sie in jedem Geschöpf, das ihm ähnlich sieht. Nie erblickt er Andere in sich, nur sich in Andern; und die Gesellschaft, anstatt ihn zur Gattung auszudehnen, schließt ihn nur enger und enger in sein Individuum ein. In dieser dumpfen Beschränkung irrt er durch das nachtvolle Leben, bis eine günstige Natur die Last des Stoffes von seinen verfinsterten Sinnen wälzt, die Reflexion ihn selbst von den Dingen scheidet, und im Wiederscheine des Bewußtseins sich endlich die Gegenstände zeigen.

Dieser Zustand roher Natur läßt sich freilich, so wie er hier geschildert wird, bei keinem bestimmten Volk und Zeitalter nachweisen; er ist bloß Idee, aber eine Idee, mit der die Erfahrung in einzelnen Zügen aufs genaueste zusammenstimmt. Der Mensch, kann man sagen, war nie ganz in diesem thierischen Zustand, aber er ist ihm auch nie ganz entflohen. Auch in den rohesten Subjekten findet man unverkennbare Spuren von Vernunftfreiheit, so wie es in den gebildetsten nicht an Momenten fehlt, die an jenen düstern Naturstand erinnern. Es ist dem Menschen einmal eigen, das Höchste und das Niedrigste in seiner Natur zu vereinigen, und wenn seine Würde auf einer strengen Unterscheidung des einen von dem andern beruht, so beruht auf einer geschickten Aufhebung dieses Unterschieds seine Glückseligkeit. Die Kultur, welche seine Würde mit seiner Glückseligkeit in Uebereinstimmung bringen soll, wird also für die höchste Reinheit jener beiden Principien in ihrer innigsten Vermischung zu sorgen haben.

Die erste Erscheinung der Vernunft in dem Menschen ist darum noch nicht auch der Anfang seiner Menschheit. Diese wird erst durch seine Freiheit entschieden, und die Vernunft fängt erstlich damit an, seine sinnliche Abhängigkeit grenzenlos zu machen: ein Phänomen, das mir für seine Wichtigkeit und Allgemeinheit noch nicht gehörig entwickelt scheint. Die Vernunft, wissen wir, gibt sich in dem Menschen durch die Forderung des Absoluten (auf sich selbst Gegründeten und Nothwendigen) zu erkennen, welche, da ihr in keinem einzelnen Zustand seines physischen Lebens Genüge geleistet werden kann, ihn das Physische ganz und gar zu verlassen, und von einer beschränkten Wirklichkeit zu Ideen aufzusteigen nöthigt. Aber obgleich der wahre Sinn jener Forderung ist, ihn den Schranken der Zeit zu entreißen und von der sinnlichen Welt zu einer Idealwelt empor zu führen, so kann sie doch durch eine (in dieser Epoche der herrschenden Sinnlichkeit kaum zu vermeidende) Mißdeutung auf das physische Leben sich richten und den Menschen, anstatt ihn unabhängig zu machen, in die furchtbarste Knechtschaft stürzen.

Und so verhält es sich auch in der That. Auf den Flügeln der Einbildungskraft verläßt der Mensch die engen Schranken der Gegenwart, in welche die bloße Thierheit sich einschließt, um vorwärts nach einer unbeschränkten Zukunft zu streben; aber indem vor seiner schwindelnden Imagination das Unendliche aufgeht, hat sein Herz noch nicht aufgehört im Einzelnen zu leben und dem Augenblick zu dienen. Mitten in seiner Thier= heit überrascht ihn der Trieb zum Absoluten — und da in diesem dumpfen Zustande alle seine Bestrebungen bloß auf das Materielle und Zeitliche gehen und bloß auf sein Individuum sich begrenzen, so wird er durch jene Forderung bloß veranlaßt, sein Individuum, anstatt von demselben zu abstrahieren, ins Endlose auszudehnen, anstatt nach Form nach einem unver= siegenden Stoff, anstatt nach dem Unveränderlichen nach einer ewig dauernden Veränderung und nach einer absoluten Ver= sicherung seines zeitlichen Daseins zu streben. Der nämliche Trieb, der ihn, auf sein Denken und Thun angewendet, zur Wahrheit und Moralität führen sollte, bringt jetzt, auf sein Leiden und Empfinden bezogen, nichts als ein unbegrenztes Ver= langen, als ein absolutes Bedürfniß hervor. Die ersten Früchte, die er in dem Geisterreich erntet, sind also Sorge und Furcht; beides Wirkungen der Vernunft, nicht der Sinnlichkeit, aber einer Vernunft, die sich in ihrem Gegenstand vergreift und ihren Imperativ unmittelbar auf den Stoff anwendet. Früchte dieses Baumes sind alle unbedingten Glückseligkeitssysteme, sie mögen den heutigen Tag oder das ganze Leben oder, was sie um nichts ehrwürdiger macht, die ganze Ewigkeit zu ihrem Gegenstand haben. Eine grenzenlose Dauer des Daseins und Wohlseins, bloß um des Daseins und Wohlseins willen, ist bloß ein Ideal

der Begierde, mithin eine Forderung, die nur von einer ins
Absolute strebenden Thierheit kann aufgeworfen werden. Ohne
also durch eine Vernunftäußerung dieser Art etwas für seine
Menschheit zu gewinnen, verliert er dadurch bloß die glückliche
Beschränktheit des Thiers, vor welchem er nun bloß den un-
beneidenswerthen Vorzug besitzt, über dem Streben in die Ferne
den Besitz der Gegenwart zu verlieren, ohne doch in der ganzen
grenzenlosen Ferne je etwas anders als die Gegenwart zu suchen.

Aber wenn sich die Vernunft auch in ihrem Objekt nicht
vergreift und in der Frage nicht irrt, so wird die Sinnlichkeit
noch lange Zeit die Antwort verfälschen. Sobald der Mensch
angefangen hat seinen Verstand zu brauchen und die Erscheinungen umher nach Ursachen und Zwecken zu verknüpfen, so
bringt die Vernunft, ihrem Begriffe gemäß, auf eine absolute
Verknüpfung und auf einen unbedingten Grund. Um sich eine
solche Forderung auch nur aufwerfen zu können, muß der Mensch
über die Sinnlichkeit schon hinausgeschritten sein; aber eben dieser
Forderung bedient sie sich, um den Flüchtling zurückzuholen.
Hier wäre nämlich der Punkt, wo er die Sinnenwelt ganz und
gar verlassen und zum reinen Ideenreich sich aufschwingen müßte;
denn der Verstand bleibt ewig innerhalb des Bedingten stehen
und frägt ewig fort, ohne je auf ein Letztes zu gerathen. Da
aber der Mensch, von dem hier geredet wird, einer solchen Abstraktion noch nicht fähig ist, so wird er, was er in seinem
sinnlichen Erkenntnißkreise nicht findet und über denselben
hinaus in der reinen Vernunft noch nicht sucht, unter demselben
in seinem Gefühlkreise suchen und dem Scheine nach finden.
Die Sinnlichkeit zeigt ihm zwar nichts, was sein eigener Grund
wäre und sich selbst das Gesetz gäbe; aber sie zeigt ihm etwas,
was von keinem Grunde weiß und kein Gesetz achtet. Da er
also den fragenden Verstand durch keinen letzten und innern
Grund zur Ruhe bringen kann, so bringt er ihn durch den
Begriff des Grundlosen wenigstens zum Schweigen und bleibt

innerhalb der blinden Nöthigung der Materie stehen, da er die erhabene Nothwendigkeit der Vernunft noch nicht zu erfassen vermag. Weil die Sinnlichkeit keinen andern Zweck kennt als ihren Vortheil und sich durch keine andere Ursache als den blinden Zufall getrieben fühlt, so macht er jenen zum Bestimmer seiner Handlungen und diesen zum Beherrscher der Welt.

Selbst das Heilige im Menschen, das Moralgesetz, kann bei seiner ersten Erscheinung in der Sinnlichkeit dieser Verfälschung nicht entgehen. Da es bloß verbietend und gegen das Interesse seiner sinnlichen Selbstliebe spricht, so muß es ihm so lange als etwas Auswärtiges erscheinen, als er noch nicht dahin gelangt ist jene Selbstliebe als das Auswärtige und die Stimme der Vernunft als sein wahres Selbst anzusehen. Er empfindet also bloß die Fesseln, welche die letztere ihm anlegt, nicht die unendliche Befreiung, die sie ihm verschafft. Ohne die Würde des Gesetzgebers in sich zu ahnen, empfindet er bloß den Zwang und das ohnmächtige Widerstreben des Unterthans. Weil der sinnliche Trieb dem moralischen in seiner Erfahrung vorhergeht, so gibt er dem Gesetz der Nothwendigkeit einen Anfang in der Zeit, einen positiven Ursprung, und durch den unglückseligsten aller Irrthümer macht er das Unveränderliche und Ewige in sich zu einem Accidens des Vergänglichen. Er überredet sich, die Begriffe von Recht und Unrecht als Statuten anzusehen, die durch einen Willen eingeführt wurden, nicht die an sich selbst und in alle Ewigkeit gültig sind. Wie er in Erklärung einzelner Naturphänomene über die Natur hinausschreitet und außerhalb derselben sucht, was nur in ihrer innern Gesetzmäßigkeit kann gefunden werden, eben so schreitet er in Erklärung des Sittlichen über die Vernunft hinaus und verscherzt seine Menschheit, indem er auf diesem Weg eine Gottheit sucht. Kein Wunder, wenn eine Religion, die mit Wegwerfung seiner Menschheit erkauft wurde, sich einer solchen Abstammung würdig zeigt, wenn er Gesetze, die nicht von

Ewigkeit her banden, auch nicht für unbedingt und in alle Ewigkeit bindend hält. Er hat es nicht mit einem heiligen, bloß
mit einem mächtigen Wesen zu thun. Der Geist seiner Gottes-
verehrung ist also Furcht, die ihn erniedrigt, nicht Ehrfurcht,
die ihn in seiner eigenen Schätzung erhebt.

Obgleich diese mannigfaltigen Abweichungen des Menschen
von dem Ideale seiner Bestimmung nicht alle in der nämlichen
Epoche Statt haben können, indem derselbe von der Gedanken-
losigkeit zum Irrthum, von der Willenlosigkeit zur Willensver-
derbniß mehrere Stufen zu durchwandern hat, so gehören doch
alle zum Gefolge des physischen Zustandes, weil in allen der
Trieb des Lebens über den Formtrieb den Meister spielt. Es
sei nun, daß die Vernunft in dem Menschen noch gar nicht gesprochen habe, und das Physische noch mit blinder Nothwendigkeit
über ihn herrsche, oder daß sich die Vernunft noch nicht genug
von den Sinnen gereinigt habe, und das Moralische dem Physischen
noch diene: so ist in beiden Fällen das einzige in ihm gewalt-
habende Princip ein materielles, und der Mensch, wenigstens
seiner letzten Tendenz nach, ein sinnliches Wesen; mit dem einzigen Unterschied, daß er in dem ersten Fall ein vernunftloses,
in dem zweiten ein vernünftiges Thier ist. Er soll aber keines
von beiden, er soll Mensch sein; die Natur soll ihn nicht ausschließend, und die Vernunft soll ihn nicht bedingt beherrschen.
Beide Gesetzgebungen sollen vollkommen unabhängig von einander
bestehen und dennoch vollkommen einig sein.

Fünf und zwanzigster Brief.

So lange der Mensch, in seinem ersten physischen Zustande,
die Sinnenwelt bloß leidend in sich aufnimmt, bloß empfindet,
ist er auch noch völlig Eins mit derselben, und eben weil er
selbst bloß Welt ist, so ist für ihn noch keine Welt. Erst wenn

er in seinem ästhetischen Stande sie außer sich stellt oder betrachtet, sondert sich seine Persönlichkeit von ihr ab, und es erscheint ihm eine Welt, weil er aufgehört hat, mit derselben Eins auszumachen. [1]

Die Betrachtung (Reflexion) ist das erste liberale Verhältniß des Menschen zu dem Weltall, das ihn umgibt. Wenn die Begierde ihren Gegenstand unmittelbar ergreift, so rückt die Betrachtung den ihrigen in die Ferne und macht ihn eben dadurch zu ihrem wahren und unverlierbaren Eigenthum, daß sie ihn vor der Leidenschaft flüchtet. Die Nothwendigkeit der Natur, die ihn im Zustand der bloßen Empfindung mit ungetheilter Gewalt beherrschte, läßt bei der Reflexion von ihm ab, in den Sinnen erfolgt ein augenblicklicher Friede, die Zeit selbst, das ewig Wandelnde, steht still, indem des Bewußtseins zerstreute Strahlen sich sammeln, und ein Nachbild des Unendlichen, die Form, reflektiert sich auf dem vergänglichen Grunde. Sobald es Licht wird in dem Menschen, ist auch außer ihm keine Nacht mehr; sobald es stille wird in ihm, legt sich auch der Sturm in dem Weltall, und die streitenden Kräfte der Natur finden Ruhe zwischen bleibenden Grenzen. Daher kein Wunder, wenn die uralten Dichtungen von dieser großen Begebenheit im Innern des Menschen

[1] Ich erinnere noch einmal, daß diese beiden Perioden zwar in der Idee nothwendig von einander zu trennen sind, in der Erfahrung aber sich mehr oder weniger vermischen. Auch muß man nicht denken, als ob es eine Zeit gegeben habe, wo der Mensch nur in diesem physischen Stande sich befunden, und eine Zeit, wo er sich ganz von demselben losgemacht hätte. Sobald der Mensch einen Gegenstand sieht, so ist er schon nicht mehr in einem bloß physischen Zustand, und, solang er fortfahren wird, einen Gegenstand zu sehen, wird er auch jenem physischen Stand nicht entlaufen, weil er ja nur sehen kann, insofern er empfindet. Jene drei Momente, welche ich am Anfang des vier und zwanzigsten Briefs namhaft machte, sind also zwar, im Ganzen betrachtet, drei verschiedene Epochen für die Entwicklung der ganzen Menschheit und für die ganze Entwicklung eines einzelnen Menschen; aber sie lassen sich auch bei jeder einzelnen Wahrnehmung eines Objekts unterscheiden und sind mit einem Wort die nothwendigen Bedingungen jeder Erkenntniß, die wir durch die Sinne erhalten.

als von einer Revolution in der Außenwelt reden, und den Gedanken, der über die Zeitgesetze siegt, unter dem Bilde des Zeus versinnlichen, der das Reich des Saturnus endigt.

Aus einem Sklaven der Natur, so lang er sie bloß empfindet, wird der Mensch ihr Gesetzgeber, sobald er sie denkt. Die ihn vordem nur als Macht beherrschte, steht jetzt als Objekt vor seinem richtenden Blick. Was ihm Objekt ist, hat keine Gewalt über ihn, denn, um Objekt zu sein, muß es die seinige erfahren. So weit er der Materie Form gibt, und so lang er sie gibt, ist er ihren Wirkungen unverletzlich; denn einen Geist kann nichts verletzen, als was ihm die Freiheit raubt, und er beweist ja die seinige, indem er das Formlose bildet. Nur, wo die Masse schwer und gestaltlos herrscht, und zwischen unsichern Grenzen die trüben Umrisse wanken, hat die Furcht ihren Sitz; jedem Schreckniß der Natur ist der Mensch überlegen, sobald er ihm Form zu geben und es in sein Objekt zu verwandeln weiß. So wie er anfängt, seine Selbstständigkeit gegen die Natur als Erscheinung zu behaupten, so behauptet er auch gegen die Natur als Macht seine Würde, und mit edler Freiheit richtet er sich auf gegen seine Götter. Sie werfen die Gespensterlarven ab, womit sie seine Kindheit geängstigt hatten, und überraschen ihn mit seinem eigenen Bild, indem sie seine Vorstellung werden. Das göttliche Monstrum des Morgenländers, das mit der blinden Stärke des Raubthiers die Welt verwaltet, zieht sich in der griechischen Phantasie in den freundlichen Contour der Menschheit zusammen, das Reich der Titanen fällt, und die unendliche Kraft ist durch die unendliche Form gebändigt.

Aber, indem ich bloß einen Ausgang aus der materiellen Welt und einen Uebergang in die Geisterwelt suchte, hat mich der freie Lauf meiner Einbildungskraft schon mitten in die letztere hineingeführt. Die Schönheit, die wir suchen, liegt bereits hinter uns, und wir haben sie übersprungen, indem wir von dem bloßen Leben unmittelbar zu der reinen Gestalt und zu dem reinen

Objekt übergingen. Ein solcher Sprung ist nicht in der mensch=
lichen Natur, und, um gleichen Schritt mit dieser zu halten,
werden wir zu der Sinnenwelt wieder umkehren müssen.

Die Schönheit ist allerdings das Werk der freien Betrachtung,
und wir treten mit ihr in die Welt der Ideen — aber, was
wohl zu bemerken ist, ohne darum die sinnliche Welt zu verlassen,
wie bei Erkenntniß der Wahrheit geschieht. Diese ist das reine
Produkt der Absonderung von allem, was materiell und zufällig
ist, reines Objekt, in welchem keine Schranke des Subjekts zurück=
bleiben darf, reine Selbstthätigkeit ohne Beimischung eines Leidens.
Zwar gibt es auch von der höchsten Abstraktion einen Rückweg
zur Sinnlichkeit; denn der Gedanke rührt die innere Empfindung,
und die Vorstellung logischer und moralischer Einheit geht in ein
Gefühl sinnlicher Uebereinstimmung über. Aber, wenn wir uns
an Erkenntnissen ergötzen, so unterscheiden wir sehr genau unsere
Vorstellung von unserer Empfindung, und sehen diese letztere
als etwas Zufälliges an, was gar wohl wegbleiben könnte, ohne
daß deßwegen die Erkenntniß aufhörte, und Wahrheit nicht Wahr=
heit wäre. Aber ein ganz vergebliches Unternehmen würde es
sein, diese Beziehung auf das Empfindungsvermögen von der
Vorstellung der Schönheit absondern zu wollen; daher wir nicht
damit ausreichen, uns die eine als den Effekt der andern zu
denken, sondern beide zugleich und wechselseitig als Effekt und
als Ursache ansehen müssen. In unserm Vergnügen an Er=
kenntnissen unterscheiden wir ohne Mühe den Uebergang von
der Thätigkeit zum Leiden und bemerken deutlich, daß das Erste
vorüber ist, wenn das Letztere eintritt. In unserm Wohlgefallen
an der Schönheit hingegen läßt sich keine solche Succession zwischen
der Thätigkeit und dem Leiden unterscheiden, und die Reflexion
zerfließt hier so vollkommen mit dem Gefühle, daß wir die Form
unmittelbar zu empfinden glauben. Die Schönheit ist also zwar
Gegenstand für uns, weil die Reflexion die Bedingung ist,
unter der wir eine Empfindung von ihr haben; zugleich aber ist

sie ein Zustand unsers Subjekts, weil das Gefühl die Bedingung ist, unter der wir eine Vorstellung von ihr haben. Sie
ist also zwar Form, weil wir sie betrachten; zugleich aber ist
sie Leben, weil wir sie fühlen. Mit einem Wort: sie ist zugleich unser Zustand und unsere That.

Und eben, weil sie dieses Beides zugleich ist, so dient sie
uns also zu einem siegenden Beweis, daß das Leiden die Thätigkeit, daß die Materie die Form, daß die Beschränkung die Unendlichkeit keineswegs ausschließe — daß mithin durch die nothwendige physische Abhängigkeit des Menschen seine moralische
Freiheit keineswegs aufgehoben werde. Sie beweist dieses, und,
ich muß hinzusetzen, sie allein kann es uns beweisen. Denn
da beim Genuß der Wahrheit oder der logischen Einheit die
Empfindung mit dem Gedanken nicht nothwendig Eins ist, sondern
auf denselben zufällig folgt, so kann uns dieselbe bloß beweisen,
daß auf eine vernünftige Natur eine sinnliche folgen könne, und
umgekehrt, nicht, daß beide zusammen bestehen, nicht, daß sie
wechselseitig auf einander wirken, nicht, daß sie absolut und
nothwendig zu vereinigen sind. Vielmehr müßte sich gerade umgekehrt aus dieser Ausschließung des Gefühls, so lange gedacht
wird, und des Gedankens, so lange empfunden wird, auf eine
Unvereinbarkeit beider Naturen schließen lassen, wie denn
auch wirklich die Analysten keinen bessern Beweis für die Ausführbarkeit reiner Vernunft in der Menschheit anzuführen wissen,
als den, daß sie geboten ist. Da nun aber bei dem Genuß der
Schönheit oder der ästhetischen Einheit eine wirkliche Vereinigung und Auswechslung der Materie mit der Form, und
des Leidens mit der Thätigkeit vor sich geht, so ist eben dadurch
die Vereinbarkeit beider Naturen, die Ausführbarkeit des
Unendlichen in der Endlichkeit, mithin die Möglichkeit der erhabensten Menschheit bewiesen.

Wir dürfen also nicht mehr verlegen sein, einen Uebergang
von der sinnlichen Abhängigkeit zu der moralischen Freiheit zu

finden, nachdem durch die Schönheit der Fall gegeben ist, daß die letztere mit der erstern vollkommen zusammen bestehen könne, und daß der Mensch, um sich als Geist zu erweisen, der Materie nicht zu entfliehen brauche. Ist er aber schon in Gemeinschaft mit der Sinnlichkeit frei, wie das Faktum der Schönheit lehrt, und ist Freiheit etwas Absolutes und Uebersinnliches, wie ihr Begriff nothwendig mit sich bringt, so kann nicht mehr die Frage sein, wie er dazu gelange, sich von den Schranken zum Absoluten zu erheben, sich in seinem Denken und W. llen der Sinnlichkeit entgegenzusetzen, da dieses schon in der Schönheit geschehen ist. Es kann, mit einem Wort, nicht mehr die Frage sein, wie er von der Schönheit zur Wahrheit übergehe, die dem Vermögen nach schon in der ersten liegt, sondern, wie er von einer gemeinen Wirklichkeit zu einer ästhetischen, wie er von bloßen Lebensgefühlen zu Schönheitsgefühlen den Weg sich bahne.

Sechs und zwanzigster Brief.

Da die ästhetische Stimmung des Gemüths, wie ich in den vorhergehenden Briefen entwickelt habe, der Freiheit erst die Entstehung gibt, so ist leicht einzusehen, daß sie nicht aus derselben entspringen und folglich keinen moralischen Ursprung haben könne. Ein Geschenk der Natur muß sie sein, die Gunst der Zufälle allein kann die Fesseln des physischen Standes lösen und den Wilden zur Schönheit führen.

Der Keim der letztern wird sich gleich wenig entwickeln, wo eine karge Natur den Menschen jeder Erquickung beraubt, und wo eine verschwenderische ihn von jeder eigenen Anstrengung lossspricht — wo die stumpfe Sinnlichkeit kein Bedürfniß fühlt, und wo die heftige Begier keine Sättigung findet. Nicht da, wo der Mensch sich troglodytisch in Höhlen birgt, ewig einzeln ist und die Menschheit nie außer sich findet, auch nicht da,

wo er nomadisch in großen Heermassen zieht, ewig nur Zahl
ist und die Menschheit nie in sich findet — da allein, wo er
in eigener Hütte still mit sich selbst und, sobald er heraustritt,
mit dem ganzen Geschlechte spricht, wird sich ihre liebliche Knospe
entfalten. Da wo ein leichter Aether die Sinne jeder leisen Berührung eröffnet, und den üppigen Stoff eine energische Wärme
beseelt — wo das Reich der blinden Masse schon in der leblosen Schöpfung gestürzt ist, und die siegende Form auch die
niedrigsten Naturen veredelt — dort in den fröhlichen Verhältnissen und in der gesegneten Zone, wo nur die Thätigkeit zum
Genusse und nur der Genuß zur Thätigkeit führt, wo aus dem
Leben selbst die heilige Ordnung quillt, und aus dem Gesetz der
Ordnung sich nur Leben entwickelt — wo die Einbildungskraft
der Wirklichkeit ewig entflieht und dennoch von der Einfalt der
Natur nie verirret — hier allein werden sich Sinne und Geist,
empfangende und bildende Kraft in dem glücklichen Gleichmaß
entwickeln, welches die Seele der Schönheit und die Bedingung
der Menschheit ist.

Und was ist es für ein Phänomen, durch welches sich bei
dem Wilden der Eintritt in die Menschheit verkündigt? So weit
wir auch die Geschichte befragen, es ist dasselbe bei allen Völker-
stämmen, welche der Sklaverei des thierischen Standes ent-
sprungen sind: die Freude am Schein, die Neigung zum Putz
und zum Spiele.

Die höchste Stupidität und der höchste Verstand haben darin
eine gewisse Affinität mit einander, daß beide nur das Reelle
suchen und für den bloßen Schein gänzlich unempfindlich sind.
Nur durch die unmittelbare Gegenwart eines Objekts in den
Sinnen wird jene aus ihrer Ruhe gerissen, und nur durch Zurückführung seiner Begriffe auf Thatsachen der Erfahrung wird der
letztere zur Ruhe gebracht; mit einem Wort, die Dummheit
kann sich nicht über die Wirklichkeit erheben, und der Verstand
nicht unter der Wahrheit stehen bleiben. Was dort der Mangel

der Einbildungskraft bewirkt, das bewirkt hier die absolute Beherrschung derselben. Insofern also das Bedürfniß der Realität und die Anhänglichkeit an das Wirkliche bloße Folgen des Mangels sind, ist die Gleichgültigkeit gegen Realität und das Interesse am Schein eine wahre Erweiterung der Menschheit und ein entschiedener Schritt zur Kultur. Fürs Erste zeugt es von einer äußern Freiheit: denn, so lange die Noth gebietet, und das Bedürfniß drängt, ist die Einbildungskraft mit strengen Fesseln an das Wirkliche gebunden; erst, wenn das Bedürfniß gestillt ist, entwickelt sie ihr ungebundenes Vermögen. Es zeugt aber auch von einer innern Freiheit; weil es uns eine Kraft sehen läßt, die unabhängig von einem äußern Stoffe sich durch sich selbst in Bewegung setzt und die Energie genug besitzt, die andringende Materie von sich zu halten. Die Realität der Dinge ist ihr (der Dinge) Werk; der Schein der Dinge ist des Menschen Werk, und ein Gemüth, das sich am Scheine weidet, ergötzt sich schon nicht mehr an dem, was es empfängt, sondern an dem, was es thut.

Es versteht sich von selbst, daß hier nur von dem ästhetischen Schein die Rede ist, den man von der Wirklichkeit und Wahrheit unterscheidet, nicht von dem logischen, den man mit derselben verwechselt — den man folglich liebt, weil er Schein ist, und nicht, weil man ihn für etwas Besseres hält. Nur der erste ist Spiel, da der letzte bloß Betrug ist. Den Schein der erstern Art für etwas gelten lassen, kann der Wahrheit niemals Eintrag thun, weil man nie Gefahr läuft, ihn derselben unterzuschieben, was doch die einzige Art ist, wie der Wahrheit geschadet werden kann; ihn verachten, heißt alle schöne Kunst überhaupt verachten, deren Wesen der Schein ist. Indessen begegnet es dem Verstande zuweilen, seinen Eifer für Realität bis zu einer solchen Unduldsamkeit zu treiben und über die ganze Kunst des schönen Scheins, weil sie bloß Schein ist, ein wegwerfendes Urtheil zu sprechen; dies begegnet aber dem Verstande nur alsdann, wenn er sich der obengedachten Affinität erinnert. Von

den nothwendigen Grenzen des schönen Scheins werde ich noch
einmal insbesondere zu reden Veranlassung nehmen.

Die Natur selbst ist es, die den Menschen von der Realität
zum Scheine emporhebt, indem sie ihn mit zwei Sinnen aus-
rüstete, die ihn bloß durch den Schein zur Erkenntniß des Wirklichen führen. In dem Auge und dem Ohr ist die andringende
Materie schon hinweggewälzt von den Sinnen, und das Objekt
entfernt sich von uns, das wir in den thierischen Sinnen unmittelbar berühren. Was wir durch das Auge sehen, ist von
dem verschieden, was wir empfinden; denn der Verstand
springt über das Licht hinaus zu den Gegenständen. Der Gegenstand des Takts ist eine Gewalt, die wir erleiden; der Gegenstand des Auges und des Ohrs ist eine Form, die wir erzeugen.
So lange der Mensch noch ein Wilder ist, genießt er bloß mit
den Sinnen des Gefühls, denen die Sinne des Scheins in dieser
Periode blos dienen. Er erhebt sich entweder gar nicht zum
Sehen, oder er befriedigt sich doch nicht mit demselben. Sobald
er anfängt mit dem Auge zu genießen, und das Sehen für ihn
einen selbstständigen Werth erlangt, so ist er auch schon ästhetisch
frei, und der Spieltrieb hat sich entfaltet.

Gleich, sowie der Spieltrieb sich regt, der am Scheine Gefallen findet, wird ihm auch der nachahmende Bildungstrieb
folgen, der den Schein als etwas Selbstständiges behandelt.
Sobald der Mensch einmal so weit gekommen ist, den Schein
von der Wirklichkeit, die Form von dem Körper zu unterscheiden,
so ist er auch im Stande, sie von ihm abzusondern; denn das
hat er schon gethan, indem er sie unterscheidet. Das Vermögen
zur nachahmenden Kunst ist also mit dem Vermögen zur Form
überhaupt gegeben; der Drang zu derselben beruht auf einer
andern Anlage, von der ich hier nicht zu handeln brauche. Wie
frühe oder wie spät sich der ästhetische Kunsttrieb entwickeln soll,
das wird bloß von dem Grade der Liebe abhängen, mit der
der Mensch fähig ist, sich bei dem bloßen Schein zu verweilen.

Da alles wirkliche Dasein von der Natur, als einer fremden Macht, aller Schein aber ursprünglich von dem Menschen, als vorstellendem Subjekte, sich herschreibt, so bedient er sich bloß seines absoluten Eigenthumsrechts, wenn er den Schein von dem Wesen zurücknimmt und mit demselben nach eigenen Gesetzen schaltet. Mit ungebundener Freiheit kann er, was die Natur trennte, zusammenfügen, sobald er es nur irgend zusammendenken kann, und trennen, was die Natur verknüpfte, sobald er es nur in seinem Verstande absondern kann. Nichts darf ihm hier heilig sein, als sein eigenes Gesetz, sobald er nur die Markung in Acht nimmt, welche sein Gebiet von dem Dasein der Dinge oder dem Naturgebiete scheidet.

Dieses menschliche Herrscherrecht übt er aus in der Kunst des Scheins, und je strenger er hier das Mein und Dein von einander sondert, je sorgfältiger er die Gestalt von dem Wesen trennt, und je mehr Selbstständigkeit er derselben zu geben weiß, desto mehr wird er nicht bloß das Reich der Schönheit erweitern, sondern selbst die Grenzen der Wahrheit bewahren, denn er kann den Schein nicht von der Wirklichkeit reinigen, ohne zugleich die Wirklichkeit von dem Schein frei zu machen.

Aber er besitzt dieses souveraine Recht schlechterdings auch nur in der Welt des Scheins, in dem wesenlosen Reich der Einbildungskraft, und nur, so lang er sich im Theoretischen gewissenhaft enthält, Existenz davon auszusagen, und so lang er im Praktischen darauf Verzicht thut, Existenz dadurch zu ertheilen. Sie sehen hieraus, daß der Dichter auf gleiche Weise aus seinen Grenzen tritt, wenn er seinem Ideal Existenz beilegt, und wenn er eine bestimmte Existenz damit bezweckt. Denn Beides kann er nicht anders zu Stande bringen, als, indem er entweder sein Dichterrecht überschreitet, durch das Ideal in das Gebiet der Erfahrung greift und durch die bloße Möglichkeit wirkliches Dasein zu bestimmen sich anmaßt, oder, indem er sein Dichterrecht aufgibt, die Erfahrung in das Gebiet des Ideals

greifen läßt und die Möglichkeit auf die Bedingungen der Wirk=
lichkeit einschränkt.

· Nur, soweit er aufrichtig ist (sich von allem Anspruch
auf Realität ausdrücklich lossagt), und nur, soweit er selbst=
ständig ist (allen Beistand der Realität entbehrt), ist der
Schein ästhetisch. Sobald er falsch ist und Realität heuchelt,
und sobald er unrein und der Realität zu seiner Wirkung be=
dürftig ist, ist er nichts als ein niedriges Werkzeug zu mate=
riellen Zwecken, und kann nichts für die Freiheit des Geistes
beweisen. Uebrigens ist es gar nicht nöthig, daß der Gegen=
stand, an dem wir den schönen Schein finden, ohne Realität
sei, wenn nur unser Urtheil darüber auf diese Realität keine
Rücksicht nimmt; denn, soweit es diese Rücksicht nimmt, ist es
kein ästhetisches. Eine lebende weibliche Schönheit wird uns frei=
lich eben so gut und noch ein wenig besser als eine eben so
schöne blos gemalte gefallen; aber, insoweit sie uns besser gefällt
als die letztere, gefällt sie nicht mehr als selbstständiger Schein,
gefällt sie nicht mehr dem reinen ästhetischen Gefühl: diesem darf
auch das Lebendige nur als Erscheinung, auch das Wirkliche
nur als Idee gefallen; aber freilich erfordert es noch einen un=
gleich höhern Grad der schönen Kultur, in dem Lebendigen selbst
nur den reinen Schein zu empfinden, als, das Leben an dem
Schein zu entbehren.

Bei welchem einzelnen Menschen oder ganzen Volk man den
aufrichtigen und selbstständigen Schein findet, da darf man auf
Geist und Geschmack und jede damit verwandte Trefflichkeit
schließen — da wird man das Ideal, das wirkliche Leben regie=
ren, die Ehre über den Besitz, den Gedanken über den Genuß,
den Traum der Unsterblichkeit über die Existenz triumphieren
sehen. Da wird die öffentliche Stimme das einzig Furchtbare
sein, und ein Olivenkranz höher als ein Purpurkleid ehren. Zum
falschen und bedürftigen Schein nimmt nur die Ohnmacht und
die Verkehrtheit ihre Zuflucht, und einzelne Menschen sowohl als

ganze Völker, welche entweder „der Realität durch den Schein
oder dem (ästhetischen) Schein durch Realität nachhelfen" —
beides ist gerne verbunden — beweisen zugleich ihren moralischen
Unwerth und ihr ästhetisches Unvermögen.

Auf die Frage: „Inwieweit darf Schein in der moralischen Welt sein?" ist also die Antwort so kurz als bündig
diese: Insoweit es ästhetischer Schein ist, d. h. Schein,
der weder Realität vertreten will, noch von derselben vertreten
zu werden braucht. Der ästhetische Schein kann der Wahrheit
der Sitten niemals gefährlich werden, und wo man es anders
findet, da wird sich ohne Schwierigkeit zeigen lassen, daß der
Schein nicht ästhetisch war. Nur ein Fremdling im schönen
Umgang z. B. wird Versicherungen der Höflichkeit, die eine
allgemeine Form ist, als Merkmale persönlicher Zuneigung aufnehmen und, wenn er getäuscht wird, über Verstellung klagen.
Aber auch nur ein Stümper im schönen Umgang wird, um
höflich zu sein, die Falschheit zu Hilfe rufen und schmeicheln,
um gefällig zu sein. Dem Ersten fehlt noch der Sinn für den
selbstständigen Schein, daher kann er demselben nur durch die
Wahrheit Bedeutung geben; dem Zweiten fehlt es an Realität,
und er möchte sie gern durch den Schein ersetzen.

Nichts ist gewöhnlicher, als von gewissen trivialen Kritikern
des Zeitalters die Klage zu vernehmen, daß alle Solidität aus
der Welt verschwunden sei, und das Wesen über dem Schein
vernachlässigt werde. Obgleich ich mich gar nicht berufen fühle,
das Zeitalter gegen diesen Vorwurf zu rechtfertigen, so geht
doch schon aus der weiten Ausdehnung, welche diese strengen
Sittenrichter ihrer Anklage geben, sattsam hervor, daß sie dem
Zeitalter nicht bloß den falschen, sondern auch den aufrichtigen
Schein verargen; und sogar die Ausnahmen, welche sie noch
etwa zu Gunsten der Schönheit machen, gehen mehr auf den
bedürftigen, als auf den selbstständigen Schein. Sie greifen
nicht bloß die betrügerische Schminke an, welche die Wahrheit

verbirgt, welche die Wirklichkeit zu vertreten sich anmaßt; sie
ereifern sich auch gegen den wohlthätigen Schein, der die Leerheit
ausfüllt und die Armseligkeit zudeckt, auch gegen den idealischen,
der eine gemeine Wirklichkeit veredelt. Die Falschheit der Sitten
beleidigt mit Recht ihr strenges Wahrheitsgefühl; nur Schade,
daß sie zu dieser Falschheit auch schon die Höflichkeit rechnen.
Es mißfällt ihnen, daß äußerer Flitterglanz so oft das wahre
Verdienst verdunkelt; aber es verdrießt sie nicht weniger, daß
man auch Schein vom Verdienste fordert und dem innern Gehalte
die gefällige Form nicht erläßt. Sie vermissen das Herzliche,
Kernhafte und Gediegene der vorigen Zeiten; aber sie möchten
auch das Eckigte und Derbe der ersten Sitten, das Schwerfällige
der alten Formen und den ehemaligen gothischen Ueberfluß wieder
eingeführt sehen. Sie beweisen durch Urtheile dieser Art dem
Stoff an sich selbst eine Achtung, die der Menschheit nicht
würdig ist, welche vielmehr das Materielle nur insofern schätzen
soll, als es Gestalt zu empfangen und das Reich der Ideen zu
verbreiten im Stande ist. Auf solche Stimmen braucht also der
Geschmack des Jahrhunderts nicht sehr zu hören, wenn er nur
sonst vor einer bessern Instanz besteht. Nicht, daß wir einen
Werth auf den ästhetischen Schein legen (wir thun dies noch
lange nicht genug), sondern daß wir es noch nicht bis zu dem
reinen Schein gebracht haben, daß wir das Dasein noch nicht
genug von der Erscheinung geschieden und dadurch beider Grenzen
auf ewig gesichert haben, dies ist es, was uns ein rigoristischer
Richter der Schönheit zum Vorwurf machen kann. Diesen Vorwurf werden wir so lange verdienen, als wir das Schöne der
lebendigen Natur nicht genießen können, ohne es zu begehren,
das Schöne der nachahmenden Kunst nicht bewundern können,
ohne nach einem Zwecke zu fragen — als wir der Einbildungskraft noch keine eigene absolute Gesetzgebung zugestehen und
durch die Achtung, die wir ihren Werken erzeigen, sie auf ihre
Würde hinweisen.

Sieben und zwanzigster Brief.

Fürchten Sie nichts für Realität und Wahrheit, wenn der hohe Begriff, den ich in dem vorhergehenden Briefe von dem ästhetischen Schein aufstellte, allgemein werden sollte. Er wird nicht allgemein werden, so lange der Mensch noch ungebildet genug ist, um einen Mißbrauch davon machen zu können; und würde er allgemein, so könnte dies nur durch eine Kultur bewirkt werden, die zugleich jeden Mißbrauch unmöglich machte. Dem selbstständigen Schein nachzustreben, erfordert mehr Abstraktionsvermögen, mehr Freiheit des Herzens, mehr Energie des Willens, als der Mensch nöthig hat, um sich auf die Realität einzuschränken, und er muß diese schon hinter sich haben, wenn er bei jenem anlangen will. Wie übel würde er sich also rathen, wenn er den Weg zum Ideale einschlagen wollte, um sich den Weg zur Wirklichkeit zu ersparen! Von dem Schein, so wie er hier genommen wird, möchten wir also für die Wirklichkeit nicht viel zu besorgen haben; desto mehr dürfte aber von der Wirklichkeit für den Schein zu befürchten sein. An das Materielle gefesselt, läßt der Mensch diesen lange Zeit bloß seinen Zwecken dienen, ehe er ihm in der Kunst des Ideals eine eigene Persönlichkeit zugesteht. Zu dem letztern bedarf es einer totalen Revolution in seiner ganzen Empfindungsweise, ohne welche er auch nicht einmal auf dem Wege zum Ideal sich befinden würde. Wo wir also Spuren einer uninteressierten freien Schätzung des reinen Scheins entdecken, da können wir auf eine solche Umwälzung seiner Natur und den eigentlichen Anfang der Menschheit in ihm schließen. Spuren dieser Art finden sich aber wirklich schon in den ersten rohen Versuchen, die er zur Verschönerung seines Daseins macht, selbst auf die Gefahr macht, daß er es dem sinnlichen Gehalt nach dadurch verschlechtern sollte. Sobald er überhaupt nur anfängt, dem Stoff die Gestalt vorzuziehen und an den Schein (den er aber dafür erkennen muß) Realität

zu wagen, so ist sein thierischer Kreis aufgethan, und er befindet
sich auf einer Bahn, die nicht endet.

Mit dem allein nicht zufrieden, was der Natur genügt, und
was das Bedürfniß fordert, verlangt er Ueberfluß; anfangs zwar
bloß einen Ueberfluß des Stoffes, um der Begier ihre Schranken zu verbergen, um den Genuß über das gegenwärtige Bedürfniß hinaus zu versichern, bald aber einen Ueberfluß an dem
Stoffe, eine ästhetische Zugabe, um auch dem Formtrieb genug
zu thun, um den Genuß über jedes Bedürfniß hinaus zu erweitern. Indem er bloß für einen künftigen Gebrauch Vorräthe
sammelt und in der Einbildung dieselben voraus genießt, so
überschreitet er zwar den jetzigen Augenblick, aber, ohne die Zeit
überhaupt zu überschreiten; er genießt mehr, aber er genießt
nicht anders. Indem er aber zugleich die Gestalt in seinen
Genuß zieht und auf die Formen der Gegenstände merkt, die
seine Begierden befriedigen, hat er seinen Genuß nicht bloß
dem Umfang und dem Grad nach erhöhet, sondern auch der
Art nach veredelt.

Zwar hat die Natur auch schon dem Vernunftlosen über
die Nothdurft gegeben und in das dunkle thierische Leben einen
Schimmer von Freiheit gestreut. Wenn den Löwen kein Hunger
nagt und kein Raubthier zum Kampf herausfordert, so erschafft
sich die müßige Stärke selbst einen Gegenstand; mit muthvollem
Gebrüll erfüllt er die hallende Wüste, und in zwecklosem Aufwand genießt sich die üppige Kraft. Mit frohem Leben schwärmt
das Insekt in dem Sonnenstrahl; auch ist es sicherlich nicht der
Schrei der Begierde, den wir in dem melodischen Schlag des
Singvogels hören. Unläugbar ist in diesen Bewegungen Freiheit,
aber nicht Freiheit von dem Bedürfniß überhaupt, bloß von
einem bestimmten, von einem äußern Bedürfniß. Das Thier
arbeitet, wenn ein Mangel die Triebfeder seiner Thätigkeit
ist, und es spielt, wenn der Reichthum der Kraft diese Triebfeder ist, wenn das überflüssige Leben sich selbst zur Thätigkeit

stachelt. Selbst in der unbeseelten Natur zeigt sich ein solcher
Luxus der Kräfte und eine Laxität der Bestimmung, die man in
jenem materiellen Sinn gar wohl Spiel nennen könnte. Der
Baum treibt unzählige Keime, die unentwickelt verderben, und
streckt weit mehr Wurzeln, Zweige und Blätter nach Nahrung
aus, als zu Erhaltung seines Individuums und seiner Gattung
verwendet werden. Was er von seiner verschwenderischen Fülle
ungebraucht und ungenossen dem Elementarreich zurückgibt, das
darf das Lebendige in fröhlicher Bewegung verschwelgen. So
gibt uns die Natur schon in ihrem materiellen Reich ein Vor-
spiel des Unbegrenzten, und hebt hier schon zum Theil die
Fesseln auf, deren sie sich im Reich der Form ganz und gar entledigt. Von dem Zwang des Bedürfnisses oder dem physischen
Ernste nimmt sie durch den Zwang des Ueberflusses oder das
physische Spiel den Uebergang zum ästhetischen Spiele, und
ehe sie sich in der hohen Freiheit des Schönen über die Fessel
jedes Zwecks erhebt, nähert sie sich dieser Unabhängigkeit wenigstens von ferne schon in der freien Bewegung, die sich selbst
Zweck und Mittel ist.

Wie die körperlichen Werkzeuge, so hat in dem Menschen
auch die Einbildungskraft ihre freie Bewegung und ihr materielles Spiel, in welchem sie, ohne alle Beziehung auf Gestalt,
bloß ihrer Eigenmacht und Fessellosigkeit sich freut. Insofern
sich noch gar nichts von Form in diese Phantasiespiele mischt,
und eine ungezwungene Folge von Bildern den ganzen Reiz derselben ausmacht, gehören sie, obgleich sie dem Menschen allein
zukommen können, bloß zu seinem animalischen Leben und beweisen bloß seine Befreiung von jedem äußern sinnlichen Zwang,
ohne noch auf eine selbstständige bildende Kraft in ihm schließen
zu lassen. [1] Von diesem Spiel der freien Ideenfolge, welches

---

[1] Die meisten Spiele, welche im gemeinen Leben im Gange sind, be-
ruhen entweder ganz und gar auf diesem Gefühle der freien Ideenfolge, oder
entlehnen doch ihren größten Reiz von demselben. So wenig es aber auch an

noch ganz materieller Art ist und aus bloßen Naturgesetzen sich
erklärt, macht endlich die Einbildungskraft in dem Versuch einer
freien Form den Sprung zum ästhetischen Spiele. Einen
Sprung muß man es nennen, weil sich eine ganz neue Kraft
hier in Handlung setzt; denn hier zum erstenmal mischt sich der
gesetzgebende Geist in die Handlungen eines blinden Instinktes,
unterwirft das willkürliche Verfahren der Einbildungskraft seiner
unveränderlichen ewigen Einheit, legt seine Selbstständigkeit
in das Wandelbare und seine Unendlichkeit in das Sinnliche.
Aber, so lange die rohe Natur noch zu mächtig ist, die kein
anderes Gesetz kennt, als rastlos von Veränderung zu Ver=
änderung fortzueilen, wird sie durch ihre unstete Willkür jener
Nothwendigkeit, durch ihre Unruhe jener Stetigkeit, durch ihre
Bedürftigkeit jener Selbstständigkeit, durch ihre Ungenügsamkeit
jener erhabenen Einfalt entgegenstreben. Der ästhetische Spiel=
trieb wird also in seinen ersten Versuchen noch kaum zu erkennen
sein, da der sinnliche mit seiner eigensinnigen Laune und seiner
wilden Begierde unaufhörlich dazwischen tritt. Daher sehen wir
den rohen Geschmack das Neue und Ueberraschende, das Bunte,
Abenteuerliche und Bizarre, das Heftige und Wilde zuerst er=
greifen, und vor nichts so sehr als vor der Einfalt und Ruhe
fliehen. Er bildet groteske Gestalten, liebt rasche Uebergänge,

sich selbst für eine höhere Natur beweiset, und so gern sich gerade die schlaffesten
Seelen diesem freien Bilderstrome zu überlassen pflegen, so ist doch eben diese
Unabhängigkeit der Phantasie von äußern Eindrücken wenigstens die negative
Vorbereitung ihres schöpferischen Vermögens. Nur indem sie sich von der Wirk=
lichkeit losreißt, erhebt sich die bildende Kraft zum Ideale, und ehe die Imagi=
nation in ihrer produktiven Qualität nach eigenen Gesetzen handeln kann,
muß sie sich schon bei ihrem reproduktiven Verfahren von fremden Gesetzen
frei gemacht haben. Freilich ist von der bloßen Gesetzlosigkeit zu einer selbst=
ständigen innern Gesetzgebung noch ein sehr großer Schritt zu thun, und eine
ganz neue Kraft, das Vermögen der Ideen, muß hier ins Spiel gemischt
werden — aber diese Kraft kann sich nunmehr auch mit mehrerer Leichtigkeit
entwickeln, da die Sinne ihr nicht entgegenwirken, und das Unbestimmte
wenigstens negativ an das Unendliche grenzt.

üppige Formen, grelle Contraste, schreiende Lichter, einen pathetischen Gesang. Schön heißt ihm in dieser Epoche bloß, was
ihm aufregt, was ihm Stoff gibt — aber aufregt zu einem
selbstthätigen Widerstand, aber Stoff gibt für ein mögliches
Bilden, denn sonst würde es selbst ihm nicht das Schöne sein.
Mit der Form seiner Urtheile ist also eine merkwürdige Veränderung vorgegangen; er sucht diese Gegenstände nicht, weil sie
ihm etwas zu erleiden, sondern weil sie ihm zu handeln geben;
sie gefallen ihm nicht, weil sie einem Bedürfniß begegnen,
sondern weil sie einem Gesetze Genüge leisten, welches, obgleich
noch leise, in seinem Busen spricht.

Bald ist er nicht mehr damit zufrieden, daß ihm die Dinge
gefallen; er will selbst gefallen, anfangs zwar nur durch das,
was sein ist, endlich durch das, was er ist. Was er besitzt,
was er hervorbringt, darf nicht mehr bloß die Spuren der Dienstbarkeit, die ängstliche Form seines Zwecks an sich tragen; neben
dem Dienst, zu dem es da ist, muß es zugleich den geistreichen
Verstand, der es dachte, die liebende Hand, die es ausführte,
den heitern und freien Geist, der es wählte und aufstellte, wieder-
scheinen. Jetzt sucht sich der alte Germanier glänzendere Thier-
felle, prächtigere Geweihe, zierlichere Trinkhörner aus, und der
Caledonier wählt die nettesten Muscheln für seine Feste. Selbst
die Waffen dürfen jetzt nicht mehr bloß Gegenstände des Schreckens,
sondern auch des Wohlgefallens sein, und das kunstreiche Wehr-
gehänge will nicht weniger bemerkt sein, als des Schwertes
tödtende Schneide. Nicht zufrieden, einen ästhetischen Ueberfluß
in das Nothwendige zu bringen, reißt sich der freiere Spieltrieb
endlich ganz von den Fesseln der Nothdurft los, und das Schöne
wird für sich allein ein Objekt seines Strebens. Er schmückt sich.
Die freie Lust wird in die Zahl seiner Bedürfnisse aufgenommen,
und das Unnöthige ist bald der beste Theil seiner Freuden.

So wie sich ihm von außen her, in seiner Wohnung, seinem
Hausgeräthe, seiner Bekleidung, allmählig die Form nähert, so

fängt sie endlich an, von ihm selbst Besitz zu nehmen, und anfangs bloß den äußern, zuletzt auch den innern Menschen zu verwandeln. Der gesetzlose Sprung der Freude wird zum Tanz, die ungestalte Geste zu einer anmuthigen, harmonischen Geberden=sprache; die verworrenen Laute der Empfindung entfalten sich, fangen an, dem Takt zu gehorchen und sich zum Gesange zu biegen. Wenn das trojanische Heer mit gellendem Geschrei gleich einem Zug von Kranichen ins Schlachtfeld heranstürmt, so nähert sich das griechische demselben still und mit edelm Schritt. Dort sehen wir bloß den Uebermuth blinder Kräfte, hier den Sieg der Form und die simple Majestät des Gesetzes.

Eine schönere Nothwendigkeit kettet jetzt die Geschlechter zu=sammen, und der Herzen Antheil hilft das Bündniß bewahren, das die Begierde nur launisch und wandelbar knüpft. Aus ihren düstern Fesseln entlassen, ergreift das ruhigere Auge die Gestalt, die Seele schaut in die Seele, und aus einem eigen=nützigen Tausche der Lust wird ein großmüthiger Wechsel der Neigung. Die Begierde erweitert und erhebt sich zur Liebe, so wie die Menschheit in ihrem Gegenstand aufgeht, und der niedrige Vortheil über den Sinn wird verschmäht, um über den Willen einen edlern Sieg zu erkämpfen. Das Bedürfniß, zu gefallen, unterwirft den Mächtigen des Geschmackes zartem Gericht; die Lust kann er rauben, aber die Liebe muß eine Gabe sein. Um diesen höhern Preis kann er nur durch Form, nicht durch Materie ringen. Er muß aufhören, das Gefühl als Kraft zu berühren und als Erscheinung dem Verstand gegenüber stehen; er muß Freiheit lassen, weil er der Freiheit gefallen will. So wie die Schönheit den Streit der Naturen in seinem einfachsten und reinsten Exempel, in dem ewigen Gegensatz der Geschlechter löst, so löst sie ihn — oder zielt wenigstens dahin, ihn auch in dem verwickelten Ganzen der Gesellschaft zu lösen, und nach dem Muster des freien Bundes, den sie dort zwischen der männlichen Kraft und der weiblichen Milde knüpft, alles Sanfte und Heftige in der moralischen Welt zu versöhnen. Jetzt wird die Schwäche heilig, und die nicht gebändigte Stärke entehrt; das Unrecht der Natur wird durch die Großmuth ritterlicher Sitten verbessert. Den keine Gewalt erschrecken darf, entwaffnet die holde Röthe der Scham, und Thränen ersticken eine Rache, die kein Blut löschen konnte. Selbst der Haß merkt auf der Ehre zarte Stimme, das Schwert des Ueberwinders verschont den entwaffneten Feind, und ein gastlicher Herd raucht dem Fremdling an der gefürchteten Küste, wo ihn sonst nur der Mord empfing.

Mitten in dem furchtbaren Reich der Kräfte und mitten in dem heiligen Reich der Gesetze baut der ästhetische Bildungstrieb unvermerkt an einem dritten, fröhlichen Reiche des Spiels und des Scheins, worin er dem Menschen die Fesseln aller Verhältnisse abnimmt und ihn von allem, was Zwang heißt, sowohl im Physischen als im Moralischen entbindet.

Wenn in dem dynamischen Staat der Rechte der Mensch dem Menschen als Kraft begegnet und sein Wirken beschränkt — wenn er sich ihm in dem ethischen Staat der Pflichten mit der Majestät des Gesetzes entgegenstellt und sein Wollen fesselt, so darf er ihm im Kreise des schönen Umgangs, in dem ästhetischen Staat, nur als Gestalt erscheinen, nur als Objekt des freien Spiels gegenüber stehen. Freiheit zu geben durch Freiheit ist das Grundgesetz dieses Reichs.

Der dynamische Staat kann die Gesellschaft bloß möglich machen, indem er die Natur durch Natur bezähmt; der ethische Staat kann sie bloß (moralisch) nothwendig machen, indem er den einzelnen Willen dem allgemeinen unterwirft; der ästhetische Staat allein kann sie wirklich machen, weil er den Willen des Ganzen durch die Natur des Individuums vollzieht. Wenn schon das Bedürfniß den Menschen in die Gesellschaft nöthigt, und die Vernunft gesellige Grundsätze in ihm pflanzt, so kann die Schönheit allein ihm einen geselligen Charakter ertheilen. Der Geschmack allein bringt Harmonie in die Gesellschaft, weil er

Harmonie in dem Individuum stiftet. Alle andern Formen der Vorstellung trennen den Menschen, weil sie sich ausschließend entweder auf den sinnlichen oder auf den geistigen Theil seines Wesens gründen; nur die schöne Vorstellung macht ein Ganzes aus ihm, weil seine beiden Naturen dazu zusammenstimmen müssen. Alle andern Formen der Mittheilung trennen die Gesellschaft, weil sie sich ausschließend entweder auf die Privatempfänglichkeit oder auf die Privatfertigkeit der einzelnen Glieder, also auf das Unterscheidende zwischen Menschen und Menschen, beziehen; nur die schöne Mittheilung vereinigt die Gesellschaft, weil sie sich auf das Gemeinsame Aller bezieht. Die Freuden der Sinne genießen wir bloß als Individuen, ohne daß die Gattung, die in uns wohnt, daran Antheil nehme; wir können also unsere sinnlichen Freuden nicht zu allgemeinen erweitern, weil wir unser Individuum nicht allgemein machen können. Die Freuden der Erkenntniß genießen wir bloß als Gattung, und indem wir jede Spur des Individuums sorgfältig aus unserm Urtheil entfernen; wir können also unsere Vernunftfreuden nicht allgemein machen, weil wir die Spuren des Individuums aus dem Urtheile Anderer nicht so, wie aus dem unsrigen, ausschließen können. Das Schöne allein genießen wir als Individuum und als Gattung zugleich, d. h. als Repräsentanten der Gattung. Das sinnliche Gute kann nur einen Glücklichen machen, da es sich auf Zueignung gründet, welche immer eine Ausschließung mit sich führt; es kann diesen Einen auch nur einseitig glücklich machen, weil die Persönlichkeit nicht daran Theil nimmt. Das absolut Gute kann nur unter Bedingungen glücklich machen, die allgemein nicht vorauszusetzen sind; denn die Wahrheit ist nur der Preis der Verläugnung, und an den reinen Willen glaubt nur ein reines Herz. Die Schönheit allein beglückt alle Welt, und jedes Wesen vergißt seiner Schranken, so lang es ihren Zauber erfährt.

Kein Vorzug, keine Alleinherrschaft wird geduldet, soweit der

Geschmack regiert, und das Reich des schönen Scheins sich ver=
breitet. Dieses Reich erstreckt sich aufwärts, bis wo die Vernunft
mit unbedingter Nothwendigkeit herrscht, und alle Materie auf=
hört; es erstreckt sich niederwärts, bis wo der Naturtrieb mit
blinder Nöthigung waltet, und die Form noch nicht anfängt; ja
selbst auf diesen äußersten Grenzen, wo die gesetzgebende Macht
ihm genommen ist, läßt sich der Geschmack doch die vollziehende
nicht entreißen. Die ungesellige Begierde muß ihrer Selbstsucht
entsagen, und das Angenehme, welches sonst nur die Sinne
lockt, das Netz der Anmuth auch über die Geister auswerfen.
Der Nothwendigkeit strenge Stimme, die Pflicht, muß ihre vor=
werfende Formel verändern, die nur der Widerstand rechtfertigt,
und die willige Natur durch ein edleres Zutrauen ehren. Aus
den Mysterien der Wissenschaft führt der Geschmack die Erkenntniß
unter den offenen Himmel des Gemeinsinns heraus, und ver=
wandelt das Eigenthum der Schulen in ein Gemeingut der
ganzen menschlichen Gesellschaft. In seinem Gebiete muß auch
der mächtigste Genius sich seiner Hoheit begeben, und zu dem
Kindersinn vertraulich herniedersteigen. Die Kraft muß sich binden
lassen durch die Huldgöttinnen, und der trotzige Löwe dem Zaum
eines Amors gehorchen. Dafür breitet er über das physische
Bedürfniß, das in seiner nackten Gestalt die Würde freier Geister
beleidigt, seinen mildernden Schleier aus, und verbirgt uns die
entehrende Verwandtschaft mit dem Stoff in einem lieblichen
Blendwerk von Freiheit. Beflügelt durch ihn entschwingt sich
auch die kriechende Lohnkunst dem Staube, und die Fesseln der
Leibeigenschaft fallen, von seinem Stabe berührt, von dem Leb=
losen wie von dem Lebendigen ab. In dem ästhetischen Staate
ist alles, auch das dienende Werkzeug, ein freier Bürger, der
mit dem edelsten gleiche Rechte hat, und der Verstand, der die
duldende Masse unter seine Zwecke gewaltthätig beugt, muß sie
hier um ihre Beistimmung fragen. Hier also, in dem Reiche
des ästhetischen Scheins, wird das Ideal der Gleichheit erfüllt,

welches der Schwärmer so gern auch dem Wesen nach realisiert
sehen möchte; und wenn es wahr ist, daß der schöne Ton in
der Nähe des Thrones am frühesten und am vollkommensten
reift, so müßte man auch hier die gütige Schickung erkennen,
die den Menschen oft nur deßwegen in der Wirklichkeit einzu=
schränken scheint, um ihn in eine idealische Welt zu treiben.

Existiert aber auch ein solcher Staat des schönen Scheins,
und wo ist er zu finden? Dem Bedürfniß nach existiert er in
jeder feingestimmten Seele; der That nach möchte man ihn wohl
nur, wie die reine Kirche und die reine Republik, in einigen
wenigen auserlesenen Zirkeln finden, wo nicht die geistlose Nach=
ahmung fremder Sitten, sondern eigene schöne Natur das Be=
tragen lenkt, wo der Mensch durch die verwickeltsten Verhältnisse
mit kühner Einfalt und ruhiger Unschuld geht, und weder nöthig
hat, fremde Freiheit zu kränken, um die seinige zu behaupten,
noch seine Würde wegzuwerfen, um Anmuth zu zeigen.

Ueber die nothwendigen Grenzen beim Gebrauch schöner Formen. [1]

Der Mißbrauch des Schönen und die Anmaßungen der Einbildungskraft, da, wo sie nur die ausübende Gewalt besitzt,
auch die gesetzgebende an sich zu reißen, haben sowohl im Leben
als in der Wissenschaft so vielen Schaden angerichtet, daß es
von nicht geringer Wichtigkeit ist, die Grenzen genau zu bestimmen, die dem Gebrauch schöner Formen gesetzt sind. Diese
Grenzen liegen schon in der Natur des Schönen, und wir dürfen
uns bloß erinnern, wie der Geschmack seinen Einfluß äußert, um
bestimmen zu können, wieweit er denselben erstrecken darf.

Die Wirkungen des Geschmacks, überhaupt genommen, sind,
die sinnlichen und geistigen Kräfte des Menschen in Harmonie
zu bringen und in einem innigen Bündniß zu vereinigen. Wo
also ein solches inniges Bündniß zwischen der Vernunft und den
Sinnen zweckmäßig und rechtmäßig ist, da ist dem Geschmack
ein Einfluß zu gestatten. Gibt es aber Fälle, wo wir, sei es
nun, um einen Zweck zu erreichen, oder sei es, um einer Pflicht
Genüge zu thun, von jedem sinnlichen Einfluß frei und als
reine Vernunftwesen handeln müssen, wo also das Band zwischen
dem Geist und der Materie augenblicklich aufgehoben werden
muß, da hat der Geschmack seine Grenzen, die er nicht überschreiten darf, ohne entweder einen Zweck zu vereiteln oder uns

[1] Anmerkung des Herausgebers In den Horen vom Jahr 1795
erschien dieser Aufsatz zuerst.

von unserer Pflicht zu entfernen. Dergleichen Fälle gibt es aber wirklich, und sie werden uns schon durch unsere Bestimmung vorgeschrieben.

Unsere Bestimmung ist, uns Erkenntnisse zu erwerben und aus Erkenntnissen zu handeln. Zu Beidem gehört eine Fertigkeit, von dem, was der Geist thut, die Sinne auszuschließen, weil bei allem Erkennen vom Empfinden, und bei allem moralischen Wollen von der Begierde abstrahiert werden muß.

Wenn wir erkennen, so verhalten wir uns thätig, und unsere Aufmerksamkeit ist auf einen Gegenstand, auf ein Verhältniß zwischen Vorstellungen und Vorstellungen gerichtet. Wenn wir empfinden, so verhalten wir uns leidend, und unsere Aufmerksamkeit (wenn man es anders so nennen kann, was keine bewußte Handlung des Geistes ist) ist bloß auf unsern Zustand gerichtet, insofern derselbe durch einen empfangenen Eindruck verändert wird. Da wir nun das Schöne bloß empfinden und nicht erkennen, so merken wir dabei auf kein Verhältniß desselben zu andern Objekten, so beziehen wir die Vorstellung desselben nicht auf andere Vorstellungen, sondern auf unser empfindendes Selbst. An dem schönen Gegenstand erfahren wir nichts, aber von demselben erfahren wir eine Veränderung unseres Zustandes, davon die Empfindung der Ausdruck ist. Unser Wissen wird also durch Urtheile des Geschmacks nicht erweitert, und keine Erkenntniß, selbst nicht einmal von der Schönheit, wird durch die Empfindung der Schönheit erworben. Wo also Erkenntniß der Zweck ist, da kann uns der Geschmack, wenigstens direkt und unmittelbar, keine Dienste leisten; vielmehr wird die Erkenntniß gerade so lange ausgesetzt, als uns die Schönheit beschäftigt.

Wozu dient denn aber nun, wird man einwenden, eine geschmackvolle Einkleidung der Begriffe, wenn der Zweck des Vortrags, der doch kein anderer sein kann, als Erkenntniß hervorzubringen, vielmehr dadurch gehindert als befördert wird?

Zur Ueberzeugung des Verstandes kann allerdings die Schönheit der Einkleidung eben so wenig beitragen, als das geschmackvolle Arrangement einer Mahlzeit zur Sättigung der Gäste, oder
die äußere Eleganz eines Menschen zur Beurtheilung seines innern
Werths. Aber eben so, wie dort durch die schöne Anordnung
der Tafel die Eßlust gereizt, und hier durch das Empfehlende
im Aeußern die Aufmerksamkeit auf den Menschen überhaupt
geweckt und geschärft wird, so werden wir durch eine reizende
Darstellung der Wahrheit in eine günstige Stimmung gesetzt,
ihr unsre Seele zu öffnen, und die Hindernisse in unserm Gemüth werden hinweggeräumt, die sich der schwierigen Verfolgung
einer langen und strengen Gedankenkette sonst würden entgegengesetzt haben. Es ist niemals der Inhalt, der durch die Schönheit der Form gewinnt, und niemals der Verstand, dem der
Geschmack beim Erkennen hilft. Der Inhalt muß sich dem Verstand unmittelbar durch sich selbst empfehlen, indem die schöne
Form zu der Einbildungskraft spricht und ihr mit einem Scheine
von Freiheit schmeichelt.

Aber selbst diese unschuldige Nachgiebigkeit gegen die Sinne,
die man sich bloß in der Form erlaubt, ohne dadurch etwas an
dem Inhalt zu verändern, ist großen Einschränkungen unterworfen und kann völlig zweckwidrig sein; je nachdem die Art
der Erkenntniß und der Grad der Ueberzeugung ist, die man
bei Mittheilung seiner Gedanken beabsichtet.

Es gibt eine wissenschaftliche Erkenntniß, welche auf
deutlichen Begriffen und erkannten Principien ruht, und eine
populäre Erkenntniß, welche bloß auf mehr oder weniger entwickelte Gefühle sich gründet. Was der letztern oft sehr beförderlich ist, kann der erstern geradezu widerstreiten.

Da, wo man eine strenge Ueberzeugung aus Principien zu
bewirken sucht, da ist es nicht damit gethan, die Wahrheit bloß
dem Inhalt nach vorzutragen, sondern auch die Probe der
Wahrheit muß in der Form des Vortrags zugleich mit enthalten

sein. Dies kann aber nichts anders heißen, als, nicht bloß der
Inhalt, sondern auch die Darlegung desselben muß den Denk=
gesetzen gemäß sein. Mit derselben strengen Nothwendigkeit,
mit welcher sich die Begriffe im Verstand an einander schließen,
müssen sie sich auch im Vortrag zusammenfügen, und die Stetig=
keit in der Darstellung muß der Stetigkeit in der Idee entsprechen.
Nun streitet aber jede Freiheit, die der Imagination bei Erkennt=
nissen eingeräumt wird, mit der strengen Nothwendigkeit, nach
welcher der Verstand Urtheile mit Urtheilen und Schlüsse mit
Schlüssen zusammenkettet. Die Einbildungskraft strebt, ihrer
Natur gemäß, immer nach Anschauungen, d. h. nach ganzen
und durchgängig bestimmten Vorstellungen, und ist ohne Unter=
laß bemüht, das Allgemeine in einem einzelnen Fall darzustellen,
es in Raum und Zeit zu begrenzen, den Begriff zum Indivi=
duum zu machen, dem Abstrakten einen Körper zu geben. Sie
liebt ferner in ihren Zusammensetzungen Freiheit und erkennt
dabei kein anderes Gesetz als den Zufall der Raum= und der
Zeitverknüpfung; denn diese ist der einzige Zusammenhang, der
zwischen unsern Vorstellungen übrig bleibt, wenn wir alles, was
Begriff ist, was sie innerlich verbindet, hinwegdenken. Gerade
umgekehrt beschäftigt sich der Verstand nur mit Theilvorstel=
lungen oder Begriffen, und sein Bestreben geht dahin, im
lebendigen Ganzen einer Anschauung Merkmale zu unterscheiden.
Weil er die Dinge nach ihren innern Verhältnissen ver=
knüpft, die sich nur durch Absonderung entdecken lassen, so kann
der Verstand nur insofern, als er vorher trennte, d. h. nur
durch Theilvorstellungen, verbinden. Der Verstand beobachtet
in seinen Combinationen strenge Nothwendigkeit und Gesetzmäßig=
keit, und es ist bloß der stetige Zusammenhang der Begriffe,
wodurch er befriedigt werden kann. Dieser Zusammenhang wird
aber jedesmal gestört, so oft die Einbildungskraft ganze Vor=
stellungen (einzelne Fälle) in diese Kette von Abstraktionen ein=
schaltet und in die strenge Nothwendigkeit der Sachverknüpfung

den Zufall der Zeitverknüpfung mischt.[1] Es ist daher unumgänglich nöthig, daß da, wo es um strenge Consequenz im
Denken zu thun ist, die Imagination ihren willkürlichen Charakter
verläugne und ihr Bestreben nach möglichster Sinnlichkeit in den
Vorstellungen und möglichster Freiheit in Verknüpfung derselben
dem Bedürfniß des Verstandes unterordnen und aufopfern lerne.
Deßwegen muß schon der Vortrag darnach eingerichtet sein, durch
Ausschließung alles Individuellen und Sinnlichen jenes Bestreben
der Einbildungskraft niederzuschlagen und sowohl durch Bestimmtheit im Ausdruck ihrem unruhigen Dichtungstrieb, als durch
Gesetzmäßigkeit im Fortschritt ihrer Willkür in Combinationen
Schranken zu setzen. Freilich wird sie sich nicht ohne Widerstand
diesem Joch unterwerfen; aber man rechnet hier auch billig auf
einige Selbstverläugnung und auf einen ernstlichen Entschluß des
Zuhörers oder Lesers, um der Sache willen die Schwierigkeiten
nicht zu achten, welche von der Form unzertrennlich sind.

Wo sich aber ein solcher Entschluß nicht voraussetzen läßt,
und wo man sich keine Hoffnung machen kann, daß das Interesse
an dem Inhalt stark genug sein werde, um zu dieser Anstrengung
Muth zu machen, da wird man freilich auf Mittheilung einer
wissenschaftlichen Erkenntniß Verzicht thun müssen, dafür aber in
Ansehung des Vortrags etwas mehr Freiheit gewinnen. Man
verläßt in diesem Falle die Form der Wissenschaft, die zu viel
Gewalt gegen die Einbildungskraft ausübt, und nur durch die
Wichtigkeit des Zwecks kann annehmlich gemacht werden, und
erwählt dafür die Form der Schönheit, die, unabhängig von

[1] Ein Schriftsteller, dem es um wissenschaftliche Strenge zu thun ist,
wird sich deswegen der Beispiele sehr ungern und sehr sparsam bedienen.
Was vom Allgemeinen mit vollkommener Wahrheit gilt, erleidet in jedem
besondern Fall Einschränkungen; und da in jedem besondern Fall sich Umstände
finden, die in Rücksicht auf den allgemeinen Begriff, der dadurch dargestellt
werden soll, zufällig sind, so ist immer zu fürchten, daß diese zufälligen Beziehungen in jenen allgemeinen Begriff mit hineingetragen werden und ihm
von seiner Allgemeinheit und Nothwendigkeit etwas rauben.

allem Inhalt, sich schon durch sich selbst empfiehlt. Weil die Sache die Form nicht in Schutz nehmen will, so muß die Form die Sache vertreten.

Der populäre Unterricht verträgt sich mit dieser Freiheit. Da der Volksredner oder Volksschriftsteller (eine Benennung, unter der ich jeden befasse, der nicht ausschließend an den Gelehrten sich wendet) zu keinem vorbereiteten Publikum spricht und seine Leser nicht wie der andere auswählt, sondern sie nehmen muß, wie er sie findet, so kann er auch bloß die allgemeinen Bedingungen des Denkens und bloß die allgemeinen Antriebe zur Aufmerksamkeit, aber noch keine besondere Denkfertigkeit, noch keine Bekanntschaft mit bestimmten Begriffen, noch kein Interesse an bestimmten Gegenständen bei denselben voraussetzen. Er kann es also auch nicht darauf ankommen lassen, ob die Einbildungskraft derer, die er unterrichten will, mit seinen Abstraktionen den gehörigen Sinn verknüpfen und zu den allgemeinen Begriffen, auf die der wissenschaftliche Vortrag sich einschränkt, einen Inhalt darbieten werde. Um sicher zu gehen, gibt er daher lieber die Anschauungen und einzelnen Fälle gleich mit, auf welche sich jene Begriffe beziehen, und überläßt es dem Verstand seiner Leser, den Begriff aus dem Stegreif daraus zu bilden. Die Einbildungskraft wird also bei dem populären Vortrag schon weit mehr ins Spiel gemischt, aber doch immer nur repro= duktiv (empfangene Vorstellungen erneuernd), nicht aber pro= duktiv (ihre selbstbildende Kraft beweisend). Jene einzelnen Fälle oder Anschauungen sind für den gegenwärtigen Zweck viel zu genau berechnet und für den Gebrauch, der davon gemacht werden soll, viel zu bestimmt eingerichtet, als daß die Einbil= dungskraft es vergessen könnte, daß sie bloß im Dienst des Verstandes handelt. Der Vortrag hält sich zwar etwas näher an das Leben und an die Sinnenwelt, aber er verliert sich noch nicht in derselben. Die Darstellung ist also noch immer bloß didaktisch; denn um schön zu sein, fehlen ihr noch die zwei

vornehmſten Eigenſchaften, Sinnlichkeit im Ausdruck und
Freiheit in der Bewegung.

· Frei wird die Darſtellung, wenn der Verſtand den Zu=
ſammenhang der Ideen zwar beſtimmt, aber mit ſo verſteckter
Geſeßmäßigkeit, daß die Einbildungskraft dabei völlig willkürlich
zu verfahren und bloß dem Zufall der Zeitverknüpfung zu folgen
ſcheint. Sinnlich wird die Darſtellung, wenn ſie das Allge=
meine in das Beſondere verſteckt und der Phantaſie das lebendige
Bild (die ganze Vorſtellung) hingibt, wo es bloß um den Begriff
(die Theilvorſtellung) zu thun iſt. Die ſinnliche Darſtellung iſt
alſo, von der einen Seite betrachtet, reich, weil ſie da, wo nur
eine Beſtimmung verlangt wird, ein vollſtändiges Bild, ein
Ganzes von Beſtimmungen, ein Individuum gibt; ſie iſt aber,
von einer andern Seite betrachtet, wieder eingeſchränkt und
arm, weil ſie nur von einem Individuum und von einem ein=
zelnen Fall behauptet, was doch von einer ganzen Sphäre zu
verſtehen iſt. Sie verkürzt alſo den Verſtand gerade um ſo viel,
als ſie der Imagination im Ueberfluß darbietet; denn je vollſtän=
diger an Inhalt eine Vorſtellung iſt, deſto kleiner iſt ihr Umfang.

Das Intereſſe der Einbildungskraft iſt, ihre Gegenſtände nach
Willkür zu wechſeln; das Intereſſe des Verſtandes iſt, die ſeinigen
mit ſtrenger Nothwendigkeit zu verknüpfen. So ſehr dieſe beiden
Intereſſen mit einander zu ſtreiten ſcheinen, ſo gibt es doch
zwiſchen beiden einen Punkt der Vereinigung, und dieſen aus=
zufinden, iſt das eigentliche Verdienſt der ſchönen Schreibart.

Um der Imagination Genüge zu thun, muß die Rede einen
materiellen Theil oder Körper haben, und dieſen machen die
Anſchauungen aus, von denen der Verſtand die einzelnen Merk=
male oder Begriffe abſondert; denn ſo abſtrakt wir auch denken
mögen, ſo iſt es doch immer zuletzt etwas Sinnliches, was unſerm
Denken zum Grund liegt. Nur will die Imagination ungebunden
und regellos von Anſchauung zu Anſchauung überſpringen, und
ſich an keinen andern Zuſammenhang, als den der Zeitfolge,

binden. Stehen also die Anschauungen, welche den körperlichen Theil zu der Rede hergeben, in keiner Sachverknüpfung unter einander, scheinen sie vielmehr als unabhängige Glieder und als eigene Ganze für sich selbst zu bestehen, verrathen sie die ganze Unordnung einer spielenden und bloß sich selbst gehorchenden Einbildungskraft, so hat die Einkleidung ästhetische Freiheit, und das Bedürfniß der Phantasie ist befriedigt. Eine solche Darstellung, könnte man sagen, ist ein organisches Produkt, wo nicht bloß das Ganze lebt, sondern auch die einzelnen Theile ihr eigenthümliches Leben haben; die bloß wissenschaftliche Darstellung ist ein mechanisches Werk, wo die Theile, leblos für sich selbst, dem Ganzen durch ihre Zusammenstimmung ein künstliches Leben ertheilen.

Um auf der andern Seite dem Verstande Genüge zu thun und Erkenntniß hervorzubringen, muß die Rede einen geistigen Theil, Bedeutung, haben, und diese erhält sie durch die Begriffe, vermittelst welcher jene Anschauungen auf einander bezogen und in ein Ganzes verbunden werden. Findet nun zwischen diesen Begriffen, als dem geistigen Theil der Rede, der genaueste Zusammenhang Statt, während daß sich die ihnen correspondierenden Anschauungen, als der sinnliche Theil der Rede, bloß durch ein willkürliches Spiel der Phantasie zusammen zu finden scheinen, so ist das Problem gelöst, und der Verstand wird durch Gesetzmäßigkeit befriedigt, indem der Phantasie durch Gesetzlosigkeit geschmeichelt wird.

Untersucht man die Zauberkraft der schönen Diktion, so wird man allemal finden, daß sie in einem solchen glücklichen Verhältniß zwischen äußerer Freiheit und innerer Nothwendigkeit enthalten ist. Zu dieser Freiheit der Einbildungskraft trägt die Individualisirung der Gegenstände und der figürliche oder uneigentliche Ausdruck das meiste bei, jene, um die Sinnlichkeit zu erhöhen, dieser, um sie da, wo sie nicht ist, zu erzeugen. Indem wir die Gattung durch ein Individuum repräsentieren und einen allgemeinen Begriff in einem einzelnen Falle darstellen, nehmen wir der Phantasie die Fesseln ab, die der Verstand ihr angelegt hatte, und geben ihr Vollmacht sich schöpferisch zu beweisen. Immer nach Vollständigkeit der Bestimmungen strebend, erhält und gebraucht sie jetzt das Recht, das ihr hingegebene Bild nach Gefallen zu ergänzen, zu beleben, umzugestalten, ihm in allen seinen Verbindungen und Verwandlungen zu folgen. Sie darf augenblicklich ihrer untergeordneten Rolle vergessen und sich als eine willkürliche Selbstherrscherin betragen, weil durch den strengen innern Zusammenhang hinlänglich dafür gesorgt ist, daß sie dem Zügel des Verstandes nie ganz entfliehen kann. Der uneigentliche Ausdruck treibt diese Freiheit noch weiter, indem er Bilder zusammengattet, die ihrem Inhalt nach ganz verschieden sind, aber sich gemeinschaftlich unter einem höhern Begriff verbinden. Weil sich nun die Phantasie an den Inhalt, der Verstand hingegen an jenen höhern Begriff hält, so macht die erstere eben da einen Sprung, wo der letztere die vollkommenste Stetigkeit wahrnimmt. Die Begriffe entwickeln sich nach dem Gesetz der Nothwendigkeit, aber nach dem Gesetz der Freiheit gehen sie an der Einbildungskraft vorüber; der Gedanke bleibt derselbe, nur wechselt das Medium, das ihn darstellt. So erschafft sich der beredte Schriftsteller aus der Anarchie selbst die herrlichste Ordnung und errichtet auf einem immer wechselnden Grunde, auf dem Strome der Imagination, der immer fortfließt, ein festes Gebäude.

Stellt man zwischen der wissenschaftlichen, der populären und der schönen Diktion eine Vergleichung an, so zeigt sich, daß alle drei zwar den Gedanken, um den es zu thun ist, der Materie nach, gleich getreu überliefern, und uns also alle drei zu einer Erkenntniß verhelfen, daß aber die Art und der Grad dieser Erkenntniß bei einer jeden merklich verschieden sind. Der schöne Schriftsteller stellt uns die Sache, von der er handelt, vielmehr als möglich und als wünschenswürdig vor, als daß er uns von der Wirklichkeit oder gar von der Nothwendigkeit derselben

überzeugen könnte; denn sein Gedanke kündigt sich bloß als eine
willkürliche Schöpfung der Einbildungskraft an, die für sich allein
nie im Stand ist, die Realität ihrer Vorstellungen zu verbürgen.
Der populäre Schriftsteller erweckt uns den Glauben, daß es sich
wirklich so verhalte, aber weiter bringt er es auch nicht; denn
er macht uns die Wahrheit jenes Satzes zwar fühlbar, aber nicht
absolut gewiß. Das Gefühl aber kann wohl lehren, was ist,
aber niemals, was sein muß. Der philosophische Schriftsteller
erhebt jenen Glauben zur Ueberzeugung; denn er erweist aus
unbezweifelten Gründen, daß es sich nothwendig so verhalte.

Wenn man von den bisherigen Grundsätzen ausgehet, so
wird es nicht schwer sein, einer jeden von diesen drei verschiedenen
Formen der Diktion ihre schickliche Stelle anzuweisen. Im Ganzen
genommen wird sich als Regel annehmen lassen, daß da, wo es
nicht bloß an dem Resultat, sondern zugleich an den Beweisen
liegt, die wissenschaftliche Schreibart, und da, wo es überhaupt
nur um das Resultat zu thun ist, die populäre und schöne
Schreibart den Vorzug verdienen. Wann aber der populäre
Ausdruck in den schönen übergehen darf, das entscheidet der
größere oder geringere Grad des Interesse, den man vorauszusetzen und zu bewirken hat.

Der reine wissenschaftliche Ausdruck setzt uns (mehr oder
weniger, je nachdem er philosophischer oder populärer ist) in den
Besitz einer Erkenntniß; der schöne Ausdruck leiht uns dieselbe bloß zu augenblicklichem Genuß und Gebrauche. Der erste
gibt uns — wenn ich mir die Vergleichung erlauben darf — den
Baum mit sammt der Wurzel, aber freilich müssen wir uns ge-
dulden, bis er blühet und Früchte trägt; der schöne Ausdruck
bricht uns bloß die Blüthen und Früchte davon ab, aber der
Baum, der sie trug, wird nicht unser, und wenn jene verwelkt
und genossen sind, ist unser Reichthum verschwunden. So widersinnig es nun wäre, demjenigen die bloße Blume oder Frucht
abzubrechen, der den Baum selbst in seinen Garten verpflanzt

haben will, eben so ungereimt würde es sein, dem, welchem
gerade jetzt nur nach einer Frucht gelüstet, den Baum selbst mit
seinen künftigen Früchten anzubieten. Die Anwendung ergibt
sich von selbst, und ich bemerke bloß, daß der schöne Ausdruck
eben so wenig für den Lehrstuhl, als der schulgerechte für den
schönen Umgang und für die Rednerbühne taugt.

Der Lernende sammelt für spätere Zwecke und für einen
künftigen Gebrauch; daher der Lehrer dafür zu sorgen hat, ihn
zum völligen Eigenthümer der Kenntnisse zu machen,
die er ihm beibringt. Nichts aber ist unser, als was dem Verstand übergeben wird. Der Redner hingegen bezweckt einen
schnellen Gebrauch und hat ein gegenwärtiges Bedürfniß seines
Publikums zu befriedigen. Sein Interesse ist es also, die Kenntnisse, welche er ausstreut, so schnell, als er immer kann, praktisch zu machen, und dies erreicht er am sichersten, wenn er
sie dem Sinn übergibt und für die Empfindung zubereitet.
Der Lehrer, der sein Publikum bloß auf Bedingungen über-
nimmt und berechtigt ist die Stimmung des Gemüths, die zur
Aufnahme der Wahrheit erfordert wird, schon bei demselben
vorauszusetzen, richtet sich bloß nach dem Objekt seines Vortrags, da im Gegentheil der Redner, der mit seinem Publikum
keine Bedingung eingehen darf und die Neigung erst zu seinem
Vortheil gewinnen muß, sich zugleich nach den Subjekten zu
richten hat, an die er sich wendet. Jener, dessen Publikum schon
da war und wiederkommt, braucht bloß Bruchstücke zu liefern, die
mit vorhergegangenen Vorträgen erst ein Ganzes ausmachen;
dieser, dessen Publikum ohne Aufhören wechselt, unvorbereitet
kommt und vielleicht nie zurückkehrt, muß sein Geschäft bei jedem
Vortrag vollenden; jede seiner Aufführungen muß ein Ganzes
für sich sein und ihren vollständigen Aufschluß enthalten.

Daher ist es kein Wunder, wenn ein noch so gründlicher
dogmatischer Vortrag in der Conversation und auf der Kanzel
kein Glück macht, und ein noch so geistvoller schöner Vortrag

auf dem Lehrstuhl keine Früchte trägt — wenn die schöne Welt
Schriften ungelesen läßt, die in der gelehrten Epoche machen,
und der Gelehrte Werke ignoriert, die eine Schule der Weltleute
sind, und von allen Liebhabern des Schönen mit Begierde verschlungen werden. Jedes kann in dem Kreis, für den es bestimmt
ist, Bewunderung verdienen, ja, an innerm Gehalt können
beide vollkommen gleich sein, aber es hieße etwas Unmögliches
verlangen, wenn ein Werk, das den Denker anstrengt, zugleich
dem bloßen Schöngeist zum leichten Spiele dienen sollte.

Aus diesem Grunde halte ich es für schädlich, wenn für den
Unterricht der Jugend Schriften gewählt werden, worin wissenschaftliche Materien in schöne Form eingekleidet sind. Ich rede
hier ganz und gar nicht von solchen Schriften, wo der Inhalt der Form aufgeopfert worden ist, sondern von wirklich
vortrefflichen Schriften, die die schärfste Sachprobe aushalten,
aber diese Probe in ihrer Form nicht enthalten. Es ist wahr,
man erreicht mit solchen Schriften den Zweck, gelesen zu werden,
aber immer auf Unkosten des wichtigern Zweckes, warum man
gelesen werden will. Der Verstand wird bei dieser Lektüre
immer nur in seiner Zusammenstimmung mit der Einbildungskraft geübt, und lernt also nie die Form von dem Stoffe scheiden
und als ein reines Vermögen handeln. Und doch ist schon die
bloße Uebung des Verstandes ein Hauptmoment bei dem Jugend-
unterricht, und an dem Denken selbst liegt in den meisten Fällen
mehr als an dem Gedanken. Wenn man haben will, daß ein
Geschäft gut besorgt werde, so mag man sich ja hüten, es als
ein Spiel anzukündigen. Vielmehr muß der Geist schon durch
die Form der Behandlung in Spannung gesetzt und mit einer
gewissen Gewalt von der Passivität zur Thätigkeit fortgestoßen
werden. Der Lehrer soll seinem Schüler die strenge Gesetzmäßigkeit der Methode keineswegs verbergen, sondern ihn vielmehr darauf aufmerksam und wo möglich darnach begierig
machen. Der Studierende soll lernen, einen Zweck verfolgen,

und um des Zweckes willen auch ein beschwerliches Mittel sich gefallen lassen. Frühe schon soll er nach der edleren Lust streben, welche der Preis der Anstrengung ist. Bei dem wissenschaftlichen Vortrag werden die Sinne ganz und gar abgewiesen, bei dem schönen werden sie ins Interesse gezogen. Was wird die Folge davon sein? Man verschlingt eine solche Schrift, eine solche Unterhaltung mit Antheil; aber, wird man um die Resultate befragt, so ist man kaum im Stande, davon Rechenschaft zu geben. Und sehr natürlich; denn die Begriffe bringen zu ganzen Massen in die Seele, und der Verstand erkennt nur, wo er unter=scheidet; das Gemüth verhielt sich während der Lektüre vielmehr leidend als thätig, und der Geist besitzt nichts, als was er thut.

Dies gilt übrigens bloß von dem Schönen gemeiner Art und von der gemeinen Art, das Schöne zu empfinden. Das wahrhaft Schöne gründet sich auf die strengste Bestimmtheit, auf die genaueste Absonderung, auf die höchste innere Noth=wendigkeit; nur muß diese Bestimmtheit sich eher finden lassen, als gewaltsam hervordrängen. Die höchste Gesetzmäßigkeit muß da sein, aber sie muß als Natur erscheinen. Ein solches Produkt wird dem Verstand vollkommen Genüge thun, sobald es studiert wird, aber eben weil es wahrhaft schön ist, so bringt es seine Gesetzmäßigkeit nicht auf, so wendet es sich nicht an den Verstand insbesondere, sondern spricht als reine Einheit zu dem harmonierenden Ganzen des Menschen, als Natur zur Natur. Ein gemeiner Beurtheiler findet es vielleicht leer, dürftig, viel zu wenig bestimmt; gerade dasjenige, worin der Triumph der Darstellung besteht, die vollkommene Auflösung der Theile in einem reinen Ganzen, beleidigt ihn, weil er nur zu unterscheiden versteht und nur für das Einzelne Sinn hat. Zwar soll bei philosophischen Darstellungen der Verstand, als Unterscheidungsvermögen, befriedigt werden, es sollen einzelne Resultate für ihn daraus hervorgehen; dies ist der Zweck, der auf keine Weise hintangesetzt werden darf. Wenn aber der

Schriftsteller durch die strengste innere Bestimmtheit dafür gesorgt hat, daß der Verstand diese Resultate nothwendig finden muß, sobald er sich nur darauf einläßt, aber damit allein nicht zufrieden und genöthigt durch seine Natur (die immer als harmonische Einheit wirkt, und wo sie durch das Geschäft der Abstraktion diese Einheit verloren, solche schnell wieder herstellt), wenn er das Getrennte wieder verbindet und durch die vereinigte Aufforderung der sinnlichen und geistigen Kräfte immer den ganzen Menschen in Anspruch nimmt, so hat er wahrhaftig nicht um so viel schlechter geschrieben, als er dem Höchsten näher gekommen ist. Der gemeine Beurtheiler freilich, der ohne Sinn für jene Harmonie immer nur auf das Einzelne bringt, der in der Peterskirche selbst nur die Pfeiler suchen würde, welche dieses künstliche Firmament unterstützen, dieser wird es ihm wenig Dank wissen, daß er ihm eine doppelte Mühe machte; denn ein solcher muß ihn freilich erst übersetzen, wenn er ihn verstehen will, so wie der bloße nackte Verstand, entblößt von allem Darstellungsvermögen, das Schöne und Harmonische in der Natur wie in der Kunst erst in seine Sprache umsetzen und auseinander legen, kurz, so wie der Schüler, um zu lesen, erst buchstabieren muß. Aber von der Beschränktheit und Bedürftigkeit seiner Leser empfängt der darstellende Schriftsteller niemals das Gesetz. Dem Ideal, das er in sich selbst trägt, geht er entgegen, unbekümmert, wer ihm etwa folgt, und wer zurückbleibt. Es werden Viele zurückbleiben; denn so selten es schon ist, auch nur denkende Leser zu finden, so ist es doch noch unendlich seltener solche anzutreffen, welche darstellend denken können. Ein solcher Schriftsteller wird es also der Natur der Sache nach sowohl mit denjenigen verderben, welche nur anschauen und nur empfinden; denn er legt ihnen die saure Arbeit des Denkens auf: als mit denjenigen, welche nur denken; denn er fordert von ihnen, was für sie schlechthin unmöglich ist, lebendig zu bilden. Weil aber Beide nur sehr unvollkommene Repräsentanten gemeiner und echter Menschheit sind, welche durchaus Harmonie jener beiden Geschäfte fordert, so bedeutet ihr Widerspruch nichts; vielmehr bestätigen ihm ihre Urtheile, daß er erreichte, was er suchte. Der abstrakte Denker findet seinen Inhalt gedacht, und der anschauende Leser seine Schreibart lebendig; beide billigen also, was sie fassen, und vermissen nur, was ihr Vermögen übersteigt.

Ein solcher Schriftsteller ist aber aus eben diesem Grunde ganz und gar nicht dazu gemacht, einen Unwissenden mit dem Gegenstande, den er behandelt, bekannt zu machen oder, im eigentlichsten Sinne des Worts, zu lehren. Dazu ist er glücklicher Weise auch nicht nöthig, weil es für den Unterricht der Schüler nie an Subjekten fehlen wird. Der Lehrer in strengster Bedeutung muß sich nach der Bedürftigkeit richten; er geht von der Voraussetzung des Unvermögens aus, da hingegen jener von seinem Leser oder Zuhörer schon eine gewisse Integrität und Ausbildung fordert. Dafür schränkt sich aber seine Wirkung auch nicht darauf ein, bloß todte Begriffe mitzutheilen; er ergreift mit lebendiger Energie das Lebendige und bemächtigt sich des ganzen Menschen, seines Verstandes, seines Gefühls, seines Willens zugleich.

Wenn es für die Gründlichkeit der Erkenntniß nachtheilig befunden wurde, bei dem eigentlichen Lernen den Forderungen des Geschmacks Raum zu geben, so wird dadurch keineswegs behauptet, daß die Bildung dieses Vermögens bei dem Studierenden zu frühzeitig sei. Ganz im Gegentheil soll man ihn aufmuntern und veranlassen, Kenntnisse, die er sich auf dem Wege der Schule zu eigen machte, auf dem Wege der lebendigen Darstellung mitzutheilen. Sobald das Erstere nur beobachtet worden ist, kann das Zweite keine andern als nützliche Folgen haben. Gewiß muß man einer Wahrheit schon in hohem Grad mächtig sein, um ohne Gefahr die Form verlassen zu können, in der sie gefunden wurde; man muß einen großen Verstand besitzen, um selbst in dem freien Spiele der Imagination sein Objekt

nicht zu verlieren. Wer mir seine Kenntnisse in schulgerechter
Form überliefert, der überzeugt mich zwar, daß er sie richtig
faßte und zu behaupten weiß; wer aber zugleich im Stande ist
sie in einer schönen Form mitzutheilen, der beweist nicht nur,
daß er dazu gemacht ist sie zu erweitern, er beweist auch, daß
er sie in seine Natur aufgenommen und in seinen Handlungen
darzustellen fähig ist. Es gibt für die Resultate des Denkens
keinen andern Weg zu dem Willen und in das Leben, als durch
die selbstthätige Bildungskraft. Nichts, als was in uns selbst
schon lebendige That ist, kann es außer uns werden, und es
ist mit Schöpfungen des Geistes wie mit organischen Bildungen:
nur aus der Blüthe geht die Frucht vor.

Wenn man überlegt, wie viele Wahrheiten als innere An=
schauungen längst schon lebendig wirkten, ehe die Philosophie
sie demonstrierte, und wie kraftlos öfters die demonstriertesten
Wahrheiten für das Gefühl und den Willen bleiben, so erkennt
man, wie wichtig es für das praktische Leben ist, diesen Wink
der Natur zu befolgen und die Erkenntnisse der Wissenschaft
wieder in lebendige Anschauung umzuwandeln. Nur auf diese
Art ist man im Stande, an den Schätzen der Weisheit auch
diejenigen Antheil nehmen zu lassen, denen schon ihre Natur
untersagte, den unnatürlichen Weg der Wissenschaft zu wandeln.
Die Schönheit leistet hier in Rücksicht auf die Erkenntniß eben
das, was sie im Moralischen in Rücksicht auf die Handlungs=
weise leistet: sie vereinigt die Menschen in den Resultaten und
in der Materie, die sich in der Form und in den Gründen
niemals vereinigt haben würden.

Das andere Geschlecht kann und darf, seiner Natur und
seiner schönen Bestimmung nach, mit dem männlichen nie die
Wissenschaft, aber durch das Medium der Darstellung kann
es mit demselben die Wahrheit theilen. Der Mann läßt es
sich noch wohl gefallen, daß sein Geschmack beleidigt wird, wenn
nur der innere Gehalt den Verstand entschädigt. Gewöhnlich

ist es ihm nur desto lieber, je härter die Bestimmtheit hervor=
tritt, und je reiner sich das innere Wesen von der Erscheinung
absondert. Aber das Weib vergibt dem reichsten Inhalt die
vernachlässigte Form nicht, und der ganze innere Bau seines
Wesens gibt ihm ein Recht zu dieser strengen Forderung. Dieses
Geschlecht, das, wenn es auch nicht durch Schönheit herrschte,
schon allein deßwegen das schöne Geschlecht heißen müßte, weil
es durch Schönheit beherrscht wird, zieht alles, was ihm vor=
kommt, vor den Richterstuhl der Empfindung, und was nicht
zu dieser spricht oder sie gar beleidigt, ist für dasselbe ver=
loren. Freilich kann ihm in diesem Kanal nur die Materie der
Wahrheit, aber nicht die Wahrheit selbst überliefert werden,
die von ihrem Beweis unzertrennlich ist. Aber glücklicher Weise
braucht es auch nur die Materie der Wahrheit, um seine höchste
Vollkommenheit zu erreichen, und die bisher erschienenen Aus=
nahmen können den Wunsch nicht erregen, daß sie zur Regel
werden möchten.

Das Geschäft also, welches die Natur dem andern Geschlecht
nicht bloß nachließ, sondern verbot, muß der Mann doppelt
auf sich nehmen, wenn er anders dem Weibe in diesem wichtigen
Punkt des Daseins auf gleicher Stufe begegnen will. Er wird
also so viel, als er nur immer kann, aus dem Reich der
Abstraktion, wo er regiert, in das Reich der Einbildungskraft
und Empfindung hinüberzuziehen suchen, wo das Weib zugleich
Muster und Richterin ist. Er wird, da er in dem weiblichen
Geiste keine dauerhaften Pflanzungen anlegen kann, so viele
Blüthen und Früchte, als immer möglich ist, auf seinem eigenen
Feld zu erzielen suchen, um den schnell verwelkenden Vorrath auf
dem andern desto öfter erneuern und da, wo keine natürliche
Ernte reift, eine künstliche unterhalten zu können. Der Geschmack
verbessert — oder verbirgt — den natürlichen Geistesunter=
schied beider Geschlechter, er nährt und schmückt den weiblichen
Geist mit den Produkten des männlichen und läßt das reizende

Geschlecht empfinden, wo es nicht gedacht, und genießen, wo es nicht gearbeitet hat.

Dem Geschmack ist also, unter den Einschränkungen, deren ich bisher erwähnte, bei Mittheilung der Erkenntniß zwar die Form anvertraut, aber unter der ausdrücklichen Bedingung, daß er sich nicht an dem Inhalt vergreife. Er soll nie vergessen, daß er einen fremden Auftrag ausrichtet und nicht seine eigenen Geschäfte führt. Sein ganzer Antheil soll darauf eingeschränkt sein, das Gemüth in eine der Erkenntniß günstige Stimmung zu versetzen; aber in allem dem, was die Sache betrifft, soll er sich durchaus keiner Autorität anmaßen.

Wenn er das Letztere thut — wenn er sein Gesetz, welches kein anderes ist, als der Einbildungskraft gefällig zu sein und in der Betrachtung zu vergnügen, zum obersten erhebt — wenn er dieses Gesetz nicht bloß auf die Behandlung, sondern auch auf die Sache anwendet und nach Maßgabe desselben die Materialien nicht bloß ordnet, sondern wählt, so überschreitet er nicht nur, sondern veruntreut seinen Auftrag, und verfälscht das Objekt, das er uns treu überliefern sollte. Nach dem, was die Dinge sind, wird jetzt nicht mehr gefragt, sondern wie sie sich am besten den Sinnen empfehlen. Die strenge Consequenz der Gedanken, welche bloß hätte verborgen werden sollen, wird als eine lästige Fessel weggeworfen; die Vollkommenheit wird der Annehmlichkeit, die Wahrheit der Theile der Schönheit des Ganzen, das innere Wesen dem äußern Eindruck aufgeopfert. Wo aber der Inhalt sich nach der Form richten muß, da ist gar kein Inhalt; die Darstellung ist leer, und anstatt sein Wissen vermehrt zu haben, hat man blos ein unterhaltendes Spiel getrieben.

Schriftsteller, welche mehr Witz als Verstand und mehr Geschmack als Wissenschaft besitzen, machen sich dieser Betrügerei nur allzu oft schuldig, und Leser, die mehr zu empfinden als zu denken gewohnt sind, zeigen sich nur zu bereitwillig sie zu verzeihen. Ueberhaupt ist es bedenklich, dem Geschmack seine völlige Ausbildung zu geben, ehe man den Verstand als reine Denkkraft geübt und den Kopf mit Begriffen bereichert hat. Denn da der Geschmack nur immer auf die Behandlung und nicht auf die Sache sieht, so verliert sich da, wo er der alleinige Richter ist, aller Sachunterschied der Dinge. Man wird gleich-gültig gegen die Realität, und setzt endlich allen Werth in die Form und in die Erscheinung.

Daher der Geist der Oberflächlichkeit und Frivolität, den man sehr oft bei solchen Ständen und in solchen Cirkeln herr-schen sieht, die sich sonst nicht mit Unrecht der höchsten Ver-feinerung rühmen. Einen jungen Menschen in diese Cirkel der Grazien einzuführen, ehe die Musen ihn als mündig ent-lassen haben, muß ihm nothwendig verderblich werden, und es kann gar nicht fehlen, daß eben das, was dem reifen Jüngling die äußere Vollendung gibt, den unreifen zum Gecken macht. [1] Stoff ohne Form ist freilich nur ein halber Besitz; denn die herrlichsten Kenntnisse liegen in einem Kopf, der ihnen keine

---

[1] Herr Garve hat in seiner einsichtsvollen Vergleichung bürgerlicher und adeliger Sitten im 1. Theil seiner Versuche ꝛc. (einer Schrift, von der ich voraussetzen darf, daß sie in jedermanns Händen sein werde) unter den Prärogativen des adeligen Jünglings auch die frühzeitige Competenz desselben zu dem Umgange mit der großen Welt angeführt, von welchem der Bürger-liche schon durch seine Geburt ausgeschlossen ist. Ob aber dieses Vorrecht, welches in Absicht auf die äußere und ästhetische Bildung unstreitig als ein Vortheil zu betrachten ist, auch in Absicht auf die innere Bildung des adeligen Jünglings und also auf das Ganze seiner Erziehung noch ein Gewinn heißen könne, darüber hat uns Herr Garve seine Meinung nicht gesagt, und ich zweifle, ob er eine solche Behauptung würde rechtfertigen können. So viel auch auf diesem Wege an Form zu gewinnen ist, so viel muß dadurch an Materie ver-säumt werden, und wenn man überlegt, wie viel leichter sich Form zu einem Inhalt, als Inhalt zu einer Form findet, so dürfte der Bürger den Edelmann um dieses Prärogativ nicht sehr beneiden. Wenn es freilich auch fernerhin bei der Einrichtung bleiben soll, daß der Bürgerliche arbeitet und der Adelige repräsentiert, so kann man kein raffenderes Mittel dazu wählen, als gerade diesen Unterschied in der Erziehung: aber ich zweifle, ob der Adelige sich eine solche Theilung immer gefallen lassen wird

Gestalt zu geben weiß, wie todte Schätze vergraben. Form ohne Stoff hingegen ist gar nur der Schatte eines Besitzes, und alle Kunstfertigkeit im Ausdruck kann demjenigen nichts helfen, der nichts auszudrücken hat.

Wenn also die schöne Kultur nicht auf diesen Abweg führen soll, so muß der Geschmack nur die äußere Gestalt, Vernunft und Erfahrung aber das innere Wesen bestimmen. Wird der Eindruck auf den Sinn zum höchsten Richter gemacht, und die Dinge bloß auf die Empfindung bezogen, so tritt der Mensch niemals aus der Dienstbarkeit der Materie, so wird es niemals Licht in seinem Geist, kurz, so verliert er ebenso viel an Freiheit der Vernunft, als er der Einbildungskraft zu viel verstattet.

Das Schöne thut seine Wirkung schon bei der bloßen Betrachtung, das Wahre will Studium. Wer also bloß seinen Schönheitssinn übte, der begnügt sich auch da, wo schlechterdings Studium nöthig ist, mit der superficiellen Betrachtung, und will auch da bloß verständig spielen, wo Anstrengung und Ernst erfordert wird. Durch die bloße Betrachtung wird aber nie etwas gewonnen. Wer etwas Großes leisten will, muß tief eindringen, scharf unterscheiden, vielseitig verbinden und standhaft beharren. Selbst der Künstler und Dichter, obgleich beide nur für das Wohlgefallen bei der Betrachtung arbeiten, können nur durch ein anstrengendes und nichts weniger als reizendes Studium dahin gelangen, daß ihre Werke uns spielend ergötzen.

Dieses scheint mir auch der untrügliche Probierstein zu sein, woran man den bloßen Dilettanten von dem wahrhaften Kunstgenie unterscheiden kann. Der verführerische Reiz des Großen und Schönen, das Feuer, womit es die jugendliche Imagination entzündet, und der Anschein von Leichtigkeit, womit es die Sinne täuscht, haben schon manchen Unerfahrenen beredet, Palette oder Leier zu ergreifen und auszugießen in Gestalten oder Tönen, was in ihm lebendig wurde. In seinem Kopf arbeiten

dunkle Ideen wie eine werdende Welt, die ihn glauben machen,
daß er begeistert sei. Er nimmt das Dunkle für das Tiefe,
das Wilde für das Kräftige, das Unbestimmte für das Unendliche, das Sinnlose für das Uebersinnliche — und wie gefällt
er sich nicht in seiner Geburt! Aber des Kenners Urtheil will
dieses Zeugniß der warmen Selbstliebe nicht bestätigen. Mit
ungefälliger Kritik zerstört er das Gaukelwerk der schwärmenden
Bildungskraft, und leuchtet ihm in den tiefen Schacht der
Wissenschaft und Erfahrung hinunter, wo, jedem Ungeweihten
verborgen, der Quell aller wahren Schönheit entspringt. Schlummert nun ächte Geniuskraft in dem fragenden Jüngling, so
wird zwar anfangs seine Bescheidenheit stutzen, aber der Muth
des wahren Talents wird ihn bald zu Versuchen ermuntern.
Er studiert, wenn die Natur ihn zum plastischen Künstler ausstattete, den menschlichen Bau unter dem Messer des Anato-
mikers, steigt in die unterste Tiefe, um auf der Oberfläche wahr zu sein, und frägt bei der ganzen Gattung
herum, um dem Individuum sein Recht zu erweisen. Er
behorcht, wenn er zum Dichter geboren ist, die Menschheit in
seiner eigenen Brust, um ihr unendlich wechselndes Spiel auf
der weiten Bühne der Welt zu verstehen, unterwirft die üppige
Phantasie der Disciplin des Geschmackes und läßt den nüchternen
Verstand die Ufer ausmessen, zwischen welchen der Strom der
Begeisterung brausen soll. Ihm ist es wohlbekannt, daß nur
aus dem unscheinbar Kleinen das Große erwächst, und Sandkorn für Sandkorn trägt er das Wundergebäude zusammen,
das uns in einem einzigen Eindruck jetzt schwindelnd faßt. Hat
ihn hingegen die Natur bloß zum Dilettanten gestempelt, so
erkältet die Schwierigkeit seinen kraftlosen Eifer, und er verläßt entweder, wenn er bescheiden ist, eine Bahn, die ihm
Selbstbetrug anwies, oder, wenn er es nicht ist, verkleinert er
das große Ideal nach dem kleinen Durchmesser seiner Fähigkeit,
weil er nicht im Stande ist seine Fähigkeit nach dem großen

Maßstab des Ideals zu erweitern. Das echte Kunstgenie ist also immer daran zu erkennen, daß es, bei dem glühendsten Gefühl für das Ganze, Kälte und ausdauernde Geduld für das Einzelne behält und, um der Vollkommenheit keinen Abbruch zu thun, lieber den Genuß der Vollendung aufopfert. Dem bloßen Liebhaber verleidet die Mühseligkeit des Mittels den Zweck, und er möchte es gern beim Hervorbringen so bequem haben als bei der Betrachtung.

Bisher ist von den Nachtheilen geredet worden, welche aus einer übertriebenen Empfindlichkeit für das Schöne der Form und aus zu weit ausgedehnten ästhetischen Forderungen für das Denken und für die Einsicht erwachsen. Von weit größerer Bedeutung aber sind eben diese Anmaßungen des Geschmackes, wenn sie den Willen zu ihrem Gegenstand haben; denn es ist doch etwas ganz anders, ob uns der übertriebene Hang für das Schöne an Erweiterung unseres Wissens verhindert, oder ob er den Charakter verderbt, und uns Pflichten verletzen macht. Belletristische Willkürlichkeit im Denken ist freilich etwas sehr Uebles und muß den Verstand verfinstern; aber eben diese Willkürlichkeit, auf Maximen des Willens angewandt, ist etwas Böses und muß unausbleiblich das Herz verderben. Und zu diesem gefahrvollen Extrem neigt die ästhetische Verfeinerung den Menschen, sobald er sich dem Schönheitsgefühl ausschließend anvertraut, und den Geschmack zum unumschränkten Gesetzgeber seines Willens macht.

Die moralische Bestimmung des Menschen fordert völlige Unabhängigkeit des Willens von allem Einfluß sinnlicher Antriebe, und der Geschmack, wie wir wissen, arbeitet ohne Unterlaß daran, das Band zwischen der Vernunft und den Sinnen immer inniger zu machen. Nun bewirkt er dadurch zwar, daß die Begierden sich veredeln und mit den Forderungen der Vernunft übereinstimmender werden; aber selbst daraus kann für die Moralität zuletzt große Gefahr entstehen.

Dafür nämlich, daß bei dem ästhetisch verfeinerten Menschen die Einbildungskraft auch in ihrem freien Spiele sich nach Gesetzen richtet, und daß der Sinn sich gefallen läßt, nicht ohne Beistimmung der Vernunft zu genießen, wird von der Vernunft gar leicht der Gegendienst verlangt, in dem Ernst ihrer Gesetzgebung sich nach dem Interesse der Einbildungskraft zu richten, und nicht ohne Beistimmung der sinnlichen Triebe dem Willen zu gebieten. Die sittliche Verbindlichkeit des Willens, die doch ganz ohne alle Bedingung gilt, wird unvermerkt als ein Contrakt angesehen, der den einen Theil nur so lange bindet, als der andere ihn erfüllt. Die zufällige Zusammenstimmung der Pflicht mit der Neigung wird endlich als nothwendige Bedingung festgesetzt, und so die Sittlichkeit in ihren Quellen vergiftet.

Wie der Charakter nach und nach in diese Verderbniß gerathe, läßt sich auf folgende Art begreiflich machen.

So lange der Mensch noch ein Wilder ist, seine Triebe bloß auf materielle Gegenstände gehen, und ein Egoism von der gröbern Art seine Handlungen leitet, kann die Sinnlichkeit nur durch ihre blinde Stärke der Moralität gefährlich sein, und sich den Vorschriften der Vernunft bloß als eine Macht widersetzen. Die Stimme der Gerechtigkeit, der Mäßigung, der Menschlichkeit wird von der lauter sprechenden Begierde über: schrien. Er ist fürchterlich in seiner Rache, weil er die Be: leidigung fürchterlich empfindet. Er raubt und mordet, weil seine Gelüste dem schwachen Zügel der Vernunft noch zu mächtig sind. Er ist ein wüthendes Thier gegen Andere, weil ihn selbst der Naturtrieb noch thierisch beherrscht.

Vertauscht er aber diesen wilden Naturstand mit dem Zustande der Verfeinerung, veredelt der Geschmack seine Triebe, weist er denselben würdigere Objekte in der moralischen Welt an, mäßigt er ihre rohen Ausbrüche durch die Regel der Schön: heit, so kann es geschehen, daß eben diese Triebe, die vorher

nur durch ihre blinde Gewalt furchtbar waren, durch einen
Anschein von Würde und durch eine angemaßte Autorität
der Sittlichkeit des Charakters noch weit gefährlicher werden,
und unter der Maske von Unschuld, Adel und Reinigkeit eine
weit schlimmere Tyrannei gegen den Willen ausüben.

Der Mensch von Geschmack entzieht sich freiwillig dem groben
Joch des Instinkts. Er unterwirft seinen Trieb nach Vergnügen
der Vernunft und versteht sich dazu, die Objekte seiner Begierden
sich von dem denkenden Geist bestimmen zu lassen. Je öfter nun
der Fall sich erneuert, daß das moralische und das ästhetische
Urtheil, das Sittengefühl und das Schönheitsgefühl, in demselben Objekte zusammentreffen und in demselben Ausspruche
sich begegnen, desto mehr wird die Vernunft geneigt, einen so
sehr vergeistigten Trieb für einen der ihrigen zu halten
und ihm zuletzt das Steuer des Willens mit uneingeschränkter
Vollmacht zu übergeben.

So lange noch Möglichkeit vorhanden ist, daß Neigung und
Pflicht in demselben Objekt des Begehrens zusammentreffen, so
kann diese Repräsentation des Sittengefühls durch das
Schönheitsgefühl keinen positiven Schaden anrichten, obgleich,
streng genommen, für die Moralität der einzelnen Handlungen
dadurch nichts gewonnen wird. Aber der Fall verändert sich gar
sehr, wenn Empfindung und Vernunft ein verschiedenes Interesse
haben — wenn die Pflicht ein Betragen gebietet, das den Geschmack empört, oder wenn sich dieser zu einem Objekt hingezogen
sieht, das die Vernunft als moralische Richterin zu verwerfen
gezwungen ist.

Jetzt nämlich tritt auf einmal die Nothwendigkeit ein, die
Ansprüche des moralischen und ästhetischen Sinnes, die ein so
langes Einverständniß beinahe unentwirrbar vermengte, auseinander zu setzen, ihre gegenseitigen Befugnisse zu bestimmen und
den wahren Gewalthaber im Gemüth zu erfahren. Aber eine so
ununterbrochene Repräsentation hat ihn in Vergessenheit gebracht,

und die lange Observanz, den Eingebungen des Geschmacks un-
mittelbar zu gehorchen und sich dabei wohl zu befinden, mußte
diesem unvermerkt den Schein eines Rechts erwerben. Bei der
Untadelhaftigkeit, womit der Geschmack seine Aufsicht über
den Willen verwaltete, konnte es nicht fehlen, daß man seinen
Aussprüchen nicht eine gewisse Achtung zugestand, und diese
Achtung ist es eben, was die Neigung jetzt mit verfänglicher
Dialektik gegen die Gewissenspflicht geltend macht.

Achtung ist ein Gefühl, welches nur für das Gesetz, und
was demselben entspricht, kann empfunden werden. Was Achtung
fordern kann, macht auf unbedingte Huldigung Anspruch. Die
veredelte Neigung, welche sich Achtung zu erschleichen gewußt
hat, will also der Vernunft nicht mehr untergeordnet, sie
will ihr beigeordnet sein. Sie will für keinen treubrüchigen
Unterthan gelten, der sich gegen seinen Oberherrn auflehnt; sie
will als eine Majestät angesehen sein und mit der Vernunft
als sittliche Gesetzgeberin, wie Gleich mit Gleichem, handeln.
Die Wagschalen stehen also, wie sie vorgibt, dem Rechte nach
gleich, und wie sehr ist da nicht zu fürchten, daß das Interesse
den Ausschlag geben werde!

Unter allen Neigungen, die von dem Schönheitsgefühl
abstammen und das Eigenthum feiner Seelen sind, empfiehlt
keine sich dem moralischen Gefühle so sehr, als der veredelte
Affekt der Liebe, und keine ist fruchtbarer an Gesinnungen,
die der wahren Würde des Menschen entsprechen. Zu welchen
Höhen trägt sie nicht die menschliche Natur, und was für göttliche Funken weiß sie nicht oft auch aus gemeinen Seelen zu
schlagen! Von ihrem heiligen Feuer wird jede eigennützige Neigung verzehrt, und reiner können Grundsätze selbst die Keuschheit
des Gemüths kaum bewahren, als die Liebe des Herzens Adel
bewacht. Oft, wo jene noch kämpften, hat die Liebe schon für
sie gesiegt und durch ihre allmächtige Thatkraft Entschlüsse be-
schleunigt, welche die bloße Pflicht der schwachen Menschheit

umsonst würde abgefordert haben. Wer sollte wohl einem Affekt mißtrauen, der das Vortreffliche in der menschlichen Natur so kräftig in Schuz nimmt und den Erbfeind aller Moralität, den Egoism, so siegreich bestreitet?

Aber man wage es ja nicht mit diesem Führer, wenn man nicht schon durch einen bessern gesichert ist. Der Fall soll eintreten, daß der geliebte Gegenstand unglücklich ist, daß er um unsertwillen unglücklich ist, daß es von uns abhängt, ihn durch Aufopferung einiger moralischen Bedenklichkeiten glücklich zu machen. „Sollen wir ihn leiden lassen, um ein reines Gewissen zu behalten? Erlaubt dieses der uneigennützige, großmüthige, seinem Gegenstand ganz dahingegebene, über seinen Gegenstand ganz sich selbst vergessende Affekt? Es ist wahr, es läuft wider unser Gewissen, von dem unmoralischen Mittel Gebrauch zu machen, wodurch ihm geholfen werden kann — aber heißt das lieben, wenn man bei dem Schmerz des Geliebten noch an sich selbst denkt? Wir sind doch also mehr für uns besorgt, als für den Gegenstand unserer Liebe, weil wir lieber diesen unglücklich sehen, als es durch die Vorwürfe unsers Gewissens selbst sein wollen?“ So sophistisch weiß dieser Affekt die moralische Stimme in uns, wenn sie seinem Interesse entgegen steht, als eine Anregung der Selbstliebe verächtlich zu machen und unsere sittliche Würde als ein Bestandstück unserer Glückseligkeit vorzustellen, welche zu veräußern in unserer Willkür steht. Ist unser Charakter nicht durch gute Grundsätze fest verwahrt, so werden wir schändlich handeln bei allem Schwung einer exaltierten Einbildungskraft, und über unsere Selbstliebe einen glorreichen Sieg zu erfechten glauben, indem wir, gerade umgekehrt, ihr verächtliches Opfer sind. In dem bekannten französischen Roman Liaisons dangereuses findet man ein sehr treffendes Beispiel dieses Betruges, den die Liebe einer sonst reinen und schönen Seele spielt. Die Präsidentin von Tourvel ist aus Ueberraschung gefallen, und nun sucht sie ihr gequältes Herz durch den Gedanken zu beruhigen, daß sie ihre Tugend der Großmuth geopfert habe.

Die sogenannten unvollkommenen Pflichten sind es vorzüglich, die das Schönheitsgefühl in Schutz nimmt und nicht selten gegen die vollkommenen behauptet. Da sie der Willkür des Subjekts weit mehr anheimstellen und zugleich einen Glanz von Verdienstlichkeit von sich werfen, so empfehlen sie sich dem Geschmack ungleich mehr als die vollkommenen, die unbedingt mit strenger Nöthigung gebieten. Wie viele Menschen erlauben sich nicht, ungerecht zu sein, um großmüthig sein zu können! Wie Viele gibt es nicht, die, um einem Einzelnen wohl zu thun, die Pflicht gegen das Ganze verletzen, und umgekehrt; die sich eher eine Unwahrheit als eine Indelicatesse, eher eine Verletzung der Menschlichkeit als der Ehre verzeihen, die, um die Vollkommenheit ihres Geistes zu beschleunigen, ihren Körper zu Grund richten und, um ihren Verstand auszuschmücken, ihren Charakter erniedrigen. Wie Viele gibt es nicht, die selbst vor einem Verbrechen nicht erschrecken, wenn ein löblicher Zweck dadurch zu erreichen steht, die ein Ideal politischer Glückseligkeit durch alle Gräuel der Anarchie verfolgen, Gesetze in den Staub treten, um für bessere Platz zu machen, und kein Bedenken tragen, die gegenwärtige Generation dem Elende preiszugeben, um das Glück der nächstfolgenden dadurch zu befestigen. Die scheinbare Uneigennützigkeit gewisser Tugenden gibt ihnen einen Anstrich von Reinigkeit, der sie dreist genug macht, der Pflicht ins Angesicht zu trotzen, und Manchem spielt seine Phantasie den seltsamen Betrug, daß er über die Moralität noch hinaus und vernünftiger als die Vernunft sein will.

Der Mensch von verfeinertem Geschmack ist in diesem Stück einer sittlichen Verderbniß fähig, vor welcher der rohe Natursohn, eben durch seine Rohheit, gesichert ist. Bei dem Letztern ist der Abstand zwischen dem, was der Sinn verlangt, und dem,

was die Pflicht gebietet, so abstechend und so grell, und seine
Begierden haben so wenig Geistiges, daß sie sich, auch wenn sie
ihn noch so despotisch beherrschen, doch nie bei ihm in Ansehen setzen können. Reizt ihn also die überwiegende Sinnlichkeit
zu einer unrechten Handlung, so kann er der Versuchung zwar
unterliegen, aber er wird sich nicht verbergen, daß er fehlt,
und der Vernunst sogar in demselben Augenblick huldigen, wo
er ihrer Vorschrift entgegen handelt. Der verfeinerte Zögling
der Kunst hingegen will es nicht Wort haben, daß er fällt, und
um sein Gewissen zu beruhigen, belügt er es lieber. Er möchte
zwar gern der Begierde nachgeben, aber ohne dadurch in seiner
eigenen Achtung zu sinken. Wie bewerkstelligt er nun dieses?
Er stürzt die höhere Autorität vorher um, die seiner Neigung
entgegensteht, und ehe er das Gesetz übertritt, zieht er die Befugniß des Gesetzgebers in Zweifel. Sollte man es glauben,
daß ein verkehrter Wille den Verstand so verkehren könne? Alle
Würde, auf welche eine Neigung Anspruch machen kann, hat sie
bloß ihrer Uebereinstimmung mit der Vernunft zu verdanken,
und nun ist sie so verblendet als dreist, auch bei ihrem Widerstreit mit der Vernunft sich dieser Würde anzumaßen, ja, sich
derselben sogar gegen das Ansehen der Vernunft zu bedienen.

So gefährlich kann es für die Moralität des Charakters
ausschlagen, wenn zwischen den sinnlichen und den sittlichen
Trieben, die doch nur im Ideale und nie in der Wirklichkeit
vollkommen einig sein können, eine zu innige Gemeinschaft
herrscht. Zwar die Sinnlichkeit wagt bei dieser Gemeinschaft
nichts, da sie nichts besitzt, was sie nicht hingeben müßte,
sobald die Pflicht spricht, und die Vernunft das Opfer fordert.
Für die Vernunft aber, als sittliche Gesetzgeberin, wird desto
mehr gewagt, wenn sie sich von der Neigung schenken läßt,
was sie ihr abfordern könnte; denn unter dem Schein von
Freiwilligkeit kann sich leicht das Gefühl der Verbindlichkeit verlieren, und ein Geschenk läßt sich verweigern, wenn

der Sinnlichkeit einmal die Leistung beschwerlich fallen sollte. Ungleich sicherer ist es also für die Moralität des Charakters, wenn die Repräsentation des Sittengefühls durch das Schönheitsgefühl wenigstens momentweise aufgehoben wird, wenn die Vernunft öfters unmittelbar gebietet und dem Willen seinen wahren Beherrscher zeigt.

Man sagt daher ganz richtig, daß die echte Moralität sich nur in der Schule der Widerwärtigkeit bewähre, und eine anhaltende Glückseligkeit leicht eine Klippe der Tugend werde. Glückselig nenne ich den, der um zu genießen, nicht nöthig hat unrecht zu thun, und um recht zu handeln, nicht nöthig hat zu entbehren. Der ununterbrochen glückliche Mensch sieht also die Pflicht nie von Angesicht, weil seine gesetzmäßigen und geordneten Neigungen das Gebot der Vernunft immer anticipieren, und keine Versuchung zum Bruch des Gesetzes das Gesetz bei ihm in Erinnerung bringt. Einzig durch den Schönheitssinn, den Statthalter der Vernunft in der Sinnenwelt, regiert, wird er zu Grabe gehen, ohne die Würde seiner Bestimmung zu erfahren. Der Unglückliche hingegen, wenn er zugleich ein Tugendhafter ist, genießt den erhabenen Vorzug, mit der göttlichen Majestät des Gesetzes unmittelbar zu verkehren, und da seiner Tugend keine Neigung hilft, die Freiheit des Dämons noch als Mensch zu beweisen.

Ueber naive und sentimentalische Dichtung. [1]

Es gibt Augenblicke in unserm Leben, wo wir der Natur in Pflanzen, Mineralien, Thieren, Landschaften, so wie der menschlichen Natur in Kindern, in den Sitten des Landvolks und der Urwelt, nicht weil sie unsern Sinnen wohlthut, auch nicht, weil sie unsern Verstand oder Geschmack befriedigt (von beiden kann oft das Gegentheil Statt finden), sondern bloß weil sie Natur ist, eine Art von Liebe und von rührender Achtung widmen. Jeder feinere Mensch, dem es nicht ganz und gar an Empfindung fehlt, erfährt dieses, wenn er im Freien wandelt, wenn er auf dem Lande lebt oder sich bei den Denkmälern der alten Zeiten verweilet, kurz, wenn er in künstlichen Verhältnissen und Situationen mit dem Anblick der einfältigen Natur überrascht wird. Dieses nicht selten zum Bedürfniß erhöhte Interesse ist es, was vielen unserer Liebhabereien für Blumen und Thiere, für einfache Gärten, für Spaziergänge, für das Land und seine Bewohner, für manche Producte des fernen Alterthums u. dgl. zum Grund liegt; vorausgesetzt, daß weder Affektation, noch sonst ein zufälliges Interesse dabei im Spiele sei. Diese Art des Interesse an der Natur findet aber nur unter zwei Bedingungen Statt. Fürs erste ist es durchaus nöthig, daß der Gegenstand, der uns dasselbe einflößt, Natur sei oder doch von uns dafür gehalten werde; zweitens, daß er (in weitester Bedeutung des Worts) naiv

---

[1] Anmerkung des Herausgebers. Zuerst war dieser Aufsatz in die Jahrgänge 1795 und 1796 der Horen eingerückt worden.

sei, d. h., daß die Natur mit der Kunst im Contraste stehe und sie beschäme. Sobald das Letzte zu dem Ersten hinzukommt, und nicht eher, wird die Natur zum Naiven.

Natur in dieser Betrachtungsart ist uns nichts anders, als das freiwillige Dasein, das Bestehen der Dinge durch sich selbst, die Existenz nach eignen und unabänderlichen Gesetzen.

Diese Vorstellung ist schlechterdings nöthig, wenn wir an dergleichen Erscheinungen Interesse nehmen sollen. Könnte man einer gemachten Blume den Schein der Natur mit der vollkommensten Täuschung geben, könnte man die Nachahmung des Naiven in den Sitten bis zur höchsten Illusion treiben, so würde die Entdeckung, daß es Nachahmung sei, das Gefühl, von dem die Rede ist, gänzlich vernichten.[1] Daraus erhellet, daß diese Art des Wohlgefallens an der Natur kein ästhetisches, sondern ein moralisches ist; denn es wird durch eine Idee vermittelt, nicht unmittelbar durch Betrachtung erzeugt; auch richtet es sich ganz und gar nicht nach der Schönheit der Formen. Was hätte auch eine unscheinbare Blume, eine Quelle, ein bemooster Stein, das Gezwitscher der Vögel, das Summen der Bienen u. s. w. für sich selbst so Gefälliges für uns? Was könnte ihm gar einen Anspruch auf unsere Liebe geben? Es sind nicht diese Gegenstände, es ist eine durch sie dargestellte Idee, was wir in ihnen lieben. Wir lieben in ihnen das stille schaffende Leben, das ruhige Wirken aus sich selbst, das Dasein

---

[1] Kant, meines Wissens der Erste, der über dieses Phänomen eigens zu reflektieren angefangen, erinnert, daß, wenn wir von einem Menschen den Schlag der Nachtigall bis zur höchsten Täuschung nachgeahmt fänden und uns dem Eindruck desselben mit ganzer Rührung überließen, mit der Zerstörung dieser Illusion alle unsere Lust verschwinden würde. Man sehe das Kapitel vom intellektuellen Interesse am Schönen in der Kritik der ästhetischen Urtheilskraft. Wer den Verfasser nur als einen großen Denker bewundern gelernt hat, wird sich freuen, hier auf eine Spur seines Herzens zu treffen und sich durch diese Entdeckung von dem edeln philosophischen Beruf dieses Mannes (welcher schlechterdings beide Eigenschaften verbunden fordert) zu überzeugen.

nach eignen Gesetzen, die innere Nothwendigkeit, die ewige Einheit mit sich selbst.

Sie sind, was wir waren; sie sind, was wir wieder werden sollen. Wir waren Natur, wie sie, und unsere Kultur soll uns, auf dem Wege der Vernunft und der Freiheit, zur Natur zurückführen. Sie sind also zugleich Darstellung unsrer verlornen Kindheit, die uns ewig das Theuerste bleibt; daher sie uns mit einer gewissen Wehmuth erfüllen. Zugleich sind sie Darstellungen unserer höchsten Vollendung im Ideale, daher sie uns in eine erhabene Rührung versetzen.

Aber ihre Vollkommenheit ist nicht ihr Verdienst, weil sie nicht das Werk ihrer Wahl ist. Sie gewähren uns also die ganz eigene Lust, daß sie, ohne uns zu beschämen, unsere Muster sind. Eine beständige Göttererscheinung umgeben sie uns, aber mehr erquickend als blendend. Was ihren Charakter ausmacht, ist gerade das, was dem unsrigen zu seiner Vollendung mangelt; was uns von ihnen unterscheidet, ist gerade das, was ihnen selbst zur Göttlichkeit fehlt. Wir sind frei, und sie sind nothwendig; wir wechseln, sie bleiben Eins. Aber nur, wenn beides sich mit einander verbindet — wenn der Wille das Gesetz der Nothwendigkeit frei befolgt, und bei allem Wechsel der Phantasie die Vernunft ihre Regel behauptet, geht das Göttliche oder das Ideal hervor. Wir erblicken in ihnen also ewig das, was uns abgeht, aber wornach wir aufgefordert sind zu ringen, und dem wir uns, wenn wir es gleich niemals erreichen, doch in einem unendlichen Fortschritte zu nähern hoffen dürfen. Wir erblicken in uns einen Vorzug, der ihnen fehlt, aber dessen sie entweder überhaupt niemals, wie das Vernunftlose, oder nicht anders, als indem sie unsern Weg geben, wie die Kindheit, theilhaftig werden können. Sie verschaffen uns daher den süßesten Genuß unsrer Menschheit als Idee, ob sie uns gleich in Rücksicht auf jeden bestimmten Zustand unserer Menschheit nothwendig demüthigen müssen.

Da sich dieses Interesse für Natur auf eine Idee gründet, so kann es sich nur in Gemüthern zeigen, welche für Ideen empfänglich sind, d. h. in moralischen. Bei weitem die meisten Menschen affektieren es bloß, und die Allgemeinheit dieses sentimentalischen Geschmacks zu unsern Zeiten, welcher sich, besonders seit der Erscheinung gewisser Schriften, in empfindsamen Reisen, dergleichen Gärten, Spaziergängen und andern Liebhabereien dieser Art äußert, ist noch ganz und gar kein Beweis für die Allgemeinheit dieser Empfindungsweise. Doch wird die Natur auch auf den Gefühllosesten immer etwas von dieser Wirkung äußern, weil schon die allen Menschen gemeine Anlage zum Sittlichen dazu hinreichend ist, und wir alle ohne Unterschied, bei noch so großer Entfernung unserer Thaten von der Einfalt und Wahrheit der Natur, in der Idee dazu hingetrieben werden. Besonders stark und am allgemeinsten äußert sich diese Empfindsamkeit für Natur auf Veranlassung solcher Gegenstände, welche in einer engern Verbindung mit uns stehen, und uns den Rückblick auf uns selbst und die Unnatur in uns näher legen, wie z. B. bei Kindern und kindlichen Völkern. Man irrt, wenn man glaubt, daß es bloß die Vorstellung der Hilflosigkeit sei, welche macht, daß wir in gewissen Augenblicken mit so viel Rührung bei Kindern verweilen. Das mag bei denjenigen vielleicht der Fall sein, welche der Schwäche gegenüber nie etwas anders als ihre eigene Ueberlegenheit zu empfinden pflegen. Aber das Gefühl, von dem ich rede (es findet nur in ganz eigenen moralischen Stimmungen Statt und ist nicht mit demjenigen zu verwechseln, welches die fröhliche Thätigkeit der Kinder in uns erregt), ist eher demüthigend als begünstigend für die Eigenliebe; und wenn ja ein Vorzug dabei in Betrachtung kommt, so ist dieser wenigstens nicht auf unserer Seite. Nicht weil wir von der Höhe unserer Kraft und Vollkommenheit auf das Kind herabziehen, sondern weil wir aus der Beschränktheit unsers Zustands, welche von der Bestimmung, die wir einmal erlangt haben, unzertrennlich ist, zu der grenzenlosen Bestimmbarkeit in dem Kinde und zu seiner reinen Unschuld hinaufsehen, gerathen wir in Rührung, und unser Gefühl in einem solchen Augenblick ist zu sichtbar mit einer gewissen Wehmuth gemischt, als daß sich diese Quelle desselben verkennen ließe. In dem Kinde ist die Anlage und Bestimmung, in uns ist die Erfüllung dargestellt, welche immer unendlich weit hinter jener zurückbleibt. Das Kind ist uns daher eine Vergegenwärtigung des Ideals, nicht zwar des erfüllten, aber des aufgegebenen, und es ist also keineswegs die Vorstellung seiner Bedürftigkeit und Schranken, es ist ganz im Gegentheil die Vorstellung seiner reinen und freien Kraft, seiner Integrität, seiner Unendlichkeit, was uns rührt. Dem Menschen von Sittlichkeit und Empfindung wird ein Kind deßwegen ein heiliger Gegenstand sein, 'ein Gegenstand nämlich, der durch die Größe einer Idee jede Größe der Erfahrung vernichtet, und der, was er auch in der Beurtheilung des Verstandes verlieren mag, in der Beurtheilung der Vernunft wieder in reichem Maße gewinnt.

Eben aus diesem Widerspruch zwischen dem Urtheile der Vernunft und des Verstandes geht die ganz eigene Erscheinung des gemischten Gefühls hervor, welches das Naive der Denkart in uns erreget. Es verbindet die kindliche Einfalt mit der kindischen; durch die letztere gibt es dem Verstand eine Blöße und bewirkt jenes Lächeln, wodurch wir unsere (theoretische) Ueberlegenheit zu erkennen geben. Sobald wir aber Ursache haben zu glauben, daß die kindische Einfalt zugleich eine kindliche sei, daß folglich nicht Unverstand, nicht Unvermögen, sondern eine höhere (praktische) Stärke, ein Herz voll Unschuld und Wahrheit, die Quelle davon sei, welches die Hilfe der Kunst aus innerer Größe verschmähte, so ist jener Triumph des Verstandes vorbei, und der Spott über die Einfältigkeit

geht in Bewunderung der Einfachheit über. Wir fühlen uns
genöthigt, den Gegenstand zu achten, über den wir vorher
gelächelt haben, und, indem wir zugleich einen Blick in uns
selbst werfen, uns zu beklagen, daß wir demselben nicht ähnlich
sind. So entsteht die ganz eigene Erscheinung eines Gefühls,
in welchem fröhlicher Spott, Ehrfurcht und Wehmuth zusammen=
fließen. ' Zum Naiven wird erfordert, daß die Natur über

' Kant in einer Anmerkung zu der Analytik des Erhabenen (Kritik der
ästhetischen Urtheilskraft, S. 225 der ersten Auflage) unterscheidet gleichfalls
diese dreierlei Ingredienzien in dem Gefühl des Naiven, aber er gibt davon
eine andere Erklärung. „Etwas aus beiden (dem animalischen Gefühl des
„Vergnügens und dem geistigen Gefühl der Achtung) Zusammengesetztes findet
„sich in der Naivetät, die der Ausbruch der der Menschheit ursprünglich natür-
„lichen Aufrichtigkeit wider die zur andern Natur gewordene Verstellungskunst
„ist. Man lacht über die Einfalt, die es noch nicht versteht sich zu verstellen,
„und erfreut sich doch auch über die Einfalt der Natur, die jener Kunst hier
„einen Querstrich spielt. Man erwartete die alltägliche Sitte der gekünstelten
„und auf den schönen Schein vorsichtig angelegten Aeußerung, und siehe, es ist
„die unverdorbene schuldlose Natur, die man anzutreffen gar nicht gewärtig
„und der, so sie blicken ließ, zu entblößen auch nicht gemeinet war. Daß der
„schöne, aber falsche Schein, der gewöhnlich in unserm Urtheile sehr viel be-
„deutet, hier plötzlich in Nichts verwandelt, daß gleichsam der Schalk in uns
„selbst bloßgestellt wird, bringt die Bewegung des Gemüths nach zwei ent-
„gegengesetzten Richtungen nach einander hervor, die zugleich den Körper heil-
„sam schüttelt. Daß aber etwas, was unendlich besser als alle angenommene
„Sitte ist, die Lauterkeit der Denkungsart (wenigstens die Anlage dazu) doch
„nicht ganz in der menschlichen Natur erloschen ist, mischt Ernst und Hoch-
„schätzung in dieses Spiel der Urtheilskraft. Weil es aber nur eine kurze Zeit
„Erscheinung ist, und die Decke der Verstellungskunst bald wieder vorgezogen
„wird, so mengt sich zugleich ein Bedauern darunter, welches eine Rührung
„der Zärtlichkeit ist, die sich als Spiel mit einem solchen gutherzigen Lachen
„sehr wohl verbinden läßt, und auch wirklich damit gewöhnlich verbindet, zu-
„gleich auch die Verlegenheit dessen, der den Stoff dazu hergibt, darüber daß
„er noch nicht nach Menschenweise gewitzigt ist, zu vergüten pflegt.“ — Ich
gestehe, daß diese Erklärungsart mich nicht ganz befriedigt und zwar vorzüglich
deswegen nicht, weil sie von dem Naiven überhaupt etwas behauptet, was
höchstens von einer Species desselben, dem Naiven der Ueberraschung, von
welchem ich nachher reden werde, wahr ist. Allerdings erregt es Lachen, wenn
sich jemand durch Naivetät bloß gibt, und in manchen Fällen mag dieses
Lachen aus einer vorhergegangenen Erwartung, die in nichts aufgelöset wird,
fließen. Aber auch das Naive der edelsten Art, das Naive der Gesinnung

die Kunst den Sieg davon trage,[1] es geschehe dies nun wider Wissen und Willen der Person oder mit völligem Bewußtsein derselben. In dem ersten Fall ist es das Naive der Ueberraschung und belustigt, in dem andern ist es das Naive der Gesinnung und rührt.

Bei dem Naiven der Ueberraschung muß die Person moralisch fähig sein, die Natur zu verläugnen; bei dem Naiven der Gesinnung darf sie es nicht sein, doch dürfen wir sie uns nicht als physisch unfähig dazu denken, wenn es als naiv auf uns wirken soll. Die Handlungen und Reden der Kinder geben uns daher auch nur so lange den reinen Eindruck des Naiven, als wir uns ihres Unvermögens zur Kunst nicht erinnern und überhaupt nur auf den Contrast ihrer Natürlichkeit mit der Künstlichkeit in uns Rücksicht nehmen. Das Naive ist eine Kindlichkeit, wo sie nicht mehr erwartet wird, und kann eben deßwegen der wirklichen Kindheit in strengster Bedeutung nicht zugeschrieben werden.

In beiden Fällen aber, beim Naiven der Ueberraschung, wie bei dem der Gesinnung, muß die Natur Recht, die Kunst aber Unrecht haben.

---

erregt immer ein Lächeln welches doch schwerlich eine in nichts aufgelöste Erwartung zum Grunde hat, sondern überhaupt nur aus dem Contrast eines gewissen Betragens mit den einmal angenommenen und erwarteten Formen zu erklären ist. Auch zweifle ich, ob die Betauerniß, welche sich bei dem Naiven der letztern Art in unsere Empfindung mischt, der naiven Person und nicht vielmehr uns selbst oder vielmehr der Menschheit überhaupt gilt, an deren Verfall wir bei einem solchen Anlaß erinnert werden. Es ist zu offenbar eine moralische Trauer, die einen edlern Gegenstand haben muß, als die physischen Uebel, von denen die Aufrichtigkeit in dem gewöhnlichen Weltlauf bedroht wird, und dieser Gegenstand kann nicht wohl ein anderer sein, als der Verlust der Wahrheit und Simplicität in der Menschheit.

[1] Ich sollte vielleicht ganz kurz sagen: die Wahrheit über die Verstellung; aber der Begriff des Naiven scheint mir noch etwas mehr einzuschließen, indem die Einfachheit überhaupt, welche über die Künstelei, und die natürliche Freiheit, welche über Steifheit und Zwang siegt, ein ähnliches Gefühl in uns erregen.

Erst durch diese letztere Bestimmung wird der Begriff des Naiven vollendet. Der Affekt ist auch Natur, und die Regel der Anständigkeit ist etwas Künstliches; dennoch ist der Sieg des Affekts über die Anständigkeit nichts weniger als naiv. Siegt hingegen derselbe Affekt über die Künstelei, über die falsche Anständigkeit, über die Verstellung, so tragen wir kein Bedenken, es naiv zu nennen.¹ Es wird also erfordert, daß die Natur nicht durch ihre blinde Gewalt als dynamische, sondern daß sie durch ihre Form als moralische Größe, kurz, daß sie nicht als Nothdurft, sondern als innere Nothwendigkeit über die Kunst triumphiere. Nicht die Unzulänglichkeit, sondern die Unstatthaftigkeit der letztern muß der erstern den Sieg verschafft haben, denn jene ist Mangel, und nichts, was aus Mangel entspringt, kann Achtung erzeugen. Zwar ist es bei dem Naiven der Ueberraschung immer die Uebermacht des Affekts und ein Mangel an Besinnung, was die Natur bekennen macht; aber dieser Mangel und jene Uebermacht machen das Naive noch gar nicht aus, sondern geben bloß Gelegenheit, daß die Natur ihrer moralischen Beschaffenheit, das heißt, dem Gesetze der Uebereinstimmung ungehindert folgt.

Das Naive der Ueberraschung kann nur dem Menschen und zwar dem Menschen nur, insofern er in diesem Augenblicke nicht mehr reine und unschuldige Natur ist, zukommen. Es

¹ Ein Kind ist ungezogen, wenn es aus Begierde, Leichtsinn, Ungestüm den Vorschriften einer guten Erziehung entgegenhandelt; aber es ist naiv, wenn es sich von dem Manierierten einer unvernünftigen Erziehung, von den steifen Stellungen des Tanzmeisters u. dergl. aus freier und gesunder Natur dispensiert. Dasselbe findet auch bei dem Naiven in ganz uneigentlicher Bedeutung Statt, welches durch Uebertragung von dem Menschen auf das Vernunftlose entsteht. Niemand wird den Anblick naiv finden, wenn in einem Garten, der schlecht gewartet wird, das Unkraut überhand nimmt; aber es hat allerdings etwas Naives, wenn der freie Wuchs hervorstrebender Aeste das mühselige Werk der Scheere in einem französischen Garten vernichtet. So ist es ganz und gar nicht naiv, wenn ein geschultes Pferd aus natürlicher Plumpheit seine Lektion schlecht macht; aber es hat etwas vom Naiven, wenn es dieselbe aus natürlicher Freiheit vergißt.

sest einen Willen voraus, der mit dem, was die Natur auf ihre eigene Hand thut, nicht übereinstimmt. Eine solche Person wird, wenn man sie zur Besinnung bringt, über sich selbst erschrecken; die naiv gesinnte hingegen wird sich über die Menschen und über ihr Erstaunen verwundern. Da also hier nicht der persönliche und moralische Charakter, sondern bloß der durch den Affekt freigelassene natürliche Charakter die Wahrheit bekennt, so machen wir dem Menschen aus dieser Aufrichtigkeit kein Verdienst, und unser Lachen ist verdienter Spott, der durch keine persönliche Hochschätzung desselben zurückgehalten wird. Weil es aber doch auch hier die Aufrichtigkeit der Natur ist, die durch den Schleier der Falschheit hindurchbricht, so verbindet sich eine Zufriedenheit höherer Art mit der Schadenfreude, einen Menschen ertappt zu haben; denn die Natur im Gegensatz gegen die Künstelei und die Wahrheit im Gegensatz gegen den Betrug muß jederzeit Achtung erregen. Wir empfinden also auch über das Naive der Ueberraschung ein wirklich moralisches Vergnügen, obgleich nicht über einen moralischen Charakter. [1]

Bei dem Naiven der Ueberraschung achten wir zwar immer die Natur, weil wir die Wahrheit achten müssen; bei dem Naiven der Gesinnung achten wir hingegen die Person und genießen also nicht bloß ein moralisches Vergnügen, sondern auch über einen moralischen Gegenstand. In dem einen wie in dem andern Falle hat die Natur Recht, daß sie die Wahrheit

---

[1] Da das Naive bloß auf der Form beruht, wie etwas gethan oder gesagt wird, so verschwindet uns diese Eigenschaft aus den Augen, sobald die Sache selbst entweder durch ihre Ursachen oder durch ihre Folgen einen überwiegenden oder gar widersprechenden Eindruck macht. Durch eine Naivetät dieser Art kann auch ein Verbrechen entdeckt werden; aber dann haben wir weder die Ruhe noch die Zeit, unsere Aufmerksamkeit auf die Form der Entdeckung zu richten, und der Abscheu über den persönlichen Charakter verschlingt das Wohlgefallen an dem natürlichen. So wie uns das empörte Gefühl die moralische Freude an der Aufrichtigkeit der Natur raubt, sobald wir durch eine Naivetät ein Verbrechen erfahren, eben so erstickt das erregte Mitleiden unsere Schadenfreude, sobald wir jemand durch seine Naivetät in Gefahr gesetzt sehen.

sagt; aber in dem letztern Falle hat die Natur nicht bloß
Recht, sondern die Person hat auch Ehre. In dem ersten
Falle gereicht die Aufrichtigkeit der Natur der Person immer
zur Schande, weil sie unfreiwillig ist; in dem zweiten gereicht
sie ihr immer zum Verdienst, gesetzt auch, daß dasjenige, was
sie aussagt, ihr Schande brächte.

Wir schreiben einem Menschen eine naive Gesinnung zu,
wenn er in seinen Urtheilen von den Dingen ihre gekünstelten
und gesuchten Verhältnisse übersieht und sich bloß an die einfache Natur hält. Alles, was innerhalb der gesunden Natur
davon geurtheilt werden kann, fordern wir von ihm und er-
lassen ihm schlechterdings nur das, was eine Entfernung von
der Natur, es sei nun im Denken oder im Empfinden, wenigstens Bekanntschaft derselben voraussetzt.

Wenn ein Vater seinem Kinde erzählt, daß dieser oder
jener Mann vor Armuth verschmachte, und das Kind hingeht
und dem armen Mann seines Vaters Geldbörse zuträgt, so ist
diese Handlung naiv; denn die gesunde Natur handelte aus dem
Kinde, und in einer Welt, wo die gesunde Natur herrschte,
würde es vollkommen recht gehabt haben, so zu verfahren. Es
sieht bloß auf das Bedürfniß und auf das nächste Mittel, es
zu befriedigen; eine solche Ausdehnung des Eigenthumsrechtes,
wobei ein Theil der Menschen zu Grunde gehen kann, ist in
der bloßen Natur nicht gegründet. Die Handlung des Kindes
ist also eine Beschämung der wirklichen Welt, und das gesteht
auch unser Herz durch das Wohlgefallen, welches es über jene
Handlung empfindet.

Wenn ein Mensch ohne Weltkenntniß, sonst aber von gutem
Verstande, einem andern, der ihn betrügt, sich aber geschickt
zu verstellen weiß, seine Geheimnisse beichtet und ihm durch
seine Aufrichtigkeit selbst die Mittel leiht, ihm zu schaden, so
finden wir das naiv. Wir lachen ihn aus, aber können uns
doch nicht erwehren, ihn deßwegen hochzuschätzen. Denn sein

Vertrauen auf den Andern quillt aus der Redlichkeit seiner eigenen Gesinnungen; wenigstens ist er nur insofern naiv, als dieses der Fall ist.

Das Naive der Denkart kann daher niemals eine Eigenschaft verdorbener Menschen sein, sondern nur Kindern und kindlich gesinnten Menschen zukommen. Diese Letztern handeln und denken oft mitten unter den gekünstelten Verhältnissen der großen Welt naiv; sie vergessen aus eigener schöner Menschlichkeit, daß sie es mit einer verderbten Welt zu thun haben, und betragen sich selbst an den Höfen der Könige mit einer Ingenuität und Unschuld, wie man sie nur in einer Schäferwelt findet.

Es ist übrigens gar nicht so leicht, die kindische Unschuld von der kindlichen immer richtig zu unterscheiden, indem es Handlungen giebt, welche auf der äußersten Grenze zwischen beiden schweben, und bei denen wir schlechterdings im Zweifel gelassen werden, ob wir die Einfältigkeit belachen oder die edle Einfalt hochschätzen sollen. Ein sehr merkwürdiges Beispiel dieser Art findet man in der Regierungsgeschichte des Papstes Adrian VI., die uns Herr Schröckh mit der ihm eigenen Gründlichkeit und pragmatischen Wahrheit beschrieben hat. Dieser Papst, ein Niederländer von Geburt, verwaltete das Pontificat in einem der kritischsten Augenblicke für die Hierarchie, wo eine erbitterte Partei die Blößen der römischen Kirche ohne alle Schonung aufdeckte, und die Gegenpartei im höchsten Grad interessiert war, sie zuzudecken. Was der wahrhaft naive Charakter, wenn ja ein solcher sich auf den Stuhl des heiligen Peters verirrte, in diesem Falle zu thun hatte, ist keine Frage; wohl aber, wie weit eine solche Naivetät der Gesinnung mit der Rolle eines Papstes verträglich sein möchte. Dies war es übrigens, was die Vorgänger und die Nachfolger Adrians in die geringste Verlegenheit setzte. Mit Gleichförmigkeit befolgten sie das einmal angenommene römische System, überall nichts einzuräumen. Aber Adrian hatte wirklich den geraden Charakter

seiner Nation und die Unschuld seines ehemaligen Standes.
Aus der engen Sphäre des Gelehrten war er zu seinem erhabenen Posten emporgestiegen, und selbst auf der Höhe seiner
neuen Würde jenem einfachen Charakter nicht untreu geworden.
Die Mißbräuche in der Kirche rührten ihn, und er war viel
zu redlich, öffentlich zu dissimulieren, was er im Stillen sich
eingestand. Dieser Denkart gemäß ließ er sich in der In-
struktion, die er seinem Legaten nach Deutschland mitgab,
zu Geständnissen verleiten, die noch bei keinem Papste erhört
gewesen waren und den Grundsätzen dieses Hofes schnurgerade
zuwiderliefen. „Wir wissen es wohl," hieß es unter andern,
„daß an diesem heiligen Stuhl schon seit mehreren Jahren viel
„Abscheuliches vorgegangen; kein Wunder, wenn sich der kranke
„Zustand von dem Haupt auf die Glieder, von dem Papst
„auf die Prälaten fortgeerbt hat. Wir alle sind abgewichen,
„und schon seit lange ist keiner unter uns gewesen, der etwas
„Gutes getan hätte, auch nicht Einer." Wieder anderswo
befiehlt er dem Legaten, in seinem Namen zu erklären, „daß
„er, Adrian, wegen dessen, was vor ihm von den Päpsten
„geschehen, nicht dürfe getadelt werden, und daß dergleichen
„Ausschweifungen, auch da er noch in einem geringen Stande
„gelebt, ihm immer mißfallen hätten u. s. f." Man kann
leicht denken, wie eine solche Naivetät des Papstes von der
römischen Klerisei mag aufgenommen worden sein; das Wenigste,
was man ihm Schuld gab, war, daß er die Kirche an die
Ketzer verrathen habe. Dieser höchst unkluge Schritt des Papstes
würde indessen unserer ganzen Achtung und Bewunderung werth
sein, wenn wir uns nur überzeugen könnten, daß er wirklich
naiv gewesen, d. h., daß er ihm bloß durch die natürliche
Wahrheit seines Charakters ohne alle Rücksicht auf die möglichen Folgen abgenötigt worden sei, und daß er ihn nicht
weniger getan haben würde, wenn er die begangene Unschick-
lichkeit in ihrem ganzen Umfang eingesehen hätte. Aber wir

haben einige Ursache zu glauben, daß er diesen Schritt für gar nicht so unpolitisch hielt und in seiner Unschuld so weit ging, zu hoffen, durch seine Nachgiebigkeit gegen die Gegner etwas sehr Wichtiges für den Vortheil seiner Kirche gewonnen zu haben. Er bildete sich nicht bloß ein, diesen Schritt als redlicher Mann thun zu müssen, sondern, ihn auch als Papst verantworten zu können, und indem er vergaß, daß das künstlichste aller Gebäude schlechterdings nur durch eine fortgesetzte Verläugnung der Wahrheit erhalten werden könnte, beging er den unverzeihlichen Fehler, Verhaltungsregeln, die in natürlichen Verhältnissen sich bewährt haben mochten, in einer ganz entgegengesetzten Lage zu befolgen. Dies verändert allerdings unser Urtheil sehr; und ob wir gleich der Redlichkeit des Herzens, aus dem jene Handlung floß, unsere Achtung nicht versagen können, so wird diese letztere nicht wenig durch die Betrachtung geschwächt, daß die Natur an der Kunst und das Herz an dem Kopf einen zu schwachen Gegner gehabt habe.

Naiv muß jedes wahre Genie sein, oder es ist keines. Seine Naivetät allein macht es zum Genie, und was es im Intellektuellen und Aesthetischen ist, kann es im Moralischen nicht verläugnen. Unbekannt mit den Regeln, den Krücken der Schwachheit und den Zuchtmeistern der Verkehrtheit, bloß von der Natur oder dem Instinkt, seinem schützenden Engel, geleitet, geht es ruhig und sicher durch alle Schlingen des falschen Geschmackes, in welchen, wenn es nicht so klug ist, sie schon von weitem zu vermeiden, das Nichtgenie unausbleiblich verstrickt wird. Nur dem Genie ist es gegeben, außerhalb des Bekannten noch immer zu Hause zu sein und die Natur zu erweitern, ohne über sie hinauszugehen. Zwar begegnet letzteres zuweilen auch den größten Genies, aber nur, weil auch diese ihre phantastischen Augenblicke haben, wo die schützende Natur sie verläßt, weil die Macht des Beispiels sie hinreißt, oder der verderbte Geschmack ihrer Zeit sie verleitet.

Die verwickeltsten Aufgaben muß das Genie mit anspruch-
loser Simplicität und Leichtigkeit lösen; das Ei des Columbus
gilt von jeder genialischen Entscheidung. Dadurch allein legitimiert
es sich als Genie, daß es durch Einfalt über die verwickelte Kunst
triumphiert. Es verführt nicht nach erkannten Principien, sondern
nach Einfällen und Gefühlen; aber seine Einfälle sind Eingebungen
eines Gottes (alles, was die gesunde Natur thut, ist göttlich),
seine Gefühle sind Gesetze für alle Zeiten und für alle Geschlechter
der Menschen.

Den kindlichen Charakter, den das Genie in seinen Werken
abdrückt, zeigt es auch in seinem Privatleben und in seinen
Sitten. Es ist schamhaft, weil die Natur dieses immer ist;
aber es ist nicht decent, weil nur die Verderbniß decent ist.
Es ist verständig, denn die Natur kann nie das Gegentheil
sein; aber es ist nicht listig, denn das kann nur die Kunst
sein. Es ist seinem Charakter und seinen Neigungen treu, aber
nicht sowohl, weil es Grundsätze hat, als weil die Natur bei
allem Schwanken immer wieder in die vorige Stelle rückt, immer
das alte Bedürfniß zurückbringt. Es ist bescheiden, ja blöde,
weil das Genie immer sich selbst ein Geheimniß bleibt; aber es
ist nicht ängstlich, weil es die Gefahren des Weges nicht kennt,
den es wandelt. Wir wissen wenig von dem Privatleben der
größten Genies, aber auch das Wenige, was uns z. B. von
Sophokles, von Archimed, von Hippokrates und aus neuern
Zeiten von Ariost, Dante und Tasso, von Raphael, von Albrecht
Dürer, Cervantes, Shakspeare, von Fielding, Sterne und Andern
aufbewahrt worden ist, bestätigt diese Behauptung.

Ja, was noch weit mehr Schwierigkeit zu haben scheint,
selbst der große Staatsmann und Feldherr werden, sobald sie
durch ihr Genie groß sind, einen naiven Charakter zeigen. Ich
will hier unter den Alten nur an Epaminondas und Julius
Cäsar, unter den Neuern nur an Heinrich IV. von Frankreich,
Gustav Adolph von Schweden und den Czar Peter den Großen

erinnern. Der Herzog von Marlborough, Turenne, Vendome
zeigen uns alle diesen Charakter. Dem andern Geschlecht hat die
Natur in dem naiven Charakter seine höchste Vollkommenheit
angewiesen. Nach nichts ringt die weibliche Gefallsucht so sehr
als nach dem Schein des Naiven; Beweis genug, wenn man
auch sonst keinen hätte, daß die größte Macht des Geschlechts auf
dieser Eigenschaft beruhet. Weil aber die herrschenden Grundsätze
bei der weiblichen Erziehung mit diesem Charakter in ewigem
Streit liegen, so ist es dem Weibe im Moralischen eben so schwer
als dem Mann im Intellektuellen, mit den Vortheilen der guten
Erziehung jenes herrliche Geschenk der Natur unverloren zu behalten; und die Frau, die mit einem geschickten Betragen für
die große Welt dieses Naive der Sitten verknüpft, ist eben so
hochachtungswürdig, als der Gelehrte, der mit der ganzen Strenge
der Schule genialische Freiheit des Denkens verbindet.

Aus der naiven Denkart fließt nothwendiger Weise auch ein
naiver Ausdruck sowohl in Worten als Bewegungen, und er ist
das wichtigste Bestandstück der Grazie. Mit dieser naiven Anmuth drückt das Genie seine erhabensten und tiefsten Gedanken
aus; es sind Göttersprüche aus dem Mund eines Kindes. Wenn
der Schulverstand, immer vor Irrthum bange, seine Worte wie
seine Begriffe an das Kreuz der Grammatik und Logik schlägt,
hart und steif ist, um ja nicht unbestimmt zu sein, viele Worte
macht, um ja nicht zu viel zu sagen, und dem Gedanken, damit
er ja den Unvorsichtigen nicht schneide, lieber die Kraft und die
Schärfe nimmt, so gibt das Genie dem seinigen mit einem einzigen glücklichen Pinselstrich einen ewig bestimmten, festen und
dennoch ganz freien Umriß. Wenn dort das Zeichen dem Bezeichneten ewig heterogen und fremd bleibt, so springt hier wie
durch innere Nothwendigkeit die Sprache aus dem Gedanken
hervor und ist so sehr Eins mit demselben, daß selbst unter der
körperlichen Hülle der Geist wie entblößet erscheint. Eine solche
Art des Ausdrucks, wo das Zeichen ganz in dem Bezeichneten

verschwindet, und wo die Sprache den Gedanken, den sie ausdrückt, noch gleichsam nackend läßt, da ihn die andere nie darstellen kann, ohne ihn zugleich zu verhüllen, ist es, was man
in der Schreibart vorzugsweise genialisch und geistreich nennt.

Frei und natürlich, wie das Genie in seinen Geisteswerken,
drückt sich die Unschuld des Herzens im lebendigen Umgang aus.
Bekanntlich ist man im gesellschaftlichen Leben von der Simplicität
und strengen Wahrheit des Ausdrucks in demselben Verhältniß,
wie von der Einfalt der Gesinnungen, abgekommen, und die
leicht zu verwundende Schuld, so wie die leicht zu verführende
Einbildungskraft, haben einen ängstlichen Anstand nothwendig
gemacht. Ohne falsch zu sein, redet man öfters anders, als
man denkt; man muß Umschweife nehmen, um Dinge zu sagen,
die nur einer kranken Eigenliebe Schmerz bereiten, nur einer
verderbten Phantasie Gefahr bringen können. Eine Unkunde
dieser conventionellen Gesetze, verbunden mit natürlicher Aufrichtigkeit, welche jede Krümme und jeden Schein von Falschheit
verachtet (nicht Rohheit, welche sich darüber, weil sie ihr lästig
sind, hinwegsetzt), erzeugen ein Naives des Ausdrucks im Umgang, welches darin besteht, Dinge, die man entweder gar nicht
oder nur künstlich bezeichnen darf, mit ihrem rechten Namen und
auf dem kürzesten Wege zu benennen. Von der Art sind die
gewöhnlichen Ausdrücke der Kinder. Sie erregen Lachen durch
ihren Contrast mit den Sitten, doch wird man sich immer im
Herzen gestehen, daß das Kind Recht habe.

Das Naive der Gesinnung kann zwar, eigentlich genommen,
auch nur dem Menschen als einem der Natur nicht schlechterdings unterworfenen Wesen beigelegt werden, obgleich nur insofern, als wirklich noch die reine Natur aus ihm handelt; aber
durch einen Effekt der poetisierenden Einbildungskraft wird es
öfters von dem Vernünftigen auf das Vernunftlose übergetragen.
So legen wir öfters einem Thiere, einer Landschaft, einem Gebäude, ja, der Natur überhaupt, im Gegensatz gegen die Willkür

und die phantaſtiſchen Begriffe des Menſchen, einen naiven Charakter bei. Dieß erfordert aber immer, daß wir dem Willen- loſen in unſern Gedanken einen Willen leihen, und auf die ſtrenge Richtung deſſelben nach dem Geſetz der Nothwendigkeit merken. Die Unzufriedenheit über unſere eigene ſchlecht ge- brauchte moraliſche Freiheit und über die in unſerm Handeln vermißte ſittliche Harmonie führt leicht eine ſolche Stimmung herbei, in der wir das Vernunftloſe wie eine Perſon anreden und demſelben, als wenn es wirklich mit einer Verſuchung zum Gegentheil zu kämpfen gehabt hätte, ſeine ewige Gleichförmigkeit zum Verdienſt machen, ſeine ruhige Haltung beneiden. Es ſteht uns in einem ſolchen Augenblicke wohl an, daß wir das Präro- gativ unſerer Vernunft für einen Fluch und für ein Uebel halten, und über dem lebhaften Gefühl der Unvollkommenheit unſeres wirklichen Leiſtens die Gerechtigkeit gegen unſere Anlage und Beſtimmung aus den Augen ſetzen.

Wir ſehen alsdann in der unvernünftigen Natur nur eine glücklichere Schweſter, die in dem mütterlichen Hauſe zurückblieb, aus welchem wir im Uebermuth unſerer Freiheit heraus in die Fremde ſtürmten. Mit ſchmerzlichem Verlangen ſehnen wir uns dahin zurück, ſobald wir angefangen, die Drangſale der Kultur zu erfahren, und hören im fernen Auslande der Kunſt der Mutter rührende Stimme. So lange wir bloße Naturkinder waren, waren wir glücklich und vollkommen; wir ſind frei geworden und haben Beides verloren. Daraus entſpringt eine doppelte und ſehr ungleiche Sehnſucht nach der Natur, eine Sehnſucht nach ihrer Glückſeligkeit, eine Sehnſucht nach ihrer Vollkommenheit. Den Verluſt der erſten beklagt nur der ſinnliche Menſch; um den Verluſt der andern kann nur der moraliſche trauern.

Frage dich alſo wohl, empfindſamer Freund der Natur, ob deine Trägheit nach ihrer Ruhe, ob deine beleidigte Sittlichkeit nach ihrer Uebereinſtimmung ſchmachtet? Frage dich wohl, wenn die Kunſt dich anekelt, und die Mißbräuche in der Geſellſchaft

dich zu der leblosen Natur in die Einsamkeit treiben, ob es ihre
Beraubungen, ihre Lasten, ihre Mühseligkeiten, oder, ob es
ihre moralische Anarchie, ihre Willkür, ihre Unordnungen sind,
die du an ihr verabscheust? In jene muß dein Muth sich mit
Freuden stürzen, und dein Ersatz muß die Freiheit selbst sein,
aus der sie fließen. Wohl darfst du dir das ruhige Naturglück
zum Ziel in der Ferne aufstecken, aber nur jenes, welches der
Preis deiner Würdigkeit ist. Also nichts von Klagen über die
Erschwerung des Lebens, über die Ungleichheit der Conditionen,
über den Druck der Verhältnisse, über die Unsicherheit des Besitzes, über Undank, Unterdrückung, Verfolgung; allen Uebeln
der Kultur mußt du mit freier Resignation dich unterwerfen,
mußt sie als die Naturbedingungen des Einzigguten respektieren;
nur das Böse derselben mußt du, aber nicht bloß mit schlaffen
Thränen, beklagen. Sorge vielmehr dafür, daß du selbst unter
jenen Befleckungen rein, unter jener Knechtschaft frei, unter
jenem launischen Wechsel beständig, unter jener Anarchie ge-
setzmäßig handelst. Fürchte dich nicht vor der Verwirrung außer
dir, aber vor der Verwirrung in dir; strebe nach Einheit, aber
suche sie nicht in der Einförmigkeit; strebe nach Ruhe, aber
durch das Gleichgewicht, nicht durch den Stillstand deiner Thätigkeit. Jene Natur, die du dem Vernunftlosen beneidest, ist keiner
Achtung, keiner Sehnsucht werth. Sie liegt hinter dir, sie muß
ewig hinter dir liegen. Verlassen von der Leiter, die dich trug,
bleibt dir jetzt keine andere Wahl mehr, als mit freiem Bewußtsein und Willen das Gesetz zu ergreifen oder rettungslos
in eine bodenlose Tiefe zu fallen.

Aber wenn du über das verlorene Glück der Natur getröstet
bist, so laß ihre Vollkommenheit deinem Herzen zum Muster
dienen. Trittst du heraus zu ihr aus deinem künstlichen Kreis,
steht sie vor dir in ihrer großen Ruhe, in ihrer naiven Schönheit,
in ihrer kindlichen Unschuld und Einfalt, dann verweile bei diesem
Bilde, pflege dieses Gefühl, es ist deiner herrlichsten Menschheit

würdig. Laß dir nicht mehr einfallen, mit ihr tauschen zu
wollen, aber nimm sie in dich auf und strebe, ihren unendlichen
Vorzug mit deinem eigenen unendlichen Prärogativ zu vermählen
und aus Beidem das Göttliche zu erzeugen. Sie umgebe dich
wie eine liebliche Idylle, in der du dich selbst immer wieder
findest aus den Verirrungen der Kunst, bei der du Muth und
neues Vertrauen sammelst zum Laufe und die Flamme des Ideals,
die in den Stürmen des Lebens so leicht erlischt, in deinem
Herzen von neuem entzündest.

Wenn man sich der schönen Natur erinnert, welche die alten
Griechen umgab; wenn man nachdenkt, wie vertraut dieses
Volk unter seinem glücklichen Himmel mit der freien Natur leben
konnte, wie sehr viel näher seine Vorstellungsart, seine Empfindungsweise, seine Sitten der einfältigen Natur lagen, und welch
ein treuer Abdruck derselben seine Dichterwerke sind, so muß die
Bemerkung befremden, daß man so wenige Spuren von dem
sentimentalischen Interesse, mit welchem wir Neuern an
Naturscenen und an Naturcharakteren hangen können, bei demselben antrifft. Der Grieche ist zwar im höchsten Grade genau,
treu, umständlich in Beschreibung derselben, aber doch gerade
nicht mehr und mit keinem vorzüglichern Herzensantheil, als er
es auch in Beschreibung eines Anzuges, eines Schildes, einer
Rüstung, eines Hausgeräthes oder irgend eines mechanischen
Produktes ist. Er scheint in seiner Liebe für das Objekt keinen
Unterschied zwischen demjenigen zu machen, was durch sich selbst,
und dem, was durch die Kunst und durch den menschlichen
Willen ist. Die Natur scheint mehr seinen Verstand und seine
Wißbegierde als sein moralisches Gefühl zu interessieren; er
hängt nicht mit Innigkeit, mit Empfindsamkeit, mit süßer Wehmuth an derselben, wie wir Neuern. Ja, indem er sie in ihren
einzelnen Erscheinungen personificiert und vergöttert und ihre
Wirkungen als Handlungen freier Wesen darstellt, hebt er die
ruhige Nothwendigkeit in ihr auf, durch welche sie für uns

gerade so anziehend ist. Seine ungeduldige Phantasie führt ihn über sie hinweg zum Drama des menschlichen Lebens. Nur das Lebendige und Freie, nur Charaktere, Handlungen, Schicksale und Sitten befriedigen ihn, und, wenn wir in gewissen moralischen Stimmungen des Gemüths wünschen können, den Vorzug unserer Willensfreiheit, der uns so vielem Streit mit uns selbst, so vielen Unruhen und Verirrungen aussetzt, gegen die wahllose, aber ruhige Nothwendigkeit des Vernunftlosen hinzugeben, so ist, gerade umgekehrt, die Phantasie des Griechen geschäftig, die menschliche Natur schon in der unbeseelten Welt anzufangen und da, wo eine blinde Nothwendigkeit herrscht, dem Willen Einfluß zu geben.

Woher wohl dieser verschiedene Geist? Wie kommt es, daß wir, die in allem, was Natur ist, von den Alten so unendlich weit übertroffen werden, gerade hier der Natur in einem höhern Grade huldigen, mit Innigkeit an ihr hangen und selbst die leblose Welt mit der wärmsten Empfindung umfassen können? Daher kommt es, weil die Natur bei uns aus der Menschheit verschwunden ist, und wir sie nur außerhalb dieser, in der unbeseelten Welt, in ihrer Wahrheit wieder antreffen. Nicht unsere größere Naturmäßigkeit, ganz im Gegentheil die Naturwidrigkeit unserer Verhältnisse, Zustände und Sitten treibt uns an, dem erwachenden Triebe nach Wahrheit und Simplicität, der, wie die moralische Anlage, aus welcher er fließt, unbestechlich und unaustilgbar in allen menschlichen Herzen liegt, in der physischen Welt eine Befriedigung zu verschaffen, die in der moralischen nicht zu hoffen ist. Deßwegen ist das Gefühl, womit wir an der Natur hangen, dem Gefühle so nahe verwandt, womit wir das entflohene Alter der Kindheit und der kindischen Unschuld beklagen. Unsere Kindheit ist die einzige unverstümmelte Natur, die wir in der cultivierten Menschheit noch antreffen, daher es kein Wunder ist, wenn uns jede Fußstapfe der Natur außer uns auf unsere Kindheit zurückführt.

Sehr viel anders war es mit den alten Griechen. [1] Bei diesen
artete die Kultur nicht so weit aus, daß die Natur darüber verlassen wurde. Der ganze Bau ihres gesellschaftlichen Lebens war
auf Empfindungen, nicht auf einem Machwerk der Kunst errichtet;
ihre Götterlehre selbst war die Eingebung eines naiven Gefühls,
die Geburt einer fröhlichen Einbildungskraft, nicht der grübelnden
Vernunft, wie der Kirchenglaube der neuern Nationen; da also
der Grieche die Natur in der Menschheit nicht verloren hatte, so
konnte er außerhalb dieser auch nicht von ihr überrascht werden
und kein so dringendes Bedürfniß nach Gegenständen haben, in
denen er sie wieder fand. Einig mit sich selbst und glücklich im
Gefühl seiner Menschheit, mußte er bei dieser als seinem Maximum stille stehen und alles Andere derselben zu nähern bemüht
sein, wenn wir, uneinig mit uns selbst und unglücklich in
unsern Erfahrungen von Menschheit, kein dringenderes Interesse
haben; als aus derselben herauszufliehen und eine so mißlungene
Form aus unsern Augen zu rücken.

Das Gefühl, von dem hier die Rede ist, ist also nicht das,
was die Alten hatten; es ist vielmehr einerlei mit demjenigen,
welches wir für die Alten haben. Sie empfanden natürlich;
wir empfinden das Natürliche. Es war ohne Zweifel ein ganz
anderes Gefühl, was Homers Seele füllte, als er seinen göttlichen

---

[1] Aber auch nur bei den Griechen; denn es gehörte gerade eine solche rege
Bewegung und eine solche reiche Fülle des menschlichen Lebens dazu, als den
Griechen umgab, um Leben auch in das Leblose zu legen und das Bild der
Menschheit mit diesem Eifer zu verfolgen. Ossians Menschenwelt z. B. war
dürftig und einförmig; das Leblose um ihn her hingegen war groß, kolossalisch,
mächtig, drang sich also auf und behauptete selbst über den Menschen seine
Rechte. In den Gesängen dieses Dichters tritt daher die leblose Natur (im
Gegensatz gegen den Menschen) noch weit mehr als Gegenstand der Empfindung
hervor. Indessen klagt auch schon Ossian über einen Verfall der Menschheit,
und so klein auch bei seinem Volke der Kreis der Kultur und ihrer Verderb-
nisse war, so war die Erfahrung davon doch gerade lebhaft und eindringlich
genug, um den gefühlvollen moralischen Sänger zu dem Leblosen zurückzu-
scheuchen, und über seine Gesänge jenen elegischen Ton auszugießen, der sie
für uns so rührend und anziehend macht.

Sauhirt den Ulyſſes bewirthen ließ, als was die Seele des jungen
Werthers bewegte, da er nach einer läſtigen Geſellſchaft dieſen
Geſang las. Unſer Gefühl für Natur gleicht der Empfindung
des Kranken für die Geſundheit.

So wie nach und nach die Natur anfing, aus dem menſchlichen Leben als Erfahrung und als das (handelnde und
empfindende) Subjekt zu verſchwinden, ſo ſehen wir ſie in der
Dichterwelt als Idee und als Gegenſtand aufgehen. Diejenige Nation, welche es zugleich in der Unnatur und in der
Reflexion darüber am weiteſten gebracht hatte, mußte zuerſt von
dem Phänomen des Naiven am ſtärkſten gerührt werden und
demſelben einen Namen geben. Dieſe Nation waren, ſoviel ich
weiß, die Franzoſen. Aber die Empfindung des Naiven und
das Intereſſe an demſelben iſt natürlicherweiſe viel älter, und
datiert ſich ſchon von dem Anfang der moraliſchen und äſthetiſchen Verderbniß. Dieſe Veränderung in der Empfindungsweiſe
iſt zum Beiſpiel ſchon äußerſt auffallend im Euripides, wenn man
dieſen mit ſeinen Vorgängern, beſonders dem Aeſchylus, vergleicht, und doch war jener Dichter der Günſtling ſeiner Zeit.
Die nämliche Revolution läßt ſich auch unter den alten Hiſtorikern
nachweiſen. Horaz, der Dichter eines cultivierten und verdorbenen
Weltalters, preißt die ruhige Glückſeligkeit in ſeinem Tibur, und
ihn könnte man als den wahren Stifter dieſer ſentimentaliſchen
Dichtungsart nennen, ſo wie er auch in derſelben ein noch nicht
übertroffenes Muſter iſt. Auch in Properz, Virgil u. A. findet
man Spuren dieſer Empfindungsweiſe, weniger beim Ovid, dem
es dazu an Fülle des Herzens fehlte, und der in ſeinem Exil zu
Tomi die Glückſeligkeit ſchmerzlich vermißt, die Horaz in ſeinem
Tibur ſo gern entbehrte.

Die Dichter ſind überall, ſchon ihrem Begriffe nach, die
Bewahrer der Natur. Wo ſie dieſes nicht ganz mehr ſein
können und ſchon in ſich ſelbſt den zerſtörenden Einfluß willkür-
licher und künſtlicher Formen erfahren oder doch mit demſelben

zu kämpfen gehabt haben, da werden sie als die Zeugen und als die Rächer der Natur auftreten. Sie werden also entweder Natur sein, oder sie werden die verlorene suchen. Daraus entspringen zwei ganz verschiedene Dichtungsweisen, durch welche das ganze Gebiet der Poesie erschöpft und ausgemessen wird. Alle Dichter, die es wirklich sind, werden, je nachdem die Zeit beschaffen ist, in der sie blühen, oder zufällige Umstände auf ihre allgemeine Bildung und auf ihre vorübergehende Gemütsstimmung Einfluß haben, entweder zu den naiven oder zu den sentimentalischen gehören.

Der Dichter einer naiven und geistreichen Jugendwelt, so wie derjenige, der in den Zeitaltern künstlicher Kultur ihm am nächsten kommt, ist streng und spröde, wie die jungfräuliche Diana in ihren Wäldern; ohne alle Vertraulichkeit entflieht er dem Herzen, das ihn sucht, dem Verlangen, das ihn umfassen will. Die trockene Wahrheit, womit er den Gegenstand behandelt, erscheint nicht selten als Unempfindlichkeit. Das Objekt besitzt ihn gänzlich, sein Herz liegt nicht, wie ein schlechtes Metall, gleich unter der Oberfläche, sondern will, wie das Gold, in der Tiefe gesucht sein. Wie die Gottheit hinter dem Weltgebäude, so steht er hinter seinem Werk; er ist das Werk, und das Werk ist er; man muß des erstern schon nicht werth oder nicht mächtig oder schon satt sein, um nach ihm nur zu fragen.

So zeigt sich z. B. Homer unter den Alten und Shakspeare unter den Neuern: zwei höchst verschiedene, durch den unermeßlichen Abstand der Zeitalter getrennte Naturen, aber gerade in diesem Charakterzuge völlig Eins. Als ich in einem sehr frühen Alter den letztern Dichter zuerst kennen lernte, empörte mich seine Kälte, seine Unempfindlichkeit, die ihm erlaubte, im höchsten Pathos zu scherzen, die herzzerschneidenden Auftritte im Hamlet, im König Lear, im Macbeth u. s. f. durch einen Narren zu stören, die ihn bald da festhielt, wo meine Empfindung forteilte, bald da kaltherzig fortriß, wo das Herz so gern still gestanden wäre. Durch die Bekanntschaft mit neuern Poeten verleitet, in dem Werke den Dichter zuerst aufzusuchen, seinem Herzen zu begegnen, mit ihm gemeinschaftlich über seinen Gegenstand zu reflektieren, kurz, das Objekt in dem Subjekt anzuschauen, war es mir unerträglich, daß der Poet sich hier gar nirgends fassen ließ und mir nirgends Rede stehen wollte. Mehrere Jahre hatte er schon meine ganze Verehrung und war mein Studium, ehe ich sein Individuum lieb gewinnen lernte. Ich war noch nicht fähig, die Natur aus der ersten Hand zu verstehen. Nur ihr durch den Verstand reflektiertes und durch die Regel zurecht gelegtes Bild konnte ich ertragen, und dazu waren die sentimentalischen Dichter der Franzosen und auch der Deutschen, von den Jahren 1750 bis etwa 1780, gerade die rechten Subjekte. Uebrigens schäme ich mich dieses Kinderurtheils nicht, da die bejahrte Kritik ein ähnliches fällte und naiv genug war, es in die Welt hineinzuschreiben.

Dasselbe ist mir auch mit dem Homer begegnet, den ich in einer noch spätern Periode kennen lernte. Ich erinnere mich jetzt der merkwürdigen Stelle im sechsten Buch der Ilias, wo Glaukus und Diomed im Gefecht auf einander stoßen und, nachdem sie sich als Gastfreunde erkannt, einander Geschenke geben. Diesem rührenden Gemälde der Pietät, mit der die Gesetze des Gast= rechts selbst im Kriege beobachtet wurden, kann eine Schilderung des ritterlichen Edelmuths im Ariost an die Seite gestellt werden, wo zwei Ritter und Nebenbuhler, Ferrau und Rinald, dieser ein Christ, jener ein Saracene, nach einem heftigen Kampf und mit Wunden bedeckt, Friede machen und, um die flüchtige Angelika einzuholen, das nämliche Pferd besteigen. Beide Bei= spiele, so verschieden sie übrigens sein mögen, kommen einander in der Wirkung auf unser Herz beinahe gleich, weil beide den schönen Sieg der Sitten über die Leidenschaft malen, und uns durch Naivetät der Gesinnungen rühren. Aber wie ganz ver= schieden nehmen sich die Dichter bei Beschreibung dieser ähnlichen

Handlung. Ariost, der Bürger einer spätern und von der Einfalt der Sitten abgekommenen Welt, kann bei der Erzählung dieses Vorfalls seine eigene Verwunderung, seine Rührung nicht verbergen. Das Gefühl des Abstandes jener Sitten von denjenigen, die sein Zeitalter charakterisieren, überwältigt ihn. Er verläßt auf einmal das Gemälde des Gegenstandes und erscheint in eigener Person. Man kennt die schöne Stanze und hat sie immer vorzüglich bewundert:

> O Edelmuth der alten Rittersitten!
> Die Nebenbuhler waren, die entzweit
> Im Glauben waren, bittern Schmerz noch litten
> Am ganzen Leib vom feindlich wilden Streit,
> Frei von Verdacht und in Gemeinschaft ritten
> Sie durch des krummen Pfades Dunkelheit.
> Das Roß, getrieben von vier Sporen, eilte,
> Bis wo der Weg sich in zwei Straßen theilte. ¹

Und nun der alte Homer! Kaum erfährt Diomed aus Glaukus, seines Gegners, Erzählung, daß dieser von Väterzeiten her ein Gastfreund seines Geschlechts ist, so steckt er die Lanze in die Erde, redet freundlich mit ihm, und macht mit ihm aus, daß sie einander im Gefechte künftig ausweichen wollen. Doch man höre den Homer selbst:

„Also bin ich nunmehr dein Gastfreund mitten in Argos,
Du in Lykia mir, wenn jenes Land ich besuche.
Drum mit unseren Lanzen vermeiden wir uns im Getümmel.
Viel ja sind der Troer mir selbst und der rühmlichen Helfer,
Daß ich tödte, wen Gott mir gewährt und die Schenkel erreichen;
Viel auch dir der Achaier, daß, welchen du kannst, du erlegest.
Aber die Rüstungen Beide vertauschen wir, daß auch die Andern

¹ Der rasende Roland. Erster Gesang, Stanze 32.

Schaun, wie wir Gäste zu sein aus Väterzeiten uns rühmen.
Also redeten jene, herab von den Wagen sich schwingend,
Faßten sie Beide einander die Händ' und gelobten sich Freundschaft."

Schwerlich dürfte ein moderner Dichter (wenigstens schwerlich einer, der es in der moralischen Bedeutung dieses Wortes
ist) auch nur bis hieher gewartet haben, um seine Freude an
dieser Handlung zu bezeugen. Wir würden es ihm um so leichter
verzeihen, da auch unser Herz beim Lesen einen Stillstand macht,
und sich von dem Objekte gern entfernt, um in sich selbst zu
schauen. Aber von allem diesem keine Spur im Homer; als ob
er etwas Alltägliches berichtet hätte, ja, als ob er selbst kein Herz
im Busen trüge, fährt er in seiner trockenen Wahrhaftigkeit fort:

„Doch den Glaukus erregete Zeus, daß er ohne Besinnung
Gegen den Held Diomedes die Rüstungen, goldne mit ehrnen,
Wechselte, hundert Farren werth, neun Farren die andern." [1]

Dichter von dieser naiven Gattung sind in einem künstlichen
Weltalter nicht so recht mehr an ihrer Stelle. Auch sind sie in
demselben kaum mehr möglich, wenigstens auf keine andere Weise
möglich, als daß sie in ihrem Zeitalter wild laufen, und durch
ein günstiges Geschick vor dem verstümmelnden Einfluß desselben
geborgen werden. Aus der Societät selbst können sie nie und
nimmer hervorgehen; aber außerhalb derselben erscheinen sie noch
zuweilen, doch mehr als Fremdlinge, die man anstaunt, und als
ungezogene Söhne der Natur, an denen man sich ärgert. So
wohlthätige Erscheinungen sie für den Künstler sind, der sie studiert,
und für den echten Kenner, der sie zu würdigen versteht, so wenig
Glück machen sie im Ganzen und bei ihrem Jahrhundert. Das
Siegel des Herrschers ruht auf ihrer Stirne; wir hingegen wollen
von den Musen gewiegt und getragen werden. Von den Kritikern,

[1] Ilias. Voß'sche Uebersetzung. Erster Band. Seite 153.

den eigentlichen Zaunhütern des Geschmacks, werden sie als **G r e n z-
s t ö r e r** gehaßt, die man lieber unterdrücken möchte; denn selbst
Homer dürfte es bloß der Kraft eines mehr als tausendjährigen
Zeugnisses zu verdanken haben, daß ihn diese Geschmacksrichter
gelten lassen; auch wird es ihnen sauer genug, ihre Regeln gegen
sein Beispiel, und sein Ansehen gegen ihre Regeln zu behaupten.

Die sentimentalischen Dichter.

Der Dichter, sagte ich, ist entweder Natur, oder er wird
sie suchen. Jenes macht den naiven, dieses den sentimentalischen
Dichter.

Der dichterische Geist ist unsterblich und unverlierbar in der
Menschheit; er kann nicht anders als zugleich mit derselben
und mit der Anlage zu ihr sich verlieren. Denn, entfernt sich
gleich der Mensch durch die Freiheit seiner Phantasie und seines
Verstandes von der Einfalt, Wahrheit und Nothwendigkeit der
Natur, so steht ihm doch nicht nur der Pfad zu derselben
immer offen, sondern ein mächtiger und unvertilgbarer Trieb,
der moralische, treibt ihn auch unaufhörlich zu ihr zurück, und
eben mit diesem Triebe steht das Dichtungsvermögen in der
engsten Verwandtschaft. Dieses verliert sich also nicht auch zugleich mit der natürlichen Einfalt, sondern wirkt nur nach einer
andern Richtung.

Auch jetzt ist die Natur noch die einzige Flamme, an der
sich der Dichtergeist nähret; aus ihr allein schöpft er seine
ganze Macht, zu ihr allein spricht er auch in dem künstlichen,
in der Kultur begriffenen Menschen. Jede andere Art zu wirken
ist dem poetischen Geiste fremd; daher, beiläufig zu sagen, alle
sogenannten Werke des Witzes ganz mit Unrecht poetisch heißen,
ob wir sie gleich lange Zeit, durch das Ansehen der französischen Literatur verleitet, damit vermengt haben. Die Natur,
sage ich, ist es auch noch jetzt, in dem künstlichen Zustande der

Kultur, wodurch der Dichtergeist mächtig ist; nur steht er jetzt in einem ganz andern Verhältniß zu derselben.

So lange der Mensch noch reine, es versteht sich, nicht rohe Natur ist, wirkt er als ungetheilte sinnliche Einheit und als ein harmonirendes Ganze. Sinne und Vernunft, empfangendes und selbstthätiges Vermögen, haben sich in ihrem Geschäfte noch nicht getrennt, vielweniger stehen sie im Widerspruch mit einander. Seine Empfindungen sind nicht das formlose Spiel des Zufalls, seine Gedanken nicht das gehaltlose Spiel der Vorstellungskraft; aus dem Gesetz der Nothwendigkeit gehen jene, aus der Wirklichkeit gehen diese hervor. Ist der Mensch in den Stand der Kultur getreten, und hat die Kunst ihre Hand an ihn gelegt, so ist jene sinnliche Harmonie in ihm aufgehoben, und er kann nur noch als moralische Einheit, d. h. als nach Einheit strebend sich äußern. Die Uebereinstimmung zwischen seinem Empfinden und Denken, die in dem ersten Zustande wirklich Statt fand, existiert jetzt bloß idealisch; sie ist nicht mehr in ihm, sondern außer ihm, als ein Gedanke, der erst realisirt werden soll, nicht mehr als Thatsache seines Lebens. Wendet man nun den Begriff der Poesie, der kein anderer ist, als der Menschheit ihren möglichst vollständigen Ausdruck zu geben, auf jene beiden Zustände an, so ergibt sich, daß dort in dem Zustande natürlicher Einfalt, wo der Mensch noch, mit allen seinen Kräften zugleich, als harmonische Einheit wirkt, wo mithin das Ganze seiner Natur sich in der Wirklichkeit vollständig ausdrückt, die möglichst vollständige Nachahmung des Wirklichen — daß hingegen hier in dem Zustand der Kultur, wo jenes harmonische Zusammenwirken seiner ganzen Natur bloß eine Idee ist, die Erhebung der Wirklichkeit zum Ideal oder, was auf Eins hinausläuft, die Darstellung des Ideals den Dichter machen muß. Und dies sind auch die zwei einzig möglichen Arten, wie sich überhaupt der poetische Genius äußern kann.

Sie sind, wie man sieht, äußerst von einander verschieden; aber es gibt einen höhern Begriff, der sie beide unter sich faßt, und es darf gar nicht befremden, wenn dieser Begriff mit der Idee der Menschheit in Eins zusammentrifft.

Es ist hier der Ort nicht, diesen Gedanken, den nur eine eigene Ausführung in sein volles Licht setzen kann, weiter zu verfolgen. Wer aber nur irgend, dem Geiste nach und nicht bloß nach zufälligen Formen, eine Vergleichung zwischen alten und modernen Dichtern ¹ anzustellen versteht, wird sich leicht von der Wahrheit desselben überzeugen können. Jene rühren uns durch Natur, durch sinnliche Wahrheit, durch lebendige Gegenwart; diese rühren uns durch Ideen.

Dieser Weg, den die neuern Dichter gehen, ist übrigens derselbe, den der Mensch überhaupt sowohl im Einzelnen als im Ganzen einschlagen muß. Die Natur macht ihn mit sich Eins, die Kunst trennt und entzweiet ihn, durch das Ideal kehrt er zur Einheit zurück. Weil aber das Ideal ein Unendliches ist, das er niemals erreicht, so kann der kultivierte Mensch in seiner Art niemals vollkommen werden, wie doch der natürliche Mensch es in der seinigen zu werden vermag. Er müßte also dem letztern an Vollkommenheit unendlich nachstehen, wenn bloß auf das Verhältniß, in welchem beide zu ihrer Art und zu ihrem Maximum stehen, geachtet wird. Vergleicht man hingegen die Arten selbst mit einander, so zeigt sich, daß das Ziel, zu welchem der Mensch durch Kultur strebt, demjenigen,

---

¹ Es ist vielleicht nicht überflüssig, zu erinnern, daß, wenn hier die neuen Dichter den alten entgegengesetzt werden, nicht sowohl der Unterschied der Zeit, als der Unterschied der Manier zu verstehen ist. Wir haben auch in neuern, ja sogar in neuesten Zeiten naive Dichtungen in allen Klassen, wenn gleich nicht mehr ganz reiner Art, und unter den alten lateinischen, ja selbst griechischen Dichtern fehlt es nicht an sentimentalischen. Nicht nur in demselben Dichter, auch in demselben Werke trifft man häufig beide Gattungen vereinigt an, wie z. B. in Werthers Leiden, u. dergl. Produkte werden immer den größern Effect machen.

welches er durch Natur erreicht, unendlich vorzuziehen ist. Der eine erhält also seinen Werth durch absolute Erreichung einer endlichen, der andere erlangt ihn durch Annäherung zu einer unendlichen Größe. Weil aber nur die letztere Grade und einen Fortschritt hat, so ist der relative Werth des Menschen, der in der Kultur begriffen ist, im Ganzen genommen, niemals bestimmbar, obgleich derselbe, im Einzelnen betrachtet, sich in einem nothwendigen Nachtheil gegen denjenigen befindet, in welchem die Natur in ihrer ganzen Vollkommenheit wirkt. Insofern aber das letzte Ziel der Menschheit nicht anders als durch jene Fortschreitung zu erreichen ist, und der letztere nicht anders fortschreiten kann, als indem er sich kultiviert und folglich in den erstern übergeht, so ist keine Frage, welchem von beiden in Rücksicht auf jenes letzte Ziel der Vorzug gebühre.

Dasselbe, was hier von den zwei verschiedenen Formen der Menschheit gesagt wird, läßt sich auch auf jene beiden, ihnen entsprechenden Dichterformen anwenden.

Man hätte deßwegen alte und moderne — naive und sentimentalische — Dichter entweder gar nicht oder nur unter einem gemeinschaftlichen höhern Begriff (einen solchen gibt es wirklich) mit einander vergleichen sollen. Denn freilich, wenn man den Gattungsbegriff der Poesie zuvor einseitig aus den alten Poeten abstrahiert hat, so ist nichts leichter, aber auch nichts trivialer, als die modernen gegen sie herabzusetzen. Wenn man nur das Poesie nennt, was zu allen Zeiten auf die einfältige Natur gleichförmig wirkte, so kann es nicht anders sein, als daß man den neuern Poeten gerade in ihrer eigensten und erhabensten Schönheit den Namen der Dichter wird streitig machen müssen, weil sie gerade hier nur zu dem Zögling der Kunst sprechen und der einfältigen Natur nichts zu sagen haben. ' Wessen Gemüth nicht schon zubereitet ist, über die

---

' Molière als naiver Dichter durfte es allenfalls auf den Ausspruch seiner Magd ankommen lassen, was in seinen Komödien stehen bleiben und wegfallen

Schillers sämmtl. Werke. XII.   12

Wirklichkeit hinaus ins Ideenreich zu gehen, für den wird der reichste Gehalt leerer Schein, und der höchste Dichterschwung Ueberspannung sein. Keinem Vernünftigen kann es einfallen, in demjenigen, worin Homer groß ist, irgend einen Neuern ihm an die Seite stellen zu wollen, und es klingt lächerlich genug, wenn man einen Milton oder Klopstock mit dem Namen eines neuern Homer beehrt sieht. Eben so wenig aber wird irgend ein alter Dichter und am wenigsten Homer in demjenigen, was den modernen Dichter charakteristisch auszeichnet, die Vergleichung mit demselben aushalten können. Jener, möchte ich es ausdrücken, ist mächtig durch die Kunst der Begrenzung; dieser ist es durch die Kunst des Unendlichen.

Und eben daraus, daß die Stärke des alten Künstlers (denn was hier von dem Dichter gesagt worden, kann unter den Einschränkungen, die sich von selbst ergeben, auch auf den schönen Künstler überhaupt ausgedehnt werden) in der Begrenzung bestehet, erklärt sich der hohe Vorzug, den die bildende Kunst des Alterthums über die der neuern Zeiten behauptet, und überhaupt das ungleiche Verhältniß des Werths, in welchem moderne Dichtkunst und moderne bildende Kunst zu beiden Kunstgattungen im Alterthum stehen. Ein Werk für das Auge findet nur in der Begrenzung seine Vollkommenheit; ein Werk für die Einbildungskraft kann sie auch durch das Unbegrenzte erreichen. In plastischen Werken hilft daher dem Neuern seine Ueberlegenheit in Ideen wenig; hier ist er genöthigt, das Bild seiner

sollte; auch wäre zu wünschen gewesen, daß die Meister des französischen Kothurns mit ihren Trauerspielen zuweilen diese Probe gemacht hätten. Aber ich wollte nicht rathen, daß mit den Klopstockischen Oden, mit den schönsten Stellen im Messias, im verlornen Paradies, in Nathan dem Weisen und vielen andern Stücken eine ähnliche Probe angestellt würde. Doch was sage ich? Diese Probe ist wirklich angestellt, und die Molière'sche Magd raisonnirt ja Langes und Breites in unsern kritischen Bibliotheken, philosophischen und literarischen Annalen und Reisebeschreibungen über Poesie, Kunst u. dergl., nur wie billig, auf teutschem Boden ein wenig abgeschmackter als auf französischem, und wie es sich für die Gesindestube der teutschen Literatur geziemt

Einbildungskraft auf das genaueste im Raum zu bestimmen und sich folglich mit dem alten Künstler gerade in derjenigen Eigenschaft zu messen, worin dieser seinen unabstreitbaren Vorzug hat. In poetischen Werken ist es anders; und siegen gleich die alten Dichter auch hier in der Einfalt der Formen und in dem, was sinnlich darstellbar und körperlich ist, so kann der neuere sie wieder in Reichthum des Stoffes, in dem, was undarstellbar und unaussprechlich ist, kurz, in dem, was man in Kunstwerken G e i s t nennt, hinter sich lassen.

Da der naive Dichter bloß der einfachen Natur und Empfindung folgt und sich bloß auf Nachahmung der Wirklichkeit beschränkt, so kann er zu seinem Gegenstand auch nur ein einziges Verhältniß haben, und es gibt, in d i e s e r Rücksicht, für ihn keine Wahl der Behandlung. Der verschiedene Eindruck naiver Dichtungen beruht (vorausgesetzt, daß man alles hinwegdenkt, was daran dem Inhalt gehört, und jenen Eindruck nur als das reine Werk der poetischen Behandlung betrachtet), beruht, sage ich, bloß auf dem verschiedenen G r a d einer und derselben Empfindungsweise; selbst die Verschiedenheit in den äußern Formen kann in der Qualität jenes ästhetischen Eindrucks keine Veränderung machen. Die Form sei lyrisch oder episch, dramatisch oder beschreibend; wir können wohl schwächer und stärker, aber (sobald von dem Stoff abstrahiert wird) nie verschiedenartig gerührt werden. Unser Gefühl ist durchgängig dasselbe, ganz aus e i n e m Element, so daß wir nichts darin zu unterscheiden vermögen. Selbst der Unterschied der Sprachen und Zeitalter ändert hier nichts, denn eben diese reine Einheit ihres Ursprungs und ihres Effekts ist ein Charakter der naiven Dichtung.

Ganz anders verhält es sich mit dem sentimentalischen Dichter. Dieser reflektiert über den Eindruck, den die Gegenstände auf ihn machen, und nur auf jene Reflexion ist die Rührung gegründet, in die er selbst versetzt wird und uns versetzt. Der Gegenstand wird hier auf eine Idee bezogen, und nur auf dieser

Beziehung beruht seine dichterische Kraft. Der sentimentalische Dichter hat es daher immer mit zwei streitenden Vorstellungen und Empfindungen, mit der Wirklichkeit als Grenze und mit seiner Idee als dem Unendlichen zu thun, und das gemischte Gefühl, das er erregt, wird immer von dieser doppelten Quelle zeugen.[1] Da also hier eine Mehrheit der Principien Statt findet, so kommt es darauf an, welches von beiden in der Empfindung des Dichters und in seiner Darstellung ü b e r w i e g e n wird, und es ist folglich eine Verschiedenheit in der Behandlung möglich. Denn nun entsteht die Frage, ob er mehr bei der Wirklichkeit, ob er mehr bei dem Ideale verweilen — ob er jene als einen Gegenstand der Abneigung, ob er dieses als einen Gegenstand der Zuneigung ausführen will. Seine Darstellung wird also entweder s a t i r i s c h, oder sie wird (in einer weitern Bedeutung dieses Worts, die sich nachher erklären wird) e l e g i s c h sein; an eine von diesen beiden Empfindungsarten wird jeder sentimen= talische Dichter sich halten.

Satirische Dichtung.

Satirisch ist der Dichter, wenn er die Entfernung von der Natur und den Widerspruch der Wirklichkeit mit dem Ideale (in der Wirkung auf das Gemüth kommt Beides auf Eins hinaus) zu seinem Gegenstande macht. Dies kann er aber sowohl ernst= haft und mit Affekt als scherzhaft und mit Heiterkeit ausführen,

---

[1] Wer bei sich auf den Eindruck merkt, den naive Dichtungen auf ihn machen, und den Antheil, der dem Inhalt daran gebührt, davon abzusondern im Stand ist, der wird diesen Eindruck, auch selbst bei sehr pathetischen Gegen- ständen, immer fröhlich, immer rein, immer ruhig finden; bei sentimenta- lischen wird er immer etwas ernst und anspannend sein. Das macht, weil wir uns bei naiven Darstellungen, sie handeln auch wovon sie wollen, immer über die Wahrheit, über die lebendige Gegenwart des Objekts in unserer Ein- bildungskraft erfreuen und auch weiter nichts als diese suchen, bei sentimen- talischen hingegen die Vorstellung der Einbildungskraft mit einer Vernunftidee zu vereinigen haben, und also immer zwischen zwei verschiedenen Zuständen in Schwanken gerathen.

je nachdem er entweder im Gebiete des Willens oder im Gebiete
des Verstandes verweilt. Jenes geschieht durch die strafende
oder pathetische, dieses durch die scherzhafte Satire.

Streng genommen verträgt zwar der Zweck des Dichters
weder den Ton der Strafe noch den der Belustigung. Jener ist
zu ernst für das Spiel, was die Poesie immer sein soll; dieser
ist zu frivol für den Ernst, der allem poetischen Spiele zum
Grund liegen soll. Moralische Widersprüche interessieren nothwendig unser Herz und rauben also dem Gemüth seine Freiheit;
und doch soll aus poetischen Rührungen alles eigentliche Interesse,
d. h. alle Beziehung auf ein Bedürfniß verbannt sein. Ver-
standes-Widersprüche hingegen lassen das Herz gleichgültig, und
doch hat es der Dichter mit dem höchsten Anliegen des Herzens,
mit der Natur und dem Ideal, zu thun. Es ist daher keine
geringe Aufgabe für ihn, in der pathetischen Satire nicht die
poetische Form zu verletzen, welche in der Freiheit des Spiels
besteht, in der scherzhaften Satire nicht den poetischen Gehalt zu
verfehlen, welche immer das Unendliche sein muß. Diese Aufgabe kann nur auf eine einzige Art gelöset werden. Die strafende Satire erlangt poetische Freiheit, indem sie ins Erhabene
übergeht; die lachende Satire erhält poetischen Gehalt, indem
sie ihren Gegenstand mit Schönheit behandelt.

In der Satire wird die Wirklichkeit als Mangel dem Ideal
als der höchsten Realität gegenüber gestellt. Es ist übrigens
gar nicht nöthig, daß das letztere ausgesprochen werde, wenn
der Dichter es nur im Gemüth zu erwecken weiß; dies muß
er aber schlechterdings, oder er wird gar nicht poetisch wirken.
Die Wirklichkeit ist also hier ein nothwendiges Objekt der Abneigung; aber, worauf hier alles ankömmt, diese Abneigung
selbst muß wieder nothwendig aus dem entgegenstehenden Ideal
entspringen. Sie könnte nämlich auch eine bloß sinnliche Quelle
haben und lediglich in Bedürfniß gegründet sein, mit welchem
die Wirklichkeit streitet; und häufig genug glauben wir einen

moralischen Unwillen über die Welt zu empfinden, wenn uns
bloß der Widerstreit derselben mit unserer Neigung erbittert.
Dieses materielle Interesse ist es, was der gemeine Satiriker
ins Spiel bringt, und weil es ihm auf diesem Wege gar nicht
fehl schlägt, uns in Affekt zu versetzen, so glaubt er unser Herz
in seiner Gewalt zu haben und im Pathetischen Meister zu sein.
Aber jedes Pathos aus dieser Quelle ist der Dichtkunst unwürdig, die uns nur durch Ideen rühren und nur durch die
Vernunft zu unserm Herzen den Weg nehmen darf. Auch wird
sich dieses unreine und materielle Pathos jederzeit durch ein
Uebergewicht des Leidens und durch eine peinliche Befangen-
heit des Gemüths offenbaren, da im Gegentheil das wahrhaft
poetische Pathos an einem Uebergewicht der Selbstthätigkeit und
an einer, auch im Affekte noch bestehenden Gemüthsfreiheit zu
erkennen ist. Entspringt nämlich die Rührung aus dem der
Wirklichkeit gegenüberstehenden Ideale, so verliert sich in der
Erhabenheit des letztern jedes einengende Gefühl, und die Größe
der Idee, von der wir erfüllt sind, erhebt uns über alle
Schranken der Erfahrung. Bei der Darstellung empörender
Wirklichkeit kommt daher alles darauf an, daß das Nothwendige
der Grund sei, auf welchem der Dichter oder der Erzähler das
Wirkliche aufträgt, daß er unser Gemüth für Ideen zu stimmen
wisse. Stehen wir nur hoch in der Beurtheilung, so hat es
nichts zu sagen, wenn auch der Gegenstand tief und niedrig
unter uns zurückbleibt. Wenn uns der Geschichtschreiber Tacitus
den tiefen Verfall der Römer des ersten Jahrhunderts schildert,
so ist es ein hoher Geist, der auf das Niedrige herabblickt, und
unsere Stimmung ist wahrhaft poetisch, weil nur die Höhe, worauf er selbst steht, und zu der er uns zu erheben wußte, seinen
Gegenstand niedrig machte.

Die pathetische Satire muß also jederzeit aus einem Gemüthe
fließen, welches von dem Ideale lebhaft durchdrungen ist. Nur
ein herrschender Trieb nach Uebereinstimmung kann und darf

jenes tiefe Gefühl moralischer Widersprüche und jenen glühenden
Unwillen gegen moralische Verkehrtheit erzeugen, welcher in einem
Juvenal, Swift, Rousseau, Haller und Andern zur Begeisterung
wird. Die nämlichen Dichter würden und müßten mit demselben
Glück auch in den rührenden und zärtlichen Gattungen gedichtet
haben, wenn nicht zufällige Ursachen ihrem Gemüth frühe diese
bestimmte Richtung gegeben hätten; auch haben sie es zum Theil
wirklich gethan. Alle die hier genannten lebten entweder in
einem ausgearteten Zeitalter und hatten eine schauderhafte Erfahrung moralischer Verderbniß vor Augen, oder eigene Schicksale hatten Bitterkeit in ihre Seele gestreut. Auch der philosophische Geist, da er mit unerbittlicher Strenge den Schein von
dem Wesen trennt und in die Tiefen der Dinge dringet, neigt
das Gemüth zu dieser Härte und Austerität, mit welcher Rousseau,
Haller und Andere die Wirklichkeit malen. Aber diese äußeren
und zufälligen Einflüsse, welche immer einschränkend wirken,
dürfen höchstens nur die Richtung bestimmen, niemals den Inhalt der Begeisterung hergeben. Dieser muß in allen derselbe
sein und, rein von jedem äußern Bedürfniß, aus einem glühenden
Triebe für das Ideal hervorfließen, welcher durchaus der einzig
wahre Beruf zu dem satirischen wie überhaupt zu dem sentimentalischen Dichter ist.

Wenn die pathetische Satire nur erhabene Seelen kleidet,
so kann die spottende Satire nur einem schönen Herzen gelingen. Denn jene ist schon durch ihren ernsten Gegenstand
vor der Frivolität gesichert; aber diese, die nur einen moralisch
gleichgültigen Stoff behandeln darf, würde unvermeidlich darein
verfallen und jede poetische Würde verlieren, wenn hier nicht
die Behandlung den Inhalt veredelte, und das Subjekt des
Dichters nicht sein Objekt verträte. Aber nur dem schönen
Herzen ist es verliehen, unabhängig von dem Gegenstand seines
Wirkens in jeder seiner Aeußerungen ein vollendetes Bild von
sich selbst abzuprägen. Der erhabene Charakter kann sich nur

in einzelnen Siegen über den Widerstand der Sinne, nur in
gewissen Momenten des Schwunges und einer augenblicklichen
Anstrengung kund thun; in der schönen Seele hingegen wirkt
das Ideal als Natur, also gleichförmig, und kann mithin auch
in einem Zustand der Ruhe sich zeigen. Das tiefe Meer erscheint
am erhabensten in seiner Bewegung, der klare Bach am schönsten
in seinem ruhigen Lauf.

Es ist mehrmals darüber gestritten worden, welche von beiden, die Tragödie oder die Komödie, vor der andern den Rang
verdiene. Wird damit bloß gefragt, welche von beiden das
wichtigere Objekt behandle, so ist kein Zweifel, daß die erstere
den Vorzug behauptet; will man aber wissen, welche von beiden
das wichtigere Subjekt erfordere, so möchte der Ausspruch eher
für die letztere ausfallen. — In der Tragödie geschieht schon
durch den Gegenstand sehr viel, in der Komödie geschieht durch
den Gegenstand nichts und alles durch den Dichter. Da nun
bei Urtheilen des Geschmacks der Stoff nie in Betrachtung kommt,
so muß natürlicher Weise der ästhetische Werth dieser beiden
Kunstgattungen in umgekehrtem Verhältniß zu ihrer materiellen
Wichtigkeit stehen. Den tragischen Dichter trägt sein Objekt, der
komische hingegen muß durch sein Subjekt das seinige in der
ästhetischen Höhe erhalten. Jener darf einen Schwung nehmen,
wozu so viel eben nicht gehöret; der andere muß sich gleich
bleiben, er muß also schon dort sein und dort zu Hause sein,
wohin der andere nicht ohne einen Anlauf gelangt. Und gerade
das ist es, worin sich der schöne Charakter von dem erhabenen
unterscheidet. In dem ersten ist jede Größe schon enthalten, sie
fließt ungezwungen und mühelos aus seiner Natur, er ist, dem
Vermögen nach, ein Unendliches in jedem Punkte seiner Bahn;
der andere kann sich zu jeder Größe anspannen und erheben, er
kann durch die Kraft seines Willens aus jedem Zustande der
Beschränkung sich reißen. Dieser ist also nur ruckweise und nur
mit Anstrengung frei, jener ist es mit Leichtigkeit und immer.

Diese Freiheit des Gemüths in uns hervorzubringen und zu
nähren, ist die schöne Aufgabe der Komödie, so wie die Tragödie
bestimmt ist, die Gemüthsfreiheit, wenn sie durch einen Affekt
gewaltsam aufgehoben worden, auf ästhetischem Weg wieder herstellen zu helfen. In der Tragödie muß daher die Gemüthsfreiheit
künstlicher Weise und als Experiment aufgehoben werden, weil
sie in Herstellung derselben ihre poetische Kraft beweist; in der
Komödie hingegen muß verhütet werden, daß es niemals zu
jener Aufhebung der Gemüthsfreiheit komme. Daher behandelt
der Tragödiendichter seinen Gegenstand immer praktisch, der
Komödiendichter den seinigen immer theoretisch, auch wenn jener
(wie Lessing in seinem Nathan) die Grille hätte, einen theoretischen, dieser einen praktischen Stoff zu bearbeiten. Nicht das
Gebiet, aus welchem der Gegenstand genommen, sondern das
Forum, vor welches der Dichter ihn bringt, macht denselben
tragisch oder komisch. Der Tragiker muß sich vor dem ruhigen
Raisonnement in Acht nehmen und immer das Herz interessieren;
der Komiker muß sich vor dem Pathos hüten und immer den
Verstand unterhalten. Jener zeigt also durch beständige Erregung,
dieser durch beständige Abwehrung der Leidenschaft seine Kunst;
und diese Kunst ist natürlich auf beiden Seiten um so größer,
je mehr der Gegenstand des einen abstrakter Natur ist, und der
des andern sich zum Pathetischen neigt. ¹ Wenn also die Tragödie von einem wichtigern Punkt ausgeht, so muß man auf

¹ Im Nathan dem Weisen ist dieses nicht geschehen, hier hat die frostige
Natur des Stoffs das ganze Kunstwerk erkältet. Aber Lessing wußte selbst,
daß er kein Trauerspiel schrieb, und vergaß nur, menschlicher Weise, in seiner
eigenen Angelegenheit die in der Dramaturgie aufgestellte Lehre, daß der
Dichter nicht befugt sei, die tragische Form zu einem andern als tragischen
Zweck anzuwenden. Ohne sehr wesentliche Veränderungen würde es kaum
möglich gewesen sein, dieses dramatische Gedicht in eine gute Tragödie umzuschaffen; aber mit bloß zufälligen Veränderungen möchte es eine gute Komödie
abgegeben haben. Dem letztern Zweck nämlich hätte das Pathetische, dem
erstern das Raisonnirende aufgeopfert werden müssen, und es ist wohl keine
Frage, auf welchem von beiden die Schönheit dieses Gedichts am meisten beruht.

der andern Seite gestehen, daß die Komödie einem wichtigern
Ziel entgegengeht, und sie würde, wenn sie es erreichte, alle
Tragödie überflüssig und unmöglich machen. Ihr Ziel ist einerlei mit dem höchsten, wornach der Mensch zu ringen hat, frei
von Leidenschaft zu sein, immer klar, immer ruhig um sich und
in sich zu schauen, überall mehr Zufall als Schicksal zu finden,
und mehr über Ungereimtheit zu lachen als über Bosheit zu
zürnen oder zu weinen.

Wie in dem handelnden Leben, so begegnet es auch oft bei
dichterischen Darstellungen, den bloß leichten Sinn, das angenehme Talent, die fröhliche Gutmüthigkeit mit Schönheit der
Seele zu verwechseln, und da sich der gemeine Geschmack überhaupt nie über das Angenehme erhebt, so ist es solchen nied-
lichen Geistern ein Leichtes jenen Ruhm zu usurpieren, der so
schwer zu verdienen ist. Aber es gibt eine untrügliche Probe,
vermittelst deren man die Leichtigkeit des Naturells von der
Leichtigkeit des Ideals, so wie die Tugend des Temperaments
von der wahrhaften Sittlichkeit des Charakters unterscheiden kann,
und diese ist, wenn beide sich an einem schwierigen und großen
Objekte versuchen. In einem solchen Fall geht das niedliche Genie
unfehlbar in das Platte; so wie die Temperamentstugend in das
Materielle; die wahrhaft schöne Seele hingegen geht eben so
gewiß in die erhabene über.

So lange Lucian bloß die Ungereimtheit züchtigt, wie in den
Wünschen, in den Lapithen, in dem Jupiter Tragödus u. a.,
bleibt er Spötter und ergötzt uns mit seinem fröhlichen Humor;
aber es wird ein ganz anderer Mann aus ihm in vielen Stellen
seines Nigrinus, seines Timons, seines Alexanders, wo seine
Satire auch die moralische Verderbniß trifft. „Unglückseliger,"
so beginnt er in seinem Nigrinus das empörende Gemälde des
damaligen Roms, „warum verließest du das Licht der Sonne,
Griechenland, und jenes glückliche Leben der Freiheit und kamst
hieher in dies Getümmel von prachtvoller Dienstbarkeit, von Auf-

wartungen und Gastmählern, von Sykophanten, Schmeichlern, Giftmischern, Erbschleichern und falschen Freunden? u. s. w." Bei solchen und ähnlichen Anlässen muß sich der hohe Ernst des Gefühls offenbaren, der allem Spiele, wenn es poetisch sein soll, zum Grunde liegen muß. Selbst durch den boshaften Scherz, womit sowohl Lucian als Aristophanes den Sokrates mißhandeln, blickt eine ernste Vernunft hervor, welche die Wahrheit an dem Sophisten rächt und für ein Ideal streitet, das sie nur nicht immer ausspricht. Auch hat der erste von beiden in seinem Diogenes und Demonax diesen Charakter gegen alle Zweifel gerechtfertigt; unter den Neuern welchen großen und schönen Charakter drückt nicht Cervantes bei jedem würdigen Anlaß in seinem Don Quixote aus! Welch ein herrliches Ideal mußte nicht in der Seele des Dichters leben, der einen Tom Jones und eine Sophia erschuf! Wie kann der Lacher Yorik, sobald er will, unser Gemüth so groß und so mächtig bewegen? Auch in unserm Wieland erkenne ich diesen Ernst der Empfindung; selbst die muthwilligen Spiele seiner Laune beseelt und adelt die Grazie des Herzens, selbst in den Rhythmus seines Gesanges drückt sie ihr Gepräg, und nimmer fehlt ihm die Schwungkraft, uns, sobald es gilt, zu dem Höchsten empor zu tragen.

Von der Voltaire'schen Satire läßt sich kein solches Urtheil fällen. Zwar ist es auch bei diesem Schriftsteller einzig nur die Wahrheit und Simplicität der Natur, wodurch er uns zuweilen poetisch rührt, es sei nun, daß er sie in einem naiven Charakter wirklich erreiche, wie mehrmal in seinem Ingenu, oder daß er sie, wie in seinem Candide u. a., suche und räche. Wo keines von beiden der Fall ist, da kann er uns zwar als witziger Kopf belustigen, aber gewiß nicht als Dichter bewegen. Aber seinem Spott liegt überall zu wenig Ernst zum Grunde, und dieses macht seinen Dichterberuf mit Recht verdächtig. Wir begegnen immer nur seinem Verstande, nicht seinem Gefühl. Es zeigt sich kein Ideal unter jener lustigen Hülle und kaum etwas

absolut Festes in jener ewigen Bewegung. Seine wunderbare
Mannigfaltigkeit in äußern Formen, weit entfernt für die innere
Fülle seines Geistes etwas zu beweisen, legt vielmehr ein bedenk=
liches Zeugniß dagegen ab; denn ungeachtet aller jener Formen
hat er auch nicht eine gefunden, worin er ein Herz hätte ab=
drücken können. Beinahe muß man also fürchten, es war in
diesem reichen Genius nur die Armuth des Herzens, die seinen
Beruf zur Satire bestimmte. Wäre es anders, so hätte er doch
irgend auf seinem weiten Weg aus diesem engen Geleise treten
müssen. Aber bei allem noch so großen Wechsel des Stoffes
und der äußern Form sehen wir diese innere Form in ewigem,
dürftigem Einerlei wiederkehren, und trotz seiner voluminösen
Laufbahn hat er doch den Kreis der Menschheit in sich selbst
nicht erfüllt, den man in den obenerwähnten Satirikern mit
Freuden durchlaufen findet.

Elegische Dichtung.

Setzt der Dichter die Natur der Kunst und das Ideal der
Wirklichkeit so entgegen, daß die Darstellung des ersten über=
wiegt, und das Wohlgefallen an demselben herrschende Empfin=
dung wird, so nenne ich ihn elegisch. Auch diese Gattung
hat, wie die Satire, zwei Klassen unter sich. Entweder ist die
Natur und das Ideal ein Gegenstand der Trauer, wenn jene
als verloren, dieses als unerreicht dargestellt wird. Oder beide
sind ein Gegenstand der Freude, indem sie als wirklich vor=
gestellt werden. Das erste gibt die Elegie in engerer, das
andere die Idylle in weitester Bedeutung. [1]

---

[1] Daß ich die Benennungen Satire, Elegie und Idylle in einem weitern
Sinn gebrauche, als gewöhnlich geschieht, werde ich bei Lesern, die tiefer in
die Sache dringen, kaum zu verantworten brauchen. Meine Absicht dabei ist
keineswegs, die Grenzen zu verrücken, welche die bisherige Observanz sowohl
der Satire und Elegie als der Idylle mit gutem Grunde gesteckt hat; ich sehe
bloß auf die in diesen Dichtungsarten herrschende Empfindungsweise.

Wie der Unwille bei der pathetischen, und wie der Spott bei der scherzhaften Satire, so darf bei der Elegie die Trauer nur aus einer durch das Ideal erweckten Begeisterung fließen. Dadurch allein erhält die Elegie poetischen Gehalt, und jede andere Quelle derselben ist völlig unter der Würde der Dichtkunst. Der elegische Dichter sucht die Natur, aber in ihrer Schönheit, nicht bloß in ihrer Annehmlichkeit, in ihrer Uebereinstimmung mit Ideen, nicht bloß in ihrer Nachgiebigkeit gegen das Bedürfniß. Die Trauer über verlorene Freuden, über das aus der Welt verschwundene goldene Alter, über das entflohene

und es ist ja bekannt genug, daß diese sich keineswegs in jene engen Grenzen einschließen läßt. Elegisch rührt uns nicht bloß die Elegie, welche ausschließlich so genannt wird; auch der dramatische und epische Dichter können uns auf elegische Weise bewegen. In der Messiade, in Thomsons Jahreszeiten, im verlorenen Paradies, im befreiten Jerusalem finden wir mehrere Gemälde, die sonst nur der Idylle, der Elegie, der Satire eigen sind. Eben so mehr oder weniger, fast in jedem pathetischen Gedichte. Daß ich aber die Idylle selbst zur elegischen Gattung rechne, scheint eher einer Rechtfertigung zu bedürfen. Man erinnere sich aber, daß hier nur von derjenigen Idylle die Rede ist, welche eine Species der sentimentalischen Dichtung ist, zu deren Wesen es gehört, daß die Natur der Kunst und das Ideal der Wirklichkeit entgegengesetzt werde. Geschieht dieses auch nicht ausdrücklich von dem Dichter, und stellt er das Gemälde der unverdorbenen Natur oder des erfüllten Ideales rein und selbstständig vor unsere Augen, so ist jener Gegensatz doch in seinem Herzen und wird sich auch ohne seinen Willen in jedem Pinselstrich verrathen. Ja, wäre dieses nicht, so würde schon die Sprache, deren er sich bedienen muß, weil sie den Geist der Zeit an sich trägt und den Einfluß der Kunst erfahren, uns die Wirklichkeit mit ihren Schranken, die Kultur mit ihrer Künstelei in Erinnerung bringen; ja, unser eigenes Herz würde jenem Bilde der reinen Natur die Erfahrung der Verderbniß gegenüber stellen und so die Empfindungsart, wenn auch der Dichter es nicht darauf angelegt hätte, in uns elegisch machen. Dies letztere ist so unvermeidlich, daß selbst der höchste Genuß, den die schönsten Werke der naiven Gattung aus alten und neuen Zeiten dem kultivierten Menschen gewähren, nicht lange rein bleibt, sondern früher oder später von einer elegischen Empfindung begleitet sein wird. Schließlich bemerke ich noch, daß die hier versuchte Eintheilung, eben deßwegen, weil sie sich bloß auf den Unterschied in der Empfindungsweise gründet, in der Eintheilung der Gedichte selbst und der Ableitung der poetischen Arten ganz und gar nichts bestimmen soll; denn da der Dichter, auch in demselben Werke, keineswegs an dieselbe Empfindungsweise gebunden ist, so kann jene Eintheilung nicht davon, sondern muß von der Form der Darstellung hergenommen werden.

Glück der Jugend, der Liebe u. s. w. kann nur alsdann der
Stoff zu einer elegischen Dichtung werden, wenn jene Zustände
sinnlichen Friedens zugleich als Gegenstände moralischer Harmonie sich vorstellen lassen. Ich kann deßwegen die Klaggesänge
des Ovid, die er aus seinem Verbannungsort am Euxin an-
stimmt, wie rührend sie auch sind, und wie viel Dichterisches
auch einzelne Stellen haben, im Ganzen nicht wohl als ein
poetisches Werk betrachten. Es ist viel zu wenig Energie, viel
zu wenig Geist und Adel in seinem Schmerz. Das Bedürfniß,
nicht die Begeisterung stieß jene Klagen aus; es athmet darin,
wenn gleich keine gemeine Seele, doch die gemeine Stimmung
eines edlern Geistes, den sein Schicksal zu Boden drückte. Zwar,
wenn wir uns erinnern, daß es Rom und das Rom des Au-
gustus ist, um das er trauert, so verzeihen wir dem Sohn der
Freude seinen Schmerz; aber selbst das herrliche Rom mit allen
seinen Glückseligkeiten ist, wenn nicht die Einbildungskraft es
erst veredelt, bloß eine endliche Größe, mithin ein unwürdiges
Objekt für die Dichtkunst, die erhaben über alles, was die Wirklichkeit aufstellt, nur das Recht hat, um das Unendliche zu trauern.

Der Inhalt der dichterischen Klage kann also niemals ein
äußerer, jederzeit nur ein innerer idealischer Gegenstand sein;
selbst wenn sie einen Verlust in der Wirklichkeit betrauert, muß
sie ihn erst zu einem idealischen umschaffen. In dieser Reduk-
tion des Beschränkten auf ein Unendliches besteht eigentlich die
poetische Behandlung. Der äußere Stoff ist daher an sich selbst
immer gleichgültig, weil ihn die Dichtkunst niemals so brauchen
kann, wie sie ihn findet, sondern nur durch das, was sie selbst
daraus macht, ihm die poetische Würde gibt. Der elegische
Dichter sucht die Natur, aber als eine Idee und in einer Vollkommenheit, in der sie nie existiert hat, wenn er sie gleich als
etwas da Gewesenes und nun Verlorenes beweint. Wenn uns
Ossian von den Tagen erzählt, die nicht mehr sind, und von
den Helden, die verschwunden sind, so hat seine Dichtungskraft

jene Bilder der Erinnerung längst in Ideale, jene Helden in
Götter umgestaltet. Die Erfahrungen eines bestimmten Verlustes
haben sich zur Idee der allgemeinen Vergänglichkeit erweitert,
und der gerührte Barde, den das Bild des allgegenwärtigen
Ruins verfolgt, schwingt sich zum Himmel auf, um dort in dem
Sonnenlauf ein Sinnbild des Unvergänglichen zu finden. [1]

Ich wende mich sogleich zu den neuern Poeten in der
elegischen Gattung. Rousseau, als Dichter wie als Philosoph,
hat keine andere Tendenz, als die Natur entweder zu suchen
oder an der Kunst zu rächen. Je nachdem sich sein Gefühl
entweder bei der einen oder der andern verweilt, finden wir
ihn bald elegisch gerührt, bald zu Juvenalischer Satire begeistert,
bald, wie in seiner Julie, in das Feld der Idylle entzückt.
Seine Dichtungen haben unwidersprechlich poetischen Gehalt, da
sie ein Ideal behandeln; nur weiß er denselben nicht auf poetische
Weise zu gebrauchen. Sein ernster Charakter läßt ihn zwar
nie zur Frivolität herabsinken, aber erlaubt ihm auch nicht sich
bis zum poetischen Spiel zu erheben. Bald durch Leidenschaft,
bald durch Abstraktion angespannt, bringt er es selten oder nie
zu der ästhetischen Freiheit, welche der Dichter seinem Stoff
gegenüber behaupten, seinem Leser mittheilen muß. Entweder
es ist seine kranke Empfindlichkeit, die über ihn herrschet und
seine Gefühle bis zum Peinlichen treibt; oder es ist seine Denkkraft, die seiner Imagination Fesseln anlegt und durch die
Strenge des Begriffs die Anmuth des Gemäldes vernichtet.
Beide Eigenschaften, deren innige Wechselwirkung und Vereinigung den Poeten eigentlich ausmacht, finden sich bei diesem
Schriftsteller in ungewöhnlich hohem Grad, und nichts fehlt,
als daß sie sich auch wirklich mit einander vereinigt äußerten,
daß seine Selbstthätigkeit sich mehr in sein Empfinden, daß
seine Empfänglichkeit sich mehr in sein Denken mischte. Daher

---

[1] Man lese z. B. das treffliche Gedicht, Garthen betitelt.

ift auch in dem Ideale, das er von der Menschheit aufstellt, auf die Schranken derselben zu viel, auf ihr Vermögen zu wenig Rücksicht genommen, und überall mehr ein Bedürfniß nach phyſischer Ruhe als nach moralischer Uebereinſtimmung darin ſichtbar. Seine leidenſchaftliche Empfindlichkeit iſt ſchuld, daß er die Menſchheit, um nur des Streits in derſelben recht bald los zu werden, lieber zu der geiſtloſen Einförmigkeit des erſten Standes zurückgeführt, als jenen Streit in der geiſtreichen Harmonie einer völlig durchgeführten Bildung geendigt ſehen, daß er die Kunſt lieber gar nicht anfangen laſſen, als ihre Vollendung erwarten will, kurz, daß er das Ziel lieber niedriger ſteckt und das Ideal lieber herabſetzt, um es nur deſto ſchneller, um es nur deſto ſicherer zu erreichen.

Unter Deutſchlands Dichtern in dieſer Gattung will ich hier nur Hallers, Kleiſts und Klopſtocks erwähnen. Der Charakter ihrer Dichtung iſt ſentimentaliſch; durch Ideen rühren ſie uns, nicht durch ſinnliche Wahrheit, nicht ſowohl weil ſie ſelbſt Natur ſind, als, weil ſie uns für Natur zu begeiſtern wiſſen. Was indeſſen von dem Charakter ſowohl dieſer als aller ſentimentaliſchen Dichter im Ganzen wahr iſt, ſchließt natürlicher Weiſe darum keineswegs das Vermögen aus, im Einzelnen uns durch naive Schönheit zu rühren: ohne das würden ſie überall keine Dichter ſein. Nur ihr eigentlicher und herrſchender Charakter iſt es nicht, mit ruhigem, einfältigem und leichtem Sinn zu empfangen und das Empfangene eben ſo wieder darzuſtellen. Unwillkürlich drängt ſich die Phantaſie der Anſchauung, die Denkkraft der Empfindung zuvor, und man verſchließt Auge und Ohr, um betrachtend in ſich ſelbſt zu verſinken. Das Gemüth kann keinen Eindruck erleiden, ohne ſogleich ſeinem eigenen Spiel zuzuſehen, und was es in ſich hat, durch Reflexion ſich gegenüber und aus ſich heraus zu ſtellen. Wir erhalten auf dieſe Art nie den Gegenſtand, nur, was der reflektierende Verſtand des Dichters aus dem Gegenſtand machte, und selbst dann, wenn der Dichter selbst dieser Gegenstand ist, wenn er uns seine Empfindungen darstellen will, erfahren wir nicht seinen Zustand unmittelbar und aus der ersten Hand, sondern, wie sich derselbe in seinem Gemüth reflektiert, was er als Zuschauer seiner selbst darüber gedacht hat. Wenn Haller den Tod seiner Gattin betrauert (man kennt das schöne Lied) und folgendermaßen anfängt:

> Soll ich von deinem Tode singen,
> O Mariane, welch ein Lied!
> Wenn Seufzer mit den Worten ringen,
> Und ein Begriff den andern flieht, u. s. f.

so finden wir diese Beschreibung genau wahr; aber wir fühlen auch, daß uns der Dichter nicht eigentlich seine Empfindungen, sondern seine Gedanken darüber mittheilt. Er rührt uns deßwegen auch weit schwächer, weil er selbst schon sehr viel erkaltet sein mußte, um ein Zuschauer seiner Rührung zu sein.

Schon der größtentheils übersinnliche Stoff der Hallerischen und zum Theil auch der Klopstockischen Dichtungen schließt sie von der naiven Gattung aus; sobald daher jener Stoff überhaupt nur poetisch bearbeitet werden sollte, so mußte er, da er keine körperliche Natur annehmen und folglich kein Gegenstand der sinnlichen Anschauung werden konnte, ins Unendliche hinübergeführt und zu einem Gegenstand der geistigen Anschauung erhoben werden. Ueberhaupt läßt sich nur in diesem Sinne eine didaktische Poesie ohne innern Widerspruch denken; denn, um es noch einmal zu wiederholen, nur diese zwei Felder besitzt die Dichtkunst; entweder sie muß sich in der Sinnenwelt, oder sie muß sich in der Ideenwelt aufhalten, da sie im Reich der Begriffe oder in der Verstandeswelt schlechterdings nicht gedeihen kann. Noch, ich gestehe es, kenne ich kein Gedicht in dieser Gattung, weder aus älterer noch neuerer Literatur, welches den Begriff, den es bearbeitet, rein und vollständig entweder bis

zur Individualität herab oder bis zur Idee hinaufgeführt hätte.
Der gewöhnliche Fall ist, wenn es noch glücklich geht, daß
zwischen beiden abgewechselt wird, während daß der abstrakte
Begriff herrschet, und daß der Einbildungskraft, welche auf dem
poetischen Felde zu gebieten haben soll, bloß verstattet wird
den Verstand zu bedienen. Dasjenige didaktische Gedicht, worin
der Gedanke selbst poetisch wäre und es auch bliebe, ist noch
zu erwarten.

Was hier im Allgemeinen von allen Lehrgedichten gesagt
wird, gilt auch von den Hallerischen insbesondere. Der Gedanke selbst ist kein dichterischer Gedanke, aber die Ausführung
wird es zuweilen bald durch den Gebrauch der Bilder, bald
durch den Aufschwung zu Ideen. Nur in der letztern Qualität
gehören sie hieher. Kraft und Tiefe und ein pathetischer Ernst
charakterisieren diesen Dichter. Von einem Ideal ist seine Seele
entzündet, und sein glühendes Gefühl für Wahrheit sucht in den
stillen Alpenthälern die aus der Welt verschwundene Unschuld.
Tiefrührend ist seine Klage; mit energischer, fast bitterer Satire
zeichnet er die Verirrungen des Verstandes und Herzens und
mit Liebe die schöne Einfalt der Natur. Nur überwiegt überall
zu sehr der Begriff in seinen Gemälden, so wie in ihm selbst
der Verstand über die Empfindung den Meister spielt. Daher
lehrt er durchgängig mehr, als er darstellt, und stellt durchgängig mit mehr kräftigen als lieblichen Zügen dar. Er ist groß,
kühn, feurig, erhaben; zur Schönheit aber hat er sich selten oder
niemals erhoben.

An Ideengehalt und an Tiefe des Geistes steht Kleist diesem
Dichter um Vieles nach; an Anmuth möchte er ihn übertreffen,
wenn wir ihm anders nicht, wie zuweilen geschieht, einen
Mangel auf der einen Seite für eine Stärke auf der andern
anrechnen. Kleists gefühlvolle Seele schwelgt am liebsten im
Anblick ländlicher Scenen und Sitten. Er flieht gerne das leere
Geräusch der Gesellschaft und findet im Schooß der leblosen

Natur die Harmonie und den Frieden, den er in der mora=
lischen Welt vermißt. Wie rührend ist seine Sehnsucht nach
Ruhe!¹ Wie wahr und gefühlt, wenn er singt:

> „O Welt, du bist des wahren Lebens Grab!
> Oft reizet mich ein heißer Trieb zur Tugend,
> Für Wehmuth rollt ein Bach die Wang' herab,
> Das Beispiel siegt, und du, o Feur der Jugend,
> Ihr trocknet bald die edeln Thränen ein.
> Ein wahrer Mensch muß fern von Menschen sein."

Aber, hat ihn sein Dichtungstrieb aus dem einengenden
Kreis der Verhältnisse heraus in die geistreiche Einsamkeit der
Natur geführt, so verfolgt ihn auch noch bis hieher das ängst=
liche Bild des Zeitalters und leider auch seine Fesseln. Was er
fliehet, ist in ihm, was er suchet, ist ewig außer ihm; nie kann
er den üblen Einfluß seines Jahrhunderts verwinden. Ist sein
Herz gleich feurig, seine Phantasie gleich energisch genug, die
todten Gebilde des Verstandes durch die Darstellung zu beseelen,
so entseelt der kalte Gedanke eben so oft wieder die lebendige
Schöpfung der Dichtungskraft, und die Reflexion stört das ge=
heime Werk der Empfindung. Bunt zwar und prangend wie
der Frühling, den er besang, ist seine Dichtung, seine Phantasie
ist rege und thätig: doch möchte man sie eher veränderlich als
reich, eher spielend als schaffend, eher unruhig fortschreitend als
sammelnd und bildend nennen. Schnell und üppig wechseln
Züge auf Züge, aber ohne sich zum Individuum zu concentrieren,
ohne sich zum Leben zu füllen und zur Gestalt zu runden. So
lang er bloß lyrisch dichtet und bloß bei landschaftlichen Gemälden
verweilt, läßt uns theils die größere Freiheit der lyrischen Form,
theils die willkürlichere Beschaffenheit seines Stoffs diesen Mangel
übersehen, indem wir hier überhaupt mehr die Gefühle des

¹ Man sehe das Gedicht dieses Namens in seinen Werken.

Dichters als den Gegenstand selbst dargestellt verlangen. Aber
der Fehler wird nur allzu merklich, wenn er sich, wie in seinem
Cissides und Paches und in seinem Seneca, herausnimmt,
Menschen und menschliche Handlungen darzustellen, weil hier die
Einbildungskraft sich zwischen festen und nothwendigen Grenzen
eingeschlossen sieht, und der poetische Effekt nur aus dem Gegen=
stand hervorgehen kann. Hier wird er dürftig, langweilig,
mager und bis zum Unerträglichen frostig; ein warnendes Bei=
spiel für alle, die ohne innern Beruf aus dem Felde musika=
lischer Poesie in das Gebiet der bildenden sich versteigen. Einem
verwandten Genie, dem Thomson, ist die nämliche Menschlich=
keit begegnet.

In der sentimentalischen Gattung und besonders in dem
elegischen Theil derselben möchten wenige aus den neuern und
noch wenigere aus den ältern Dichtern mit unserm Klopstock zu
vergleichen sein. Was nur immer, außerhalb den Grenzen
lebendiger Form und außer dem Gebiete der Individualität, im
Felde der Idealität zu erreichen ist, ist von diesem musikalischen
Dichter geleistet. ' Zwar würde man ihm großes Unrecht thun,
wenn man ihm jene individuelle Wahrheit und Lebendigkeit, wo=
mit der naive Dichter seinen Gegenstand schildert, überhaupt
absprechen wollte. Viele seiner Oden, mehrere einzelne Züge
in seinen Dramen und in seinem Messias stellen den Gegenstand
mit treffender Wahrheit und in schöner Umgrenzung dar; da

' Ich sage musikalischen, um hier an die doppelte Verwandtschaft der
Poesie mit der Tonkunst und mit der bildenden Kunst zu erinnern. Je nach=
dem nämlich die Poesie entweder einen bestimmten Gegenstand nachahmt,
wie die bildenden Künste thun, oder je nachdem sie, wie die Tonkunst, bloß
einen bestimmten Zustand des Gemüths hervorbringt, ohne dazu eines
bestimmten Gegenstandes nöthig zu haben, kann sie bildend (plastisch) oder
musikalisch genannt werden. Der letztere Ausdruck bezieht sich also nicht bloß
auf dasjenige, was in der Poesie, wirklich und der Materie nach, Musik ist,
sondern überhaupt auf alle diejenigen Effekte derselben, die sie hervorzubringen
vermag, ohne die Einbildungskraft durch ein bestimmtes Objekt zu beherrschen;
und in diesem Sinne nenne ich Klopstock vorzugsweise einen musikalischen Dichter.

besonders, wo der Gegenstand sein eigenes Herz ist, hat er nicht selten eine große Natur, eine reizende Naivetät bewiesen. Nur liegt hierin seine Stärke nicht, nur möchte sich diese Eigenschaft nicht durch das Ganze seines dichterischen Kreises durchführen lassen. So eine herrliche Schöpfung die Messiade in musikalisch poetischer Rücksicht nach der oben gegebenen Bestimmung ist, so Vieles läßt sie in plastisch poetischer noch zu wünschen übrig, wo man bestimmte und für die Anschauung bestimmte Formen erwartet. Bestimmt genug möchten vielleicht noch die Figuren in diesem Gedichte sein, aber nicht für die Anschauung; nur die Abstraktion hat sie erschaffen, nur die Abstraktion kann sie unterscheiden. Sie sind gute Exempel zu Begriffen, aber keine Individuen, keine lebenden Gestalten. Der Einbildungskraft, an die doch der Dichter sich wenden, und die er durch die durchgängige Bestimmtheit seiner Formen beherrschen soll, ist es viel zu sehr freigestellt, auf was Art sie sich diese Menschen und Engel, diese Götter und Satane, diesen Himmel und diese Hölle versinnlichen will. Es ist ein Umriß gegeben, innerhalb dessen der Verstand sie nothwendig denken muß, aber keine feste Grenze ist gesetzt, innerhalb deren die Phantasie sie nothwendig darstellen müßte. Was ich hier von den Charakteren sage, gilt von allem, was in diesem Gedichte Leben und Handlung ist oder sein soll, und nicht bloß in dieser Epopöe, auch in den dramatischen Poesien unsers Dichters. Für den Verstand ist alles trefflich bestimmt und begrenzet (ich will hier nur an seinen Judas, seinen Pilatus, seinen Philo, seinen Salomo, im Trauerspiel dieses Namens, erinnern); aber es ist viel zu formlos für die Einbildungskraft, und hier, ich gestehe es frei heraus, finde ich diesen Dichter ganz und gar nicht in seiner Sphäre.

Seine Sphäre ist immer das Ideenreich, und ins Unendliche weiß er alles, was er bearbeitet, hinüberzuführen. Man möchte sagen, er ziehe allem, was er behandelt, den Körper aus, um es zu Geist zu machen, so wie andere Dichter alles

Geistige mit einem Körper bekleiden. Beinahe jeder Genuß, den seine Dichtungen gewähren, muß durch eine Uebung der Denkkraft errungen werden; alle Gefühle, die er und zwar so innig und so mächtig in uns zu erregen weiß, strömen aus übersinnlichen Quellen hervor. Daher dieser Ernst, diese Kraft, dieser Schwung, diese Tiefe, die alles charakterisieren, was von ihm kommt; daher auch diese immerwährende Spannung des Gemüths, in der wir bei Lesung desselben erhalten werden. Kein Dichter (Young etwa ausgenommen, der darin mehr fordert als er, aber ohne es, wie er thut, zu vergüten) dürfte sich weniger zum Liebling und zum Begleiter durchs Leben schicken, als gerade Klopstock, der uns immer nur aus dem Leben herausführt, immer nur den Geist unter die Waffen ruft, ohne den Sinn mit der ruhigen Gegenwart eines Objekts zu erquicken. Keusch, überirdisch, unkörperlich, heilig, wie seine Religion, ist seine dichterische Muse, und man muß mit Bewunderung gestehen, daß er, wiewohl zuweilen in diesen Höhen verirret, doch niemals davon herabgesunken ist. Ich bekenne daher unverhohlen, daß mir für den Kopf desjenigen etwas bange ist, der wirklich und ohne Affektation diesen Dichter zu seinem Lieblingsbuche machen kann, zu einem Buche nämlich, bei dem man zu jeder Lage sich stimmen, zu dem man aus jeder Lage zurückkehren kann; auch, dächte ich, hätte man in Deutschland Früchte genug von seiner gefährlichen Herrschaft gesehen. Nur in gewissen exaltierten Stimmungen des Gemüths kann er gesucht und empfunden werden; deßwegen ist er auch der Abgott der Jugend, obgleich bei weitem nicht ihre glücklichste Wahl. Die Jugend, die immer über das Leben hinausstrebt, die alle Form fliehet und jede Grenze zu enge findet, ergeht sich mit Liebe und Lust in den endlosen Räumen, die ihr von diesem Dichter aufgethan werden. Wenn dann der Jüngling Mann wird und aus dem Reiche der Ideen in die Grenzen der Erfahrung zurückkehrt, so verliert sich Vieles, sehr

Vieles von jener enthusiastischen Liebe, aber nichts von der Achtung, die man einer so einzigen Erscheinung, einem so außerordentlichen Genius, einem so sehr veredelten Gefühl, die der Deutsche besonders einem so hohen Verdienste schuldig ist.

Ich nannte diesen Dichter vorzugsweise in der elegischen Gattung groß, und kaum wird es nöthig sein, dieses Urtheil noch besonders zu rechtfertigen. Fähig zu jeder Energie und Meister auf dem ganzen Felde sentimentalischer Dichtung, kann er uns bald durch das höchste Pathos erschüttern, bald in himmlisch süße Empfindungen wiegen; aber zu einer hohen, geistreichen Wehmuth neigt sich doch überwiegend sein Herz; und wie erhaben auch seine Harfe, seine Lyra tönt, so werden die schmelzenden Töne seiner Laute doch immer wahrer und tiefer und beweglicher klingen. Ich berufe mich auf jedes reinge- stimmte Gefühl, ob es nicht alles Kühne und Starke, alle Fiktio- nen, alle prachtvollen Beschreibungen, alle Muster oratorischer Beredsamkeit im Messias, alle schimmernden Gleichnisse, worin unser Dichter so vorzüglich glücklich ist, für die zarten Empfin- dungen hingeben würde, welche in der Elegie an Ebert, in dem herrlichen Gedicht Bardale, den frühen Gräbern, der Sommer- nacht, dem Zürcher See und mehreren andern aus dieser Gattung athmen. So ist mir die Messiade als ein Schatz elegischer Gefühle und idealischer Schilderungen theuer, wie wenig sie mich auch als Darstellung einer Handlung und als ein episches Werk befriedigt.

Vielleicht sollte ich, ehe ich dieses Gebiet verlasse, auch noch an die Verdienste eines Uz, Denis, Geßner (in seinem Tod Abels), Jacobi, von Gerstenberg, eines Hölty, von Göding! und mehrerer andern in dieser Gattung erinnern, welche alle uns durch Ideen rühren und, in der oben festgesetzten Bedeu- tung des Worts, sentimentalisch gedichtet haben. Aber mein Zweck ist nicht, eine Geschichte der deutschen Dichtkunst zu schreiben, sondern das oben Gesagte durch einige Beispiele aus unserer Literatur klar zu machen. Die Verschiedenheit des Wegs wollte ich zeigen, auf welchem alte und moderne, naive und sentimentalische Dichter zu dem nämlichen Ziele gehen — daß, wenn uns jene durch Natur, Individualität und lebendige Sinnlichkeit rühren, diese durch Ideen und hohe Geistigkeit eine eben so große, wenn gleich keine so ausgebreitete, Macht über unser Gemüth beweisen.

An den bisherigen Beispielen hat man gesehen, wie der sentimentalische Dichtergeist einen natürlichen Stoff behandelt; man könnte aber auch interessiert sein zu wissen, wie der naive Dichtergeist mit einem sentimentalischen Stoff verfährt. Völlig neu und von einer ganz eigenen Schwierigkeit scheint diese Aufgabe zu sein, da in der alten und naiven Welt ein solcher Stoff sich nicht vorfand, in der neuen aber der Dichter dazu fehlen möchte. Dennoch hat sich das Genie auch diese Aufgabe gemacht, und auf eine bewundernswürdig glückliche Weise aufgelöst. Ein Charakter, der mit glühender Empfindung ein Ideal umfaßt und die Wirklichkeit flieht, um nach einem wesenlosen Unendlichen zu ringen, der, was er in sich selbst unaufhörlich zerstört, unaufhörlich außer sich suchet, dem nur seine Träume das Reelle, seine Erfahrungen ewig nur Schranken sind, der endlich in seinem eigenen Dasein nur eine Schranke sieht und auch diese, wie billig ist, noch einreißt, um zu der wahren Realität durchzudringen — dieses gefährliche Extrem des sentimentalischen Charakters ist der Stoff eines Dichters geworden, in welchem die Natur getreuer und reiner als in irgend einem andern wirkt, und der sich unter modernen Dichtern vielleicht am wenigsten von der sinnlichen Wahrheit der Dinge entfernt.

Es ist interessant zu sehen, mit welchem glücklichen Instinkt alles, was dem sentimentalischen Charakter Nahrung gibt, im Werther zusammengedrängt ist: schwärmerische unglückliche Liebe, Empfindsamkeit für Natur, Religionsgefühle, philosophischer Contemplationsgeist, endlich, um nichts zu vergessen, die düstere, gestaltlose, schwermüthige Ossianische Welt. Rechnet man dazu,

wie wenig empfehlend, ja, wie feindlich die Wirklichkeit dagegen
gestellt ist, und wie von außen her alles sich vereinigt, den
Gequälten in seine Idealwelt zurückzudrängen, so sieht man
keine Möglichkeit, wie ein solcher Charakter aus einem solchen
Kreise sich hätte retten können. In dem Tasso des nämlichen
Dichters kehrt der nämliche Gegensatz, wiewohl in verschiedenen
Charakteren, zurück; selbst in seinem neuesten Roman stellt
sich, so wie in jenem ersten, der poetisierende Geist dem nüchternen Gemeinsinn, das Ideale dem Wirklichen, die subjektive
Vorstellungsweise der objektiven — — aber mit welcher Verschiedenheit! entgegen; sogar im Faust treffen wir den nämlichen Gegensatz, freilich, wie auch der Stoff dies erforderte,
auf beiden Seiten sehr vergröbert und materialisiert, wieder an; es
verlohnte wohl der Mühe, eine psychologische Entwicklung dieses in
vier so verschiedene Arten specificierten Charakters zu versuchen.

Es ist oben bemerkt worden, daß die bloß leichte und joviale
Gemüthsart, wenn ihr nicht eine innere Ideenfülle zum Grund
liegt, noch gar keinen Beruf zur scherzhaften Satire abgebe, so
freigebig sie auch im gewöhnlichen Urtheil dafür genommen
wird; eben so wenig Beruf gibt die bloß zärtliche Weichmüthig-
keit und Schwermuth zur elegischen Dichtung. Beiden fehlt zu
dem wahren Dichtertalente das energische Princip, welches den
Stoff beleben muß, um das wahrhaft Schöne zu erzeugen.
Produkte dieser zärtlichen Gattung können uns daher bloß
schmelzen und, ohne das Herz zu erquicken und den Geist zu
beschäftigen, bloß der Sinnlichkeit schmeicheln. Ein fortgesetzter
Hang zu dieser Empfindungsweise muß zuletzt nothwendig den
Charakter entnerven und in einen Zustand der Passivität ver-
senken, aus welchem gar keine Realität, weder für das äußere
noch innere Leben, hervorgehen kann. Man hat daher sehr
Recht gethan, jenes Uebel der Empfindelei[1] und weiner-

<hr />

[1] „Der Hang,“ wie Herr Adelung sie definiert, „zu rührenden, sanften
Empfindungen ohne vernünftige Absicht und über das gehörige Maß-

liche Wesen, welches durch Mißdeutung und Nachäffung einiger
vortrefflichen Werke, vor etwa achtzehn Jahren, in Deutschland
überhand zu nehmen anfing, mit unerbittlichem Spott zu verfolgen, obgleich die Nachgiebigkeit, die man gegen das nicht
viel bessere Gegenstück jener elegischen Carricatur, gegen das
spaßhafte Wesen, gegen die herzlose Satire und die geistlose
Laune[1] zu beweisen geneigt ist, deutlich genug an den Tag
legt, daß nicht aus ganz reinen Gründen dagegen geeifert worden ist. Auf der Wage des echten Geschmacks kann das Eine
so wenig als das Andere etwas gelten, weil beiden der ästhetische Gehalt fehlt, der nur in der innigen Verbindung des
Geistes mit dem Stoff und in der vereinigten Beziehung eines
Produkts auf das Gefühlsvermögen und auf das Ideenvermögen
enthalten ist.

Ueber Siegwart und seine Klostergeschichte hat man ge-
spottet, und die Reisen nach dem mittäglichen Frankreich werden bewundert; dennoch haben beide Produkte gleich
großen Anspruch auf einen gewissen Grad von Schätzung und
gleich geringen auf ein unbedingtes Lob. Wahre, obgleich überspannte Empfindung macht den erstern Roman, ein leichter
Humor und ein aufgewedter, feiner Verstand macht den zweiten
schätzbar; aber, so wie es dem einen durchaus an der gehörigen
Nüchternheit des Verstandes fehlt, so fehlt es dem andern an
ästhetischer Würde. Der erste wird der Erfahrung gegenüber ein-

— Herr Adelung ist sehr glücklich, daß er nur aus Absicht und gar nur aus
vernünftiger Absicht empfindet.

[1] Man soll zwar gewissen Lesern ihr dürftiges Vergnügen nicht verküm-
mern und was geht es zuletzt die Kritik an, wenn es Leute gibt, die sich an
dem schmutzigen Witz des Herrn Blumauer erbauen und erlustigen können.
Aber die Kunstrichter wenigstens sollten sich enthalten, mit einer gewissen
Achtung von Produkten zu sprechen, deren Existenz dem guten Geschmack billig
ein Geheimniß bleiben sollte. Zwar ist weder Talent noch Laune darin zu verkennen, aber desto mehr ist zu beklagen, daß Beides nicht mehr gereiniget ist.
Ich sage nichts von unsern teutschen Komödien; die Dichter malen die Zeit,
in der sie leben.

wenig lächerlich, der andere wird dem Ideale gegenüber beinahe verächtlich. Da nun das wahrhaft Schöne einerseits mit der Natur und andrerseits mit dem Ideale übereinstimmend sein muß, so kann der eine so wenig als der andere auf den Namen eines schönen Werks Anspruch machen. Indessen ist es natürlich und billig, und ich weiß es aus eigener Erfahrung, daß der Thümmelische Roman mit großem Vergnügen gelesen wird. Da er nur solche Forderungen beleidigt, die aus dem Ideal entspringen, die folglich von dem größten Theil der Leser gar nicht und von dem bessern gerade nicht in solchen Momenten, wo man Romane liest, aufgeworfen werden, die übrigen Forderungen des Geistes und — des Körpers hingegen in nicht gemeinem Grade erfüllt, so muß er und wird mit Recht ein Lieblingsbuch unserer und aller der Zeiten bleiben, wo man ästhetische Werke bloß schreibt, um zu gefallen, und bloß liest, um sich ein Vergnügen zu machen.

Aber hat die poetische Literatur nicht sogar classische Werke aufzuweisen, welche die hohe Reinheit des Ideals auf ähnliche Weise zu beleidigen und sich durch die Materialität ihres Inhalts von jener Geistigkeit, die hier von jedem ästhetischen Kunstwerk verlangt wird, sehr weit zu entfernen scheinen? Was selbst der Dichter, der keusche Jünger der Muse, sich erlauben darf, sollte das dem Romanschreiber, der nur sein Halbbruder ist und die Erde noch so sehr berührt, nicht gestattet sein? Ich darf dieser Frage hier um so weniger ausweichen, da sowohl im elegischen als im satirischen Fache Meisterstücke vorhanden sind, welche eine ganz andere Natur, als diejenige ist, von der dieser Aufsatz spricht, zu suchen, zu empfehlen und dieselbe nicht sowohl gegen die schlechten als gegen die guten Sitten zu vertheidigen das Ansehen haben. Entweder müßten also jene Dichterwerke zu verwerfen, oder der hier aufgestellte Begriff elegischer Dichtung viel zu willkürlich angenommen sein.

Was der Dichter sich erlauben darf, hieß es, sollte dem

prosaischen Erzähler nicht nachgesehen werden dürfen? Die Antwort ist in der Frage schon enthalten: was dem Dichter verstattet
ist, kann für den, der es nicht ist, nichts beweisen. In dem
Begriffe des Dichters selbst und nur in diesem liegt der Grund
jener Freiheit, die eine bloß verächtliche Licenz ist, sobald sie
nicht aus dem Höchsten und Edelsten, was ihn ausmacht, kann
abgeleitet werden.

Die Gesetze des Anstandes sind der unschuldigen Natur fremd;
nur die Erfahrung der Verderbniß hat ihnen den Ursprung ge=
geben. Sobald aber jene Erfahrung einmal gemacht worden,
und aus den Sitten die natürliche Unschuld verschwunden ist, so
sind es heilige Gesetze, die ein sittliches Gefühl nicht verletzen
darf. Sie gelten in einer künstlichen Welt mit demselben Rechte,
als die Gesetze der Natur in der Unschuldwelt regieren. Aber
eben das macht ja den Dichter aus, daß er alles in sich aufhebt,
was an eine künstliche Welt erinnert, daß er die Natur in ihrer
ursprünglichen Einfalt wieder in sich herzustellen weiß. Hat er
aber dieses gethan, so ist er auch eben dadurch von allen Gesetzen
losgesprochen, durch die ein verführtes Herz sich gegen sich selbst
sicher stellt. Er ist rein, er ist unschuldig, und, was der unschuldigen Natur erlaubt ist, ist es auch ihm; bist du, der du
ihn liesest oder hörst, nicht mehr schuldlos, und kannst du es
nicht einmal momentweise durch seine reinigende Gegenwart werden, so ist es dein Unglück und nicht das seine; du verlässest
ihn, er hat für dich nicht gesungen.

Es läßt sich also, in Absicht auf Freiheiten dieser Art, Fol=
gendes festsetzen.

Fürs erste: nur die Natur kann sie rechtfertigen. Sie
dürfen mithin nicht das Werk der Wahl und einer absichtlichen
Nachahmung sein; denn dem Willen, der immer nach moralischen
Gesetzen gerichtet wird, können wir eine Begünstigung der Sinn-
lichkeit niemals vergeben. Sie müssen also Naivetät sein.
Um uns aber überzeugen zu können, daß sie dieses wirklich sind,

müssen wir sie von allem übrigen, was gleichfalls in der Natur
gegründet ist, unterstützt und begleitet sehen, weil die Natur
nur an der strengen Consequenz, Einheit und Gleichförmigkeit
ihrer Wirkungen zu erkennen ist. Nur einem Herzen, welches
alle Künstelei überhaupt und mithin auch da, wo sie nützt, verabscheut, erlauben wir, sich da, wo sie drückt und einschränkt,
davon loszusprechen; nur einem Herzen, welches sich allen Fesseln der Natur unterwirft, erlauben wir, von den Freiheiten
derselben Gebrauch zu machen. Alle übrigen Empfindungen eines
solchen Menschen müssen folglich das Gepräge der Natürlichkeit
an sich tragen; er muß wahr, einfach, frei, offen, gefühlvoll,
gerade sein; alle Verstellung, alle List, alle Willkür, alle kleinliche Selbstsucht muß aus seinem Charakter, alle Spuren davon
aus seinem Werke verbannt sein.

Fürs zweite: nur die schöne Natur kann dergleichen Freiheiten rechtfertigen. Sie dürfen mithin kein einseitiger Ausbruch
der Begierde sein; denn alles, was aus bloßer Bedürftigkeit
entspringt, ist verächtlich. Aus dem Ganzen und aus der Fülle
menschlicher Natur müssen auch diese sinnlichen Energieen hervorgehen. Sie müssen Humanität sein. Um aber beurtheilen
zu können, daß das Ganze menschlicher Natur und nicht bloß
ein einseitiges und gemeines Bedürfniß der Sinnlichkeit sie fordert, müssen wir das Ganze, von dem sie einen einzelnen Zug
ausmachen, dargestellt sehen. An sich selbst ist die sinnliche
Empfindungsweise etwas Unschuldiges und Gleichgültiges. Sie
mißfällt uns nur darum an einem Menschen, weil sie thierisch
ist und von einem Mangel wahrer, vollkommener Menschheit in
ihm zeugt; sie beleidigt uns nur darum an einem Dichterwerk,
weil ein solches Werk Anspruch macht, uns zu gefallen, mithin
auch uns eines solchen Mangels fähig hält. Sehen wir aber
in dem Menschen, der sich dabei überraschen läßt, die Menschheit
in ihrem ganzen übrigen Umfange wirken, finden wir in dem
Werke, worin man sich Freiheiten dieser Art genommen, alle

Realitäten der Menschheit ausgedrückt, so ist jener Grund unseres Mißfallens weggeräumt, und wir können uns mit unvergällter Freude an dem naiven Ausdruck wahrer und schöner Natur ergötzen. Derselbe Dichter also, der sich erlauben darf, uns zu Theilnehmern so niedrig menschlicher Gefühle zu machen, muß uns auf der andern Seite wieder zu allem, was groß und schön und erhaben menschlich ist, emporzutragen wissen.

Und so hätten wir denn den Maßstab gefunden, dem wir jeden Dichter, der sich etwas gegen den Anstand herausnimmt und seine Freiheit in Darstellung der Natur bis zu dieser Grenze treibt, mit Sicherheit unterwerfen können. Sein Produkt ist gemein, niedrig, ohne alle Ausnahme verwerflich, sobald es kalt, und sobald es leer ist, weil dieses einen Ursprung aus Absicht und aus einem gemeinen Bedürfniß und einen heillosen Anschlag auf unsere Begierden beweist. Es ist hingegen schön, edel und ohne Rücksicht auf alle Einwendungen einer frostigen Decenz beifallswürdig, sobald es naiv ist, und Geist mit Herz verbindet. '

Wenn man mir sagt, daß unter dem hier gegebenen Maßstab die meisten französischen Erzählungen in dieser Gattung, und die glücklichsten Nachahmungen derselben in Deutschland nicht zum besten bestehen möchten — daß dieses zum Theil auch der Fall mit manchen Produkten unsers anmutigsten und geistreichsten Dichters sein dürfte, seine Meisterstücke sogar nicht ausgenommen, so habe ich nichts darauf zu antworten. Der Ausspruch selbst ist nichts weniger als neu, und ich gebe hier nur die Gründe von einem Urtheil an, welches längst schon von jedem feineren Gefühle über diese Gegenstände gefällt

---

' Mit Herz: denn die bloß sinnliche Gluth des Gemäldes und die üppige Fülle der Einbildungskraft machen es noch lange nicht aus Daher bleibt Ardinghelle bei aller sinnlichen Energie und allem Feuer des Colorits immer nur eine sinnliche Carricatur ohne Wahrheit und ohne ästhetische Würde. Doch wird diese seltsame Produktion immer als ein Beispiel des beinahe poetischen Schwunges, den die bloße Begier zu nehmen fähig war, merkwürdig bleiben.

worden ist. Eben diese Principien aber, welche in Rücksicht auf jene Schriften vielleicht allzu rigoristisch scheinen, möchten in Rücksicht auf einige andere Werke vielleicht zu liberal befunden werden; denn ich läugne nicht, daß die nämlichen Gründe, aus welchen ich die verführerischen Gemälde des römischen und deutschen Ovid, so wie eines Crebillon, Voltaire, Marmontel (der sich einen moralischen Erzähler nennt), Laclos und vieler Andern, einer Entschuldigung durchaus für unfähig halte, mich mit den Elegieen des römischen und deutschen Properz, ja selbst mit manchem verschrienen Produkt des Diderot versöhnen; denn jene sind nur witzig, nur prosaisch, nur lüstern, diese sind poetisch, menschlich und naiv. [1]

Idylle.

Es bleiben mir noch einige Worte über diese dritte Species sentimentalischer Dichtung zu sagen übrig, wenige Worte nur,

---

[1] Wenn ich den unsterblichen Verfasser des Agathon, Oberon rc. in dieser Gesellschaft nenne, so muß ich ausdrücklich erklären, daß ich ihn keineswegs mit derselben verwechselt haben will. Seine Schilderungen, auch die bedenklichsten von dieser Seite, haben keine materielle Tendenz (wie sich ein neuerer etwas unbesonnener Kritiker vor kurzem zu sagen erlaubte): der Verfasser von Liebe um Liebe und von so vielen andern naiven und genialischen Werken, in welchen allen sich eine schöne und edle Seele mit unverkennbaren Zügen abbildet, kann eine solche Tendenz gar nicht haben. Aber er scheint mir von dem ganz eigenen Unglück verfolgt zu sein, daß dergleichen Schilderungen durch den Plan seiner Dichtungen nothwendig gemacht werden. Der kalte Verstand, der den Plan entwarf, forderte sie ihm ab, und sein Gefühl scheint mir so weit entfernt, sie mit Vorliebe zu begünstigen, daß ich — in der Ausführung selbst immer noch den kalten Verstand zu erkennen glaube. Und gerade diese Kälte in der Darstellung ist ihnen in der Beurtheilung schädlich, weil nur die naive Empfindung dergleichen Schilderungen ästhetisch sowohl als moralisch rechtfertigen kann. Ob es aber dem Dichter erlaubt ist, sich bei Entwerfung des Plans einer solchen Gefahr in der Ausführung auszusetzen, und ob überhaupt ein Plan poetisch heißen kann, der, ich will dieses einmal zugeben, nicht kann ausgeführt werden, ohne die keusche Empfindung des Dichters sowohl als seines Lesers zu empören, und ohne beide bei Gegenständen verweilen zu machen, von denen ein veredeltes Gefühl sich so gern entfernt — dies ist es, was ich bezweifle, und worüber ich gern ein verständiges Urtheil hören möchte.

denn eine ausführlichere Entwicklung derselben, deren sie vorzüglich bedarf, bleibt einer andern Zeit vorbehalten. [1]

[1] Nochmals muß ich erinnern, daß die Satire, Elegie und Idylle, so wie
sie hier als die drei einzig möglichen Arten sentimentalischer Poesie aufgestellt
werden, mit den drei besonderen Gedichtarten, welche man unter diesem Namen
kennt, nichts gemein haben, als die Empfindungsweise, welche sowohl
jenen als diesen eigen ist. Daß es aber, außerhalb den Grenzen naiver Dichtung, nur diese dreifache Empfindungsweise und Dichtungsweise geben könne,
folglich das Feld sentimentalischer Poesie durch diese Eintheilung vollständig
ausgemessen sei, läßt sich aus dem Begriff der letztern leichtlich deduciren.
Die sentimentalische Dichtung nämlich unterscheidet sich dadurch von der
naiven, daß sie den wirklichen Zustand, bei dem die letztere stehen bleibt, auf
Ideen bezieht und Ideen auf die Wirklichkeit anwendet. Sie hat es daher
immer, wie auch schon oben bemerkt worden ist, mit zwei streitenden Objekten,
mit dem Ideale nämlich und mit der Erfahrung, zugleich zu thun, zwischen
welchen sich weder mehr noch weniger als gerade die drei folgenden Verhältnisse
denken lassen. Entweder ist es der Widerspruch des wirklichen Zustandes,
oder es ist die Uebereinstimmung desselben mit dem Ideal, welche vorzugsweise das Gemüth beschäftigt, oder dieses ist zwischen beiden getheilt. In
dem ersten Falle wird es durch die Kraft des innern Streits, durch die
energische Bewegung, in dem andern wird es durch die Harmonie des
innern Lebens, durch die energische Ruhe, befriedigt, in dem dritten
wechselt Streit mit Harmonie, wechselt Ruhe mit Bewegung. Dieser dreifache Empfindungszustand gibt drei verschiedenen Dichtungsarten die Entstehung,
denen die gebrauchten Benennungen Satire, Idylle, Elegie vollkommen
entsprechend sind, sobald man sich nur an die Stimmung erinnert, in welche
die unter diesem Namen vorkommenden Gedichtarten das Gemüth versetzen,
und von den Mitteln abstrahiert, wodurch sie dieselbe bewirken.
Wer daher hier noch fragen könnte, zu welcher von den drei Gattungen
ich die Epopöe, den Roman, das Trauerspiel u. a. m. zähle, der würde mich
ganz und gar nicht verstanden haben. Denn der Begriff dieser letztern, als
einzelner Gedichtarten, wird entweder gar nicht, oder doch nicht allein
durch die Empfindungsweise, bestimmt; vielmehr weiß man, daß solche in mehr
als einer Empfindungsweise, folglich auch in mehreren der von mir aufgestellten Dichtungsarten können ausgeführt werden.
Schließlich bemerke ich hier noch, daß, wenn man die sentimentalische
Poesie, wie billig, für eine ächte Art (nicht bloß für eine Abart) und für eine
Erweiterung der wahren Dichtkunst zu halten geneigt ist, in der Bestimmung
der poetischen Arten, so wie überhaupt in der ganzen poetischen Gesetzgebung,
welche noch immer einseitig auf die Observanz der alten und naiven Dichter
gegründet wird, auch auf sie einige Rücksicht muß genommen werden. Der
sentimentalische Dichter geht in zu wesentlichen Stücken von dem naiven ab,
als daß ihm die Formen, welche dieser eingeführt, überall ungezwungen anpassen

Die poetische Darstellung unschuldiger und glücklicher Menschheit ist der allgemeine Begriff dieser Dichtungsart. Weil diese Unschuld und dieses Glück mit den künstlichen Verhältnissen der größern Societät und mit einem gewissen Grad von Ausbildung und Verfeinerung unverträglich schienen, so haben die Dichter den Schauplatz der Idylle aus dem Gedränge des bürgerlichen Lebens heraus in den einfachen Hirtenstand verlegt, und derselben ihre Stelle v o r d e m A n f a n g e d e r K u l t u r in dem kindlichen Alter der Menschheit angewiesen. Man begreift aber wohl, daß diese Bestimmungen bloß zufällig sind, daß sie nicht als der Zweck der Idylle, bloß als das natürlichste Mittel zu demselben in Betrachtung kommen. Der Zweck selbst ist überall nur der, den Menschen im Stand der Unschuld, d. h. in einem Zustand der Harmonie und des Friedens mit sich selbst und von außen darzustellen.

Aber ein solcher Zustand findet nicht bloß vor dem Anfange der Kultur Statt, sondern er ist es auch, den die Kultur, wenn sie überall nur eine bestimmte Tendenz haben soll, als ihr letztes Ziel beabsichtet. Die Idee dieses Zustandes allein und der Glaube an die mögliche Realität derselben kann den Menschen mit allen den Uebeln versöhnen, denen er auf dem Wege der Kultur unterworfen ist, und, wäre sie bloß Chimäre, so würden die Klagen derer, welche die größere Societät und die Anbauung des Verstandes bloß als ein Uebel verschreien und jenen verlassenen Stand der Natur für den wahren Zweck des Menschen ausgeben, vollkommen gegründet sein. Dem Menschen, der in der Kultur begriffen ist, liegt also unendlich viel daran, von der Ausführbarkeit jener Idee in der Sinnenwelt,

könnten Freilich ist es hier schwer, die Ausnahmen, welche die Verschiedenheit der Art erfordert, von den Ausflüchten, welche das Unvermögen sich erlaubt, immer richtig zu unterscheiden; aber so viel lehrt doch die Erfahrung, daß unter den Händen sentimentalischer Dichter (auch der vorzüglichsten) keine einzige Gedichtart ganz das geblieben ist, was sie bei den Alten gewesen, und daß unter den alten Namen öfters sehr neue Gattungen sind ausgeführt worden.

Schillers sämmtl. Werke. XII   14

von der möglichen Realität jenes Zustandes eine sinnliche Be=
kräftigung zu erhalten, und, da die wirkliche Erfahrung, weit
entfernt diesen Glauben zu nähren, ihn vielmehr beständig wider=
legt, so kömmt auch hier, wie in so vielen andern Fällen, das
Dichtungsvermögen der Vernunft zu Hilfe, um jene Idee zur An=
schauung zu bringen und in einem einzelnen Fall zu verwirklichen.

Zwar ist auch jene Unschuld des Hirtenstandes eine poetische
Vorstellung, und die Einbildungskraft mußte sich mithin auch
dort schon schöpferisch beweisen; aber außerdem, daß die Auf=
gabe dort ungleich einfacher und leichter zu lösen war, so fanden
sich in der Erfahrung selbst schon die einzelnen Züge vor, die
sie nur auszuwählen und in ein Ganzes zu verbinden brauchte.
Unter einem glücklichen Himmel, in den einfachen Verhältnissen
des ersten Standes, bei einem beschränkten Wissen wird die
Natur leicht befriedigt, und der Mensch verwildert nicht eher,
als bis das Bedürfniß ihn ängstiget. Alle Völker, die eine
Geschichte haben, haben ein Paradies, einen Stand der Un=
schuld, ein goldenes Alter, ja jeder einzelne Mensch hat sein
Paradies, sein goldenes Alter, dessen er sich, je nachdem er
mehr oder weniger Poetisches in seiner Natur hat, mit mehr
oder weniger Begeisterung erinnert. Die Erfahrung selbst bietet
also Züge genug zu dem Gemälde dar, welches die Hirten=Idylle
behandelt. Deßwegen bleibt aber diese immer eine schöne, eine
erhebende Fiktion, und die Dichtungskraft hat in Darstellung
derselben wirklich für das Ideal gearbeitet. Denn für den
Menschen, der von der Einfalt der Natur einmal abgewichen
und der gefährlichen Führung seiner Vernunft überliefert worden
ist, ist es von unendlicher Wichtigkeit, die Gesetzgebung der
Natur in einem reinen Exemplar wieder anzuschauen, und sich
von den Verderbnissen der Kunst in diesem treuen Spiegel
wieder reinigen zu können. Aber ein Umstand findet sich dabei,
der den ästhetischen Werth solcher Dichtungen um sehr viel ver=
mindert. Vor dem Anfang der Kultur gepflanzt, schließen

sie mit den Nachtheilen zugleich alle Vortheile derselben aus, und befinden sich ihrem Wesen nach in einem nothwendigen Streit mit derselben. Sie führen uns also theoretisch rückwärts, indem sie uns praktisch vorwärts führen und veredeln. Sie stellen unglücklicher Weise das Ziel hinter uns, dem sie uns doch entgegen führen sollten, und können uns daher bloß das traurige Gefühl eines Verlustes, nicht das fröhliche der Hoffnung einflößen. Weil sie nur durch Aufhebung aller Kunst und nur durch Vereinfachung der menschlichen Natur ihren Zweck ausführen, so haben sie, bei dem höchsten Gehalt für das Herz, allzuwenig für den Geist, und ihr einförmiger Kreis ist zu schnell geendigt. Wir können sie daher nur lieben und aufsuchen, wenn wir der Ruhe bedürftig sind, nicht wenn unsere Kräfte nach Bewegung und Thätigkeit streben. Sie können nur dem kranken Gemüth Heilung, dem gesunden keine Nahrung geben; sie können nicht beleben, nur besänftigen. Diesen in dem Wesen der Hirten=Idylle gegründeten Mangel hat alle Kunst der Poeten nicht gut machen können. Zwar fehlt es auch dieser Dichtart nicht an enthusiastischen Liebhabern, und es gibt Leser genug, die einen Amyntas und einen Daphnis den größten Meisterstücken der epischen und dramatischen Muse vorziehen können; aber bei solchen Lesern ist es nicht sowohl der Geschmack, als das individuelle Bedürfniß, was über Kunstwerke richtet, und ihr Urtheil kann folglich hier in keine Betrachtung kommen. Der Leser von Geist und Empfindung verkennt zwar den Werth solcher Dichtungen nicht, aber er fühlt sich seltner zu denselben gezogen und früher davon gesättigt. In dem rechten Moment des Bedürfnisses wirken sie dafür desto mächtiger; aber auf einen solchen Moment soll das wahre Schöne niemals zu warten brauchen, sondern ihn vielmehr erzeugen.

Was ich hier an der Schäfer=Idylle tadle, gilt übrigens nur von der sentimentalischen; denn der naiven kann es nie

an Gehalt fehlen, da er hier in der Form selbst schon ent=
halten ist. Jede Poesie nämlich muß einen unendlichen Gehalt
haben, dadurch allein ist sie Poesie; aber sie kann diese Forde=
rung auf zwei verschiedene Arten erfüllen. Sie kann ein Un=
endliches sein, der Form nach, wenn sie ihren Gegenstand mit
allen seinen Grenzen darstellt, wenn sie ihn individuali=
siert; sie kann ein Unendliches sein, der Materie nach, wenn
sie von ihrem Gegenstand alle Grenzen entfernt, wenn
sie ihn idealisiert, also entweder durch eine absolute Darstellung
oder durch Darstellung eines Absoluten. Den ersten Weg geht
der naive, den zweiten der sentimentalische Dichter. Jener
kann also seinen Gehalt nicht verfehlen, sobald er sich nur treu
an die Natur hält, welche immer durchgängig begrenzt, d. h.
der Form nach unendlich ist. Diesem hingegen steht die Natur
mit ihrer durchgängigen Begrenzung im Wege, da er einen
absoluten Gehalt in den Gegenstand legen soll. Der sentimen=
talische Dichter versteht sich also nicht gut auf seinen Vortheil,
wenn er dem naiven Dichter seine Gegenstände abborgt,
welche an sich selbst völlig gleichgültig sind, und nur durch
die Behandlung poetisch werden. Er setzt sich dadurch ganz
unnöthiger Weise einerlei Grenzen mit jenem, ohne doch die
Begrenzung vollkommen durchführen und in der absoluten Be=
stimmtheit der Darstellung mit demselben wetteifern zu können;
er sollte sich also vielmehr gerade in dem Gegenstand von dem
naiven Dichter entfernen, weil er diesem, was derselbe in der
Form vor ihm voraus hat, nur durch den Gegenstand wieder
abgewinnen kann.

Um hievon die Anwendung auf die Schäfer=Idylle der
sentimentalischen Dichter zu machen, so erklärt es sich nun,
warum diese Dichtungen bei allem Aufwand von Genie und
Kunst weder für das Herz noch für den Geist völlig befriedigend
sind. Sie haben ein Ideal ausgeführt und doch die enge dürftige
Hirtenwelt beibehalten, da sie doch schlechterdings entweder für

das Ideal eine andere Welt, oder für die Hirtenwelt eine
andere Darstellung hätten wählen sollen. Sie sind gerade so
weit ideal, daß die Darstellung dadurch an individueller Wahrheit verliert, und sind wieder gerade um so viel individuell,
daß der idealische Gehalt darunter leidet. Ein Geßnerischer Hirte
z. B. kann uns nicht als Natur, nicht durch Wahrheit der
Nachahmung entzücken, denn dazu ist er ein zu ideales Wesen;
eben so wenig kann er uns als ein Ideal durch das Unendliche
des Gedankens befriedigen, denn dazu ist er ein viel zu dürftiges Geschöpf. Er wird also zwar bis auf einen gewissen
Punkt allen Klassen von Lesern ohne Ausnahme gefallen,
weil er das Naive mit dem Sentimentalen zu vereinigen strebt
und folglich den zwei entgegengesetzten Forderungen, die an ein
Gedicht gemacht werden können, in einem gewissen Grade Genüge leistet; weil aber der Dichter über der Bemühung beides
zu vereinigen, keinem von beiden sein volles Recht erweist,
weder ganz Natur noch ganz ideal ist, so kann er eben deßwegen vor einem strengen Geschmack nicht ganz bestehen, der
in ästhetischen Dingen nichts Halbes verzeihen kann. Es ist
sonderbar, daß diese Halbheit sich auch bis auf die Sprache des
genannten Dichters erstreckt, die zwischen Poesie und Prosa unentschieden schwankt, als fürchtete der Dichter, in gebundener
Rede sich von der wirklichen Natur zu weit zu entfernen und
in ungebundener den poetischen Schwung zu verlieren. Eine
höhere Befriedigung gewährt Miltons herrliche Darstellung des
ersten Menschenpaares und des Standes der Unschuld im Para-
diese; die schönste mir bekannte Idylle in der sentimentalischen
Gattung. Hier ist die Natur edel, geistreich, zugleich voll Fläche
und voll Tiefe; der höchste Gehalt der Menschheit ist in die
anmutigste Form eingekleidet.

Also auch hier in der Idylle, wie in allen andern poetischen
Gattungen, muß man einmal für allemal zwischen der Individualität und der Idealität eine Wahl treffen; denn beiden

Forderungen zugleich Genüge leisten wollen, ist, so lange man nicht am Ziel der Vollkommenheit stehet, der sicherste Weg beide zugleich zu verfehlen. Fühlt sich der Moderne griechischen Geistes genug, um bei aller Widerspenstigkeit seines Stoffs mit den Griechen auf ihrem eigenen Felde, nämlich im Felde naiver Dichtung, zu ringen, so thue er es ganz und thue es ausschließend und setze sich über jede Forderung des sentimentalischen Zeitgeschmacks hinweg. Erreichen zwar dürfte er seine Muster schwerlich; zwischen dem Original und dem glücklichsten Nachahmer wird immer eine merkliche Distanz offen bleiben; aber er ist auf diesem Wege doch gewiß, ein echt poetisches Werk zu erzeugen. [1] Treibt ihn hingegen der sentimentalische Dichtungstrieb zum Ideale, so verfolge er auch dieses ganz, in völliger Reinheit, und stehe nicht eher als bei dem Höchsten stille, ohne hinter sich zu schauen, ob auch die Wirklichkeit ihm nachkommen möchte. Er verschmähe den unwürdigen Ausweg, den Gehalt des Ideals zu verschlechtern, um es der menschlichen Bedürftigkeit anzupassen, und den Geist auszuschließen, um mit dem Herzen ein leichteres Spiel zu haben. Er führe uns nicht rückwärts in unsere Kindheit, um uns mit den kostbarsten Erwerbungen des Verstandes eine Ruhe erkaufen zu lassen, die nicht länger dauern kann, als der Schlaf unserer Geisteskräfte, sondern führe uns vorwärts zu unserer Mündigkeit, um uns die höhere Harmonie zu empfinden zu geben, die den Kämpfer belohnt, die den Ueberwinder beglückt. Er mache sich die Aufgabe einer Idylle, welche jene Hirtenunschuld auch in Subjekten der Kultur und unter allen

[1] Mit einem solchen Werke hat Herr Voß noch kürzlich in seiner Luise unsere deutsche Literatur nicht bloß bereichert, sondern auch nahmhaft erweitert. Diese Idylle, obgleich nicht durchaus von sentimentalischen Einflüssen frei, gehört ganz zum naiven Geschlecht und ringt durch individuelle Wahrheit und gediegene Natur den besten griechischen Mustern mit seltenem Erfolge nach. Sie kann daher, was ihr zu hohem Ruhm gereicht, mit keinem modernen Gedicht aus ihrem Fache, sondern muß mit griechischen Mustern verglichen werden, mit welchen sie auch den so seltenen Vorzug theilt, uns einen reinen, bestimmten und immer gleichen Genuß zu gewähren.

Bedingungen des rüstigsten, feurigsten Lebens, des ausgebreitet=
sten Denkens, der raffiniertesten Kunst, der höchsten gesellschaft=
lichen Verfeinerung ausführt, welche, mit einem Wort, den
Menschen, der nun einmal nicht mehr nach Arkadien zurück
kann, bis nach Elysium führt.

Der Begriff dieser Idylle ist der Begriff eines völlig auf=
gelösten Kampfes sowohl in dem einzelnen Menschen, als in der
Gesellschaft, einer freien Vereinigung der Neigungen mit dem
Gesetze, einer zur höchsten sittlichen Würde hinaufgeläuterten
Natur, kurz, er ist kein anderer, als das Ideal der Schönheit,
auf das wirkliche Leben angewendet. Ihr Charakter besteht also
darin, daß aller Gegensatz der Wirklichkeit mit dem
Ideale, der den Stoff zu der satirischen und elegischen Dich=
tung hergegeben hatte, vollkommen aufgehoben sei, und mit
demselben auch aller Streit der Empfindungen aufhöre. Ruhe
wäre also der herrschende Eindruck dieser Dichtungsart, aber
Ruhe der Vollendung, nicht der Trägheit: eine Ruhe, die aus
dem Gleichgewicht. nicht aus dem Stillstand der Kräfte, die aus
der Fülle, nicht aus der Leerheit fließt, und von dem Gefühl eines
unendlichen Vermögens begleitet wird. Aber eben darum, weil
aller Widerstand hinwegfällt, so wird es hier ungleich schwieriger
als in den zwei vorigen Dichtungsarten, die Bewegung her=
vorzubringen, ohne welche doch überall keine poetische Wirkung
sich denken läßt. Die höchste Einheit muß sein, aber sie darf
der Mannichfaltigkeit nichts nehmen; das Gemüth muß befriedigt
werden, aber ohne daß das Streben darum aufhöre. Die Auf=
lösung dieser Frage ist es eigentlich, was die Theorie der Idylle
zu leisten hat.

Ueber das Verhältniß beider Dichtungsarten zu einander und
zu dem poetischen Ideale ist Folgendes festgesetzt worden.

Dem naiven Dichter hat die Natur die Gunst erzeigt, immer
als eine ungetheilte Einheit zu wirken, in jedem Moment ein
selbstständiges und vollendetes Ganze zu sein, und die Menschheit,

ihrem vollen Gehalte nach, in der Wirklichkeit darzustellen.
Dem sentimentalischen hat sie die Macht verliehen oder vielmehr
einen lebendigen Trieb eingeprägt, jene Einheit, die durch Abstraktion in ihm aufgehoben worden, aus sich selbst wieder
herzustellen, die Menschheit in sich vollständig zu machen, und
aus einem beschränkten Zustand zu einem unendlichen über-
zugeben.[1] Der menschlichen Natur ihren völligen Ausdruck zu
geben, ist aber die gemeinschaftliche Aufgabe beider, und ohne
das würden sie gar nicht Dichter heißen können; aber der naive
Dichter hat vor dem sentimentalischen immer die sinnliche Realität
voraus, indem er dasjenige als eine wirkliche Thatsache ausführt, was der andere nur zu erreichen strebt. Und das ist es
auch, was jeder bei sich erfährt, wenn er sich beim Genusse
naiver Dichtungen beobachtet. Er fühlt alle Kräfte seiner Menschheit in einem solchen Augenblick thätig, er bedarf nichts, er ist
ein Ganzes in sich selbst; ohne etwas in seinem Gefühl zu
unterscheiden, freut er sich zugleich seiner geistigen Thätigkeit
und seines sinnlichen Lebens. Eine ganz andere Stimmung ist
es, in die ihn der sentimentalische Dichter versetzt. Hier fühlt
er bloß einen lebendigen Trieb, die Harmonie in sich zu erzeugen, welche er dort wirklich empfand, ein Ganzes aus sich
zu machen, die Menschheit in sich zu einem vollendeten Ausdruck

---

[1] Für den wissenschaftlich prüfenden Leser bemerke ich, daß beide Empfin-
dungsweisen, in ihrem höchsten Begriff gedacht, sich wie die erste und dritte
Kategorie zu einander verhalten, indem die letztere immer dadurch entsteht,
daß man die erstere mit ihrem geraden Gegentheil verbindet. Das Gegentheil
der naiven Empfindung ist nämlich der reflektierende Verstand, und die sentimentalische Stimmung ist das Resultat des Bestrebens, auch unter den
Bedingungen der Reflexion die naive Empfindung, dem Inhalt nach,
wiederherzustellen. Dies würde durch das erfüllte Ideal geschehen, in welchem
die Kunst der Natur wieder begegnet. Geht man jene drei Begriffe nach den
Kategorien durch, so wird man die Natur und die ihr entsprechende naive
Stimmung immer in der ersten, die Kunst als Aufhebung der Natur durch
den frei wirkenden Verstand immer in der zweiten, endlich das Ideal, in
welchem die vollendete Kunst zur Natur zurückkehrt, in der dritten Kategorie
antreffen.

zu bringen. Daher ist hier das Gemüth in Bewegung, es ist angespannt, es schwankt zwischen streitenden Gefühlen, da es dort ruhig, aufgelöst, einig mit sich selbst und vollkommen befriedigt ist.

Aber wenn es der naive Dichter dem sentimentalischen auf der einen Seite an Realität abgewinnt und dasjenige zur wirklichen Existenz bringt, wornach dieser nur einen lebendigen Trieb erwecken kann, so hat letzterer wieder den großen Vortheil über den erstern, daß er dem Trieb einen größern Gegenstand zu geben im Stand ist, als jener geleistet hat und leisten konnte. Alle Wirklichkeit, wissen wir, bleibt hinter dem Ideale zurück; alles Existierende hat seine Schranken, aber der Gedanke ist grenzenlos. Durch diese Einschränkung, der alles Sinnliche unterworfen ist, leidet also auch der naive Dichter, da hingegen die unbedingte Freiheit des Ideenvermögens dem sentimentalischen zu Statten kommt. Jener erfüllt zwar also seine Aufgabe, aber die Aufgabe selbst ist etwas Begrenztes; dieser erfüllt zwar die seinige nicht ganz, aber die Aufgabe ist ein Unendliches. Auch hierüber kann einen jeden seine eigene Erfahrung belehren. Von dem naiven Dichter wendet man sich mit Leichtigkeit und Lust zu der lebendigen Gegenwart; der sentimentalische wird immer, auf einige Augenblicke, für das wirkliche Leben verstimmen. Das macht, unser Gemüth ist hier durch das Unendliche der Idee gleichsam über seinen natürlichen Durchmesser ausgedehnt worden, daß nichts Vorhandenes es mehr ausfüllen kann. Wir versinken lieber betrachtend in uns selbst, wo wir für den aufgeregten Trieb in der Ideenwelt Nahrung finden, anstatt daß wir dort aus uns heraus nach sinnlichen Gegenständen streben. Die sentimentalische Dichtung ist die Geburt der Abgezogenheit und Stille, und dazu ladet sie auch ein; die naive ist das Kind des Lebens, und in das Leben führt sie auch zurück.

Ich habe die naive Dichtung eine Gunst der Natur genannt, um zu erinnern, daß die Reflexion keinen Antheil daran habe.

Ein glücklicher Wurf ist sie, keiner Verbesserung bedürftig, wenn
er gelingt, aber auch keiner fähig, wenn er verfehlt wird. In
der Empfindung ist das ganze Werk des naiven Genies absolviert;
hier liegt seine Stärke und seine Grenze. Hat es also nicht
gleich dichterisch, das heißt, nicht gleich vollkommen menschlich
empfunden, so kann dieser Mangel durch keine Kunst mehr
nachgeholt werden. Die Kritik kann ihm nur zu einer Einsicht
des Fehlers verhelfen, aber sie kann keine Schönheit an dessen
Stelle setzen. Durch seine Natur muß das naive Genie alles
thun, durch seine Freiheit vermag es wenig; und es wird seinen
Begriff erfüllen, sobald nur die Natur in ihm nach einer innern
Nothwendigkeit wirkt. Nun ist zwar alles nothwendig, was
durch Natur geschieht, und das ist auch jedes noch so verun=
glückte Produkt des naiven Genies, von welchem nichts mehr
entfernt ist als Willkürlichkeit; aber ein anderes ist die Nöthi=
gung des Augenblicks, ein anderes die innere Nothwendigkeit
des Ganzen. Als ein Ganzes betrachtet ist die Natur selbst=
ständig und unendlich; in jeder einzelnen Wirkung hingegen ist
sie bedürftig und beschränkt. Dieses gilt daher auch von der
Natur des Dichters. Auch der glücklichste Moment, in welchem
sich derselbe befinden mag, ist von einem vorhergehenden ab=
hängig; es kann ihm daher auch nur eine bedingte Nothwendig=
keit beigelegt werden. Nun ergeht aber die Aufgabe an den
Dichter, einen einzelnen Zustand dem menschlichen Ganzen gleich
zu machen, folglich ihn absolut und nothwendig auf sich selbst
zu gründen. Aus dem Moment der Begeisterung muß also jede
Spur eines zeitlichen Bedürfnisses entfernt bleiben, und der
Gegenstand selbst, so beschränkt er auch sei, darf den Dichter
nicht beschränken. Man begreift wohl, daß dieses nur insoferne
möglich ist, als der Dichter schon eine absolute Freiheit und
Fülle des Vermögens zu dem Gegenstande mitbringt, und als
er geübt ist, alles mit seiner ganzen Menschheit zu umfassen.
Diese Uebung kann er aber nur durch die Welt erhalten in der

er lebt, und von der er unmittelbar berührt wird. Das naive Genie steht also in einer Abhängigkeit von der Erfahrung, welche das sentimentalische nicht kennet. Dieses, wissen wir, fängt seine Operation erst da an, wo jenes die seinige beschließt; seine Stärke besteht darin, einen mangelhaften Gegenstand aus sich selbst heraus zu ergänzen, und sich durch eigene Macht aus einem begrenzten Zustand in einen Zustand der Freiheit zu versetzen. Das naive Dichtergenie bedarf also eines Beistandes von außen, da das sentimentalische sich aus sich selbst nährt und reinigt; es muß eine formreiche Natur, eine dichterische Welt, eine naive Menschheit um sich her erblicken, da es schon in der Sinnenempfindung sein Werk zu vollenden hat. Fehlt ihm nun dieser Beistand von außen, sieht es sich von einem geistlosen Stoff umgeben, so kann nur zweierlei geschehen. Es tritt entweder, wenn die Gattung bei ihm überwiegend ist, aus seiner Art, und wird sentimentalisch, um nur dichterisch zu sein, oder wenn der Artcharakter die Obermacht behält, es tritt aus seiner Gattung und wird gemeine Natur, um nur Natur zu bleiben. Das erste dürfte der Fall mit den vornehmsten sentimentalischen Dichtern in der alten römischen Welt und in neuern Zeiten sein. In einem andern Weltalter geboren, unter einen andern Himmel verpflanzt, würden sie, die uns jetzt durch Ideen rühren, durch individuelle Wahrheit und naive Schönheit bezaubert haben. Vor dem zweiten möchte sich schwerlich ein Dichter vollkommen schützen können, der in einer gemeinen Welt die Natur nicht verlassen kann.

Die wirkliche Natur nämlich; aber von dieser kann die wahre Natur, die das Subjekt naiver Dichtungen ist, nicht sorgfältig genug unterschieden werden. Wirkliche Natur existiert überall, aber wahre Natur ist desto seltener; denn dazu gehört eine innere Nothwendigkeit des Daseins. Wirkliche Natur ist jeder noch so gemeine Ausbruch der Leidenschaft, er mag auch wahre Natur sein, aber eine wahre menschliche ist er nicht;

denn diese erfordert einen Antheil des selbstständigen Vermögens an jeder Aeußerung, dessen Ausdruck jedesmal Würde ist. Wirkliche menschliche Natur ist jede moralische Niederträchtigkeit, aber wahre menschliche Natur ist sie hoffentlich nicht; denn diese kann nie anders als edel sein. Es ist nicht zu übersehen, zu welchen Abgeschmacktheiten diese Verwechslung wirklicher Natur mit wahrer menschlicher Natur in der Kritik wie in der Ausübung verleitet hat: welche Trivialitäten man in der Poesie gestattet, ja lobpreist, weil sie, leider! wirkliche Natur sind: wie man sich freuet, Carricaturen, die Einen schon aus der wirklichen Welt herausängstigen, in der dichterischen sorgfältig aufbewahrt und nach dem Leben conterfeit zu sehen. Freilich darf der Dichter auch die schlechte Natur nachahmen, und bei dem satirischen bringt dieses ja der Begriff schon mit sich; aber in diesem Fall muß seine eigene schöne Natur den Gegenstand übertragen, und der gemeine Stoff den Nachahmer nicht mit sich zu Boden ziehen. Ist nur er selbst, in dem Moment wenigstens, wo er schildert, wahre menschliche Natur, so hat es nichts zu sagen, was er uns schildert; aber auch schlechterdings nur von einem solchen können wir ein treues Gemälde der Wirklichkeit vertragen. Wehe uns Lesern, wenn die Fratze sich in der Fratze spiegelt, wenn die Geißel der Satire in die Hände desjenigen fällt, den die Natur eine viel ernstlichere Peitsche zu führen bestimmte, wenn Menschen, die, entblößt von allem, was man poetischen Geist nennt, nur das Affentalent gemeiner Nachahmung besitzen, es auf Kosten unseres Geschmacks gräulich und schrecklich üben!

Aber selbst dem wahrhaft naiven Dichter, sagte ich, kann die gemeine Natur gefährlich werden; denn endlich ist jene schöne Zusammenstimmung zwischen Empfinden und Denken, welche den Charakter desselben ausmacht, doch nur eine Idee, die in der Wirklichkeit nie ganz erreicht wird; und auch bei den glücklichsten Genies aus dieser Klasse wird die Empfänglichkeit die Selbstthätigkeit immer um etwas überwiegen. Die Empfänglichkeit aber ist immer mehr oder weniger von dem äußern Eindruck abhängig, und nur eine anhaltende Regsamkeit des produktiven Vermögens, welche von der menschlichen Natur nicht zu erwarten ist, würde verhindern können, daß der Stoff nicht zuweilen eine blinde Gewalt über die Empfänglichkeit ausübte. So oft aber dies der Fall ist, wird aus einem dichterischen Gefühl ein gemeines. [1]

Kein Genie aus der naiven Klasse, von Homer bis auf Bodmer herab, hat diese Klippe ganz vermieden; aber freilich

[1] Wie sehr der naive Dichter von seinem Objekt abhänge, und wie viel, ja, wie alles auf sein Empfinden ankomme, darüber kann uns die alte Dichtkunst die besten Belege geben. So weit die Natur in ihnen und außer ihnen schön ist, sind es auch die Dichtungen der Alten; wird hingegen die Natur gemein, so ist auch der Geist aus ihren Dichtungen gewichen. Jeder Leser von feinem Gefühl muß z. B. bei ihren Schilderungen der weiblichen Natur, des Verhältnisses zwischen beiden Geschlechtern und der Liebe insbesondere, eine gewisse Leerheit und einen Ueberdruß empfinden, den alle Wahrheit und Naivetät in der Darstellung nicht verbannen kann. Ohne der Schwärmerei das Wort zu reden, welche freilich die Natur nicht veredelt, sondern verläßt, wird man hoffentlich annehmen dürfen, daß die Natur in Rücksicht auf jenes Verhältniß der Geschlechter und den Affekt der Liebe eines edlern Charakters fähig ist, als ihr die Alten gegeben haben; auch kennt man die zufälligen Umstände, welche der Veredlung jener Empfindungen bei ihnen im Wege standen. Daß es Beschränktheit, nicht innere Nothwendigkeit war, was die Alten hierin auf einer niedrigern Stufe festhielt, lehrt das Beispiel neuerer Poeten, welche so viel weiter gegangen sind, als ihre Vorgänger, ohne doch die Natur zu übertreten. Die Rede ist hier nicht von dem, was sentimentalische Dichter aus diesem Gegenstande zu machen gewußt haben, denn diese geben über die Natur hinaus in das Idealische, und ihr Beispiel kann also gegen die Alten nichts beweisen: bloß davon ist die Rede, wie der nämliche Gegenstand von wahrhaft naiven Dichtern, wie z. B. in der Sakontala, in den Minnesängern, in manchen Ritterromanen und Ritterepopöen, wie er von Shakespeare, von Fielding und mehreren andern, selbst deutschen Poeten behandelt ist. Hier wäre nun für die Alten der Fall gewesen, einen von außen zu roben Stoff von innen heraus durch das Subjekt zu vergeistigen, den poetischen Gehalt, der der äußern Empfindung gemangelt hatte, durch Reflexion nachzuholen, die Natur durch die Idee zu ergänzen, mit einem Wort, durch eine sentimentalische Operation aus einem beschränkten Objekt ein unendliches zu machen. Aber es waren naive, nicht sentimentalische Dichtergenies; ihr Werk war also mit der äußern Empfindung geendigt.

nit sie denen am gefährlichsten, die sich einer gemeinen Natur von außen zu erwehren haben, oder die durch Mangel an Disciplin von innen verwildert sind. Jenes ist Schuld, daß selbst gebildete Schriftsteller nicht immer von Plattheiten frei bleiben, und dieses verhinderte schon manches herrliche Talent, sich des Platzes zu bemächtigen, zu dem die Natur es berufen hatte. Der Komödiendichter, dessen Genie sich am meisten von dem wirklichen Leben nährt, ist eben daher auch am meisten der Plattheit ausgesetzt, wie auch das Beispiel des Aristophanes und Plautus und fast aller der späteren Dichter lehret, die in die Fußstapfen derselben getreten sind. Wie tief läßt uns nicht der erhabene Shakspeare zuweilen sinken, mit welchen Trivialitäten quälen uns nicht Lope de Vega, Molière, Regnard, Goldoni, in welchen Schlamm zieht uns nicht Holberg hinab? Schlegel, einer der geistreichsten Dichter unsers Vaterlands, an dessen Genie es nicht lag, daß er nicht unter den ersten in dieser Gattung glänzt, Gellert, ein wahrhaft naiver Dichter, so wie auch Rabener, Lessing selbst, wenn ich ihn anders hier nennen darf, Lessing, der gebildete Zögling der Kritik und ein so wachsamer Richter seiner selbst — wie büßen sie nicht alle, mehr oder weniger, den geistlosen Charakter der Natur, die sie zum Stoff ihrer Satire erwählten. Von den neuesten Schriftstellern in dieser Gattung nenne ich keinen, da ich keinen ausnehmen kann.

Und nicht genug, daß der naive Dichtergeist in Gefahr ist, sich einer gemeinen Wirklichkeit allzusehr zu nähern — durch die Leichtigkeit, mit der er sich äußert, und durch eben diese größere Annäherung an das wirkliche Leben macht er noch dem gemeinen Nachahmer Muth, sich im poetischen Felde zu versuchen. Die sentimentalische Poesie, wiewohl von einer andern Seite gefährlich genug, wie ich hernach zeigen werde, hält wenigstens dieses Volk in Entfernung, weil es nicht jedermanns Sache ist, sich zu Ideen zu erheben; die naive Poesie aber bringt es auf den

Glauben, als wenn schon die bloße Empfindung, der bloße Humor, die bloße Nachahmung wirklicher Natur den Dichter ausmache. Nichts aber ist widerwärtiger, als wenn der platte Charakter sich einfallen läßt, liebenswürdig und naiv sein zu wollen — er, der sich in alle Hüllen der Kunst stecken sollte, um seine ekelhafte Natur zu verbergen. Daher denn auch die unsäglichen Platitüden, welche sich die Deutschen unter dem Titel von naiven und scherzhaften Liedern vorsingen lassen, und an denen sie sich bei einer wohlbesetzten Tafel ganz unendlich zu belustigen pflegen. Unter dem Freibrief der Laune, der Empfindung duldet man diese Armseligkeiten — aber einer Laune, einer Empfindung, die man nicht sorgfältig genug verbannen kann. Die Musen an der Pleiße bilden hier besonders einen eigenen kläglichen Chor, und ihnen wird von den Kamönen an der Leine und Elbe in nicht bessern Accorden geantwortet.[1] So insipid diese Scherze sind, so kläglich läßt sich der Affekt auf unsern tragischen Bühnen hören, welcher, anstatt die wahre Natur nachzuahmen, nur den geistlosen und unedeln Ausdruck der wirklichen erreicht, so daß es uns nach einem solchen Thränenmahle gerade zu Muth ist, als wenn wir einen Besuch in Spitälern abgelegt oder Salzmanns menschliches Elend gelesen hätten. Noch viel schlimmer steht es um die satirische Dichtkunst und um den komischen Roman insbesondere, die schon ihrer

---

[1] Diese guten Freunde haben es sehr übel aufgenommen, was ein Recensent in der A. L. Z. vor etlichen Jahren an den Bürgerlichen Gedichten getadelt hat, und der Ingrimm, womit sie wider diesen Stachel lecken, scheint zu erkennen zu geben, daß sie mit der Sache jenes Dichters ihre eigene zu verfechten glauben. Aber darin irren sie sich sehr. Jene Rüge konnte bloß einem wahren Dichtergenie gelten, das von der Natur reichlich ausgestattet war, aber versäumt hatte, durch eigene Kultur jenes seltene Geschenk auszubilden. Ein solches Individuum durfte und mußte man unter den höchsten Maßstab der Kunst stellen, weil es Kraft in sich hatte, demselben, sobald es ernstlich wollte, genug zu thun; aber es wäre lächerlich und grausam zugleich, auf ähnliche Art mit Leuten zu verfahren, an welche die Natur nicht gedacht hat, und die mit jedem Produkt, das sie zu Markte bringen, ein vollgültiges Testimonium paupertatis aufweisen.

Natur nach dem gemeinen Leben so nahe liegen und daher billig, wie jeder Grenzposten, gerade in den besten Händen sein sollten. Derjenige hat wahrlich den wenigsten Beruf, der Maler seiner Zeit zu werden, der das Geschöpf und die Carricatur derselben ist; aber da es etwas so Leichtes ist, irgend einen lustigen Charakter, wär' es auch nur einen dicken Mann, unter seiner Bekanntschaft aufzujagen und die Fratze mit einer groben Feder auf dem Papier abzureißen, so fühlen zuweilen auch die geschwornen Feinde alles poetischen Geistes den Kitzel, in diesem Fache zu stümpern und einen Cirkel von würdigen Freunden mit der schönen Geburt zu ergötzen. Ein reingestimmtes Gefühl freilich wird nie in Gefahr sein, diese Erzeugnisse einer gemeinen Natur mit den geistreichen Früchten des naiven Genies zu verwechseln; aber an dieser reinen Stimmung des Gefühls fehlt es eben, und in den meisten Fällen will man bloß ein Bedürfniß befriedigt haben, ohne daß der Geist eine Forderung machte. Der so falsch verstandene, wiewohl an sich wahre Begriff, daß man sich bei Werken des schönen Geistes erhole, trägt das Seinige redlich zu dieser Nachsicht bei, wenn man es anders Nachsicht nennen kann, wo nichts Höheres geahnet wird, und der Leser wie der Schriftsteller auf gleiche Art ihre Rechnung finden. Die gemeine Natur nämlich, wenn sie angespannt worden, kann sich nur in der Leerheit erholen, und selbst ein hoher Grad von Verstand, wenn er nicht von einer gleichmäßigen Kultur der Empfindungen unterstützt ist, ruht von seinem Geschäfte nur in einem geistlosen Sinnengenuß aus.

Wenn sich das dichtende Genie über alle zufälligen Schranken, welche von jedem bestimmten Zustande unzertrennlich sind, mit freier Selbstthätigkeit muß erheben können, um die menschliche Natur in ihrem absoluten Vermögen zu erreichen, so darf es sich doch auf der andern Seite nicht über die nothwendigen Schranken hinwegsetzen, welche der Begriff einer menschlichen Natur mit sich bringt; denn das Absolute,

aber nur innerhalb der Menschheit, ist seine Aufgabe und seine
Sphäre. Wir haben gesehen, daß das naive Genie zwar nicht
in Gefahr ist, diese Sphäre zu überschreiten, wohl aber, sie
nicht ganz zu erfüllen, wenn es einer äußern Nothwendigkeit oder dem zufälligen Bedürfniß des Augenblicks zu sehr auf
Unkosten der innern Nothwendigkeit Raum gibt. Das sentimentalische Genie hingegen ist der Gefahr ausgesetzt, über dem Bestreben, alle Schranken von ihr zu entfernen, die menschliche
Natur ganz und gar aufzuheben und sich nicht bloß, was es
darf und soll, über jede bestimmte und begrenzte Wirklichkeit
hinweg zu der absoluten Möglichkeit zu erheben — oder zu
idealisieren — sondern über die Möglichkeit selbst noch hinauszugehen — oder zu schwärmen. Dieser Fehler der Ueberspannung ist ebenso in der specifischen Eigenthümlichkeit seines
Verfahrens, wie der entgegengesetzte der Schlaffheit in der
eigenthümlichen Handlungsweise des naiven gegründet. Das
naive Genie nämlich läßt die Natur in sich unumschränkt
walten, und da die Natur in ihren einzelnen zeitlichen Aeußerungen immer abhängig und bedürftig ist, so wird das naive
Gefühl nicht immer exaltiert genug bleiben, um den zufälligen
Bestimmungen des Augenblicks widerstehen zu können. Das sentimentalische Genie hingegen verläßt die Wirklichkeit, um zu
Ideen aufzusteigen und mit freier Selbstthätigkeit seinen Stoff
zu beherrschen; da aber die Vernunft ihrem Gesetze nach immer
zum Unbedingten strebt, so wird das sentimentalische Genie nicht
immer nüchtern genug bleiben, um sich ununterbrochen und
gleichförmig innerhalb der Bedingungen zu halten, welche der
Begriff einer menschlichen Natur mit sich führt, und an welche
die Vernunft auch in ihrem freiesten Wirken hier immer gebunden bleiben muß. Dieses könnte nur durch einen verhältniß-
mäßigen Grad von Empfänglichkeit geschehen, welche aber in dem
sentimentalischen Dichtergeiste von der Selbstthätigkeit eben so
sehr überwogen wird, als sie in dem naiven die Selbstthätigkeit

überwiegt. Wenn man daher an den Schöpfungen des naiven
Genies zuweilen den Geist vermißt, so wird man bei den Geburten des sentimentalischen oft vergebens nach dem Gegenstande
fragen. Beide werden also, wiewohl auf ganz entgegengesetzte
Weise, in den Fehler der Leerheit verfallen; denn ein Gegenstand ohne Geist und ein Geistesspiel ohne Gegenstand sind beide
ein Nichts in dem ästhetischen Urtheil.

Alle Dichter, welche ihren Stoff zu einseitig aus der Ge-
dankenwelt schöpfen, und mehr durch eine innere Ideenfülle als
durch den Drang der Empfindung zum poetischen Bilden getrieben
werden, sind mehr oder weniger in Gefahr, auf diesen Abweg
zu gerathen. Die Vernunft zieht bei ihren Schöpfungen die
Grenzen der Sinnenwelt viel zu wenig zu Rath, und der Gedanke wird immer weiter getrieben, als die Erfahrung ihm
folgen kann. Wird er aber so weit getrieben, daß ihm nicht
nur keine bestimmte Erfahrung mehr entsprechen kann (denn bis
dahin darf und muß das Idealschöne gehen), sondern daß er
den Bedingungen aller möglichen Erfahrung überhaupt widerstreitet, und daß folglich, um ihn wirklich zu machen, die menschliche Natur ganz und gar verlassen werden müßte, dann ist es
nicht mehr ein poetischer, sondern ein überspannter Gedanke —
vorausgesetzt nämlich, daß er sich als darstellbar und dichterisch
angekündigt habe; denn hat er dieses nicht, so ist es schon
genug, wenn er sich nur nicht selbst widerspricht. Widerspricht
er sich selbst, so ist er nicht mehr Ueberspannung, sondern Un-
sinn; denn was überhaupt nicht ist, das kann auch sein Maß
nicht überschreiten. Kündigt er sich aber gar nicht als ein Objekt
für die Einbildungskraft an, so ist er eben so wenig Ueberspannung; denn das bloße Denken ist grenzenlos, und was
keine Grenze hat, kann auch keine überschreiten. Ueberspannt
kann also nur dasjenige genannt werden, was zwar nicht die
logische, aber die sinnliche Wahrheit verletzt, und auf diese doch
Anspruch macht. Wenn daher ein Dichter den unglücklichen

Einfall hat, Naturen, die schlechthin übermenschlich sind und auch nicht anders vorgestellt werden dürfen, zum Stoff seiner Schilderung zu erwählen, so kann er sich vor dem Ueberspannten nur dadurch sicher stellen, daß er das Poetische aufgibt und es gar nicht einmal unternimmt, seinen Gegenstand durch die Einbildungskraft ausführen zu lassen. Denn, thäte er dieses, so würde entweder diese ihre Grenzen auf den Gegenstand übertragen, und aus einem absoluten Objekt ein beschränktes menschliches machen (was z. B. alle griechischen Gottheiten sind und auch sein sollen), oder der Gegenstand würde der Einbildungskraft ihre Grenzen nehmen, d. h., er würde sie aufheben, worin eben das Ueberspannte besteht.

Man muß die überspannte Empfindung von dem Ueberspannten in der Darstellung unterscheiden; nur von der ersten ist hier die Rede. Das Objekt der Empfindung kann unnatürlich sein, aber sie selbst ist Natur und muß daher auch die Sprache derselben führen. Wenn also das Ueberspannte in der Empfindung aus Wärme des Herzens und einer wahrhaft dichterischen Anlage fließen kann, so zeugt das Ueberspannte in der Darstellung jederzeit von einem kalten Herzen und sehr oft von einem poetischen Unvermögen. Es ist also kein Fehler, vor welchem das sentimentalische Dichtergenie gewarnt werden müßte, sondern der bloß dem unberufenen Nachahmer desselben drohet; daher er auch die Begleitung des Platten, Geistlosen, ja des Niedrigen keineswegs verschmäht. Die überspannte Empfindung ist gar nicht ohne Wahrheit, und als wirkliche Empfindung muß sie auch nothwendig einen realen Gegenstand haben. Sie läßt daher auch, weil sie Natur ist, einen einfachen Ausdruck zu, und wird vom Herzen kommend auch das Herz nicht verfehlen. Aber da ihr Gegenstand nicht aus der Natur geschöpft, sondern durch den Verstand einseitig und künstlich hervorgebracht ist, so hat er auch bloß logische Realität, und die Empfindung ist also nicht rein menschlich. Es ist keine

Täuschung, was Heloise für Abälard, was Petrarch für seine
Laura, was St. Preux für seine Julie, was Werther für
seine Lotte fühlt, und was Agathon, Phanias, Peregrinus
Proteus (den Wielandischen meine ich) für ihre Ideale empfinden;
die Empfindung ist wahr, nur der Gegenstand ist ein gemachter
und liegt außerhalb der menschlichen Natur. Hätte sich ihr
Gefühl bloß an die sinnliche Wahrheit der Gegenstände gehalten,
so würde es jenen Schwung nicht haben nehmen können; hingegen würde ein bloß willkürliches Spiel der Phantasie ohne
allen innern Gehalt auch nicht im Stande gewesen sein das
Herz zu bewegen, denn das Herz wird nur durch Vernunft
bewegt. Diese Ueberspannung verdient also Zurechtweisung, nicht
Verachtung, und wer darüber spottet, mag sich wohl prüfen,
ob er nicht vielleicht aus Herzlosigkeit so klug, aus Vernunft-
mangel so verständig ist. So ist auch die überspannte Zeitlichkeit im Punkt der Galanterie und der Ehre, welche die
Ritterromane, besonders die spanischen, charakterisiert, so ist
die scrupulöse, bis zur Kostbarkeit getriebene Delicatesse in den
französischen und englischen sentimentalischen Romanen (von der
besten Gattung) nicht nur subjektiv wahr, sondern auch in
objektiver Rücksicht nicht gehaltlos; es sind ächte Empfindungen,
die wirklich eine moralische Quelle haben, und die nur darum
verwerflich sind, weil sie die Grenzen menschlicher Wahrheit
überschreiten. Ohne jene moralische Realität — wie wäre es
möglich, daß sie mit solcher Stärke und Innigkeit könnten mit-
getheilt werden, wie doch die Erfahrung lehrt. Dasselbe gilt auch
von der moralischen und religiösen Schwärmerei und von der exaltierten Freiheits- und Vaterlandsliebe. Da die Gegenstände dieser
Empfindungen immer Ideen sind und in der äußern Erfahrung nicht
erscheinen (denn was z. B. den politischen Enthusiasten bewegt,
ist nicht, was er siehet, sondern was er denkt), so hat die selbstthätige Einbildungskraft eine gefährliche Freiheit und kann nicht,
wie in andern Fällen, durch die sinnliche Gegenwart ihres Objekts

in ihre Grenzen zurückgewiesen werden. Aber weder der Mensch überhaupt noch der Dichter insbesondere darf sich der Gesetzgebung der Natur anders entziehen, als um sich unter die entgegengesetzte der Vernunft zu begeben; nur für das Ideal darf er die Wirklichkeit verlassen, denn an einem von diesen beiden Ankern muß die Freiheit befestigt sein. Aber der Weg von der Erfahrung zum Ideale ist so weit, und dazwischen liegt die Phantasie mit ihrer zügellosen Willkür. Es ist daher unvermeidlich, daß der Mensch überhaupt, wie der Dichter insbesondere, wenn er sich durch die Freiheit seines Verstandes aus der Herrschaft der Gefühle begibt, ohne durch Gesetze der Vernunft dazu getrieben zu werden, d. h. wenn er die Natur aus bloßer Freiheit verläßt, so lang ohne Gesetz ist, mithin der Phantasterei zum Raube dahin gegeben wird.

Daß sowohl ganze Völker als einzelne Menschen, welche der sichern Führung der Natur sich entzogen haben, sich wirklich in diesem Falle befinden, lehrt die Erfahrung, und eben diese stellt auch Beispiele genug von einer ähnlichen Verirrung in der Dichtkunst auf. Weil der echte sentimentalische Dichtungstrieb, um sich zum Idealen zu erheben, über die Grenzen wirklicher Natur hinausgehen muß, so geht der unechte über jede Grenze überhaupt hinaus, und überredet sich, als wenn schon das wilde Spiel der Imagination die poetische Begeisterung ausmache. Dem wahrhaften Dichtergenie, welches die Wirklichkeit nur um der Idee willen verlässet, kann dieses nie oder doch nur in Momenten begegnen, wo es sich selbst verloren hat; da es hingegen durch seine Natur selbst zu einer überspannten Empfindungsweise verführt werden kann. Es kann aber durch sein Beispiel Andere zur Phantasterei verführen, weil Leser von reger Phantasie und schwachem Verstand ihm nur die Freiheiten absehen, die es sich gegen die wirkliche Natur herausnimmt, ohne ihm bis zu seiner hohen innern Nothwendigkeit folgen zu können. Es geht dem sentimentalischen Genie hier, wie wir bei dem

naiven gesehen haben. Weil dieses durch seine Natur alles aus=
führte, was es thut, so will der gemeine Nachahmer an seiner
eigenen Natur keine schlechtere Führerin haben. Meisterstücke
aus der naiven Gattung werden daher gewöhnlich die plattesten
und schmutzigsten Abdrücke gemeiner Natur, und Hauptwerke
aus der sentimentalischen ein zahlreiches Heer phantastischer
Produktionen zu ihrem Gefolge haben, wie dieses in der Lite=
ratur eines jeden Volkes leichtlich nachzuweisen ist.

Es sind in Rücksicht auf Poesie zwei Grundsätze im Gebrauch,
die an sich völlig richtig sind, aber in der Bedeutung, worin
man sie gewöhnlich nimmt, einander gerade aufheben. Von
dem ersten, „daß die Dichtkunst zum Vergnügen und zur Erholung
diene," ist schon oben gesagt worden, daß er der Leerheit und
Platitüde in poetischen Darstellungen nicht wenig günstig sei;
durch den andern Grundsatz, „daß sie zur moralischen Vered=
lung des Menschen diene," wird das Ueberspannte in Schutz
genommen. Es ist nicht überflüssig, beide Principien, welche
man so häufig im Munde führt, oft so ganz unrichtig auslegt
und so ungeschickt anwendet, etwas näher zu beleuchten.

Wir nennen Erholung den Uebergang von einem gewalt=
samen Zustand zu demjenigen, der uns natürlich ist. Es kommt
mithin hier alles darauf an, worein wir unsern natürlichen
Zustand setzen, und was wir unter einem gewaltsamen ver=
stehen. Setzen wir jenen lediglich in ein ungebundenes Spiel
unsrer physischen Kräfte und in eine Befreiung von jedem Zwang,
so ist jede Vernunstthätigkeit, weil jede einen Widerstand gegen
die Sinnlichkeit ausübt, eine Gewalt, die uns geschieht, und
Geistesruhe, mit sinnlicher Bewegung verbunden, ist das eigent=
liche Ideal der Erholung. Setzen wir hingegen unsern natür=
lichen Zustand in ein unbegrenztes Vermögen zu jeder mensch=
lichen Aeußerung und in die Fähigkeit, über alle unsere Kräfte
mit gleicher Freiheit disponieren zu können, so ist jede Trennung
und Vereinzelung dieser Kräfte ein gewaltsamer Zustand,

und das Ideal der Erholung ist die Wiederherstellung unsers Naturganzen nach einseitigen Spannungen. Das erste Ideal wird also lediglich durch das Bedürfniß der sinnlichen Natur, das zweite wird durch die Selbstständigkeit der menschlichen aufgegeben. Welche von diesen beiden Arten der Erholung die Dichtkunst gewähren dürfe und müsse, möchte in der Theorie wohl keine Frage sein; denn niemand wird gerne das Ansehen haben wollen, als ob er das Ideal der Menschheit dem Ideale der Thierheit nachzusetzen versucht sein könne. Nichts desto weniger sind die Forderungen, welche man im wirklichen Leben an poetische Werke zu machen pflegt, vorzugsweise von dem sinnlichen Ideal hergenommen, und in den meisten Fällen wird nach diesem — zwar nicht die Achtung bestimmt, die man diesen Werken erweist, aber doch die Neigung entschieden, und der Liebling gewählt. Der Geisteszustand der meisten Menschen ist auf einer Seite anspannende und erschöpfende Arbeit, auf der andern erschlaffender Genuß. Jene aber, wissen wir, macht das sinnliche Bedürfniß nach Geistesruhe und nach einem Stillstand des Wirkens ungleich dringender als das moralische Bedürfniß nach Harmonie und nach einer absoluten Freiheit des Wirkens, weil vor allen Dingen erst die Natur befriedigt sein muß, ehe der Geist eine Forderung machen kann; dieser bindet und lähmt die moralischen Triebe selbst, welche jene Forderung aufwerfen mußten. Nichts ist daher der Empfänglichkeit für das wahre Schöne nachtheiliger, als diese beiden nur allzugewöhnlichen Gemüthsstimmungen unter den Menschen, und es erklärt sich daraus, warum so gar wenige, selbst von den bessern, in ästhetischen Dingen ein richtiges Urtheil haben. Die Schönheit ist das Produkt der Zusammenstimmung zwischen dem Geist und den Sinnen; es spricht zu allen Vermögen des Menschen zugleich, und kann daher nur unter der Voraussetzung eines vollständigen und freien Gebrauchs aller seiner Kräfte empfunden und gewürdiget werden. Einen offenen

Sinn, ein erweitertes Herz, einen frischen und ungeschwächten
Geist muß man dazu mitbringen, seine ganze Natur muß man
beisammen haben, welches keineswegs der Fall derjenigen ist,
die durch abstractes Denken in sich selbst getheilt, durch kleinliche
Geschäftsformeln eingeenget, durch anstrengendes Aufmerken
ermattet sind. Diese verlangen zwar nach einem sinnlichen
Stoff, aber nicht um das Spiel der Denkkräfte daran fort-
zusetzen, sondern um es einzustellen. Sie wollen frei sein, aber
nur von einer Last, die ihre Trägheit ermüdete, nicht von einer
Schranke, die ihre Thätigkeit hemmte.

Darf man sich also noch über das Glück der Mittelmäßig-
keit und Leerheit in ästhetischen Dingen und über die Rache der
schwachen Geister an dem wahren und energischen Schönen verwundern? Auf Erholung rechneten sie bei diesem, aber auf eine
Erholung nach ihrem Bedürfniß und nach ihrem armen Begriff,
und mit Verdruß entdecken sie, daß ihnen jetzt erst eine Kraft-
äußerung zugemuthet wird, zu der ihnen auch in ihrem besten
Moment das Vermögen fehlen möchte. Dort hingegen sind sie
willkommen, wie sie sind; denn so wenig Kraft sie auch mitbringen, so brauchen sie doch noch viel weniger, um den Geist
ihres Schriftstellers auszuschöpfen. Der Last des Denkens sind
sie hier auf einmal entledigt, und die losgespannte Natur darf
sich im seligen Genuß des Nichts auf dem weichen Polster der
Platitüde pflegen. In dem Tempel Thaliens und Melpome-
nens, so wie er bei uns bestellt ist, thront die geliebte Göttin,
empfängt in ihrem weiten Schooß den stumpfsinnigen Gelehrten
und den erschöpften Geschäftsmann, und wiegt den Geist in einen
magnetischen Schlaf, indem sie die erstarrten Sinne erwärmt und
die Einbildungskraft in einer süßen Bewegung schaukelt.

Und warum wollte man den gemeinen Köpfen nicht nach-
sehen, was selbst den besten oft genug zu begegnen pflegt! Der
Nachlaß, welchen die Natur nach jeder anhaltenden Spannung
fordert und sich auch ungefordert nimmt (und nur für solche

Momente pflegt man den Genuß schöner Werke aufzusparen), ist der ästhetischen Urtheilskraft so wenig günstig, daß unter den eigentlich beschäftigten Klassen nur äußerst Wenige sein werden, die in Sachen des Geschmacks mit Sicherheit und, worauf hier so viel ankommt, mit Gleichförmigkeit urtheilen können. Nichts ist gewöhnlicher, als daß sich die Gelehrten, den gebildeten Weltleuten gegenüber, in Urtheilen über die Schönheit die lächerlichsten Blößen geben, und daß besonders die Kunstrichter von Handwerk der Spott aller Kenner sind. Ihr verwahrlostes, bald überspanntes, bald rohes Gefühl leitet sie in den meisten Fällen falsch, und wenn sie auch zu Vertheidigung desselben in der Theorie etwas aufgegriffen haben, so können sie daraus nur technische (die Zweckmäßigkeit eines Werks betreffende), nicht aber ästhetische Urtheile bilden, welche immer das Ganze umfassen müssen, und bei denen also die Empfindung entscheiden muß. Wenn sie endlich nur gutwillig auf die letztern Verzicht leisten und es bei den erstern bewenden lassen wollten, so möchten sie immer noch Nutzen genug stiften, da der Dichter in seiner Begeisterung und der empfindende Leser im Moment des Genusses das Einzelne gar leicht vernachlässigen. Ein desto lächerlicheres Schauspiel ist es aber, wenn diese rohen Naturen, die es mit aller peinlichen Arbeit an sich selbst höchstens zu Ausbildung einer einzelnen Fertigkeit bringen, ihr dürftiges Individuum zum Repräsentanten des allgemeinen Gefühls aufstellen und im Schweiß ihres Angesichts — über das Schöne richten.

Den Begriff der Erholung, welche die Poesie zu gewähren habe, werden, wie wir gesehen, gewöhnlich viel zu enge Grenzen gesetzt, weil man ihn zu einseitig auf das bloße Bedürfniß der Sinnlichkeit zu beziehen pflegt. Gerade umgekehrt wird dem Begriff der Veredlung, welche der Dichter beabsichtigen soll. gewöhnlich ein viel zu weiter Umfang gegeben, weil man ihn zu einseitig nach der bloßen Idee bestimmt.

Der Idee nach geht nämlich die Veredlung immer ins

Unendliche, weil die Vernunft in ihren Forderungen sich an die
nothwendigen Schranken der Sinnenwelt nicht bindet, und nicht
eher als bei dem absolut Vollkommenen stille steht. Nichts,
worüber sich noch etwas Höheres denken läßt, kann ihr Genüge
leisten; vor ihrem strengen Gerichte entschuldigt kein Bedürfniß
der endlichen Natur; sie erkennt keine andern Grenzen an, als
des Gedankens, und von diesem wissen wir, daß er sich über
alle Grenzen der Zeit und des Raumes schwingt. Ein solches
Ideal der Veredlung, welches die Vernunft in ihrer reinen
Gesetzgebung vorzeichnet, darf sich also der Dichter eben so wenig
als jenes niedrige Ideal der Erholung, welches die Sinnlichkeit
aufstellt, zum Zwecke setzen, da er die Menschheit zwar von
allen zufälligen Schranken befreien soll, aber ohne ihren Begriff
aufzuheben und ihre nothwendigen Grenzen zu verrücken. Was
er über diese Linien hinaus sich erlaubt, ist Ueberspannung,
und zu dieser eben wird er nur allzuleicht durch einen falsch
verstandenen Begriff von Veredlung verleitet. Aber das Schlimme
ist, daß er sich selbst zu dem wahren Ideal menschlicher Veredlung nicht wohl erheben kann, ohne noch einige Schritte über
dasselbe hinaus zu gerathen. Um nämlich dahin zu gelangen,
muß er die Wirklichkeit verlassen, denn er kann es, wie jedes
Ideal, nur aus innern und moralischen Quellen schöpfen. Nicht
in der Welt, die ihn umgibt, und im Geräusch des handelnden
Lebens, in seinem Herzen nur trifft er es an, und nur in der
Stille einsamer Betrachtung findet er sein Herz. Aber diese
Abgezogenheit vom Leben wird nicht immer bloß die zufälligen
— sie wird öfters auch die nothwendigen und unüberwindlichen
Schranken der Menschheit aus seinen Augen rücken, und indem
er die reine Form sucht, wird er in Gefahr sein, allen Gehalt
zu verlieren. Die Vernunft wird ihr Geschäft viel zu abgesondert von der Erfahrung treiben, und was der contemplative
Geist auf dem ruhigen Wege des Denkens aufgefunden, wird
der handelnde Mensch auf dem drangvollen Wege des Lebens

nicht in Erfüllung bringen können. So bringt gewöhnlich eben
das den Schwärmer hervor, was allein im Stande war den
Weisen zu bilden, und der Vorzug des letztern möchte wohl
weniger darin bestehen, daß er das erste nicht geworden, als
darin, daß er es nicht geblieben ist.

Da es also weder dem arbeitenden Theile der Menschen
überlassen werden darf, den Begriff der Erholung nach seinem
Bedürfniß, nach dem contemplativen Theile, den Begriff der
Veredlung nach seinen Spekulationen zu bestimmen, wenn jener
Begriff nicht zu physisch und der Poesie zu unwürdig, dieser
nicht zu hyperphysisch und der Poesie zu überschwänglich aus=
fallen soll — diese beiden Begriffe aber, wie die Erfahrung
lehrt, das allgemeine Urtheil über Poesie und poetische Werke
regieren, so müssen wir uns, um sie auslegen zu lassen, nach
einer Klasse von Menschen umsehen, welche, ohne zu arbeiten,
thätig ist, und idealisieren kann, ohne zu schwärmen, welche
alle Realitäten des Lebens mit den wenigstmöglichen Schranken
desselben in sich vereinigt und vom Strome der Begebenheiten
getragen wird, ohne der Raub desselben zu werden. Nur eine
solche Klasse kann das schöne Ganze menschlicher Natur, welches
durch jede Arbeit augenblicklich und durch ein arbeitendes Leben
anhaltend zerstört wird, aufbewahren und in allem, was rein
menschlich ist, durch ihre Gefühle dem allgemeinen Urtheil
Gesetze geben. Ob eine solche Klasse wirklich existiere, oder viel=
mehr, ob diejenige, welche unter ähnlichen äußern Verhältnissen
wirklich existiert, diesem Begriffe auch im Innern entspreche,
ist eine andere Frage, mit der ich hier nichts zu schaffen habe.
Entspricht sie demselben nicht, so hat sie bloß sich selbst anzu=
klagen, da die entgegengesetzte arbeitende Klasse wenigstens die
Genugthuung hat, sich als ein Opfer ihres Berufs zu betrachten.
In einer solchen Volksklasse (die ich aber hier bloß als Idee aufstelle
und keineswegs als ein Faktum bezeichnet haben will) würde sich
der naive Charakter mit dem sentimentalischen also vereinigen, daß

jeder den andern vor seinem Extreme bewahrte, und indem der erste
das Gemüth vor Ueberspannung schützte, der andere es vor Erschlaffung sicher stellte. Denn endlich müssen wir es doch gestehen,
daß weder der naive noch der sentimentalische Charakter, für sich
allein betrachtet, das Ideal schöner Menschlichkeit ganz erschöpfen,
das nur aus der innigen Verbindung beider hervorgehen kann.

Zwar so lange man beide Charaktere bis zum dichterischen
exaltiert, wie wir sie auch bisher betrachtet haben, verliert sich
Vieles von den ihnen abhärierenden Schranken, und auch ihr
Gegensatz wird immer weniger merklich, in einem je höhern
Grad sie poetisch werden; denn die poetische Stimmung ist ein
selbstständiges Ganze, in welchem alle Unterschiede und alle
Mängel verschwinden. Aber eben darum, weil es nur der Begriff des Poetischen ist, in welchem beide Empfindungsarten
zusammentreffen können, so wird ihre gegenseitige Verschiedenheit
und Bedürftigkeit in demselben Grade merklicher, als sie den
poetischen Charakter ablegen; und dieß ist der Fall im gemeinen
Leben. Je tiefer sie zu diesem herabsteigen, desto mehr verlieren
sie von ihrem generischen Charakter, der sie einander näher
bringt, bis zuletzt in ihren Carricaturen nur der Artcharakter
übrig bleibt, der sie einander entgegensetzt.

Dieses führt mich auf einen sehr merkwürdigen psychologischen
Antagonism unter den Menschen in einem sich cultivirenden Jahrhundert: einen Antagonism, der, weil er radical und in der
innern Gemüthsform gegründet ist, eine schlimmere Trennung
unter den Menschen anrichtet, als der zufällige Streit der In-
teressen je hervorbringen könnte, der dem Künstler und Dichter
alle Hoffnung benimmt, allgemein zu gefallen und zu rühren,
was doch seine Aufgabe ist; der es dem Philosophen, auch wenn
er alles gethan hat, unmöglich macht, allgemein zu überzeugen,
was doch der Begriff einer Philosophie mit sich bringt; der es
endlich dem Menschen im praktischen Leben niemals vergönnen
wird, seine Handlungsweise allgemein gebilliget zu sehen — kurz,

einen Gegensatz, welcher Schuld ist, daß kein Werk des Geistes und keine Handlung des Herzens bei einer Klasse ein entscheidendes Glück machen kann, ohne eben dadurch bei der andern sich einen Verdammungsspruch zuzuziehen. Dieser Gegensatz ist ohne Zweifel so alt, als der Anfang der Kultur, und dürfte vor dem Ende derselben schwerlich anders, als in einzelnen seltenen Subjekten, deren es hoffentlich immer gab und immer geben wird, beigelegt werden; aber obgleich zu seinen Wirkungen auch diese gehört, daß er jeden Versuch zu seiner Beilegung vereitelt, weil kein Theil dahin zu bringen ist, einen Mangel auf seiner Seite und eine Realität auf der andern einzugestehen, so ist es doch immer Gewinn genug, eine so wichtige Trennung bis zu ihrer letzten Quelle zu verfolgen, und dadurch den eigentlichen Punkt des Streits wenigstens auf eine einfachere Formel zu bringen.

Man gelangt am besten zu dem wahren Begriff dieses Gegensatzes, wenn man, wie ich eben bemerkte, sowohl von dem naiven als von dem sentimentalischen Charakter absondert, was beide Poetisches haben. Es bleibt alsdann von dem erstern nichts übrig, als in Rücksicht auf das Theoretische ein nüchterner Beobachtungsgeist und eine feste Anhänglichkeit an das gleichförmige Zeugniß der Sinne, in Rücksicht auf das Praktische eine resignierte Unterwerfung unter die Nothwendigkeit (nicht aber unter die blinde Nöthigung) der Natur: eine Ergebung also in das, was ist, und was sein muß. Es bleibt von dem sentimentalischen Charakter nichts übrig, als im Theoretischen ein unruhiger Spekulationsgeist, der auf das Unbedingte in allen Erkenntnissen dringt, im Praktischen ein moralischer Rigorism, der auf dem Unbedingten in Willenshandlungen bestehet. Wer sich zu der ersten Klasse zählt, kann ein Realist, und wer zur andern, ein Idealist genannt werden, bei welchen Namen man sich aber weder an den guten noch schlimmen Sinn, den man in der Metaphysik damit verbindet, erinnern darf.

¹ Ich bemerke, um jeder Mißdeutung vorzubeugen, daß es bei dieser Eintheilung ganz und gar nicht darauf abgesehen ist, eine Wahl zwischen beiden

Da der Realist durch die Nothwendigkeit der Natur sich bestimmen läßt, der Idealist durch die Nothwendigkeit der Vernunft
sich bestimmt, so muß zwischen beiden dasselbe Verhältniß Statt
finden, welches zwischen den Wirkungen der Natur und den
Handlungen der Vernunft angetroffen wird. Die Natur, wissen
wir, obgleich eine unendliche Größe im Ganzen, zeigt sich in
jeder einzelnen Wirkung abhängig und bedürftig; nur in dem
All ihrer Erscheinungen drückt sie einen selbstständigen, großen
Charakter aus. Alles Individuelle in ihr ist nur deßwegen, weil
etwas anderes ist; nichts springt aus sich selbst, alles nur aus
dem vorhergehenden Moment hervor, um zu einem folgenden zu
führen. Aber eben diese gegenseitige Beziehung der Erscheinungen
auf einander sichert einer jeden das Dasein durch das Dasein
der andern, und von der Abhängigkeit ihrer Wirkungen ist die
Stetigkeit und Nothwendigkeit derselben unzertrennlich. Nichts ist
frei in der Natur, aber auch nichts ist willkürlich in derselben.

Und gerade so zeigt sich der Realist, sowohl in seinem Wissen
als in seinem Thun. Auf alles, was bedingungsweise existiert,
erstreckt sich der Kreis seines Wissens und Wirkens; aber nie
bringt er es auch weiter als zu bedingten Erkenntnissen, und die
Regeln, die er sich aus einzelnen Erfahrungen bildet, gelten, in
ihrer ganzen Strenge genommen, auch nur einmal; erhebt er
die Regel des Augenblicks zu einem allgemeinen Gesetz, so wird
er sich unausbleiblich in Irrthum stürzen. Will daher der Realist

folglich eine Begünstigung des einen mit Ausschließung des andern zu veranlassen. Gerade diese Ausschließung, welche sich in der Erfahrung findet,
bekämpfe ich, und das Resultat der gegenwärtigen Betrachtungen wird der Beweis sein, daß nur durch die vollkommen gleiche Einschließung beider dem
Vernunftbegriffe der Menschheit kann Genüge geleistet werden. Uebrigens nehme
ich beide in ihrem würdigsten Sinn und in der ganzen Fülle ihres Begriffs,
der nur immer mit der Reinheit desselben und mit Beibehaltung ihrer spezi-
fischen Unterschiede bestehen kann. Auch wird es sich zeigen, daß ein höher
Grad menschlicher Wahrheit sich mit beiden verträgt, und daß ihre Abweichungen
von einander zwar im Einzelnen, aber nicht im Ganzen, zwar der Form, aber
nicht dem Gehalt nach eine Veränderung machen.

in seinem Wissen zu etwas Unbedingtem gelangen, so muß er es auf dem nämlichen Wege versuchen, auf dem die Natur ein Unendliches wird, nämlich auf dem Wege des Ganzen und in dem All der Erfahrung. Da aber die Summe der Erfahrung nie völlig abgeschlossen wird, so ist eine comparative Allgemeinheit das Höchste, was der Realist in seinem Wissen erreicht. Auf die Wiederkehr ähnlicher Fälle baut er seine Einsicht und wird daher richtig urtheilen in allem, was in der Ordnung ist; in allem hingegen, was zum erstenmal sich darstellt, kehrt seine Weisheit zu ihrem Anfang zurück.

Was von dem Wissen des Realisten gilt, das gilt auch von seinem (moralischen) Handeln. Sein Charakter hat Moralität, aber diese liegt, ihrem reinen Begriffe nach, in keiner einzelnen That, nur in der ganzen Summe seines Lebens. In jedem besondern Fall wird er durch äußere Ursachen und durch äußere Zwecke bestimmt werden; nur daß jene Ursachen nicht zufällig, jene Zwecke nicht augenblicklich sind, sondern aus dem Naturganzen subjektiv fließen und auf dasselbe sich objektiv beziehen. Die Antriebe seines Willens sind also zwar in rigoristischem Sinne weder frei genug, noch moralisch lauter genug, weil sie etwas anders als den bloßen Willen zu ihrer Ursache und etwas anders als das bloße Gesetz zu ihrem Gegenstand haben; aber es sind eben so wenig blinde und materialistische Antriebe, weil dieses Andere das absolute Ganze der Natur, folglich etwas Selbstständiges und Nothwendiges ist. So zeigt sich der gemeine Menschenverstand, der vorzügliche Antheil des Realisten, durchgängig im Denken und im Betragen. Aus dem einzelnen Falle schöpft er die Regel seines Urtheils, aus einer inneren Empfindung die Regel seines Thuns; aber mit glücklichem Instinkt weiß er von beiden alles Momentane und Zufällige zu scheiden. Bei dieser Methode fährt er im Ganzen vortrefflich und wird schwerlich einen bedeutenden Fehler sich vorzuwerfen haben; nur auf Größe und Würde möchte er in seinem besondern Fall Anspruch machen

können. Diese ist nur der Preis der Selbstständigkeit und Freiheit, und davon sehen wir in seinen einzelnen Handlungen zu
wenige Spuren.

Ganz anders verhält es sich mit dem Idealisten, der aus
sich selbst und aus der bloßen Vernunft seine Erkenntnisse und
Motive nimmt. Wenn die Natur in ihren einzelnen Wirkungen
immer abhängig und beschränkt erscheint, so legt die Vernunft
den Charakter der Selbstständigkeit und Vollendung gleich in jede
einzelne Handlung. Aus sich selbst schöpft sie alles, und auf
sich selbst bezieht sie alles. Was durch sie geschieht, geschieht nur
um ihrentwillen; eine absolute Größe ist jeder Begriff, den sie
aufstellt, und jeder Entschluß, den sie bestimmt. Und eben so
zeigt sich auch der Idealist, soweit er diesen Namen mit Recht
führt, in seinem Wissen, wie in seinem Thun. Nicht mit Erkenntnissen zufrieden, die bloß unter bestimmten Voraussetzungen
gültig sind, sucht er bis zu Wahrheiten zu bringen, die nichts
mehr voraussetzen und die Voraussetzung von allem andern sind.
Ihn befriedigt nur die philosophische Einsicht, welche alles bedingte Wissen auf ein unbedingtes zurückführt, und an dem Nothwendigen in dem menschlichen Geist alle Erfahrung befestiget;
die Dinge, denen der Realist sein Denken unterwirft, muß er
sich, seinem Denkvermögen, unterwerfen. Und er verfährt hierin
mit völliger Befugniß; denn wenn die Gesetze des menschlichen
Geistes nicht auch zugleich die Weltgesetze wären, wenn die Vernunft endlich selbst unter der Erfahrung stünde, so würde auch
keine Erfahrung möglich sein.

Aber er kann es bis zu absoluten Wahrheiten gebracht haben
und dennoch in seinen Kenntnissen dadurch nicht viel gefördert
sein. Denn alles freilich steht zuletzt unter nothwendigen und
allgemeinen Gesetzen, aber nach zufälligen und besondern Regeln
wird jedes Einzelne regiert; und in der Natur ist alles einzeln.
Er kann also mit seinem philosophischen Wissen das Ganze beherrschen, und für das Besondere, für die Ausübung, dadurch

nichts gewonnen haben; ja, indem er überall auf die obersten Gründe bringt, durch die alles möglich wird, kann er die nächsten Gründe, durch die alles wirklich wird, leicht versäumen; indem er überall auf das Allgemeine sein Augenmerk richtet, welches die verschiedensten Fälle einander gleich macht, kann er leicht das Besondere vernachlässigen, wodurch sie sich von einander unterscheiden. Er wird also sehr viel mit seinem Wissen umfassen können, und vielleicht eben deßwegen wenig fassen, und oft an Einsicht verlieren, was er an Uebersicht gewinnt. Daher kommt es, daß, wenn der spekulative Verstand den gemeinen um seiner Beschränktheit willen verachtet, der gemeine Verstand den spekulativen seiner Leerheit wegen verlacht; denn die Erkenntnisse verlieren immer an bestimmtem Gehalt, was sie an Umfang gewinnen.

In der moralischen Beurtheilung wird man bei dem Idealisten eine reinere Moralität im Einzelnen, aber weit weniger moralische Gleichförmigkeit im Ganzen finden. Da er nur insofern Idealist heißt, als er aus reiner Vernunft seine Bestimmungsgründe nimmt, die Vernunft aber in jeder ihrer Aeußerungen sich absolut beweist, so tragen schon seine einzelnen Handlungen, sobald sie überhaupt nur moralisch sind, den ganzen Charakter moralischer Selbstständigkeit und Freiheit; und gibt es überhaupt nur im wirklichen Leben eine wahrhaft sittliche That, die es auch vor einem rigoristischen Urtheil bliebe, so kann sie nur von dem Idealisten ausgeübt werden. Aber je reiner die Sittlichkeit seiner einzelnen Handlungen ist, desto zufälliger ist sie auch; denn Stetigkeit und Nothwendigkeit ist zwar der Charakter der Natur, aber nicht der Freiheit. Nicht zwar, als ob der Idealism mit der Sittlichkeit je in Streit gerathen könnte, welches sich widerspricht, sondern weil die menschliche Natur eines consequenten Idealism gar nicht fähig ist. Wenn sich der Realist, auch in seinem moralischen Handeln, einer physischen Nothwendigkeit ruhig und gleichförmig unterordnet, so

muß der Idealist einen Schwung nehmen, er muß augenblicklich seine Natur exaltieren, und er vermag nichts, als insofern
er begeistert ist. Alsdann freilich vermag er auch desto mehr,
und sein Betragen wird einen Charakter von Hoheit und Größe
zeigen, den man in den Handlungen des Realisten vergeblich
sucht. Aber das wirkliche Leben ist keineswegs geschickt, jene
Begeisterung in ihm zu wecken, und noch viel weniger, sie
gleichförmig zu nähren. Gegen das Absolutgroße, von dem er
jedesmal ausgeht, macht das Absolutkleine des einzelnen Falles,
auf den er es anzuwenden hat, einen gar zu starken Absatz.
Weil sein Wille, der Form nach, immer auf das Ganze gerichtet ist, so will er ihn, der Materie nach, nicht auf Bruchstücke richten, und doch sind es mehrentheils nur geringfügige
Leistungen, wodurch er seine moralische Gesinnung beweisen kann.
So geschieht es denn nicht selten, daß er über dem unbegrenzten Ideale den begrenzten Fall der Anwendung übersieht und,
von einem Maximum erfüllt, das Minimum verabsäumt, aus
dem allein doch alles Große in der Wirklichkeit erwächst.

Will man also dem Realisten Gerechtigkeit widerfahren lassen,
so muß man ihn nach dem ganzen Zusammenhang seines Lebens
richten; will man sie dem Idealisten erweisen, so muß man
sich an einzelne Aeußerungen desselben halten, aber man muß
diese erst herauswählen. Das gemeine Urtheil, welches so gern
nach dem Einzelnen entscheidet, wird daher über den Realisten
gleichgültig schweigen, weil seine einzelnen Lebensakte gleich
wenig Stoff zum Lob und zum Tadel geben; über den Idealisten
hingegen wird es immer Partei ergreifen und zwischen Ver-
werfung und Bewunderung sich theilen, weil in dem Einzelnen
sein Mangel und seine Stärke liegt.

Es ist nicht zu vermeiden, daß bei einer so großen Abweichung in den Principien beide Parteien in ihren Urtheilen
einander nicht oft gerade entgegengesetzt sein und, wenn sie
selbst in den Objekten und Resultaten übereinträfen, nicht in

den Gründen auseinander sein sollten. Der Realist wird fragen,
wozu eine Sache gut sei, und die Dinge nach dem, was
sie werth sind, zu taxieren wissen; der Idealist wird fragen,
ob sie gut sei, und die Dinge nach dem taxieren, was sie
würdig sind. Von dem, was seinen Werth und Zweck in sich
selbst hat (das Ganze jedoch immer ausgenommen), weiß und
hält der Realist nicht viel; in Sachen des Geschmacks wird er
dem Vergnügen, in Sachen der Moral wird er der Glückseligkeit das Wort reden, wenn er diese gleich nicht zur Bedingung
des sittlichen Handelns macht; auch in seiner Religion vergißt
er seinen Vortheil nicht gern, nur daß er denselben in dem
Ideale des höchsten Guts veredelt und heiligt. Was er liebt,
wird er zu beglücken, der Idealist wird es zu veredeln
suchen. Wenn daher der Realist in seinen politischen Tendenzen
den Wohlstand bezweckt, gesetzt daß es auch von der moralischen Selbstständigkeit des Volks etwas kosten sollte, so wird
der Idealist, selbst auf Gefahr des Wohlstandes, die Freiheit
zu seinem Augenmerk machen. Unabhängigkeit des Zustandes ist jenem, Unabhängigkeit von dem Zustand ist diesem
das höchste Ziel, und dieser charakteristische Unterschied läßt sich
durch ihr beiderseitiges Denken und Handeln verfolgen. Daher
wird der Realist seine Zuneigung immer dadurch beweisen, daß
er gibt, der Idealist dadurch, daß er empfängt; durch das,
was er in seiner Großmuth aufopfert, verräth jeder, was er am
höchsten schätzt. Der Idealist wird die Mängel seines Systems
mit seinem Individuum und seinem zeitlichen Zustand bezahlen,
aber er achtet dieses Opfer nicht; der Realist büßt die Mängel
des seinigen mit seiner persönlichen Würde, aber er erfährt
nichts von diesem Opfer. Sein System bewährt sich an allem,
wovon er Kundschaft hat, und wornach er ein Bedürfniß empfindet — was bekümmern ihn Güter, von denen er keine
Ahnung, und an die er keinen Glauben hat? Genug für ihn,
er ist im Besitze, die Erde ist sein, und es ist Licht in seinem

Verstande, und Zufriedenheit wohnt in seiner Brust. Der
Idealist hat lange kein so gutes Schicksal. Nicht genug, daß
er oft mit dem Glücke zerfällt, weil er versäumte, den Moment
zu seinem Freunde zu machen, er zerfällt auch mit sich selbst;
weder sein Wissen noch sein Handeln kann ihm Genüge thun.
Was er von sich fordert, ist ein Unendliches, aber beschränkt
ist alles, was er leistet. Diese Strenge, die er gegen sich selbst
beweist, verläugnet er auch nicht in seinem Betragen gegen
andere. Er ist zwar großmüthig, weil er sich, andern gegenüber, seines Individuums weniger erinnert; aber er ist öfters
unbillig, weil er das Individuum eben so leicht in andern übersieht. Der Realist hingegen ist weniger großmüthig; aber er
ist billiger, da er alle Dinge mehr in ihrer Begrenzung
beurtheilt. Das Gemeine, ja, selbst das Niedrige im Denken
und Handeln kann er verzeihen, nur das Willkürliche, das Ex-
centrische nicht; der Idealist hingegen ist ein geschworner Feind
alles Kleinlichen und Platten, und wird sich selbst mit dem
Extravaganten und Ungeheuren versöhnen, wenn es nur von
einem großen Vermögen zeugt. Jener beweist sich als Menschen-
freund, ohne eben einen sehr hohen Begriff von den Menschen und
der Menschheit zu haben; dieser denkt von der Menschheit so groß,
daß er darüber in Gefahr kommt, die Menschen zu verachten.

Der Realist für sich allein würde den **Kreis** der Menschheit
nie über die Grenzen der Sinnenwelt hinaus erweitert, nie den
menschlichen Geist mit seiner selbstständigen Größe und Freiheit
bekannt gemacht haben; alles Absolute in der Menschheit ist
ihm nur eine schöne Chimäre, und der Glaube daran nicht viel
besser als Schwärmerei, weil er den Menschen niemals in seinem
reinen Vermögen, immer nur in einem bestimmten und eben
darum begrenzten Wirken erblickt. Aber der Idealist für sich
allein würde eben so wenig die sinnlichen Kräfte kultiviert
und den Menschen als Naturwesen ausgebildet haben, welches
doch ein gleich wesentlicher Theil seiner Bestimmung und die

Bedingung aller moralischen Veredlung ist. Das Streben des
Idealisten geht viel zu sehr über das sinnliche Leben und über
die Gegenwart hinaus; für das Ganze nur, für die Ewigkeit
will er säen und pflanzen und vergißt darüber, daß das Ganze
nur der vollendete Kreis des Individuellen, daß die Ewigkeit
nur eine Summe von Augenblicken ist. Die Welt, wie der
Realist sie um sich herum bilden möchte und wirklich bildet, ist
ein wohlangelegter Garten, worin alles nützt, alles seine Stelle
verdient und, was nicht Früchte trägt, verbannt ist; die Welt
unter den Händen des Idealisten ist eine weniger benutzte, aber
in einem größern Charakter ausgeführte Natur. Jenem fällt
es nicht ein, daß der Mensch noch zu etwas anderm da sein
könne, als wohl und zufrieden zu leben, und daß er nur deßwegen Wurzeln schlagen soll, um seinen Stamm in die Höhe
zu treiben. Dieser denkt nicht daran, daß er vor allen Dingen
wohl leben muß, um gleichförmig gut und edel zu denken, und daß
es auch um den Stamm gethan ist, wenn die Wurzeln fehlen.

Wenn in einem System etwas ausgelassen ist, wornach doch
ein dringendes und nicht zu umgehendes Bedürfniß in der Natur
sich vorfindet, so ist die Natur nur durch eine Inconsequenz
gegen das System zu befriedigen. Einer solchen Inconsequenz
machen auch hier beide Theile sich schuldig, und sie beweist,
wenn es bis jetzt noch zweifelhaft geblieben sein könnte, zugleich
die Einseitigkeit beider Systeme und den reichen Gehalt der
menschlichen Natur. Von dem Idealisten brauch' ich es nicht
erst insbesondere darzuthun, daß er nothwendig aus seinem
System treten muß, sobald er eine bestimmte Wirkung bezweckt;
denn alles bestimmte Dasein steht unter zeitlichen Bedingungen
und erfolgt nach empirischen Gesetzen. In Rücksicht auf den
Realisten hingegen könnte es zweifelhafter scheinen, ob er nicht
auch schon innerhalb seines Systems allen nothwendigen Forderungen der Menschheit Genüge leisten kann. Wenn man den
Realisten fragt: Warum thust du, was recht ist, und selbst,

was nothwendig ist? so wird er im Geist seines Systems darauf antworten: weil es die Natur so mit sich bringt, weil es so sein muß. Aber damit ist die Frage noch keineswegs beantwortet, denn es ist nicht davon die Rede, was die Natur mit sich bringt, sondern was der Mensch will; denn er kann ja auch nicht wollen, was sein muß. Man kann ihn also wieder fragen: warum willst du denn, was sein muß? Warum unterwirfst sich dein freier Wille dieser Naturnothwendigkeit, da er sich ihr eben so gut (wenn gleich ohne Erfolg; von dem hier auch gar nicht die Rede ist) entgegensetzen könnte und sich in Millionen deiner Brüder derselben wirklich entgegensetzt? Du kannst nicht sagen, weil alle andern Naturwesen sich derselben unterwerfen, denn du allein hast einen Willen, ja, du fühlst, daß deine Unterwerfung eine freiwillige sein soll. Du unterwirfst dich also, wenn es freiwillig geschieht, nicht der Naturnothwendigkeit selbst, sondern der Idee derselben; denn jene zwingt dich bloß blind, wie sie den Wurm zwingt; deinem Willen aber kann sie nichts anhaben, da du, selbst von ihr zermalmt, einen andern Willen haben kannst. Woher bringst du aber jene Idee der Naturnothwendigkeit? Aus der Erfahrung doch wohl nicht, die dir nur einzelne Naturwirkungen, aber keine Natur (als Ganzes) und nur einzelne Wirklichkeiten, aber keine Nothwendigkeit liefert. Du gehst also über die Natur hinaus und bestimmst dich idealistisch, so oft du entweder moralisch handeln oder nur nicht blind leiden willst. Es ist also offenbar, daß der Realist würdiger handelt, als er seiner Theorie nach zugibt, so wie der Idealist erhabener denkt, als er handelt. Ohne es sich selbst zu gestehen, beweist jener durch die ganze Haltung seines Lebens die Selbstständigkeit, dieser durch einzelne Handlungen die Bedürftigkeit der menschlichen Natur.

Einem aufmerksamen und parteilosen Leser werde ich nach der hier gegebenen Schilderung (deren Wahrheit auch derjenige eingestehen kann, der das Resultat nicht annimmt) nicht erst zu beweisen brauchen, daß das Ideal menschlicher Natur unter beide vertheilt, von keinem aber völlig erreicht ist. Erfahrung und Vernunft haben beide ihre eigenen Gerechtsame und keine kann in das Gebiet der andern einen Eingriff thun, ohne entweder für den innern oder äußern Zustand des Menschen schlimme Folgen anzurichten. Die Erfahrung allein kann uns lehren, was unter gewissen Bedingungen ist, was unter bestimmten Voraussetzungen erfolgt, was zu bestimmten Zwecken geschehen muß. Die Vernunft allein kann uns hingegen lehren, was ohne alle Bedingung gilt, und was nothwendig sein muß. Maßen wir uns nun an, mit unserer bloßen Vernunft über das äußere Dasein der Dinge etwas ausmachen zu wollen, so treiben wir bloß ein leeres Spiel, und das Resultat wird auf nichts hinauslaufen; denn alles Dasein steht unter Bedingungen, und die Vernunft bestimmt unbedingt. Lassen wir aber ein zufälliges Ereigniß über dasjenige entscheiden, was schon der bloße Begriff unsers eigenen Seins mit sich bringt, so machen wir uns selber zu einem leeren Spiele des Zufalls, und unsere Persönlichkeit wird auf nichts hinauslaufen. In dem ersten Fall ist es also um den **Werth** (den zeitlichen Gehalt) unsers Lebens, in dem zweiten um die **Würde** (den moralischen Gehalt) unsers Lebens gethan.

Zwar haben wir in der bisherigen Schilderung dem Realisten einen moralischen Werth und dem Idealisten einen Erfahrungsgehalt zugestanden, aber bloß insofern beide nicht ganz consequent verfahren, und die Natur in ihnen mächtiger wirkt, als das System. Obgleich aber beide dem Ideal vollkommener Menschheit nicht ganz entsprechen, so ist zwischen beiden doch der wichtige Unterschied, daß der Realist zwar dem Vernunftbegriff der Menschheit in keinem einzelnen Falle Genüge leistet, dafür aber dem Verstandesbegriff derselben auch niemals widerspricht, der Idealist hingegen zwar in einzelnen Fällen dem höchsten Begriff der Menschheit näher kommt, dagegen aber nicht selten sogar unter dem niedrigsten Begriffe derselben bleibet. Nun

nicht
bleibet.

kommt es aber in der Praxis des Lebens weit mehr darauf an, daß das Ganze gleichförmig menschlich gut, als daß das Einzelne zufällig göttlich sei — und wenn also der Idealist ein geschickteres Subjekt ist, uns von dem, was der Menschheit möglich ist, einen großen Begriff zu erwecken und Achtung für ihre Bestimmung einzuflößen, so kann nur der Realist sie mit Stetigkeit in der Erfahrung ausführen und die Gattung in ihren ewigen Grenzen erhalten. Jener ist zwar ein edleres, aber ein ungleich weniger vollkommenes Wesen; dieser erscheint zwar durchgängig weniger edel, aber er ist dagegen desto vollkommener; denn das Edle liegt schon in dem Beweis eines großen Vermögens, aber das Vollkommene liegt in der Haltung des Ganzen und in der wirklichen That.

Was von beiden Charakteren in ihrer besten Bedeutung gilt, das wird noch merklicher in ihren beiderseitigen Carricaturen. Der wahre Realism ist wohlthätiger in seinen Wirkungen, und nur weniger edel in seiner Quelle; der falsche ist in seiner Quelle verächtlich und in seinen Wirkungen nur etwas weniger verderblich. Der wahre Realist nämlich unterwirft sich zwar der Natur und ihrer Nothwendigkeit, aber der Natur als einem Ganzen, aber ihrer ewigen und absoluten Nothwendigkeit, nicht ihren blinden und augenblicklichen Nöthigungen. Mit Freiheit umfaßt und befolgt er ihr Gesetz, und immer wird er das Individuelle dem Allgemeinen unterordnen; daher kann es auch nicht fehlen, daß er mit dem ächten Idealisten in dem endlichen Resultat übereinkommen wird, wie verschieden auch der Weg ist, welchen beide dazu einschlagen. Der gemeine Empiriker hingegen unterwirft sich der Natur als einer Macht und mit wahlloser blinder Ergebung. Auf das Einzelne sind seine Urtheile, seine Bestrebungen beschränkt; er glaubt und begreift nur, was er betastet; er schätzt nur, was ihn sinnlich verbessert. Er ist daher auch weiter nichts, als was die äußern Eindrücke zufällig aus ihm machen wollen; seine Selbstheit ist unterdrückt, und als

Menſch hat er abſolut keinen Werth und keine Würde; aber als
Sache iſt er noch immer etwas, er kann noch immer zu etwas
gut ſein. Eben die Natur, der er ſich blindlings überliefert,
läßt ihn nicht ganz ſinken; ihre ewigen Grenzen ſchützen ihn,
ihre unerſchöpflichen Hilfsmittel retten ihn, ſobald er ſeine Freiheit nur ohne allen Vorbehalt aufgibt. Obgleich er in dieſem
Zuſtand von keinen Geſetzen weiß, ſo walten dieſe doch unerkannt
über ihm, und wie ſehr auch ſeine einzelnen Beſtrebungen mit
dem Ganzen im Streit liegen mögen, ſo wird ſich dieſes doch
unfehlbar dagegen zu behaupten wiſſen. Es gibt Menſchen
genug, ja, wohl ganze Völker, die in dieſem verächtlichen Zu-
ſtande leben, die bloß durch die Gnade des Naturgeſetzes, ohne
alle Selbſtheit, beſtehen und daher auch nur zu etwas gut ſind;
aber daß ſie auch nur leben und beſtehen, beweist, daß dieſer
Zuſtand nicht ganz gehaltlos iſt.

Wenn dagegen ſchon der wahre Idealism in ſeinen Wirkungen unſicher und öfters gefährlich iſt, ſo iſt der falſche in
den ſeinigen ſchrecklich. Der wahre Idealiſt verläßt nur deßwegen
die Natur und Erfahrung, weil er hier das Unwandelbare und
unbedingt Nothwendige nicht findet, wornach die Vernunft ihn
doch ſtreben heißt; der Phantaſt verläßt die Natur aus bloßer
Willkür, um dem Eigenſinne der Begierden und den Launen
der Einbildungskraft deſto ungebundener nachgeben zu können.
Nicht in die Unabhängigkeit von phyſiſchen Nöthigungen, in
die Loſſprechung von moraliſchen ſetzt er ſeine Freiheit. Der
Phantaſt verläugnet alſo nicht bloß den menſchlichen — er verläugnet allen Charakter, er iſt völlig ohne Geſetz, er iſt alſo
gar nichts und dient auch zu gar nichts. Aber eben darum,
weil die Phantaſterei keine Ausſchweifung der Natur, ſondern
der Freiheit iſt, alſo aus einer an ſich achtungswürdigen Anlage
entſpringt, die ins Unendliche perfectibel iſt, ſo führt ſie auch
zu einem unendlichen Fall in eine bodenloſe Tiefe, und kann nur
in einer völligen Zerſtörung ſich endigen.

Ueber den moralischen Nutzen ästhetischer Sitten.

Der Verfasser des Aufsatzes über die Gefahr ästhetischer Sitten im eilften Stücke der Horen des Jahrs 1795 [1] hat eine Moralität mit Recht in Zweifel gezogen, welche bloß allein auf Schönheitsgefühle gegründet wird und den Geschmack allein zu ihrem Gewährsmann hat. Aber auf das moralische Leben hat ein reges und reines Gefühl für Schönheit offenbar den glück-lichsten Einfluß, und von diesem werde ich hier handeln.

Wenn ich dem Geschmack das Verdienst zuschrieb, zur Be-förderung der Sittlichkeit beizutragen, so kann meine Meinung gar nicht sein, daß der Antheil, den der gute Geschmack an einer Handlung nimmt, diese Handlung zu einer sittlichen machen könne. Das Sittliche darf nie einen andern Grund haben, als sich selbst. Der Geschmack kann die Moralität des Betragens begünstigen, wie ich in dem gegenwärtigen Versuche zu er-weisen hoffe, aber er selbst kann durch seinen Einfluß nie etwas Moralisches erzeugen.

Es ist hier mit der innern und moralischen Freiheit ganz derselbe Fall, wie mit der äußern physischen; frei in dem letztern Sinn handle ich nur alsdann, wenn ich, unabhängig von jedem fremden Einfluß, bloß meinem Willen folge. Aber die Möglichkeit, meinem eigenen Willen uneingeschränkt zu folgen,

---

[1] Anmerkung des Herausgebers. Der hier erwähnte Aufsatz ist ein Theil jener Abhandlung, welche der Verfasser unter dem Titel: Ueber die nothwendigen Grenzen beim Gebrauche schöner Formen (s. S. 255), der Sammlung seiner kleinen prosaischen Schriften einrückte.

kann ich doch zuletzt einem von mir verschiedenen Grund zu
danken haben, sobald angenommen wird, daß der letztere meinen
Willen hätte einschränken können. Eben so kann ich die Mög=
lichkeit, gut zu handeln, zuletzt doch einem von meiner Vernunft
verschiedenen Grunde zu danken haben, sobald dieser letztere als
eine Kraft gedacht wird, die meine Gemüthsfreiheit hätte ein=
schränken können. Wie man also gar wohl sagen kann, daß ein
Mensch von einem andern Freiheit erhalte, obgleich die Freiheit
selbst darin besteht, daß man überhoben ist, sich nach Andern
zu richten: eben so gut kann man sagen, daß der Geschmack
zur Tugend verhelfe, obgleich die Tugend selbst es ausdrücklich
mit sich bringt, daß man sich dabei keiner fremden Hilfe bediene.

Eine Handlung hört deßwegen gar nicht auf, frei zu heißen,
weil glücklicher Weise derjenige sich ruhig verhält, der sie hätte
einschränken können, sobald wir nur wissen, daß der Handelnde
dabei bloß seinem eigenen Willen folgte ohne Rücksicht auf einen
fremden. Eben so verliert eine innere Handlung deßwegen das
Prädikat einer sittlichen noch nicht, weil glücklicher Weise die
Versuchungen fehlen, die sie hätten rückgängig machen können,
sobald wir nur annehmen, daß der Handelnde dabei bloß dem
Ausspruch seiner Vernunft mit Ausschließung fremder Trieb=
federn folgte. Die Freiheit einer äußern Handlung beruht bloß
auf ihrem **unmittelbaren Ursprung aus dem Willen
der Person,** die Sittlichkeit einer innern Handlung bloß auf
der **unmittelbaren Bestimmung des Willens durch
das Gesetz der Vernunft.**

Es kann uns schwerer oder leichter werden, als freie Men=
schen zu handeln, je nachdem wir auf Kräfte stoßen, die unsrer
Freiheit entgegenwirken und bezwungen werden müssen. Insofern
gibt es Grade der Freiheit. Unsere Freiheit ist größer, sicht=
barer wenigstens, wenn wir sie bei noch so heftigem Widerstand
feindseliger Kräfte behaupten; aber sie hört darum nicht auf,
wenn unser Wille keinen Widerstand findet, oder wenn eine

fremde Gewalt sich ins Mittel schlägt und diesen Widerstand ohne unser Zuthun vernichtet.

Eben so mit der Moralität. Es kann uns mehr oder weniger Kampf kosten, unmittelbar der Vernunft zu gehorchen, je nachdem sich Antriebe in uns regen, die ihren Vorschriften widerstreiten, und die wir abweisen müssen. Insofern gibt es Grade der Moralität. Unsere Moralität ist größer, hervorstechender wenigstens, wenn wir, bei noch so großen Antrieben zum Gegentheil, unmittelbar der Vernunft gehorchen; aber sie hört deßwegen nicht auf, wenn sich keine Anreizung zum Gegentheil findet, oder wenn etwas anderes, als unsere Willenskraft, diese Anreizung entkräftet. Genug, wir handeln sittlichgut, sobald wir nur darum so handeln, weil es sittlich ist, und ohne uns erst zu fragen, ob es auch angenehm ist; gesetzt auch, es wäre eine Wahrscheinlichkeit vorhanden, daß wir anders handeln würden, wenn es uns Schmerz machte oder ein Vergnügen entzöge.

Zur Ehre der menschlichen Natur läßt sich annehmen, daß kein Mensch so tief sinken kann, um das Böse bloß deßwegen, weil es böse ist, vorzuziehen, sondern, daß jeder ohne Unterschied das Gute vorziehen würde, weil es das Gute ist, wenn es nicht zufälliger Weise das Angenehme ausschlösse oder das Unangenehme nach sich zöge. Alle Unmoralität in der Wirklichkeit scheint also aus der Collision des Guten mit dem Angenehmen oder, was auf Eins hinausläuft, der Begierde mit der Vernunft zu entspringen und einerseits die Stärke der sinnlichen Antriebe, andererseits die Schwäche der moralischen Willenskraft zur Quelle zu haben.

Moralität kann also auf zweierlei Weise befördert werden, wie sie auf zweierlei Weise gehindert wird. Entweder man muß die Partei der Vernunft und die Kraft des guten Willens verstärken, daß keine Versuchung ihn überwältigen könne, oder man muß die Macht der Versuchung brechen, damit auch die schwächere Vernunft und der schwächere gute Wille ihnen noch überlegen seien.

Zwar könnte es scheinen, als ob durch die letztere Operation die Moralität selbst nichts gewönne, weil mit dem Willen, dessen Beschaffenheit doch allein eine Handlung moralisch macht, keine Veränderung dabei vorgeht. Das ist aber auch in dem angenommenen Fall gar nicht nöthig, wo man keinen schlimmen Willen, der verändert werden mußte, nur einen guten, der schwach ist, voraussetzt. Und dieser schwache gute Wille kommt auf diesem Weg doch zur Wirkung, was vielleicht nicht geschehen wäre, wenn stärkere Antriebe ihm entgegengearbeitet hätten. Wo aber ein guter Wille der Grund einer Handlung wird, da ist wirklich Moralität vorhanden. Ich trage also kein Bedenken, den Satz aufzustellen, daß dasjenige die Moralität wahrhaft befördert, was den Widerstand der Neigung gegen das Gute vernichtet.

Der natürliche innere Feind der Moralität ist der sinnliche Trieb, der, sobald ihm ein Gegenstand vorgehalten wird, nach Befriedigung strebt und, sobald die Vernunft etwas ihm Anstößiges gebietet, ihren Vorschriften sich entgegensetzt. Dieser sinnliche Trieb ist ohne Aufhören geschäftig, den Willen in sein Interesse zu ziehen, der doch unter sittlichen Gesetzen steht und die Verbindlichkeit auf sich hat, sich mit den Ansprüchen der Vernunft nie im Widerspruch zu befinden.

Der sinnliche Trieb aber erkennt kein sittliches Gesetz und will sein Objekt durch den Willen realisiert haben, was auch die Vernunft dazu sprechen mag. Diese Tendenz unsrer Begehrungskraft, dem Willen unmittelbar und ohne alle Rücksicht auf höhere Gesetze zu gebieten, steht mit unsrer sittlichen Bestimmung im Streite und ist der stärkste Gegner, den der Mensch in seinem moralischen Handeln zu bekämpfen hat. Rohen Gemüthern, denen es zugleich an moralischer und an ästhetischer Bildung fehlt, gibt die Begierde unmittelbar das Gesetz, und sie handeln bloß, wie ihren Sinnen gelüstet. Moralischen Gemüthern, denen aber die ästhetische Bildung fehlt, gibt die

Vernunft unmittelbar das Gesetz, und es ist bloß der Hinblick auf die Pflicht, wodurch sie über Versuchung siegen. In ästhetisch verfeinerten Seelen ist noch eine Instanz mehr, welche nicht selten die Tugend ersetzt, wo sie mangelt, und da erleichtert, wo sie ist. Diese Instanz ist der Geschmack.

Der Geschmack fordert Mäßigung und Anstand, er verabscheut alles, was eckig, was hart, was gewaltsam ist, und neigt sich zu allem, was sich leicht und harmonisch zusammenfügt. Daß wir auch im Sturm der Empfindung die Stimme der Vernunft anhören und den rohen Ausbrüchen der Natur eine Grenze setzen, dies fordert schon bekanntlich der gute Ton, der nichts anders ist als ein ästhetisches Gesetz, von jedem civilisierten Menschen. Dieser Zwang, den sich der civilisierte Mensch bei Aeußerung seiner Gefühle auflegt, verschafft ihm über diese Gefühle selbst einen Grad von Herrschaft, erwirbt ihm wenigstens eine Fertigkeit, den bloß leidenden Zustand seiner Seele durch einen Akt von Selbstthätigkeit zu unterbrechen und den raschen Uebergang der Gefühle in Handlungen durch Reflexion aufzuhalten. Alles aber, was die blinde Gewalt der Affekte bricht, bringt zwar noch keine Tugend hervor (denn diese muß immer ihr eigenes Werk sein), aber es macht dem Willen Raum, sich zur Tugend zu wenden. Dieser Sieg des Geschmacks über den rohen Affekt ist aber ganz und gar keine sittliche Handlung, und die Freiheit, welche der Wille hier durch den Geschmack gewinnt, noch ganz und gar keine moralische Freiheit. Der Geschmack befreit das Gemüth bloß insofern von dem Joch des Instinkts, als er es in seinen Fesseln führt, und, indem er den ersten und offenbaren Feind der sittlichen Freiheit entwaffnet, bleibt er selbst nicht selten als der zweite noch übrig, der unter der Hülle des Freundes nur desto gefährlicher sein kann. Der Geschmack nämlich regiert das Gemüth auch bloß durch den Reiz des Vergnügens — eines edlern Vergnügens freilich, weil die Vernunft seine Quelle ist — aber,

wo das Vergnügen den Willen bestimmt, da ist noch keine
Moralität vorhanden.

Etwas Großes ist aber doch bei dieser Einmischung des
Geschmacks in die Operationen des Willens gewonnen worden.
Alle jene materiellen Neigungen und rohen Begierden, die sich
der Ausübung des Guten oft so hartnäckig und stürmisch ent=
gegensetzen, sind durch den Geschmack aus dem Gemüthe ver=
wiesen, und an ihrer Statt edlere und sanftere Neigungen
darin angepflanzt worden, die sich auf Ordnung, Harmonie
und Vollkommenheit beziehen und, wenn sie gleich selbst keine
Tugenden sind, doch ein Objekt mit der Tugend theilen. Wenn
also jetzt die Begierde spricht, so muß sie eine strenge Muste=
rung vor dem Schönheitssinn aushalten; und, wenn jetzt die
Vernunft spricht und Handlungen der Ordnung, Harmonie und
Vollkommenheit gebietet, so findet sie nicht nur keinen Wider=
stand, sondern vielmehr die lebhafteste Beistimmung von Seiten
der Neigung. Wenn wir nämlich die verschiedenen Formen
durchlaufen, unter welchen sich die Sittlichkeit äußern kann,
so werden wir sie alle auf diese zwei zurückführen können. Ent=
weder macht die Sinnlichkeit die Motion im Gemüth, daß
etwas geschehe oder nicht geschehe, und der Wille verfügt dar=
über nach dem Vernunftgesetz; oder die Vernunft macht die
Motion, und der Wille gehorcht ihr, ohne Anfrage bei den Sinnen.

Die griechische Prinzessin Anna Komnena erzählt uns von
einem gefangenen Rebellen, den ihr Vater Alexius, da er noch
General seines Vorgängers war, den Auftrag gehabt habe nach
Constantinopel zu escortieren. Unterwegs, als beide allein zu=
sammen ritten, bekömmt Alexius Lust, unter dem Schatten
eines Baumes Halt zu machen und sich da von der Sonnen=
hitze zu erholen. Bald übermannte ihn der Schlaf. Nur der
Andere, dem die Furcht des ihn erwartenden Todes keine Ruhe
ließ, blieb munter. Indem jener nun im tiefen Schlafe liegt,
erblickt der letztere des Alexius Schwert, das an einem Baum=

zweige aufgegangen ist, und geräth in Versuchung, sich durch
Ermordung seines Hüters in Freiheit zu setzen. Anna Kom=
nena gibt zu verstehen, daß sie nicht wisse, was geschehen sein
würde, wenn Alexius nicht glücklicher Weise sich noch ermuntert
hätte. Hier war nun ein moralischer Rechtshandel der ersten
Gattung, wo der sinnliche Trieb die erste Stimme führte, und
die Vernunft erst darüber als Richterin erkannte. Hätte jener
nun die Versuchung aus bloßer Achtung für die Gerechtigkeit
besiegt, so wäre kein Zweifel, daß er moralisch gehandelt hätte.

Als der verewigte Herzog Leopold von Braunschweig an
den Ufern der reißenden Oder mit sich zu Rathe ging, ob er
sich mit Gefahr seines Lebens dem stürmischen Strom über=
lassen sollte, damit einige Unglückliche gerettet würden, die
ohne ihn hilflos waren — und als er, ich setze diesen Fall,
einzig aus Bewußtsein dieser Pflicht, in den Nachen sprang,
den kein anderer besteigen wollte, so ist wohl niemand, der
ihm absprechen wird, moralisch gehandelt zu haben. Der Herzog
befand sich hier in dem entgegengesetzten Fall von dem vorigen.
Die Vorstellung der Pflicht ging hier vorher, und dann erst
regte sich der Erhaltungstrieb, die Vorschrift der Vernunft zu
bekämpfen. In beiden Fällen aber verhielt sich der Wille auf
dieselbe Art: er folgte unmittelbar der Vernunft, daher sind
beide moralisch.

Ob aber beide Fälle es auch noch dann bleiben, wenn wir
dem Geschmacke darauf Einfluß geben?

Gesetzt also, der Erste, welcher versucht wurde, eine schlimme
Handlung zu begehen, und sie aus Achtung für die Gerechtigkeit
unterließ, habe einen so gebildeten Geschmack, daß alles Schänd=
liche und Gewaltthätige ihm einen Abscheu erweckt, den nichts
überwinden kann, so wird in dem Augenblick, als der Er=
haltungstrieb auf etwas Schändliches dringt, schon der bloße
ästhetische Sinn es verwerfen — es wird also gar nicht einmal
vor das moralische Forum, vor das Gewissen, kommen, sondern

schon in einer frühern Instanz fallen. Nun regiert aber der
ästhetische Sinn den Willen bloß durch Gefühle, nicht durch
Gesetze. Jener Mensch versagt sich also das angenehme Gefühl
des geretteten Lebens, weil er das widrige, eine Niederträchtigkeit begangen zu haben, nicht ertragen kann. Das ganze Geschäft wird also schon im Forum der Empfindung verhandelt,
und das Betragen dieses Menschen, so legal es ist, ist moralisch
indifferent — eine bloße schöne Wirkung der Natur.

Gesetzt nun, der Andere, dem seine Vernunft vorschrieb,
etwas zu thun, wogegen sich der Naturtrieb empörte, habe
gleichfalls einen so reizbaren Schönheitssinn, den alles, was
groß und vollkommen ist, entzückt, so wird in demselben Augenblick, als die Vernunft ihren Ausspruch thut, auch die Sinnlichkeit zu ihr übertreten, und er wird das mit Neigung thun,
was er ohne diese zarte Empfindlichkeit für das Schöne gegen
die Neigung hätte thun müssen. Werden wir ihn aber deßwegen
für minder vollkommen halten? Gewiß nicht; denn er handelt
ursprünglich aus reiner Achtung für die Vorschrift der Vernunft,
und daß er diese Vorschrift mit Freuden befolgt, das kann der
sittlichen Reinheit seiner That keinen Abbruch thun. Er ist also
moralisch eben so vollkommen, physisch hingegen ist er bei
weitem vollkommener; denn er ist ein weit zweckmäßigeres
Subjekt für die Tugend.

Der Geschmack gibt also dem Gemüth eine für die Tugend
zweckmäßige Stimmung, weil er die Neigungen entfernt, die sie
hindern, und diejenigen erweckt, die ihr günstig sind. Der Geschmack kann der wahren Tugend keinen Eintrag thun, wenn er
gleich in allen den Fällen, wo der Naturtrieb die erste Anregung
macht, dasjenige schon vor seinem Richterstuhl abthut, worüber
sonst das Gewissen hätte erkennen müssen, und also Ursache ist,
daß sich unter den Handlungen derer, die durch ihn regiert
werden, weit mehr indifferente, als wahrhaft moralische befinden.
Denn die Vortrefflichkeit der Menschen beruht ganz und gar nicht

auf der größern Summe einzelner rigoristisch-moralischer Handlungen, sondern auf der größern Congruenz der ganzen Naturanlage mit dem moralischen Gesetz, und es gereicht seinem Volk oder Zeitalter eben nicht so sehr zur Empfehlung, wenn man in demselben so oft von Moralität und einzelnen moralischen Thaten hört; vielmehr darf man hoffen, daß am Ende der Kultur, wenn ein solches sich überhaupt nur gedenken läßt, wenig mehr davon die Rede sein werde. Der Geschmack kann hingegen der wahren Tugend in allen den Fällen positiv nützen, wo die Vernunft die erste Anregung macht und in Gefahr ist, von der stärkern Gewalt der Naturtriebe überstimmt zu werden. In diesen Fällen nämlich stimmt er unsre Sinnlichkeit zum Vortheil der Pflicht und macht also auch ein geringes Maß moralischer Willenskraft der Ausübung der Tugend gewachsen.

Wenn nun der Geschmack, als solcher, der wahren Moralität in keinem Fall schadet, in mehrern aber offenbar nützt, so muß der Umstand ein großes Gewicht erhalten, daß er der Legalität unsers Betragens im höchsten Grade beförderlich ist. Gesetzt nun, daß die schöne Kultur ganz und gar nichts dazu beitragen könnte, uns besser gesinnt zu machen, so macht sie uns wenigstens geschickt, auch ohne eine wahrhaft sittliche Gesinnung also zu handeln, wie eine sittliche Gesinnung es würde mit sich gebracht haben. Nun kommt es zwar vor einem moralischen Forum ganz und gar nicht auf unsere Handlungen an, als insofern sie ein Ausdruck unsrer Gesinnungen sind: aber vor dem physischen Forum und im Plane der Natur kommt es, gerade umgekehrt, ganz und gar nicht auf unsre Gesinnungen an, als insofern sie Handlungen veranlassen, durch die der Naturzweck befördert wird. Nun sind aber beide Weltordnungen, die physische, worin Kräfte, und die moralische, worin Gesetze regieren, so genau auf einander berechnet und so innig mit einander verwebt, daß Handlungen, die ihrer Form nach moralisch zweckmäßig sind, durch ihren Inhalt zugleich eine physische

Zweckmäßigkeit in sich schließen; und, so wie das ganze Natur=
gebäude nur darum vorhanden zu sein scheint, um den höchsten
aller Zwecke, der das Gute ist, möglich zu machen, so läßt sich
das Gute wieder als ein Mittel gebrauchen, um das Natur=
gebäude aufrecht zu halten. Die Ordnung der Natur ist also
von der Sittlichkeit unsrer Gesinnungen abhängig gemacht, und
wir können gegen die moralische Welt nicht verstoßen, ohne zu=
gleich in der physischen eine Verwirrung anzurichten.

Wenn nun von der menschlichen Natur, so lange sie mensch=
liche Natur bleibt, nie und nimmer zu erwarten ist, daß sie
ohne Unterbrechung und Rückfall gleichförmig und beharrlich als
reine Vernunft handle und nie gegen die sittliche Ordnung an=
stoße; wenn wir bei aller Ueberzeugung sowohl von der Noth=
wendigkeit als von der Möglichkeit reiner Tugend uns gestehen
müssen, wie sehr zufällig ihre wirkliche Ausübung ist, und wie
wenig wir auf die Unüberwindlichkeit unsrer besseren Grundsätze
bauen dürfen; wenn wir uns bei diesem Bewußtsein unserer
Unzuverlässigkeit erinnern, daß das Gebäude der Natur durch
jeden unsrer moralischen Fehltritte leidet; wenn wir uns alles
dieses ins Gedächtniß rufen, so würde es die frevelhafteste Ver=
wegenheit sein, das Beste der Welt auf dieses Ungefähr unsrer
Tugend ankommen zu lassen. Vielmehr erwächst hieraus eine
Verbindlichkeit für uns, wenigstens der physischen Weltordnung
durch den Inhalt unsrer Handlungen Genüge zu leisten, wenn
wir es auch der moralischen durch die Form derselben nicht
recht machen sollten, wenigstens, als vollkommene Instrumente,
dem Naturzwecke zu entrichten, was wir, als unvollkommene
Personen, der Vernunft schuldig bleiben, um nicht vor beiden
Tribunalen zugleich mit Schande zu bestehen. Wenn wir deß=
wegen, weil sie ohne moralischen Werth ist, für die Legalität
unsers Betragens keine Anstalten treffen wollten, so könnte sich
die Weltordnung darüber auflösen, und, ehe wir mit unsern
Grundsätzen fertig würden, alle Bande der Gesellschaft zerrissen

sein. Je zufälliger aber unsre Moralität ist, desto nothwendiger ist es, Vorkehrungen für die Legalität zu treffen, und eine leichtsinnige oder stolze Versäumniß dieser letztern kann uns moralisch zugerechnet werden. Eben so, wie der Wahnsinnige, der seinen nahenden Paroxysmus ahnt, alle Messer entfernt und sich freiwillig den Banden darbietet, um für die Verbrechen seines zerstörten Gehirns nicht im gesunden Zustand verantwortlich zu sein; eben so sind auch wir verpflichtet, uns durch Religion und durch ästhetische Gesetze zu binden, damit unsere Leidenschaft in den Perioden ihrer Herrschaft nicht die physische Ordnung verletze.

Ich habe hier nicht ohne Absicht Religion und Geschmack in eine Klasse gesetzt, weil beide das Verdienst gemein haben, dem Effekt, wenn gleich nicht dem innern Werth nach, zu einem Surrogat der wahren Tugend zu dienen und die Legalität da zu sichern, wo die Moralität nicht zu hoffen ist. Obgleich derjenige im Range der Geister unstreitig eine höhere Stelle bekleiden würde, der weder die Reize der Schönheit noch die Aussichten auf eine Unsterblichkeit nöthig hätte, um sich bei allen Vorfällen der Vernunft gemäß zu betragen, so nöthigen doch die bekannten Schranken der Menschheit selbst den rigidesten Ethiker, von der Strenge seines Systems in der Anwendung etwas nachzulassen, ob er demselben gleich in der Theorie nichts vergeben darf, und das Wohl des Menschengeschlechts, das durch unsere zufällige Tugend gar übel besorgt sein würde, noch zur Sicherheit an den beiden starken Ankern der Religion und des Geschmacks zu befestigen.

Ueber das Erhabene. [1]

„Kein Mensch muß müssen," sagt der Jude Nathan zum
Derwisch, und dieses Wort ist in einem weiteren Umfange wahr,
als man demselben vielleicht einräumen möchte. Der Wille ist
der Geschlechtscharakter des Menschen, und die Vernunft selbst
ist nur die ewige Regel desselben. Vernünftig handelt die ganze
Natur; sein Prärogativ ist bloß, daß er mit Bewußtsein und
Willen vernünftig handelt. Alle andern Dinge müssen; der
Mensch ist das Wesen, welches will.

Eben deßwegen ist des Menschen nichts so unwürdig, als
Gewalt zu erleiden, denn Gewalt hebt ihn auf. Wer sie uns
anthut, macht uns nichts Geringeres als die Menschheit streitig;
wer sie feiger Weise erleidet, wirft seine Menschheit hinweg.
Aber dieser Anspruch auf absolute Befreiung von allem, was
Gewalt ist, scheint ein Wesen vorauszusetzen, welches Macht
genug besitzt, jede andere Macht von sich abzutreiben. Findet
er sich in einem Wesen, welches im Reich der Kräfte nicht den
obersten Rang behauptet, so entsteht daraus ein unglücklicher
Widerspruch zwischen dem Trieb und dem Vermögen.

In diesem Falle befindet sich der Mensch. Umgeben von

---

[1] Anmerkung des Herausgebers. Diese Abhandlung erschien zuerst
im III. Theile der Sammlung kleiner prosaischer Schriften (Leipzig bei Crusius
1801), s. die Anmerkung zur bereits eben gegebenen Abhandlung: Ueber das
Pathetische, S. 311 des elften Bandes.

zahllosen Kräften, die alle ihm überlegen sind und den Meister
über ihn spielen, macht er durch seine Natur Anspruch, von
keiner Gewalt zu erleiden. Durch seinen Verstand zwar steigert
er künstlicher Weise seine natürlichen Kräfte, und bis auf einen
gewissen Punkt gelingt es ihm wirklich, physisch über alles Phy=
sische Herr zu werden. Gegen alles, sagt das Sprüchwort, gibt
es Mittel, nur nicht gegen den Tod. Aber diese einzige Aus=
nahme, wenn sie das wirklich im strengsten Sinne ist, würde
den ganzen Begriff des Menschen aufheben. Nimmermehr kann
er das Wesen sein, welches will, wenn es auch nur einen
Fall gibt, wo er schlechterdings muß, was er nicht will. Dieses
einzige Schreckliche, was er nur muß und nicht will, wird
wie ein Gespenst ihn begleiten und ihn, wie auch wirklich bei
den meisten Menschen der Fall ist, den blinden Schrecknissen
der Phantasie zur Beute überliefern; seine gerühmte Freiheit ist
absolut nichts, wenn er auch nur in einem einzigen Punkte
gebunden ist. Die Kultur soll den Menschen in Freiheit setzen
und ihm dazu behilflich sein, seinen ganzen Begriff zu erfüllen.
Sie soll ihn also fähig machen, seinen Willen zu behaupten,
denn der Mensch ist das Wesen, welches will.

Dies ist auf zweierlei Weise möglich. Entweder realistisch,
wenn der Mensch der Gewalt Gewalt entgegensetzt, wenn er als
Natur die Natur beherrschet; oder idealistisch, wenn er aus
der Natur heraustritt und so, in Rücksicht auf sich, den Begriff
der Gewalt vernichtet. Was ihm zu dem ersten verhilft, heißt
physische Kultur. Der Mensch bildet seinen Verstand und seine
sinnlichen Kräfte aus, um die Naturkräfte, nach ihren eigenen
Gesetzen, entweder zu Werkzeugen seines Willens zu machen, oder
sich vor ihren Wirkungen, die er nicht lenken kann, in Sicher=
heit zu setzen. Aber die Kräfte der Natur lassen sich nur bis
auf einen gewissen Punkt beherrschen oder abwehren; über diesen
Punkt hinaus entziehen sie sich der Macht des Menschen und
unterwerfen ihn der ihrigen.

Jetzt also wäre es um seine Freiheit gethan, wenn er keiner andern als physischen Kultur fähig wäre. Er soll aber ohne Ausnahme Mensch sein, also in keinem Fall etwas gegen seinen Willen erleiden. Kann er also den physischen Kräften keine verhältnißmäßige physische Kraft mehr entgegensetzen, so bleibt ihm, um keine Gewalt zu erleiden, nichts Anders übrig, als: ein Verhältniß, welches ihm so nachtheilig ist, ganz und gar aufzuheben und eine Gewalt, die er der That nach erleiden muß, dem Begriff nach zu vernichten. Eine Gewalt dem Begriffe nach vernichten, heißt aber nichts Anders, als sich derselben freiwillig unterwerfen. Die Kultur, die ihn dazu geschickt macht, heißt die moralische.

Der moralisch gebildete Mensch, und nur dieser, ist ganz frei. Entweder er ist der Natur als Macht überlegen, oder er ist einstimmig mit derselben. Nichts, was sie an ihm ausübt, ist Gewalt, denn eh es bis zu ihm kommt, ist es schon seine eigene Handlung geworden, und die dynamische Natur erreicht ihn selbst nie, weil er sich von allem, was sie erreichen kann, freithätig scheidet. Diese Sinnesart aber, welche die Moral unter dem Begriff der Resignation in die Nothwendigkeit und die Religion unter dem Begriff der Ergebung in den göttlichen Rathschluß lehret, erfordert, wenn sie ein Werk der freien Wahl und Ueberlegung sein soll, schon eine größere Klarheit des Denkens und eine höhere Energie des Willens, als dem Menschen im handelnden Leben eigen zu sein pflegt. Glücklicher Weise aber ist nicht bloß in seiner rationalen Natur eine moralische Anlage, welche durch den Verstand entwickelt werden kann, sondern selbst in seiner sinnlich vernünftigen, d. h. menschlichen Natur eine ästhetische Tendenz dazu vorhanden, welche durch gewisse sinnliche Gegenstände geweckt und durch Läuterung seiner Gefühle zu diesem idealistischen Schwung des Gemüths kultivirt werden kann. Von dieser, ihrem Begriff und Wesen nach zwar idealistischen Anlage, die aber auch selbst der Realist in seinem

Leben deutlich genug an den Tag legt, obgleich er sie in seinem System nicht zugibt,[1] werde ich gegenwärtig handeln.

Zwar reichen schon die entwickelten Gefühle für Schönheit dazu hin, uns bis auf einen gewissen Grad von der Natur als einer Macht unabhängig zu machen. Ein Gemüth, welches sich so weit veredelt hat, um mehr von den Formen als dem Stoff der Dinge gerührt zu werden und, ohne alle Rücksicht auf Besitz, aus der bloßen Reflexion über die Erscheinungsweise ein freies Wohlgefallen zu schöpfen, ein solches Gemüth trägt in sich selbst eine innere unverlierbare Fülle des Lebens, und weil es nicht nöthig hat, sich die Gegenstände zuzueignen, in denen es lebt, so ist es auch nicht in Gefahr, derselben beraubt zu werden. Aber endlich will doch auch der Schein einen Körper haben, an welchem er sich zeigt, und so lange also ein Bedürfniß auch nur nach schönem Schein vorhanden ist, bleibt ein Bedürfniß nach dem Dasein von Gegenständen übrig, und unsre Zufriedenheit ist folglich noch von der Natur als Macht abhängig, welche über alles Dasein gebietet. Es ist nämlich etwas ganz Anders, ob wir ein Verlangen nach schönen und guten Gegenständen fühlen, oder ob wir bloß verlangen, daß die vorhandenen Gegenstände schön und gut seien. Das letzte kann mit der höchsten Freiheit des Gemüths bestehen, aber das erste nicht; daß das Vorhandene schön und gut sei, können wir fordern, daß das Schöne und Gute vorhanden sei, bloß wünschen. Diejenige Stimmung des Gemüths, welche gleichgiltig ist, ob das Schöne und Gute und Vollkommene existiere, aber mit rigoristischer Strenge verlangt, daß das Existirende gut und schön und vollkommen sei, heißt vorzugsweise groß und erhaben, weil sie alle Realitäten des schönen Charakters enthält, ohne seine Schranken zu theilen.

[1] Wie überhaupt nichts wahrhaft Idealistisch heißen kann, als was der vollkommene Realist wirklich unbewußt ausübt, und nur durch eine Inconsequenz läugnet.

Es ist ein Kennzeichen guter und schöner, aber jederzeit schwacher Seelen, immer ungeduldig auf Existenz ihrer moralischen Ideale zu dringen und von den Hindernissen derselben schmerzlich gerührt zu werden. Solche Menschen setzen sich in eine traurige Abhängigkeit von dem Zufall, und es ist immer mit Sicherheit vorherzusagen, daß sie der Materie in moralischen und ästhetischen Dingen zu viel einräumen und die höchste Charakter- und Geschmacksprobe nicht bestehen werden. Das moralisch Fehlerhafte soll uns nicht Leiden und Schmerz einflößen, welches immer mehr von einem unbefriedigten Bedürfniß als von einer unerfüllten Forderung zeugt. Diese muß einen rüstigern Affekt zum Begleiter haben und das Gemüth eher stärken und in seiner Kraft befestigen, als kleinmüthig und unglücklich machen.

Zwei Genien sind es, die uns die Natur zu Begleitern durchs Leben gab. Der eine, gesellig und hold, verkürzt uns durch sein munteres Spiel die mühevolle Reise, macht uns die Fesseln der Nothwendigkeit leicht und führt uns unter Freude und Scherz bis an die gefährlichen Stellen, wo wir als reine Geister handeln und alles Körperliche ablegen müssen, bis zur Erkenntniß der Wahrheit und zur Ausübung der Pflicht. Hier verläßt er uns, denn nur die Sinnenwelt ist sein Gebiet; über diese hinaus kann ihn sein irdischer Flügel nicht tragen. Aber jetzt tritt der andere hinzu, ernst und schweigend, und mit starkem Arm trägt er uns über die schwindlichte Tiefe.

In dem ersten dieser Genien erkennt man das Gefühl des Schönen, in dem zweiten das Gefühl des Erhabenen. Zwar ist schon das Schöne ein Ausdruck der Freiheit, aber nicht derjenigen, welche uns über die Macht der Natur erhebt und von allem körperlichen Einfluß entbindet, sondern derjenigen, welche wir innerhalb der Natur als Menschen genießen. Wir fühlen uns frei bei der Schönheit, weil die sinnlichen Triebe mit dem Gesetz der Vernunft harmonieren; wir fühlen uns frei beim

Erhabenen, weil die sinnlichen Triebe auf die Gesetzgebung der Vernunft keinen Einfluß haben, weil der Geist hier handelt, als ob er unter keinen andern als seinen eigenen Gesetzen stünde.

Das Gefühl des Erhabenen ist ein gemischtes Gefühl. Es ist eine Zusammensetzung von Wehsein, das sich in seinem höchsten Grad als ein Schauer äußert, und von Frohsein, das bis zum Entzücken steigen kann und, ob es gleich nicht eigentlich Lust ist, von feinen Seelen aller Lust doch weit vorgezogen wird. Diese Verbindung zweier widersprechender Empfindungen in einem einzigen Gefühl beweist unsere moralische Selbstständigkeit auf eine unwiderlegliche Weise. Denn da es absolut unmöglich ist, daß der nämliche Gegenstand in zwei entgegengesetzten Verhältnissen zu uns stehe, so folgt daraus, daß wir selbst in zwei verschiedenen Verhältnissen zu dem Gegenstand stehen, daß folglich zwei entgegengesetzte Naturen in uns vereinigt sein müssen, welche bei Vorstellung desselben auf ganz entgegengesetzte Art interessiert sind. Wir erfahren also durch das Gefühl des Erhabenen, daß sich der Zustand unsers Geistes nicht nothwendig nach dem Zustand des Sinnes richtet, daß die Gesetze der Natur nicht nothwendig auch die unsrigen sind, und daß wir ein selbstständiges Principium in uns haben, welches von allen sinnlichen Rührungen unabhängig ist.

Der erhabene Gegenstand ist von doppelter Art. Wir beziehen ihn entweder auf unsere Fassungskraft und erliegen bei dem Versuch, uns ein Bild oder einen Begriff von ihm zu bilden; oder wir beziehen ihn auf unsre Lebenskraft und betrachten ihn als eine Macht, gegen welche die unsrige in nichts verschwindet. Aber ob wir gleich in dem einen wie in dem andern Fall durch seine Veranlassung das peinliche Gefühl unserer Grenzen erhalten, so fliehen wir ihn doch nicht, sondern werden vielmehr mit unwiderstehlicher Gewalt von ihm angezogen. Würde dieses wohl möglich sein, wenn die Grenzen unserer Phantasie zugleich die Grenzen unserer Fassungskraft wären? Würden wir wohl an die Allgewalt der Naturkräfte gern erinnert sein wollen, wenn wir nicht noch etwas Anders im Rückhalt hätten, als was ihnen zum Raube werden kann? Wir ergötzen uns an dem Sinnlich-Unendlichen, weil wir denken können, was die Sinne nicht mehr fassen und der Verstand nicht mehr begreift. Wir werden begeistert von dem Furchtbaren, weil wir wollen können, was die Triebe verabscheuen, und verwerfen, was sie begehren. Gern lassen wir die Imagination im Reich der Erscheinungen ihren Meister finden, denn endlich ist es doch nur eine sinnliche Kraft, die über eine andere sinnliche triumphiert, aber an das absolut Große in uns selbst kann die Natur in ihrer ganzen Grenzenlosigkeit nicht reichen. Gern unterwerfen wir der physischen Nothwendigkeit unser Wohlsein und unser Dasein; denn das erinnert uns eben, daß sie über unsre Grundsätze nicht zu gebieten hat. Der Mensch ist in ihrer Hand, aber des Menschen Wille ist in der seinigen.

Und so hat die Natur sogar ein sinnliches Mittel angewendet, uns zu lehren, daß wir mehr als bloß sinnlich sind; so wußte sie selbst Empfindungen dazu zu benutzen, uns der Entdeckung auf die Spur zu führen, daß wir der Gewalt der Empfindungen nichts weniger als sklavisch unterworfen sind. Und dies ist eine ganz andere Wirkung, als durch das Schöne geleistet werden kann — durch das Schöne der Wirklichkeit nämlich, denn im Idealschönen muß sich auch das Erhabene verlieren. Bei dem Schönen stimmen Vernunft und Sinnlichkeit zusammen, und nur um dieser Zusammenstimmung willen hat es Reiz für uns. Durch die Schönheit allein werden wir also ewig nie erfahren, daß wir bestimmt und fähig sind, uns als reine Intelligenzen zu beweisen. Beim Erhabenen hingegen stimmen Vernunft und Sinnlichkeit nicht zusammen, und eben in diesem Widerspruch zwischen beiden liegt der Zauber, womit es unser Gemüth ergreift. Der physische und der moralische Mensch werden hier aufs schärfste von einander geschie-

denn gerade bei solchen Gegenständen, wo der erste nur seine Schranken empfindet, macht der andere die Erfahrung seiner Kraft und wird durch eben das unendlich erhoben, was den andern zu Boden drückt.

Ein Mensch, will ich annehmen, soll alle die Tugenden besitzen, deren Vereinigung den schönen Charakter ausmacht. Er soll in der Ausübung der Gerechtigkeit, Wohlthätigkeit, Mäßigkeit, Standhaftigkeit und Treue seine Wollust finden; alle Pflichten, deren Befolgung ihm die Umstände nahe legen, sollen ihm zum leichten Spiele werden, und das Glück soll ihm keine Handlung schwer machen, wozu nur immer sein menschenfreundliches Herz ihn auffordern mag. Wem wird dieser schöne Einklang der natürlichen Triebe mit den Vorschriften der Vernunft nicht entzückend sein, und wer sich enthalten können einen solchen Menschen zu lieben? Aber können wir uns wohl, bei aller Zuneigung zu demselben, versichert halten, daß er wirklich ein Tugendhafter ist, und daß es überhaupt eine Tugend gibt? Wenn es dieser Mensch auch bloß auf angenehme Empfindungen angelegt hätte, so könnte er, ohne ein Thor zu sein, schlechterdings nicht anders handeln, und er müßte seinen eigenen Vortheil hassen, wenn er lasterhaft sein wollte. Es kann sein, daß die Quelle seiner Handlungen rein ist; aber das muß er mit seinem eigenen Herzen ausmachen: wir sehen nichts davon. Wir sehen ihn nicht mehr thun, als auch der bloß kluge Mann thun müßte, der das Vergnügen zu seinem Gott macht. Die Sinnenwelt also erklärt das ganze Phänomen seiner Tugend, und wir haben gar nicht nöthig, uns jenseits derselben nach einem Grund davon umzusehen.

Dieser nämliche Mensch soll aber plötzlich in ein großes Unglück gerathen. Man soll ihn seiner Güter berauben, man soll seinen guten Namen zu Grund richten; Krankheiten sollen ihn auf ein schmerzhaftes Lager werfen; alle, die er liebt, soll der Tod ihm entreißen, alle, denen er vertraut, ihn in der

Noth verlassen. In diesem Zustande suche man ihn wieder auf und fordere von dem Unglücklichen die Ausübung der nämlichen Tugenden, zu denen der Glückliche einst so bereit gewesen war. Findet man ihn in diesem Stück noch ganz als den Nämlichen, hat die Armuth seine Wohlthätigkeit, der Undank seine Dienstfertigkeit, der Schmerz seine Gleichmüthigkeit, eigenes Unglück seine Theilnehmung an fremdem Glück nicht vermindert, bemerkt man die Verwandlung seiner Umstände in seiner Gestalt, aber nicht in seinem Betragen, in der Materie, aber nicht in der Form seines Handelns — dann freilich reicht man mit keiner Erklärung aus dem Naturbegriff mehr aus (nach welchem es schlechterdings nothwendig ist, daß das Gegenwärtige als Wirkung sich auf etwas Vergangenes als seine Ursache gründet), weil nichts widersprechender sein kann, als daß die Wirkung dieselbe bleibe, wenn die Ursache sich in ihr Gegentheil verwandelt hat. Man muß also jeder natürlichen Erklärung entsagen, muß es ganz und gar aufgeben, das Betragen aus dem Zustande abzuleiten, und den Grund des erstern aus der physischen Weltordnung heraus in eine ganz andere verlegen, welche die Vernunft zwar mit ihren Ideen erfliegen, der Verstand aber mit seinen Begriffen nicht erfassen kann. Diese Entdeckung des absoluten moralischen Vermögens, welches an keine Naturbedingung gebunden ist, gibt dem wehmüthigen Gefühl, wovon wir beim Anblick eines solchen Menschen ergriffen werden, den ganz eigenen unaussprechlichen Reiz, den keine Lust der Sinne, so veredelt sie auch seien, dem Erhabenen streitig machen kann.

Das Erhabene verschafft uns also einen Ausgang aus der sinnlichen Welt, worin uns das Schöne gern immer gefangen halten möchte. Nicht allmählig (denn es gibt von der Abhängigkeit keinen Uebergang zur Freiheit), sondern plötzlich und durch eine Erschütterung reißt es den selbstständigen Geist aus dem Netze los, womit die verfeinerte Sinnlichkeit ihn umstrickte, und das um so fester bindet, je durchsichtiger es gesponnen

Wenn sie durch den unmerklichen Einfluß eines weichlichen Geschmacks auch noch so viel über die Menschen gewonnen hat, wenn es ihr gelungen ist, sich in der verführerischen Hülle des geistigen Schönen in den innersten Sitz der moralischen Gesetzgebung einzudrängen und dort die Heiligkeit der Maximen an ihrer Quelle zu vergiften, so ist oft eine einzige erhabene Rührung genug, dieses Gewebe des Betrugs zu zerreißen, dem gefesselten Geist seine ganze Schnellkraft auf einmal zurückzugeben, ihm eine Revelation über seine wahre Bestimmung zu ertheilen und ein Gefühl seiner Würde, wenigstens für den Moment, aufzunöthigen. Die Schönheit unter der Gestalt der Göttin Kalypso hat den tapfern Sohn des Ulysses bezaubert, und durch die Macht ihrer Reizungen hält sie ihn lange Zeit auf ihrer Insel gefangen. Lange glaubt er einer unsterblichen Gottheit zu huldigen, da er doch nur in den Armen der Wollust liegt; aber ein erhabener Eindruck ergreift ihn plötzlich unter Mentors Gestalt; er erinnert sich seiner bessern Bestimmung, wirft sich in die Wellen und ist frei.

Das Erhabene, wie das Schöne, ist durch die ganze Natur verschwenderisch ausgegossen, und die Empfindungsfähigkeit für beides in alle Menschen gelegt; aber der Keim dazu entwickelt sich ungleich, und durch die Kunst muß ihm nachgeholfen werden. Schon der Zweck der Natur bringt es mit sich, daß wir der Schönheit zuerst entgegeneilen, wenn wir noch vor dem Erhabenen fliehn; denn die Schönheit ist unsere Wärterin im kindischen Alter und soll uns ja aus dem rohen Naturstand zur Verfeinerung führen. Aber ob sie gleich unsre erste Liebe ist, und unsere Empfindungsfähigkeit für dieselbe zuerst sich entfaltet, so hat die Natur doch dafür gesorgt, daß sie langsamer reif wird und zu ihrer völligen Entwicklung erst die Ausbildung des Verstandes und Herzens abwartet. Erreichte der Geschmack seine völlige Reife, ehe Wahrheit und Sittlichkeit auf einen bessern Weg, als durch ihn geschehen kann, in unser Herz gepflanzt wären, so

würde die Sinnenwelt ewig die Grenze unsrer Bestrebungen
bleiben. Wir würden weder in unsern Begriffen, noch in unsern
Gesinnungen über sie hinausgehn, und was die Einbildungskraft
nicht darstellen kann, würde auch keine Realität für uns haben.
Aber glücklicher Weise liegt es schon in der Einrichtung der Natur,
daß der Geschmack, obgleich er zuerst blühet, doch zuletzt unter
allen Fähigkeiten des Gemüths seine Zeitigung erhält. In dieser
Zwischenzeit wird Frist genug gewonnen, einen Reichthum von
Begriffen in dem Kopf und einen Schatz von Grundsätzen in
der Brust anzupflanzen, und dann besonders auch die Empfindungsfähigkeit für das Große und Erhabene aus der Vernunft
zu entwickeln.

So lange der Mensch bloß Sklave der physischen Nothwendigkeit war, aus dem engen Kreis der Bedürfnisse noch keinen Ausgang gefunden hatte, und die hohe dämonische Freiheit in
seiner Brust noch nicht ahnete, so konnte ihn die unfaßbare
Natur nur an die Schranken seiner Vorstellungskraft, und die
verderbende Natur nur an seine physische Ohnmacht erinnern.
Er mußte also die erste mit Kleinmuth vorübergehen, und sich
von der andern mit Entsetzen abwenden. Kaum aber macht
ihm die freie Betrachtung gegen den blinden Andrang der Naturkräfte Raum, und kaum entdeckt er in dieser Fluth von Erscheinungen etwas Bleibendes in seinem eignen Wesen, so fangen
die wilden Naturmassen um ihn herum an, eine ganz andere
Sprache zu seinem Herzen zu reden; und das relativ Große
außer ihm ist der Spiegel, worin er das absolut Große in ihm
selbst erblickt. Furchtlos und mit schauerlicher Lust nähert er sich
jetzt diesen Schreckbildern seiner Einbildungskraft und bietet ab-
sichtlich die ganze Kraft dieses Vermögens auf, das Sinnlich-
Unendliche darzustellen, um, wenn es bei diesem Versuche dennoch
erliegt, die Ueberlegenheit seiner Ideen über das Höchste, was
die Sinnlichkeit leisten kann, desto lebhafter zu empfinden. Der
Anblick unbegrenzter Fernen und unabsehbarer Höhen, der weite

Ocean zu seinen Füßen und der größere Ocean über ihm entreißen seinen Geist der engen Sphäre des Wirklichen und der
drückenden Gefangenschaft des physischen Lebens. Ein größerer
Maßstab der Schätzung wird ihm von der simpeln Majestät der
Natur vorgehalten, und, von ihren großen Gestalten umgeben,
erträgt er das Kleine in seiner Denkart nicht mehr. Wer weiß,
wie manchen Lichtgedanken oder Heldenentschluß, den kein Studier-
terket und kein Gesellschaftssaal zur Welt gebracht haben möchte,
nicht schon dieser muthige Streit des Gemüths mit dem großen
Naturgeist auf einem Spaziergang gebar; wer weiß, ob es nicht
dem seltenern Verkehr mit diesem großen Genius zum Theil zuzu-
schreiben ist, daß der Charakter der Städter sich so gerne zum
Kleinlichen wendet, verkrüppelt und welkt, wenn der Sinn des
Nomaden offen und frei bleibt, wie das Firmament, unter dem
er sich lagert.

Aber nicht bloß das Unerreichbare für die Einbildungskraft,
das Erhabene der Quantität, auch das Unfaßbare für den Verstand, die Verwirrung, kann, sobald sie ins Große geht und
sich als Werk der Natur ankündigt (denn sonst ist sie verächtlich),
zu einer Darstellung des Uebersinnlichen dienen und dem Gemüth
einen Schwung geben. Wer verweilet nicht lieber bei der geistreichen Unordnung einer natürlichen Landschaft, als bei der geistlosen Regelmäßigkeit eines französischen Gartens? Wer bestaunt
nicht lieber den wunderbaren Kampf zwischen Fruchtbarkeit und
Zerstörung in Siciliens Fluren, weidet sein Auge nicht lieber
an Schottlands wilden Katarakten und Nebelgebirgen, Ossians
großer Natur, als daß er in dem schnurgerechten Holland den
sauren Sieg der Geduld über das trotzigste der Elemente bewundert? Niemand wird läugnen, daß in Bataviens Triften für
den physischen Menschen besser gesorgt ist, als unter dem tückischen
Krater des Vesuv, und daß der Verstand, der begreifen und
ordnen will, bei einem regulären Wirthschaftsgarten weit mehr
als bei einer wilden Naturlandschaft seine Rechnung findet. Aber

der Mensch hat noch ein Bedürfniß mehr, als zu leben und sich wohl sein zu lassen, und auch noch eine andere Bestimmung, als die Erscheinungen um ihn herum zu begreifen.

Was dem Reisenden von Empfindung die wilde Bizarrerie in der physischen Schöpfung so anziehend macht, eben das eröffnet einem begeisterungsfähigen Gemüth, selbst in der bedenklichen Anarchie der moralischen Welt, die Quelle eines ganz eigenen Vergnügens. Wer freilich die große Haushaltung der Natur mit der dürftigen Fackel des Verstandes beleuchtet und immer nur darauf ausgeht, ihre kühne Unordnung in Harmonie auf= zulösen, der kann sich in einer Welt nicht gefallen, wo mehr der tolle Zufall als ein weiser Plan zu regieren scheint, und bei weitem in den meisten Fällen Verdienst und Glück mit einander im Widerspruche stehn. Er will haben, daß in dem großen Weltlaufe alles wie in einer guten Wirthschaft geordnet sei, und vermißt er, wie es nicht wohl anders sein kann, diese Gesetz= mäßigkeit, so bleibt ihm nichts anders übrig, als von einer künftigen Existenz und von einer andern Natur die Befriedigung zu erwarten, die ihm die gegenwärtige und vergangene schuldig bleibt. Wenn er es hingegen gutwillig aufgibt, dieses gesetzlose Chaos von Erscheinungen unter eine Einheit der Erkenntniß bringen zu wollen, so gewinnt er von einer andern Seite reich= lich, was er von dieser verloren gibt. Gerade dieser gänzliche Mangel einer Zweckverbindung unter diesem Gedränge von Er= scheinungen, wodurch sie für den Verstand, der sich an diese Verbindungsform halten muß, übersteigend und unbrauchbar werden, macht sie zu einem desto treffendern Sinnbild für die reine Vernunft, die in eben dieser wilden Ungebundenheit der Natur ihre eigene Unabhängigkeit von Naturbedingungen dar= gestellt findet. Denn wenn man einer Reihe von Dingen alle Verbindung unter sich nimmt, so hat man den Begriff der Independenz, der mit dem reinen Vernunftbegriff der Freiheit überraschend zusammenstimmt. Unter dieser Idee der Freiheit welche sie aus ihrem eigenen Mittel nimmt, faßt also die Vernunft in eine Einheit des Gedankens zusammen, was der Verstand in keine Einheit der Erkenntniß verbinden kann, unterwirft sich durch diese Idee das unendliche Spiel der Erscheinungen und behauptet also ihre Macht zugleich über den Verstand als sinnlich bedingtes Vermögen. Erinnert man sich nun, welchen Werth es für ein Vernunftwesen haben muß, sich seiner Independenz von Naturgesetzen bewußt zu werden, so begreift man, wie es zugeht, daß Menschen von erhabener Gemüthsstimmung durch diese ihnen dargebotene Idee der Freiheit sich für allen Fehlschlag der Erkenntniß für entschädigt halten können. Die Freiheit in allen ihren moralischen Widersprüchen und physischen Uebeln ist für edle Gemüther ein unendlich interessanteres Schauspiel, als Wohlstand und Ordnung ohne Freiheit, wo die Schafe geduldig dem Hirten folgen, und der selbstherrschende Wille sich zum dienstbaren Glied eines Uhrwerks herabsetzt. Das letzte macht den Menschen bloß zu einem geistreichen Produkt und glücklichern Bürger der Natur; die Freiheit macht ihn zum Bürger und Mitherrscher eines höhern Systems, wo es unendlich ehrenvoller ist den untersten Platz einzunehmen, als in der physischen Ordnung den Reihen anzuführen.

Aus diesem Gesichtspunkt betrachtet, und nur aus diesem, ist mir die Weltgeschichte ein erhabenes Objekt. Die Welt, als historischer Gegenstand, ist im Grunde nichts Anders als der Conflikt der Naturkräfte unter einander selbst und mit der Freiheit des Menschen, und den Erfolg dieses Kampfes berichtet uns die Geschichte. So weit die Geschichte bis jetzt gekommen ist, hat sie von der Natur (zu der alle Affekte im Menschen gezählt werden müssen) weit größere Thaten zu erzählen, als von der selbstständigen Vernunft, und diese hat bloß durch einzelne Ausnahmen vom Naturgesetz in einem Cato, Aristides, Phocion und ähnlichen Männern ihre Macht behaupten können. Nähert man sich nur der Geschichte mit großen Erwartungen von Licht und

Erkenntniß, wie sehr findet man sich da getäuscht! Alle wohl=
gemeinten Versuche der Philosophie, das, was die moralische
Welt fordert, mit dem, was die wirkliche leistet, in Ueber=
einstimmung zu bringen, werden durch die Aussagen der
Erfahrungen widerlegt, und so gefällig die Natur in ihrem
organischen Reich sich nach den regulativen Grundsätzen der
Beurtheilung richtet oder zu richten scheint, so unbändig reißt
sie im Reich der Freiheit den Zügel ab, woran der Spekulations=
geist sie gern gefangen führen möchte.

Wie ganz anders, wenn man darauf resigniert, sie zu er=
klären, und diese ihre Unbegreiflichkeit selbst zum Standpunkt
der Beurtheilung macht! Eben der Umstand, daß die Natur,
im Großen angesehen, aller Regeln, die wir durch unsern Ver=
stand ihr vorschreiben, spottet, daß sie auf ihrem eigenwilligen
freien Gang die Schöpfungen der Weisheit und des Zufalls mit
gleicher Achtlosigkeit in den Staub tritt, daß sie das Wichtige
wie das Geringe, das Edle wie das Gemeine in einem Unter=
gang mit sich fortreißt, daß sie hier eine Ameisenwelt erhält,
dort ihr herrlichstes Geschöpf, den Menschen, in ihre Riesenarme
faßt und zerschmettert, daß sie ihre mühsamsten Erwerbungen
oft in einer leichtsinnigen Stunde verschwendet und an einem
Werk der Thorheit oft Jahrhunderte lang baut — mit einem
Wort — dieser Abfall der Natur im Großen von den Erkenntniß=
regeln, denen sie in ihren einzelnen Erscheinungen sich unter=
wirft, macht die absolute Unmöglichkeit sichtbar, durch Natur=
gesetze die Natur selbst zu erklären und von ihrem Reiche
gelten zu lassen, was in ihrem Reiche gilt, und das Gemüth
wird also unwiderstehlich aus der Welt der Erscheinungen heraus
in die Ideenwelt, aus dem Bedingten ins Unbedingte getrieben.

Noch viel weiter als die sinnlich unendliche führt uns die
furchtbare und zerstörende Natur, so lange wir nämlich bloß
freie Betrachter derselben bleiben. Der sinnliche Mensch freilich
und die Sinnlichkeit in dem Vernünftigen fürchten nichts so

sehr, als mit dieser Macht zu zerfallen, die über Wohlsein und Existenz zu gebieten hat.

Das höchste Ideal, wornach wir ringen, ist, mit der physischen Welt, als der Bewahrerin unserer Glückseligkeit, in gutem Vernehmen zu bleiben, ohne darum genöthigt zu sein, mit der moralischen zu brechen, die unsere Würde bestimmt. Nun geht es aber bekanntermaßen nicht immer an, beiden Herren zu dienen, und wenn auch (ein fast unmöglicher Fall) die Pflicht mit dem Bedürfnisse nie in Streit gerathen sollte, so geht doch die Naturnothwendigkeit keinen Vertrag mit dem Menschen ein, und weder seine Kraft noch seine Geschicklichkeit kann ihn gegen die Tücke der Verhängnisse sicher stellen. Wohl ihm also, wenn er gelernt hat, zu ertragen, was er nicht ändern kann, und preiszugeben mit Würde, was er nicht retten kann! Fälle können eintreten, wo das Schicksal alle Außenwerke ersteigt, auf die er seine Sicherheit gründete, und ihm nichts weiter übrig bleibt, als sich in die heilige Freiheit der Geister zu flüchten; wo es kein anderes Mittel gibt, den Lebenstrieb zu beruhigen, als es zu wollen, und kein anderes Mittel, der Macht der Natur zu widerstehen, als ihr zuvorzukommen und durch eine freie Aufhebung alles sinnlichen Interesse, ehe noch eine physische Macht es thut, sich moralisch zu entleiben.

Dazu nun stärken ihn erhabene Rührungen und ein öfterer Umgang mit der zerstörenden Natur, sowohl da, wo sie ihm ihre verderbliche Macht bloß von ferne zeigt, als wo sie sie wirklich gegen seine Mitmenschen äußert. Das Pathetische ist ein künstliches Unglück, und wie das wahre Unglück setzt es uns in unmittelbaren Verkehr mit dem Geistergesetz, das in unserm Busen gebietet. Aber das wahre Unglück wählt seinen Mann und seine Zeit nicht immer gut; es überrascht uns oft wehrlos, und was noch schlimmer ist, es macht uns oft wehrlos. Das künstliche Unglück des Pathetischen hingegen findet uns in voller Rüstung, und weil es bloß eingebildet ist, so gewinnt das selbstständige Principium in unserm Gemüthe Raum, seine absolute Independenz zu behaupten. Je öfter nun der Geist diesen Akt von Selbstthätigkeit erneuert, desto mehr wird ihm derselbe zur Fertigkeit, einen desto größern Vorsprung gewinnt er vor dem sinnlichen Trieb, daß er endlich auch dann, wenn aus dem eingebildeten und künstlichen Unglück ein ernsthaftes wird, im Stande ist es als ein künstliches zu behandeln und — der höchste Schwung der Menschennatur! — das wirkliche Leiden in eine erhabene Rührung aufzulösen. Das Pathetische, kann man daher sagen, ist eine Inoculation des unvermeidlichen Schicksals, wodurch es seiner Bösartigkeit beraubt, und der Angriff desselben auf die starke Seite des Menschen hingeleitet wird.

Also hinweg mit der falsch verstandenen Schonung und dem schlaffen verzärtelten Geschmack, der über das ernste Angesicht der Nothwendigkeit einen Schleier wirft, und um sich bei den Sinnen in Gunst zu setzen, eine Harmonie zwischen dem Wohlsein und Wohlverhalten lügt, wovon sich in der wirklichen Welt keine Spuren zeigen! Stirne gegen Stirn zeige sich uns das böse Verhängniß. Nicht in der Unwissenheit der uns umlagernden Gefahren — denn diese muß doch endlich aufhören — nur in der Bekanntschaft mit denselben ist Heil für uns. Zu dieser Bekanntschaft nun verhilft uns das furchtbar herrliche Schauspiel der alles zerstörenden und wieder erschaffenden und wieder zerstörenden Veränderung, des bald langsam untergrabenden, bald schnell überfallenden Verderbens, verhelfen uns die pathetischen Gemälde der den Kampf mit dem Schicksal eingehenden Menschheit, der unaufhaltsamen Flucht des Glücks, der betrogenen Sicherheit, der triumphierenden Ungerechtigkeit und der unterliegenden Unschuld, welche die Geschichte in reichem Maß aufstellt und die tragische Kunst nachahmend vor unsere Augen bringt. Denn wo wäre derjenige, der, bei einer nicht ganz verwahrlosten moralischen Anlage, von dem hartnäckigen

und doch vergeblichen Kampf des Mithridat, von dem Untergang
der Städte Syrakus und Karthago, bei solchen Scenen verweilen
kann, ohne dem ernsten Gesetz der Nothwendigkeit mit einem
Schauer zu huldigen, seinen Begierden augenblicklich den Zügel
anzuhalten und, ergriffen von dieser ewigen Untreue alles
Sinnlichen, nach dem Beharrlichen in seinem Busen zu greifen?
Die Fähigkeit, das Erhabene zu empfinden, ist also eine der
herrlichsten Anlagen in der Menschennatur, die sowohl wegen
ihres Ursprungs aus dem selbstständigen Denk- und Willensvermögen unsre Achtung, als wegen ihres Einflusses auf den
moralischen Menschen die vollkommenste Entwicklung verdient.
Das Schöne macht sich bloß verdient um den Menschen, das
Erhabene um den reinen Dämon in ihm; und weil es ein-
mal unsre Bestimmung ist, auch bei allen sinnlichen Schranken
uns nach dem Gesetzbuch reiner Geister zu richten, so muß das
Erhabene zu dem Schönen hinzukommen, um die ästhetische
Erziehung zu einem vollständigen Ganzen zu machen, und die
Empfindungsfähigkeit des menschlichen Herzens nach dem ganzen
Umfang unsrer Bestimmung, und also auch über die Sinnen-
welt hinaus, zu erweitern.

Ohne das Schöne würde zwischen unsrer Naturbestimmung
und unsrer Vernunftbestimmung ein immerwährender Streit sein.
Ueber dem Bestreben unserm Geisterberuf Genüge zu leisten,
würden wir unsere Menschheit versäumen, und alle Augenblicke zum Aufbruch aus der Sinnenwelt gefaßt, in dieser uns
einmal angewiesenen Sphäre des Handelns beständig Fremdlinge
bleiben. Ohne das Erhabene würde uns die Schönheit unsrer
Würde vergessen machen. In der Erschlaffung eines ununter-
brochenen Genusses würden wir die Rüstigkeit des Charakters
einbüßen und, an diese zufällige Form des Daseins
unauflösbar gefesselt, unsere unveränderliche Bestimmung und unser
wahres Vaterland aus den Augen verlieren. Nur wenn das
Erhabene mit dem Schönen sich gattet, und unsere Empfänglichkeit

für beides in gleichem Maß ausgebildet worden ist, sind wir vollendete Bürger der Natur, ohne deßwegen ihre Sklaven zu sein und ohne unser Bürgerrecht in der intelligibeln Welt zu verscherzen.

Nun stellt zwar schon die Natur für sich allein Objekte in Menge auf, an denen sich die Empfindungsfähigkeit für das Schöne und Erhabene üben könnte; aber der Mensch ist, wie in andern Fällen, so auch hier, von der zweiten Hand besser bedient, als von der ersten, und will lieber einen zubereiteten und auserlesenen Stoff von der Kunst empfangen, als an der unreinen Quelle der Natur mühsam und dürftig schöpfen. Der nachahmende Bildungstrieb, der keinen Eindruck erleiden kann, ohne sogleich nach einem lebendigen Ausbruck zu streben, und in jeder schönen oder großen Form der Natur eine Ausforderung erblickt mit ihr zu ringen, hat vor derselben den großen Vortheil voraus, dasjenige als Hauptzweck und als ein eigenes Ganzes behandeln zu dürfen, was die Natur — wenn sie es nicht gar absichtslos hinwirft — bei Verfolgung eines ihr näher liegenden Zwecks bloß im Vorbeigehen mitnimmt. Wenn die Natur in ihren schönen organischen Bildungen entweder durch die mangelhafte Individualität des Stoffes oder durch Einwirkung heterogener Kräfte Gewalt erleidet, oder wenn sie, in ihren großen und pathetischen Scenen, Gewalt ausübt und als eine Macht auf den Menschen wirkt, da sie doch bloß als Objekt der freien Betrachtung ästhetisch werden kann, so ist ihre Nachahmerin, die bildende Kunst, völlig frei, weil sie von ihrem Gegenstand alle zufälligen Schranken absondert, und läßt auch das Gemüth des Betrachters frei, weil sie nur den Schein und nicht die Wirklichkeit nachahmt. Da aber der ganze Zauber des Erhabenen und Schönen nur in dem Schein und nicht in dem Inhalt liegt, so hat die Kunst alle Vortheile der Natur, ohne ihre Fesseln mit ihr zu theilen.

Gedanken über den Gebrauch des Gemeinen und Niedrigen in der Kunst. [1]

Gemein ist alles, was nicht zu dem Geiste spricht, und kein anderes als ein sinnliches Interesse erregt. Es gibt zwar tausend Dinge, die schon durch ihren Stoff oder Inhalt gemein sind; aber weil das Gemeine des Stoffes durch die Behandlung veredelt werden kann, so ist in der Kunst nur vom Gemeinen in der Form die Rede. Ein gemeiner Kopf wird den edelsten Stoff durch eine gemeine Behandlung verunehren; ein großer Kopf und ein edler Geist hingegen wird selbst das Gemeine zu adeln wissen, und zwar dadurch, daß er es an etwas Geistiges anknüpft und eine große Seite daran entdeckt. So wird uns ein Geschichtschreiber von gemeinem Schlage die unbedeutendsten Verrichtungen eines Helden eben so sorgfältig als seine erhabensten Thaten berichten und sich eben so lang bei seinem Stammbaum, seiner Kleidertracht, seinem Hauswesen, als bei seinen Entwürfen und Unternehmungen verweilen. Seine größten Thaten wird er so erzählen, daß kein Mensch es ihnen ansieht, was sie sind. Umgekehrt wird ein Geschichtschreiber von Geist und eignem Seelenadel auch in das Privatleben und in die unwichtigsten Handlungen seines Helden ein Interesse und einen Gehalt legen, der sie wichtig macht. Einen gemeinen Geschmack

[1] Anmerkung des Herausgebers. Dieser Aufsatz erschien zuerst im IV. Theile der Sammlung kleiner prosaischer Schriften des Verfassers. Leipzig bei Crusius, 1802.)

haben in der bildenden Kunst die niederländischen Maler, einen edeln und großen Geschmack die Italiener, noch mehr aber die Griechen bewiesen. Diese gingen immer auf das Ideal, verwarfen jeden gemeinen Zug und wählten auch keinen gemeinen Stoff.

Ein Porträtmaler kann seinen Gegenstand gemein und kann ihn groß behandeln. Gemein, wenn er das Zufällige eben so sorgfältig darstellt als das Nothwendige, wenn er das Große vernachlässigt und das Kleine sorgfältig ausführt; groß, wenn er das Interessanteste herauszufinden weiß, das Zufällige von dem Nothwendigen scheidet, das Kleine nur andeutet und das Große ausführt. Groß aber ist nichts, als der Ausdruck der Seele in Handlungen, Gebärden und Stellungen.

Ein Dichter behandelt seinen Stoff gemein, wenn er unwichtige Handlungen ausführt und über wichtige flüchtig hinweggeht. Er behandelt ihn groß, wenn er ihn mit dem Großen verbindet. Homer mußte den Schild des Achilles sehr geistreich zu behandeln, obgleich die Verfertigung eines Schildes dem Stoff nach etwas sehr Gemeines ist.

Noch eine Stufe unter dem Gemeinen steht das Niedrige, welches von jenem darin unterschieden ist, daß es nicht bloß etwas Negatives, nicht bloß Mangel des Geistreichen und Edeln, sondern etwas Positives, nämlich Rohheit des Gefühls, schlechte Sitten und verächtliche Gesinnungen anzeigt. Das Gemeine zeugt bloß von einem fehlenden Vorzug, der sich wünschen läßt, das Niedrige von dem Mangel einer Eigenschaft, die von jedem gefordert werden kann. So ist z. B. die Rache an sich, wo sie sich auch finden und wie sie sich auch äußern mag, etwas Gemeines, weil sie einen Mangel von Edelmuth beweiset. Aber man unterscheidet noch besonders eine niedrige Rache, wenn der Mensch, der sie ausübt, sich verächtlicher Mittel bedient, sie zu befriedigen. Das Niedrige bezeichnet immer etwas Grobes und Pöbelhaftes; gemein aber kann auch ein Mensch von Geburt und bessern Sitten denken und handeln, wenn er mittelmäßige Gaben besitzt. Ein Mensch handelt gemein, der nur auf seinen Nutzen bedacht ist, und insofern steht er dem edeln Menschen entgegen, der sich selbst vergessen kann, um einem andern einen Genuß zu verschaffen. Derselbe Mensch aber würde niedrig handeln, wenn er seinem Nutzen auf Kosten seiner Ehre nachginge und auch nicht einmal die Gesetze des Anstandes dabei respektieren wollte. Das Gemeine ist also dem Edeln, das Niedrige dem Edeln und Anständigen zugleich entgegengesetzt. Jeder Leidenschaft ohne allen Widerstand nachgeben, jeden Trieb befriedigen, ohne sich auch nur von den Regeln des Wohlstands, viel weniger von denen der Sittlichkeit zügeln zu lassen, ist niedrig und verräth eine niedrige Seele.

Auch in Kunstwerken kann man in das Niedrige verfallen, nicht bloß, indem man niedrige Gegenstände wählt, die der Sinn für Anstand und Schicklichkeit ausschließt, sondern auch indem man sie niedrig behandelt. Niedrig behandelt man einen Gegenstand, wenn man entweder diejenige Seite an ihm, welche der gute Anstand verbergen heißt, bemerklich macht, oder wenn man ihm einen Ausdruck gibt, der auf niedrige Nebenvorstellungen leitet. In dem Leben des größten Mannes kommen niedrige Verrichtungen vor, aber nur ein niedriger Geschmack wird sie herausheben und ausmalen.

Man findet Gemälde aus der heiligen Geschichte, wo die Apostel, die Jungfrau und Christus selbst einen Ausdruck haben, als wenn sie aus dem gemeinsten Pöbel wären aufgegriffen worden. Alle solche Ausführungen beweisen einen niedrigen Geschmack, der uns ein Recht gibt, auf eine rohe und pöbelhafte Denkart des Künstlers selbst zu schließen.

Es gibt zwar Fälle, wo das Niedrige auch in der Kunst gestattet werden kann, da nämlich, wo es Lachen erregen soll. Auch ein Mensch von feinen Sitten kann zuweilen, ohne einen verderbten Geschmack zu verrathen, an dem rohen, aber wahren

Ausdruck der Natur und an dem Contrast zwischen den Sitten der feinen Welt und des Pöbels sich belustigen. Die Betrunkenheit eines Menschen von Stande würde, wo sie auch vorkäme, Mißfallen erregen; aber ein betrunkener Postillon, Matrose und Karrenschieber macht uns lachen. Scherze, die uns an einem Menschen von Erziehung unerträglich sein würden, belustigen uns im Munde des Pöbels. Von dieser Art sind viele Scenen des Aristophanes, die aber zuweilen auch diese Grenze überschreiten und schlechterdings verwerflich sind. Deßwegen ergötzen wir uns an Parodieen, wo Gesinnungen, Redensarten und Verrichtungen des gemeinen Pöbels denselben vornehmen Personen untergeschoben werden, die der Dichter mit aller Würde und Anstand behandelt hat. Sobald es der Dichter bloß auf ein Lachstück anlegt und weiter nichts will, als uns belustigen, so können wir ihm auch das Niedrige hingehen lassen, nur muß er nie Unwillen oder Ekel erregen.

Unwillen erregt er, wenn er das Niedrige da anbringt, wo wir es schlechterdings nicht verzeihen können, bei Menschen nämlich, von denen wir berechtigt sind feinere Sitten zu fordern. Handelt er dagegen, so beleidigt er entweder die Wahrheit, weil wir ihn lieber für einen Lügner halten, als glauben wollen, daß Menschen von Erziehung wirklich so niedrig handeln können; oder seine Menschen beleidigen unser Sittengefühl und erregen, welches noch schlimmer ist, unsre Indignation. Ganz anders ist es in der Farce, wo zwischen dem Dichter und dem Zuschauer ein stillschweigender Contrakt ist, daß man keine Wahrheit zu erwarten habe. In der Farce dispensieren wir den Dichter von aller Treue der Schilderung, und er erhält gleichsam ein Privilegium uns zu belügen. Denn hier gründet sich das Komische gerade auf seinen Contrast mit der Wahrheit; es kann aber unmöglich zugleich wahr sein und mit der Wahrheit contrastieren.

Es gibt aber auch im Ernsthaften und

seltene Fälle, wo das Niedrige angewandt werden kann. Alsdann muß es aber ins Furchtbare übergehn, und die augen-
blickliche Beleidigung des Geschmacks muß durch eine starke Beschäftigung des Affekts ausgelöscht und also von einer höhern
tragischen Wirkung gleichsam verschlungen werden. Stehlen
z. B. ist etwas Absolut-Niedriges, und was auch unser
Herz zur Entschuldigung eines Diebs vorbringen kann, wie sehr
er auch durch den Drang der Umstände mag verleitet worden
sein, so ist ihm ein unauslöschliches Brandmal aufgedrückt, und
ästhetisch bleibt er immer ein niedriger Gegenstand. Der Geschmack verzeiht hier noch weniger, als die Moral, und sein
Richterstuhl ist strenger, weil ein ästhetischer Gegenstand auch für
alle Nebenideen verantwortlich ist, die auf seine Veranlassung
in uns rege gemacht werden, da hingegen die moralische Beurtheilung von allem Zufälligen abstrahiert. Ein Mensch, der
stiehlt, würde demnach für jede poetische Darstellung von ernst-
haftem Inhalt ein höchst verwerfliches Objekt sein. Wird aber
dieser Mensch zugleich Mörder, so ist er zwar moralisch
noch viel verwerflicher, aber ästhetisch wird er dadurch wieder
um einen Grad brauchbarer. Derjenige, der sich (ich rede hier
immer nur von der ästhetischen Beurtheilungsweise) durch eine
Infamie erniedrigt, kann durch ein Verbrechen wieder in
etwas erhöht und in unsre ästhetische Achtung restituiert
werden. Diese Abweichung des moralischen Urtheils von dem
ästhetischen ist merkwürdig und verdient Aufmerksamkeit. Man
kann mehrere Ursachen davon anführen. Erstlich habe ich schon
gesagt, daß, weil das ästhetische Urtheil von der Phantasie abhängt, auch alle Nebenvorstellungen, welche durch einen Gegenstand in uns erregt werden und mit demselben in einer natürlichen Verbindung stehen, auf dieses Urtheil einfließen. Sind
nun diese Nebenvorstellungen von einer niedrigen Art, so erniedrigen sie den Hauptgegenstand unvermeidlich.

Zweitens sehen wir in der ästhetischen Beurtheilung auf

die Kraft, bei einer moralischen auf die Gesetzmäßigkeit. Kraftmangel ist etwas Verächtliches, und jede Handlung, die uns darauf schließen läßt, ist es gleichfalls. Jede feige und kriechende That ist uns widrig durch den Kraftmangel, den sie verräth; umgekehrt kann uns eine teuflische That, sobald sie nur Kraft verräth, ästhetisch gefallen. Ein Diebstahl aber zeigt eine kriechende, feige Gesinnung an; eine Mordthat hat wenigstens den Schein von Kraft, wenigstens richtet sich der Grad unsers Interesse, das wir ästhetisch daran nehmen, nach dem Grad der Kraft, der dabei geäußert worden ist.

Drittens werden wir bei einem schweren und schrecklichen Verbrechen von der Qualität desselben abgezogen und auf seine furchtbaren Folgen aufmerksam gemacht. Die stärkere Gemüthsbewegung unterdrückt alsdann die schwächere. Wir sehen nicht rückwärts in die Seele des Thäters, sondern vorwärts in sein Schicksal, auf die Wirkungen seiner That. Sobald wir aber anfangen zu zittern, so schweigt jede Zärtlichkeit des Geschmacks. Der Haupteindruck erfüllt unsre Seele ganz, und die zufälligen Nebenideen, an denen eigentlich das Niedrige hängt, erlöschen. Daher ist der Diebstahl des jungen Ruhberg, in Verbrechen aus Ehrsucht, auf der Schaubühne nicht widrig, sondern wahrhaft tragisch. — Der Dichter hat mit vieler Geschicklichkeit die Umstände so geleitet, daß wir fortgerissen werden und nicht zu Athem kommen. Das schreckliche Elend seiner Familie und besonders der Jammer seines Vaters sind Gegenstände, die unsre ganze Aufmerksamkeit von dem Thäter hinweg und auf die Folgen seiner That leiten. Wir sind viel zu sehr im Affekt, um uns auf die Vorstellungen der Schande einzulassen, womit der Diebstahl gebrandmarkt wird. Kurz: das Niedrige wird durch das Schreckliche versteckt. Es ist sonderbar, daß dieser wirklich begangene Diebstahl des jungen Ruhberg nicht so viel Widriges hat, als der bloße ungegründete Verdacht eines Diebstahls in einem andern Schauspiel. Hier wird ein junger, unverdienter Weise beschuldigt, einen silbernen Löffel eingesteckt zu haben, der sich nachher findet. Das Niedrige ist also hier bloß eingebildet, bloßer Verdacht, und doch thut es dem unschuldigen Helden des Stücks, in unsrer ästhetischen Vorstellung, unwiederbringlich Schaden. Die Ursache ist, weil die Voraussetzung, daß ein Mensch niedrig handeln könne, keine feste Meinung von seinen Sitten beweist, da die Gesetze der Convenienz es mit sich bringen, daß man einen so lange für einen Mann von Ehre hält, als er nicht das Gegentheil zeigt. Traut man ihm also etwas Verächtliches zu, so sieht es aus, als ob er doch irgend einmal zur Möglichkeit eines solchen Argwohns Anlaß gegeben hätte, obgleich das Niedrige eines unverdienten Verdachts eigentlich auf Seiten des Beschuldigers ist. Dem Helden des angeführten Stücks thut es noch mehr Schaden, daß er Officier und Liebhaber einer Dame von Erziehung und Stande ist. Mit diesen beiden Prädicaten macht das Prädicat des Stehlens einen ganz erschrecklichen Contrast, und es ist uns unmöglich, uns nicht augenblicklich daran zu erinnern, wenn er bei seiner Dame ist, daß er den silbernen Löffel in der Tasche haben könnte. Das größte Unglück dabei ist, daß derselbe den auf ihm ruhenden Verdacht gar nicht ahnet; denn wäre dieses, so würde er als Officier eine blutige Genugthuung fordern; die Folgen würden dann ins Fürchterliche gehen, und das Niedrige verschwinden.

Noch muß man das Niedrige der Gesinnung von dem Niedrigen der Handlung und des Zustandes wohl unterscheiden. Das erste ist unter aller ästhetischen Würde, das letzte kann öfters sehr gut damit bestehen. Sklaverei ist niedrig, aber eine sklavische Gesinnung in der Freiheit ist verächtlich; eine sklavische Beschäftigung hingegen ohne eine solche Gesinnung ist es nicht; vielmehr kann das Niedrige des Zustandes, mit Hoheit der Gesinnung verbunden, ins Erhabene übergehen. Der Herr des Epiktet, der ihn schlug, handelte niedrig, und der geschlagene Sklave zeigte eine erhabene Seele. Wahre Größe schimmert aus einem niedrigen Schicksal nur desto herrlicher hervor, und der Künstler darf sich nicht fürchten, seinen Helden auch in einer verächtlichen Hülle aufzuführen, sobald er nur versichert ist, daß ihm der Ausdruck des innern Werths zu Gebote steht.

Aber was dem Dichter erlaubt sein kann, ist dem Maler nicht immer gestattet. Jener bringt seine Objekte bloß vor die Phantasie, dieser hingegen unmittelbar vor die Sinne. Also ist nicht nur der Eindruck des Gemäldes lebhafter als der des Gedichtes, sondern der Maler kann auch durch seine natürlichen Zeichen das Innere nicht so sichtbar machen, als der Dichter durch seine willkürlichen Zeichen, und doch kann uns nur das Innere mit dem Aeußern versöhnen. Wenn uns Homer seinen Ulyß in Bettlerlumpen aufführt, so kömmt es auf uns an, wie weit wir uns dieses Bild ausmalen, und wie lang wir dabei verweilen wollen. In keinem Fall aber hat es Lebhaftigkeit genug, daß es uns unangenehm oder ekelhaft sein könnte. Wenn aber der Maler oder gar noch der Schauspieler den Ulyß dem Homer getreu nachbilden wollte, so würden wir uns mit Widerwillen davon hinwegwenden. Hier haben wir die Stärke des Eindrucks nicht in unserer Gewalt: wir müssen sehen, was uns der Maler zeigt, und können die widrigen Nebenideen, die uns dabei in Erinnerung gebracht werden, nicht so leicht abweisen.

An den Herausgeber der Propyläen.

Ich komme von Betrachtung der Bilder zurück, die durch Ihre zwei letzten Preisaufgaben veranlaßt wurden, und noch lebhaft mit diesen Eindrücken beschäftigt, versuche ich es, die Gedanken zu ordnen und auszusprechen, welche diese interessanten Kunsterscheinungen in mir aufgeregt haben. Werke der Einbildungskraft haben das Eigenthümliche, daß sie keinen müßigen Genuß zulassen, sondern den Geist des Beschauers zur Thätigkeit aufreizen. Das Kunstwerk führt auf die Kunst zurück, ja es bringt erst die Kunst in uns hervor.

Sie hatten es zwar bei diesen Preisaufgaben nur auf den Künstler abgesehen; aber auch dem bloßen Beschauer haben Sie durch dieses Institut eine reiche Quelle von Vergnügen und Belehrung eröffnet. Diese neunzehn und wieder diese neun Ausführungen des nämlichen Gegenstandes gewähren ein ganz eigenes Interesse des Verstandes, wovon freilich derjenige keinen Begriff hat, der sich den Eindrücken künstlerischer Werke nur gedankenlos hingibt. Eine gleich große Anzahl wirklicher Meisterstücke, aber von verschiedenem Inhalt, würde uns unstreitig einen höhern Kunstgenuß, aber vielleicht keinen so reichen Begriff von der Kunst verschafft haben, als diese vielseitige Behandlung desselben Thema mir wenigstens gegeben hat.

Zuerst ein Wort von den Preisaufgaben selbst. In Sachen der schönen Kunst wird die Möglichkeit nur durch die That bewiesen; aus Begriffen kann man höchstens voraus wissen, daß

ein gegebenes Thema der künstlerischen Darstellung nicht widerstreitet. Der Erfolg hat die Wahl der beiden Sujets gerechtfertigt, denn aus beiden sind wirklich, unter geschickten Händen,
sprechende, selbstständige und anmuthige Bilder geworden.

Obgleich die Kunst unzertrennlich und eins ist, und beide,
Phantasie und Empfindung, zu ihrer Hervorbringung thätig
sein müssen, so gibt es doch Kunstwerke der Phantasie und
Kunstwerke der Empfindung, je nachdem sie sich einem dieser
beiden ästhetischen Pole vorzugsweise nähern; zu einer von
beiden Klassen aber muß jedes künstliche und poetische Werk
sich bekennen, oder es hat gar keinen Kunstgehalt. Sie haben
bei diesen zwei Preisaufgaben dafür gesorgt, daß jeder Künstler
in seiner Sphäre beschäftigt würde, und derjenige, den die
Natur reich genug ausstattete, auf beiden Feldern der Kunst
glänzen konnte.

Hektors Abschied qualificierte sich zu einem naiven und seelen-
vollen Empfindungsgemälde; der Raub der Pferde des Rhesus,
ein Nachtstück, war zu einem kühnen, kraftvollen Phantasie-
bilde geeignet. Beide Aufgaben konnten, in Absicht auf den
innern Kunstgehalt, für gleichbedeutend gelten und mochten, für
die Ausführung, im Ganzen genommen, gleich viel oder wenig
Schwierigkeiten darbieten. Das Naturell und die Neigung des
Künstlers mußte also die Wahl entscheiden, und es ließ sich vor-
aussehen, wohin sich das Uebergewicht neigen würde. Der erste
Gegenstand spricht an das Herz, und der Deutsche hat seinen
schätzbaren Charakter auch bei dieser Gelegenheit nicht verläugnet.

Indem die Gegenstände gegeben wurden, waren die Momente
der Handlung und die Motive unentschieden gelassen; hier also
war das Feld der Erfindung. Zwei Helden, dem Begriffe gemäß, den wir uns von Diomed und Ulysses bilden, zeigen sich
in der Finsterniß der Nacht in dem trojanischen Lager, wo
thracische Krieger mit ihrem Könige schlafend liegen. Indem
Diomed die Schlafenden erwürgt, bemächtigt sich Ulyß der schönen

weißen Pferde des Königs. Sie müssen eilen, um nicht über-
fallen zu werden, und Diomed verläßt ungern den Schauplatz.

Hier war nun die Wahl des Moments von der höchsten
Bedeutung. Der Künstler konnte den Augenblick des wirklichen
Ermordens, er konnte den Augenblick nach der That und unmittelbar vor dem Abzuge darstellen. Blieb er bei dem ersten
Momente stehen, so war das Bild nicht nur an Gehalt ärmer,
es konnte auch einen widrigen Eindruck auf das Gefühl machen;
die nächtliche Ermordung schlafender Menschen hat etwas Schän-
dendes für einen Helden. Der König, welcher ermordet wird,
wurde dadurch die Hauptperson, unser Mitleid wurde interessiert,
und das Bild bekam einen pathetischen Charakter, den es durchaus nicht haben sollte. Wählte hingegen der Künstler den Augenblick nach der That, wo beide Helden auf ihre Entfernung
denken, so kam ein ganz anderer Geist in das Gemälde. Das
Gefühlempörende wurde mit Schatten bedeckt, die Ermordeten
waren nur als Masse noch übrig, ohne daß ein einzelner aus
denselben einen Anspruch an unsere Theilnahme machte; wir
schauen nicht unmittelbar an, sondern erfahren nur durch einen
Schluß, daß sie im Schlaf ermordet worden, und was die Hauptsache ist, Ulyß und Diomed sind dann die eigentlichen Helden
des Bildes, es ist ihre Kühnheit, die uns interessiert, ihr glück-
liches Entkommen, was uns beschäftiget.

Aber auch so wird dem Bilde noch immer ein wesentlicher
Theil der sinnlichen Bedeutsamkeit und der Würde abgehen.
Ulyß und Diomed werden immer nur als zwei nächtliche Mörder
und Räuber erscheinen; die Handlung wird also, auch wenn
sie ihr Empörendes verliert, wenigstens gemein und gleichgültig
für uns sein. Etwas muß geschehen, um die Helden, um ihre
That empor zu heben: dies geschieht durch die Gegenwart und
den Antheil einer Göttin. Der Künstler durfte diese nicht
weit suchen; auch im Homer erscheint die Pallas und treibt
beide Helden, zu eilen. Durch Einführung der Göttin wird,

für den Gedanken, noch dieses gewonnen, daß die nächtliche That einen Zeugen hat, daß durch ihre Geste die Nothwendigkeit der Flucht sinnlich klar wird, und für die Ausführung des Bildes entsteht der große Gewinn, daß die nächtliche Scene mit einem göttlichen Licht kann erleuchtet werden.

Einen Künstler, der keinen tiefen Gedankengehalt in sein Bild zu legen wußte, konnte, bei der zweiten Aufgabe, schon der Effekt der Massen und Contraste anlocken und bei der Ausführung befriedigen. Der geschickte Verfertiger des Bildes Nr. 5, wo in der Mitte des Ganzen zwei milchweiße Pferde sich erheben, Diomed im Hintergrund noch in dem Morden begriffen ist, und beide Helden als Nebenfiguren gegen die Thiere verschwinden, scheint sich bloß mit einer angenehmen Wirkung der Schatten und Lichter begnügt zu haben. Das Bild ist sanft und gefällig fürs Auge, aber der Gedanke ist gemein, und der Künstler hat von seinem Gegenstand nur das nächste Prosaische ergriffen. Denn warum zwei Heldenfiguren hervorrufen und durch Ankündigung einer bedeutenden That Erwartung erregen, wenn es um nichts weiter zu thun ist, als was auch durch eine gefällige Anordnung von Stilleleben geleistet werden kann? Es war übrigens kein Wunder, daß eben dieses Bild bei vielen Zuschauern die Palme davon trug. Die Wirkung des Gefälligen ist unfehlbar; es setzt nichts voraus und läßt sich völlig gedankenlos genießen.

Zwei andere größere Bilder (Nr. 3 und 4) desselben Inhalts stellen gleichfalls nur den Augenblick der Ermordung dar. Der König liegt noch schlafend, das Schwert ist über ihm gezückt, Ulysses hat sich der Pferde bemächtigt. Die Ausführung ist kräftiger, die Handlung reicher, als bei dem vorerwähnten Bilde, die Helden sind den Pferden nicht aufgeopfert. Aber der Gedanke erhebt sich nicht über das Gemeine, das Bild spricht bloß zu dem Auge, ohne die Imagination anzuregen, und die geschickte, fleißige Ausführung kann den fehlenden Geist nicht ersetzen.

Zwei andere Bilder (Nr. 6 und 7) zeigen uns zwar schon die Göttin, aber ihre Gegenwart erhebt das Bild nicht, ob sie gleich eine höhere Intention des Künstlers verräth. Der Moment ist bedeutender, die Ermordung ist geschehen; auf dem einen, wo die Figuren bloß im Umriß gezeichnet sind, hat sich Ulyß auf eins der Pferde geschwungen, der Augenblick des Forteilens ist ausgedrückt; auf dem andern wird noch Rath gehalten, aber die Scene ist zu ruhig, es fehlt an Leben und Bedeutung.

In einem höhern Geist sind zwei andere Bilder desselben Inhalts gedacht und ausgeführt.

Die Göttin erscheint (Nr. 2) über den erschlagenen Leichen, und das Licht, das sie umfließt, beleuchtet die nächtliche Scene. Diomedes ruht in einer nachdenkenden Stellung mit aufgehobenem Fuß auf einem Leichnam und bedenkt sich, das Schwert in die Scheide zu stecken. Bedeutend erhebt die Göttin den Zeigefinger der rechten Hand, um ihn zu warnen, und mit der ausgestreckten Linken zeigt sie ihm den Weg. Ulysses, den Bogen in der Hand, hält die sich bäumenden Pferde am Zügel und strebt schon in einer raschen Bewegung fort, nach dem säumenden Gefährten zurückschauend. Beide Helden sind nackt, nur ein Mantel flattert um den eilenden Ulyß, und ein Löwenfell hängt über dem Rücken des Diomedes. Jener, dessen kräftig gezeichnete Figur am meisten hervorbringt, bringt in das Ganze eine lebhafte Bewegung, welche gegen die sinnende Ruhe des Diomedes einen vielleicht nur zu starken Abstich macht.

Mit diesem Bilde sind wir in die geistige Welt der Kunst eingetreten. Das gemeine Wirkliche ist uns aus den Augen gerückt, nur das Bedeutende ist aufgenommen. Noch um einen Schritt weiter in das Reich der Einbildungskraft führt uns das andere (Nr. 1), mit dem sich diese Gallerie der Rhesusbilder würdig abschließt.

Der vorige Künstler hatte uns das trojanische Lager gezeigt und uns mit einem engen Raum umschränkt, indem er die Scene durch die Mauern von Troja begrenzte. Ein glücklicher Gedanke des gegenwärtigen hingegen war es, die griechischen Zelte und Schiffe in die Tiefe des Bildes zu setzen, aus dem wir dadurch gleichsam herausgetrieben werden. Er öffnet mit einem kühnen Griff seinen Schauplatz, und wir übersehen zugleich die Scene der Handlung und das Ziel der Flucht.

Drei Punkte des Bildes ziehen uns sogleich durch ganz verschiedene Mittel an. Das Auge, welches zuerst dem lebhaftesten Lichte folgt, fällt auf eine malerische, schön pyramidenförmig geordnete Masse von vier milchweißen Pferden, welche Ulysses eben forttreiben will. Er wendet dem Zuschauer den Rücken; nur der Kopf ist ein wenig nach der Scene gedreht. Sein Mantel, so wie die Mähnen und Decken der Pferde, sind in einer fliegenden Bewegung; dieser hellglänzenden und rasch bewegten Gruppe setzt sich die ruhige dunkle Masse leblos liegender Körper im Vordergrund und die stillliegende Ferne des Hintergrundes schön entgegen.

Sobald der erste gewaltsame Sinnenreiz nachläßt, so wendet sich der Verstand zu dem Bedeutungsvollen; dies findet er hier sehr geistreich in der Mitte des Bildes. Diomedes, in eine Löwenhaut gehüllt, den Schild in der linken Hand, steht an dem Wagen des Rhesus, den er mit der Rechten anfaßt, als ob er sich denselben zueignen wollte. An dem Rade des Wagens liegt der Erschlagene, durch die neben ihm liegende Helmkrone kenntlich, in schön verkürzter Lage hingestreckt. So rasch sich Ulyß und die Pferde bewegen, so ruhig steht Diomedes, nur das Gesicht ist unzufrieden nach der Erscheinung zur Linken hingerichtet.

Hier schwebt in einer Wolkenumgebung, schlank und schön gebildet, Minerva herab und bedeutet mit ausgestreckter Rechten den Säumenden, fortzueilen. Die Wolke, in der sie erscheint, wälzt sich malerisch wie ein daherströmender Nebel um den Wagen des Rhesus herum und faßt auf diese Art die ganze

Mordscene mit einem geheimnißvollen Vorhang ein, der sich nur auf der rechten Seite öffnet, um den Blick nach dem griechischen Schifflager zu erweitern. Alle Partieen des Bildes schmelzen in einer angenehmen Harmonie von Licht und Schatten und Reflexen ineinander.

Man erfährt bei diesem Bilde den heitern Einfluß einer phantasiereichen Kunst, nach Kunstideen ist alles gewählt und geordnet, nichts Einzelnes ist der gemeinen Wirklichkeit abgeborgt; alles repräsentiert nur und hat nur Dasein für den Gedanken und durch denselben.

Es ließ sich für diese beiden Aufgaben von einer doppelten Seite her Gefahr befürchten.

Der Raub der Pferde des Rhesus ist, als bloßes Faktum betrachtet, gleichgültig und ohne allen Gehalt für das Herz; hier mußte also die Phantasie ihre Macht beweisen, und der Gedanke statt des wirklichen Gegenstandes eintreten. Wurde dieses Bild bloß mit einer treuen Sinnlichkeit und natürlichen Wahrheit behandelt, so mußte es leer und charakterlos ausfallen. Aber eben diese natürliche Wahrheit ist das Gespenst der Zeit, und dem Deutschen insbesondere wird es schwer, sich mit freier Dichtungskraft über das gemein Wirkliche zu erheben. Diesem Stoffe also, der sein Gefühl nicht ansprach, konnte ein Künstler von gewöhnlichem Schlag nicht viel abgewinnen, und eben dies scheint die meisten von diesem Sujet zurückgeschreckt zu haben.

Der Abschied des Hektor ist schon als Stoff und ohne allen Zusatz der Kunst ein rührender Gegenstand und konnte mit einem mäßigen Aufwand von Phantasie, selbst durch naive Wahrheit, ein sprechendes Bild abgeben. Aber hier war der sentimentalische Hang der Nation und des Zeitalters zu fürchten, welcher zum wahren Verderben aller bildenden Kunst auch auf diesem Felde wie auf dem poetischen überhand genommen hat. Ein weinerlicher Hektor und eine zerfließende

Andromache waren zu fürchten, und sie sind auch nicht aus-
geblieben. Ich bezeichne die Werke nicht, da sie sich leicht von
selbst herausfinden.

Es war in diesem einfach scheinenden Stoff ein doppeltes
Verhältniß auszudrücken: Hektor sollte als liebender Gatte und
als zärtlicher Vater erscheinen. Nicht leicht war die Aufgabe,
jedem dieser Verhältnisse sein volles Recht anzuthun, ohne gegen
die Einheit des Bildes zu verstoßen. Eines mußte nothwendig
zur Hauptsache gemacht werden, weil keine doppelte Handlung
von gleicher Bedeutung erlaubt war, und die Kunst bestand
darin, die prägnanteste zu wählen.

Einige der concurrierenden Künstler haben sich begnügt, bloß
den Abschied des Gatten von der Gattin vorzustellen, und sind
folglich unter der Aufgabe geblieben. Das Kind auf den Armen
der Wärterin oder der Mutter ist nur ein Zeuge der Handlung.
Hektor selbst ist so jugendlich und weichlich gehalten, daß man
bloß den Abschied zweier Liebenden vor sich zu sehen glaubt. Dies
ist unstreitig der unglücklichste Einfall, der sich am weitesten von
der Aufgabe entfernt; denn an den Krieger und den Helden, der
der Schirm seiner Vaterstadt sein soll, ist hier nun gar nicht
zu denken. Es ist auf eine Rührung angelegt, die diesem
Stoffe ganz und gar fremd ist.

Andere schlugen den entgegengesetzten Weg ein; indem sie
den Vater ausschließend mit dem Kinde beschäftigen, lassen sie
die Mutter und Gattin eine untergeordnete Rolle spielen. Diese
entfernten sich weniger von dem Geist der Forderung, weil der
Ausdruck des väterlichen Charakters sich mit dem männlichen
Ernst des Helden sehr wohl verträgt. Und da die Mutter sich
durch sich selbst schon in die Handlung einmischen kann, so konnte
sie nicht bedeutungslos erscheinen.

Auf einem der vorzüglichsten Stücke in der Sammlung
(Nr. 24), einem Oelgemälde, scheint der Künstler beabsichtigt
zu haben, Mutter und Kind in einer Umarmung zusammen

zu faſſen. Hektor breitet ſeine Arme nach dem Kinde aus, das
auf den Armen der Wärterin vor ihm zurückflieht, während
daß ſich Andromache zwiſchen dieſen, nach dem Kinde ausge-
ſtreckten Armen, an ſeinen Leib ſchmiegt; aber er ſelbſt zeigt
ſich keineswegs mit ihr beſchäftigt, ſeine ganze Bewegung bezieht ſich auf das Kind, ſie ſcheint überflüſſig und eher ein
Hinderniß zu ſein.

Nun war die zweite Frage, für das Pathetiſche der Situation den wahrſten und zugleich würdigſten Ausdruck zu finden —
denn es ſollte der Abſchied eines Helden ſein, der Gattin und
Kind zurückläßt, um in eine Todesgefahr zu gehen; man ſollte
einen letzten, ewigen Abſchied ahnen. Auf der andern Seite ſollte
ſich der Held über den Schmerz erhaben zeigen, Andromache ſollte
ſich auch in dieſer ſchmerzlichen Situation ſeiner werth beweiſen,
unſer Herz ſollte nicht zerriſſen, ſondern durch die Rührung ſelbſt
geſtärkt und erhoben werden.

Einer der concurrierenden Künſtler (Nr. 13), dem die Natur
einen heitern Sinn und ein ſchönes naives Gefühl verliehen,
aber die Stärke und Tiefe der Empfindungen ſcheint verſagt zu
haben, hat ſich auf die einfachſte Weiſe aus der Verlegenheit
gezogen, indem er die ganze Aufgabe in eine zärtliche Familien-
ſcene verwandelt, worin von dem tragiſchen Inhalt der Situation wenig oder gar nichts zu ſpüren iſt. Hektor unterhält ſich
mit dem Kinde, das auf dem linken Arm der Wärterin iſt und
ſich vor dem Vater zu ſcheuen ſcheint. Die Amme deutet mit
einer ſprechenden Bewegung auf den Vater, als ob ſie das
Kind mit demſelben bekannt machen wollte. An Hektors rechte
Seite ſchmiegt ſich Andromache; er hat ihr den einen Arm
liebevoll hingegeben, indem er den andern dem Kinde ſchmei-
chelnd entgegen ſtreckt. Jede der drei Figuren belebt ein naiver,
äußerſt glücklich gewählter Ausdruck, ein freundliches Lächeln
ſpielt um den Mund des Vaters, und Andromaches ſeelenvoller
Blick ſchwimmt zwiſchen Heiterkeit und Thränen. Alles accordiert

zu einer schönen lieblichen Gruppe und spricht das Gemüth schnell und entscheidend an. Man läßt augenblicklich von der Strenge der Kunstforderungen nach, weil man einer schönen Natur begegnet, und wird unwillig über den gerechten Tadler, der die Zeichnung, die Farbengebung und die ganze malerische Anlage fehlerhaft und außerdem das Bild mit Unschicklichkeiten überladen findet. Denn der Künstler schien das Heroische, das er in die Handlung selbst nicht zu legen wußte, in der Umgebung nachholen zu wollen und erfüllte deßwegen den Rand der Mauern und Thürme, unter welchen die Scene vorgeht, mit einer Million spießtragender Trojaner, welche auf diese Familiengruppe herabschauen.

So wie man auf diesem Bilde das Pathetische ganz vermißt, so ist demselben auf zwei andern, sonst sehr tüchtig gearbeiteten Bildern zu viel Raum gegeben, und von dem heroischen Charakter des Helden zu viel aufgeopfert worden. Sie erregen daher ein gewisses peinliches Gefühl, und man mag nicht gern dabei verweilen. Auf dem einen mißfällt noch besonders die abgewandte Stellung des Hektor und der Ausdruck hilflosen Schmerzens in seiner Geberde. Dem andern (Nr. 19) scheint eine gewisse kranke Blässe zu schaden, welche dadurch entsteht, daß die Zeichnung zum Theil coloriert ist und auf einen Farbeneffekt Anspruch macht, aber gerade da, wo die energische Farbe verlangt wird, die todte Kreide gebraucht worden ist.

Mehrere und zwar die geschicktesten Meister lassen ihren Helden sich an die Götter wenden und das Kind ihrem Schutz übergeben. Diese Handlung ist schicklich, ausdrucksvoll und edel. Das Vertrauen auf die Götter erlaubt einen muthigen, heitern und selbst im Affekt beruhigten Ausdruck, und die Handlung erhält dadurch einen feierlichen Charakter. Das Kind auf den Armen des Vaters, besonders wenn es hoch empor gehalten wird, wie auf den zwei vorzüglichsten (Nr. 25 und 26) Bildern in dieser Reihe der Fall ist, bildet einen bedeutenden Gipfel der Gruppe.

Das Kind wird uns zugleich zu einem Symbol der hilflosen Stadt; beide scheint Hektor in die Hand der Götter zu geben.

Es finden sich zwei nach Art der Basreliefs gearbeitete Bilder (Nr. 20 und 21), wo der Künstler im Geist der alten Bildhauerwerke des Pathetischen nicht bedurfte, um bedeutend zu sein. Ernst und ruhig steigt der gewaffnete Hektor die Stufen seines Hauses herab; sein Körper ist schon den Kriegern zugewendet, die mit dem Schlachtroß auf ihn warten. Nur das Gesicht kehrt sich nach der Andromache, die sich mit leidender Miene an ihn anschmiegt und ihn nicht lassen will. Ihr zur Seite steht die Wärterin, das Kind auf den Armen, mit noch andern Jungfrauen. Ganz mit der weisen Bedeutsamkeit der Alten hat uns hier der Künstler die Situation mehr durch symbolische Zeichen als durch Nachahmung des Wirklichen vorgebildet. Alles stellt mehr vor, als es ist; es gilt zwar für sich selbst und weist doch auf etwas Andres hin; es ist nur der sinnvolle Buchstabe, in welchem der Geist verhüllt liegt. Die weibliche Reihe mit dem Kinde bedeutet uns das Innere eines Hauses, welches von dem Hausvater jetzt verlassen wird. Die Krieger gegenüber mit ihren Waffen und dem wartenden Streitroß rufen uns die unerbittliche Nothwendigkeit in die Seele. Das ernste, doch nicht traurige Herabsteigen des Helden steht ihm wohl an; er braucht nicht die Götter, er ruht auf sich selbst; die zärtliche Bekümmerniß der Gattin ist dem Ganzen gemäß. Nur sie selbst ist zu klein und zu dürftig gegen die kolossalische Figur des Helden und stört den antiken Sinn des Ganzen durch ihre moderne schwächliche Erscheinung.

Auch in Behandlung der Amme, als der dritten Figur, hat sich das Genie der verschiedenen Künstler charakterisiert. Einige, die zu der Höhe des Gegenstandes nicht hinauf langen konnten, haben mit ihrem Genie gerade die Amme noch erreicht, und diese ist dann die gelungenste Figur des Bildes geworden. Hier in corpore vili konnte der Künstler der beliebten Natürlichkeit mit dem mindesten Nachtheile folgen, obgleich der gute Geschmack auch hier eine edlere Behandlung zur Pflicht machte. Von der stupiden Gleichgültigkeit an bis zur coquetten Leichtfertigkeit ist sie auf diesen Bildern durchgeführt worden. Diesen letztern Charakter trägt sie auf einer bunt getuschten Zeichnung, die ich Ihnen hier nur durch die zwei unschicklich angebrachten Säulen, die das Thor versperren, bezeichnet haben will. Das Bild ist auf das gefälligste, nach Art eines bunten englischen Kupferstichs, behandelt, die Figur der Andromache voll Anmuth, die Amme aber besonders geistreich gedacht. Nur einen Hektor wußte der Künstler sich nicht zu denken und sich überhaupt nicht zu der Höhe seines Gegenstandes zu erheben.

Dagegen ist auf den zwei vorhin erwähnten Bildern, in welchen Hektor seinen Sohn zum Himmel emporhält, die Amme ein wirklich bedeutender und integranter Theil der Handlung und zu der Würde des Ganzen veredelt. Auf dem einen (Nr. 23) steht sie in einer sehr geistreich gedachten Stellung abgewendet, und es ist dem Künstler gelungen, uns gerade durch das, was er verhüllte, desto tiefer zu rühren. Auf dem andern Bilde (Nr. 26), dessen ich nachher noch umständlicher gedenken werde, hat ihr der Künstler eine noch größere, wenn nicht zu große Bedeutung gegeben.

Bei dieser Abschiedsscene Hektors war das Lokale keineswegs unwichtig, und die Handlung konnte nur vermittelst desselben ihre volle Erklärung erhalten. Wenn sich der Künstler nicht der Freiheit der Symbole bediente, so mußte er die Scene unter oder an das trojanische Thor verlegen, und je sprechender er die Umgebung machte, desto mehr Ausdruck kam in die Handlung. Es ist daher nicht zu billigen, daß auf einigen Bildern die Scene an eine ganz öde und gleichgültige Stelle an der Stadtmauer verlegt ist. Die Handlung entbehrt dadurch ihren bedeutenden Hintergrund und ihren öffentlichen Charakter, der jenen alten Zeiten so gemäß ist, obgleich das andere Extrem, wo der Künstler einen opernmäßigen Hofstaat um seine Personen herum verbreitet, noch weit mehr Tadel verdient.

Man hat alle Ursache, sich über den Fleiß, über die Kunstfertigkeit, über das Sentiment, über den Geist und Geschmack
zu erfreuen, die bei diesen Bildern, bald mehr bald weniger verbunden, zur Erscheinung gekommen sind. Von der Gefühlsinnigkeit
an, bei welcher die Kunst anfängt, bis zu der heitern Imagination, wodurch sie sich frei und selbstständig erklärt, und zu der
geistreichen vollendenden Anmuth, wodurch sie sich, auf ihrem weiten
Weg, wieder zur Natur zurück findet, sind Proben gegeben worden.
Mehrere dieser Bilder sind wahrhaft schön gedachte Ganze; andere
empfehlen sich durch irgend eine glückliche Anlage oder durch eine
erworbene Fertigkeit, einige durch ein vollendetes Talent in Absicht auf gewisse Theile der malerischen Ausführung. Wenn man
aber alle der Reihe nach durchlaufen hat, so wird man zuletzt
mit erhöhter Zufriedenheit zu (Nr. 26) der braunen Zeichnung, wie das Publikum sie nannte, ehe man den Namen
des Künstlers, Hrn. Nahls, erfuhr, zurückkehren, welche auch
den Blick zuerst angezogen hat.

Hektor hebt den Astyanax mit einem heitern Blick des Vertrauens zu den Göttern empor. Andromache, eine schöne Gestalt,
im Geist der Antiken gezeichnet, lehnt sich an die rechte Seite
des Helden, auf ihm als ihrem Gotte scheint sie zu ruhen, kein
Ausdruck des Schmerzens entstellt ihre reinen Züge. Zur Linken
Hektors im weitern Abstand von ihm und durch den Helm, der
auf dem Boden liegt, von ihm geschieden, kniet die Wärterin,
das heitere Gebet des Helden mit einem schmerzvollen Flehen aus
tiefer geängsteter Brust begleitend. Auf sie, als die niedrigere
Natur, hat der weise Künstler die ganze Schale der Leidenschaft
ausgegossen, die er für diese Scene bereit hielt; aber in ihrem
Affekt ist nichts Unwürdiges, es ist nur das Heftige der In-
brunst, was ihn bezeichnet. Die Handlung geschieht unter dem
Thor, dessen edle Architektur würdig zum Ganzen stimmt. Hinter
der Amme öffnet sich dasselbe in einem schönen freien Bogen;
man sieht den Wagen Hektors, der Führer hält die Pferde an,

ein Krieger ift näher getreten und fetzt die Hauptfcene mit der Handlung des Hintergrundes in Verbindung.

Dies ift der poetifche Gedanke des Bildes; aber der edle Styl, die Einheit, die leichte Hand, die Reinlichkeit und An= muth in der Behandlung kann nur empfunden, nicht durch Worte ausgedrückt werden. Man fühlt fich thätig, klar und entfchie= den; die fchönfte Wirkung, die die plaftifche Kunft bezweckt. Das Auge wird gereizt und erquickt, die Phantafie belebt, der Geift aufgeregt, das Herz erwärmt und entzündet, der Verftand befchäftigt und befriedigt.

Ueber Bürgers Gedichte.

Die Gleichgültigkeit, mit der unser philosophierendes Zeitalter auf die Spiele der Musen herabzusehen anfängt, scheint
keine Gattung der Poesie empfindlicher zu treffen, als die lyrische.
Der dramatischen Dichtkunst dient doch wenigstens die Einrichtung des gesellschaftlichen Lebens zu einigem Schutze, und der
erzählenden erlaubt ihre freiere Form, sich dem Weltton mehr
anzuschmiegen und den Geist der Zeit in sich aufzunehmen. Aber
die jährlichen Almanache, die Gesellschaftsgesänge, die Musik-
liebhaberei unsrer Damen sind nur ein schwacher Damm gegen
den Verfall der lyrischen Dichtkunst. Und doch wäre es für den
Freund des Schönen ein sehr niederschlagender Gedanke, wenn
diese jugendlichen Blüthen des Geistes in der Fruchtzeit absterben,
wenn die reifere Kultur auch nur mit einem einzigen Schön-
heitsgenuß erkauft werden sollte. Vielmehr ließe sich auch in
unsern so unpoetischen Tagen, wie für die Dichtkunst überhaupt,
also auch für die lyrische, eine sehr würdige Bestimmung entdecken; es ließe sich vielleicht darthun, daß, wenn sie von einer
Seite höhern Geistesbeschäftigungen nachstehen muß, sie von einer
andern nur desto nothwendiger geworden ist. Bei der Vereinzelung
und getrennten Wirksamkeit unserer Geisteskräfte, die der erweiterte Kreis des Wissens und die Absonderung der Berufs-
geschäfte nothwendig macht, ist es die Dichtkunst beinahe allein,
welche die getrennten Kräfte der Seele wieder in Vereinigung
bringt, welche Kopf und Herz, Scharfsinn und Witz, Vernunft

und Einbildungskraft in harmonischem Bunde beschäftigt, welche gleichsam den ganzen Menschen in uns wieder herstellt. Sie allein kann das Schicksal abwenden, das traurigste, das dem philosophierenden Verstande widerfahren kann, über dem Fleiß des Forschens den Preis seiner Anstrengungen zu verlieren und in einer abgezogenen Vernunftwelt für die Freuden der wirklichen zu ersterben. Aus noch so divergierenden Bahnen würde sich der Geist bei der Dichtkunst wieder zurecht finden und in ihrem verjüngenden Licht der Erstarrung eines frühzeitigen Alters entgehen. Sie wäre die jugendlich blühende Hebe, welche in Jovis Saal die unsterblichen Götter bedient.

Dazu aber würde erfordert, daß sie selbst mit dem Zeitalter fortschritte, dem sie diesen wichtigen Dienst leisten soll, daß sie sich alle Vorzüge und Erwerbungen desselben zu eigen machte. Was Erfahrung und Vernunft an Schätzen für die Menschheit aufhäuften, müßte Leben und Fruchtbarkeit gewinnen und in Anmuth sich kleiden in ihrer schöpferischen Hand. Die Sitten, den Charakter, die ganze Weisheit ihrer Zeit müßte sie, geläutert und veredelt, in ihrem Spiegel sammeln und mit idealisierender Kunst aus dem Jahrhundert selbst ein Muster für das Jahrhundert erschaffen. Dies aber setzte voraus, daß sie selbst in keine andre als reife und gebildete Hände fiele. So lange dies nicht ist, so lange zwischen dem sittlich ausgebildeten, vorurtheilfreien Kopf und dem Dichter ein andrer Unterschied stattfindet, als daß letzterer zu den Vorzügen des erstern das Talent der Dichtung noch als Zugabe besitzt, so lange dürfte die Dichtkunst ihren veredelnden Einfluß auf das Jahrhundert verfehlen, und jeder Fortschritt wissenschaftlicher Kultur wird nur die Zahl ihrer Bewunderer vermindern. Unmöglich kann der gebildete Mann Erquickung für Geist und Herz bei einem unreifen Jüngling suchen, unmöglich in Gedichten die Vorurtheile, die gemeinen Sitten, die Geistesleerheit wieder finden wollen, die ihn im wirklichen Leben verscheuchen. Mit Recht verlangt er von dem

Dichter, der ihm, wie dem Römer sein Horaz, ein theurer
Begleiter durch das Leben sein soll, daß er im Intellektuellen
und Sittlichen auf einer Stufe mit ihm stehe, weil er auch in
Stunden des Genusses nicht unter sich sinken will. Es ist also
nicht genug, Empfindung mit erhöhten Farben zu schildern;
man muß auch erhöht empfinden. Begeisterung allein ist nicht
genug; man fordert die Begeisterung eines gebildeten Geistes.
Alles, was der Dichter uns geben kann, ist seine Individualität.
Diese muß es also werth sein, vor Welt und Nachwelt ausgestellt
zu werden. Diese seine Individualität so sehr als möglich zu
veredeln, zur reinsten, herrlichsten Menschheit hinaufzuläutern,
ist sein erstes und wichtigstes Geschäft, ehe er es unternehmen
darf, die Vortrefflichen zu rühren. Der höchste Werth seines
Gedichtes kann kein anderer sein, als daß es der reine vollendete
Abdruck einer interessanten Gemüthslage, eines interessanten
vollendeten Geistes ist. Nur ein solcher Geist soll sich uns in
Kunstwerken ausprägen; er wird uns in seiner kleinsten Aeußerung kenntlich sein, und umsonst wird, der es nicht ist, diesen
wesentlichen Mangel durch Kunst zu verstecken suchen. Vom
Aesthetischen gilt eben das, was vom Sittlichen; wie es hier der
moralisch vortreffliche Charakter eines Menschen allein ist, der
einer seiner einzelnen Handlungen den Stempel moralischer Güte
aufdrücken kann, so ist es dort nur der reife, der vollkommene
Geist, von dem das Reife, das Vollkommene ausfließt. Kein noch
so großes Talent kann dem einzelnen Kunstwerk verleihen, was
dem Schöpfer desselben gebricht, und Mängel, die aus dieser
Quelle entspringen, kann selbst die Feile nicht wegnehmen.

Wir würden nicht wenig verlegen sein, wenn uns aufgelegt
würde, diesen Maßstab in der Hand, den gegenwärtigen deutschen
Musenberg zu durchwandern. Aber die Erfahrung, däucht uns,
müßte es ja lehren, wie viel der größere Theil unsrer nicht
ungepriesenen lyrischen Dichter auf den bessern des Publikums
wirkt; auch trifft es sich zuweilen, daß uns einer oder der andre,

wenn wir es auch seinen Gedichten nicht angemerkt hätten, mit seinen Bekenntnissen überrascht oder uns Proben von seinen Sitten liefert. Jetzt schränken wir uns darauf ein, von dem bisher Gesagten die Anwendung auf Herrn Bürger zu machen.

Aber darf wohl diesem Maßstab auch ein Dichter unterworfen werden, der sich ausdrücklich als „Volkssänger" ankündigt und Popularität (s. Vorrede zum 1. Theil Seite 15 u. f.) zu seinem höchsten Gesetz macht? Wir sind weit entfernt, Hrn. B. mit dem schwankenden Worte „Volk" chicanieren zu wollen; vielleicht bedarf es nur weniger Worte, um uns mit ihm darüber zu verständigen. Ein Volksdichter in jenem Sinn, wie es Homer seinem Weltalter oder die Troubadours dem ihrigen waren, dürfte in unsern Tagen vergeblich gesucht werden. Unsre Welt ist die Homerische nicht mehr, wo alle Glieder der Gesellschaft im Empfinden und Meinen ungefähr dieselbe Stufe einnahmen, sich also leicht in derselben Schilderung erkennen, in denselben Gefühlen begegnen konnten. Jetzt ist zwischen der Auswahl einer Nation und der Masse derselben ein sehr großer Abstand sichtbar, wovon die Ursache zum Theil schon darin liegt, daß Aufklärung der Begriffe und sittliche Veredlung ein zusammenhängendes Ganzes ausmachen, mit dessen Bruchstücken nichts gewonnen wird. Außer diesem Kulturunterschied ist es noch die Convenienz, welche die Glieder der Nation in der Empfindungsart und im Ausdruck der Empfindung einander so äußerst unähnlich macht. Es würde daher umsonst sein, willkürlich in einen Begriff zusammen zu werfen, was längst schon keine Einheit mehr ist. Ein Volksdichter für unsere Zeiten hätte also bloß zwischen dem Allerleichtesten und dem Allerschwersten die Wahl: entweder sich ausschließend der Fassungskraft des großen Haufens zu bequemen und auf den Beifall der gebildeten Klasse Verzicht zu thun, — oder den ungeheuren Abstand, der zwischen beiden sich befindet, durch die Größe seiner Kunst anzuheben und beide Zwecke vereinigt zu verfolgen. Es fehlt uns nicht an Dichtern, die in der

erſten Gattung glücklich geweſen ſind und ſich bei ihrem Publikum
Dank verdient haben; aber nimmermehr kann ein Dichter von
Herrn Bürgers Genie die Kunſt und ſein Talent ſo tief herab=
geſetzt haben, um nach einem ſo gemeinen Ziele zu ſtreben.
Popularität iſt ihm, weit entfernt, dem Dichter die Arbeit zu
erleichtern oder mittelmäßige Talente zu bedecken, eine Schwie=
rigkeit mehr, und fürwahr eine ſo ſchwere Aufgabe, daß ihre
glückliche Auflöſung der höchſte Triumph des Genies genannt
werden kann. Welch Unternehmen, dem ekeln Geſchmack des
Kenners Genüge zu leiſten, ohne dadurch dem großen Haufen
ungenießbar zu ſein — ohne der Kunſt etwas von ihrer Würde
zu vergeben, ſich an den Kinderverſtand des Volks anzuſchmiegen.
Groß, doch nicht unüberwindlich, iſt dieſe Schwierigkeit; das
ganze Geheimniß, ſie aufzulöſen — glückliche Wahl des Stoffs
und höchſte Simplicität in Behandlung deſſelben. Jenen müßte
der Dichter ausſchließend nur unter Situationen und Empfin=
dungen wählen, die dem Menſchen als Menſchen eigen ſind.
Alles, wozu Erfahrungen, Aufſchlüſſe, Fertigkeiten gehören, die
man nur in poſitiven und künſtlichen Verhältniſſen erlangt,
müßte er ſich ſorgfältig unterſagen und durch dieſe reine Schei=
dung deſſen, was im Menſchen bloß menſchlich iſt, gleichſam den
verlorenen Zuſtand der Natur zurückrufen. In ſtillſchweigendem
Einverſtändniß mit den Vortrefflichſten ſeiner Zeit würde er die
Herzen des Volks an ihrer weichſten und bildſamſten Seite
faſſen, durch das geübte Schönheitsgefühl den ſittlichen Trieben
eine Nachhilfe geben und das Leidenſchaftsbedürfniß, das der
Alltagspoet ſo geiſtlos und oft ſo ſchädlich befriedigt, für die
Reinigung der Leidenſchaft nutzen. Als der aufgeklärte, ver=
feinerte Wortführer der Volksgefühle würde er dem hervor=
ſtrömenden, Sprache ſuchenden Affekt der Liebe, der Freude, der
Andacht, der Traurigkeit, der Hoffnung u. a. m. einen reinern
und geiſtreichern Text unterlegen; er würde, indem er ihnen den
Ausdruck lieh, ſich zum Herrn dieſer Affekte machen und ihren

rohen, gestaltlosen, oft thierischen Ausbruch noch auf den Lippen des Volks veredeln. Selbst die erhabenste Philosophie des Lebens würde ein solcher Dichter in die einfachen Gefühle der Natur auflösen, die Resultate des mühsamsten Forschens der Einbildungskraft überliefern und die Geheimnisse des Denkers in leicht zu entziffernder Bildersprache dem Kindersinn zu errathen geben. Ein Vorläufer der hellen Erkenntniß brächte er die gewagtesten Vernunftwahrheiten, in reizender und verdachtloser Hülle, lange vorher unter das Volk, ehe der Philosoph und Gesetzgeber sich erkühnen dürfen, sie in ihrem vollen Glanze heranzuführen. Ehe sie ein Eigenthum der Ueberzeugung geworden, hätten sie durch ihn schon ihre stille Macht an den Herzen bewiesen, und ein ungeduldiges, einstimmiges Verlangen würde sie endlich von selbst der Vernunft abfordern.

In diesem Sinne genommen, scheint uns der Volksdichter, man messe ihn nach den Fähigkeiten, die bei ihm vorausgesetzt werden, oder nach seinem Wirkungskreis, einen sehr hohen Rang zu verdienen. Nur dem großen Talent ist es gegeben, mit den Resultaten des Tiefsinns zu spielen, den Gedanken von der Form loszumachen, an die er ursprünglich geheftet, aus der er vielleicht entstanden war, ihn in eine fremde Ideenreihe zu verpflanzen, so viel Kunst in so wenigem Aufwand, in so einfacher Hülle so viel Reichthum zu verbergen. Hr. B. sagt also keineswegs zu viel, wenn er Popularität eines Gedichts für das „Siegel der Vollkommenheit" erklärt. Aber indem er dies behauptet, setzt er stillschweigend schon voraus, was Mancher, der ihn liest, bei dieser Behauptung ganz und gar übersehen dürfte, daß zur Vollkommenheit eines Gedichts die erste unerläßliche Bedingung ist, einen von der verschiedenen Fassungskraft seiner Leser durchaus unabhängigen absoluten, innern Werth zu besitzen. „Wenn ein Gedicht," scheint er sagen zu wollen, „die Prüfung des echten Geschmacks aushält und mit diesem Vorzug noch eine Klarheit und Faßlichkeit verbindet, die es fähig macht im Munde des

Volks zu leben: dann ist ihm das Siegel der Vollkommenheit
aufgedrückt." Dieser Satz ist durchaus eins mit diesem: Was
den Vortrefflichen gefällt, ist gut; was allen ohne Unterschied
gefällt, ist es noch mehr.

Also weit entfernt, daß bei Gedichten, welche für das Volk
bestimmt sind, von den höchsten Forderungen der Kunst etwas
nachgelassen werden könnte, so ist vielmehr zu Bestimmung ihres
Werths (der nur in der glücklichen Vereinigung so verschiedener
Eigenschaften besteht) wesentlich und nöthig, mit der Frage anzufangen: Ist der Popularität nichts von der höhern Schönheit
aufgeopfert worden? Haben sie, was sie für die Volksmasse an
Interesse gewannen, nicht für den Kenner verloren?

Und hier müssen wir gestehen, daß uns die Bürgerischen
Gedichte noch sehr viel zu wünschen übrig gelassen haben, daß
wir in dem größten Theil derselben den milden, sich immer
gleichen, immer hellen, männlichen Geist vermissen, der, ein-
geweiht in die Mysterien des Schönen, Edeln und Wahren, zu
dem Volke bildend hernieder steigt, aber auch in der vertrautesten
Gemeinschaft mit demselben nie seine himmlische Abkunft verläugnet. Hr. B. vermischt sich nicht selten mit dem Volk, zu
dem er sich nur herablassen sollte, und anstatt es scherzend und
spielend zu sich hinaufzuziehen, gefällt es ihm oft, sich ihm gleich
zu machen. Das Volk, für das er dichtet, ist leider nicht immer
dasjenige, welches er unter diesem Namen gedacht wissen will.
Nimmermehr sind es dieselben Leser, für welche er seine Nacht-
feier der Venus, seine Leonore, sein Lied an die Hoffnung, die
Elemente, die Göttingische Jubelfeier, Männerkeuschheit, Vorgefühl
der Gesundheit u. a. m. und eine Frau Schnips, Fortunens
Pranger, Menagerie der Götter, an die Menschengesichter und
ähnliche niederschrieb. Wenn wir anders aber einen Volksdichter
richtig schätzen, so besteht sein Verdienst nicht darin, jede Volksklasse
mit irgend einem, ihr besonders genießbaren Liede zu versorgen,
sondern in jedem einzelnen Liede jeder Volksklasse genug zu thun.

Wir wollen uns aber nicht bei Fehlern verweilen, die eine unglückliche Stunde entschuldigen, und denen durch eine strengere Auswahl unter seinen Gedichten abgeholfen werden kann. Aber daß sich diese Ungleichheit des Geschmacks sehr oft in demselben Gedichte findet, dürfte eben so schwer zu verbessern als zu entschuldigen sein. Rec. muß gestehen, daß er unter allen Bürgerischen Gedichten (die Rede ist von denen, welche er am reichlichsten aussteuerte) beinahe keines zu nennen weiß, das ihm einen durchaus reinen, durch gar kein Mißfallen erkauften Genuß gewährt hätte. War es entweder die vermißte Uebereinstimmung des Bildes mit dem Gedanken oder die beleidigte Würde des Inhalts oder eine zu geistlose Einkleidung; war es auch nur ein unedles, die Schönheit des Gedankens entstellendes Bild, ein ins Platte fallender Ausdruck, ein unnützer Wörterprunk, ein (was doch am seltensten ihm begegnet) unechter Reim oder harter Vers, was die harmonische Wirkung des Ganzen störte: so war uns diese Störung bei so vollem Genuß um so widriger, weil sie uns das Urtheil abnöthigte, daß der Geist, der sich in diesen Gedichten darstellte, kein gereifter, kein vollendeter Geist sei, daß seinen Produkten nur deßwegen die letzte Hand fehlen möchte, weil sie — ihm selbst fehlte.

Eine nothwendige Operation des Dichters ist Idealisierung seines Gegenstandes, ohne welche er aufhört, seinen Namen zu verdienen. Ihm kommt es zu, das Vortreffliche seines Gegenstandes (mag dieser nun Gestalt, Empfindung oder Handlung sein, in ihm oder außer ihm wohnen) von gröbern, wenigstens fremdartigen Beimischungen zu befreien, die in mehrern Gegenständen zerstreuten Strahlen von Vollkommenheit in einem einzigen zu sammeln, einzelne, das Ebenmaß störende Züge der Harmonie des Ganzen zu unterwerfen, das Individuelle und Lokale zum Allgemeinen zu erheben. Alle Ideale, die er auf diese Art im Einzelnen bildet, sind gleichsam nur Ausflüsse eines innern Ideals von Vollkommenheit, das in der Seele des

Dichters wohnt. Zu je größerer Reinheit und Fülle er dieses innere allgemeine Ideal ausgebildet hat, desto mehr werden auch jene einzelnen sich der höchsten Vollkommenheit nähern. Diese Idealisierkunst vermissen wir zu sehr bei Hrn. Bürger. Außerdem, daß uns seine Muse überhaupt einen zu sinnlichen, oft gemeinsinnlichen Charakter zu tragen scheint, daß ihm Liebe selten etwas anders als Genuß oder sinnliche Augenweide, Schönheit oft nur Jugend, Gesundheit, Glückseligkeit nur Wohlleben ist, möchten wir die Gemälde, die er uns aufstellt, mehr einen Zusammenwurf von Bildern, eine Compilation von Zügen, eine Art Mosaik, als Ideale nennen. Will er uns z. B. weibliche Schönheit malen, so sucht er zu jedem einzelnen Reiz seiner Geliebten ein demselben correspondierendes Bild in der Natur umher auf, und daraus erschafft er sich seine Göttin. Man sehe 1. Th. S. 124: Das Mädel, das ich meine, das hohe Lied und mehrere andre. Will er sie überhaupt als Muster von Vollkommenheit uns darstellen, so werden ihre Qualitäten von einer ganzen Schaar Göttinnen zusammengeborgt. S. 86, die beiden Liebenden:

> Im Denken ist sie Pallas ganz,
> Und Juno ganz an edelm Gange,
> Terpsichore beim Freudentanz,
> Euterpe neidet sie im Sange,
> Ihr weicht Aglaja, wenn sie lacht,
> Melpomene bei sanfter Klage,
> Die Wollust ist sie in der Nacht,
> Die holde Sittsamkeit bei Tage.

Wir führen diese Strophe nicht an, als glaubten wir, daß sie das Gedicht, worin sie vorkömmt, eben verunstalte, sondern weil sie uns das passendste Beispiel zu sein scheint, wie ungefähr Hr. B. idealisiert. Es kann nicht fehlen, daß dieser üppige Farbenwechsel auf den ersten Anblick hinreißt und blendet, Leser besonders, die nur für das Sinnliche empfänglich sind und, den Kindern gleich, nur das Bunte bewundern. Aber wie wenig sagen Gemälde dieser Art dem verfeinerten Kunstsinn, den nie der Reichthum, sondern die weise Oekonomie, nie die Materie, nur die Schönheit der Form, nie die Ingredienzien, nur die Feinheit der Mischung befriedigt! Wir wollen nicht untersuchen, wie viel oder wenig Kunst erfordert wird, in dieser Manier zu erfinden; aber wir entdecken bei dieser Gelegenheit an uns selbst, wie wenig dergleichen Kraftstücke der Jugend die Prüfung eines männlichen Geschmacks aushalten. Es konnte uns eben darum auch nicht sehr angenehm überraschen, als wir in dieser Gedicht- sammlung, einem Unternehmen reiferer Jahre, sowohl ganze Gedichte als einzelne Stellen und Ausdrücke wieder fanden (das Klinglingling, Hopp Hopp Hopp, Hubu, Sasa, Trallyrum larum u. dgl. m. nicht zu vergessen), welche nur die poetische Kindheit ihres Verfassers entschuldigen und der zweideutige Bei- fall des großen Haufens so lange durchbringen konnte. Wenn ein Dichter, wie Hr. B., dergleichen Spielereien durch die Zau- berkraft seines Pinsels, durch das Gewicht seines Beispiels in Schutz nimmt, wie soll sich der unmännliche, kindische Ton ver- lieren, den ein Heer von Stümpern in unsere lyrische Dichtkunst einführte? Aus eben diesem Grunde kann Rec. das sonst so lieblich gesungene Gedicht „Blümchen Wunderhold" nur mit Einschränkung loben. Wie sehr sich auch Hr. B. in dieser Er- findung gefallen haben mag, so ist ein Zauberblümchen an der Brust kein ganz würdiges und eben auch nicht sehr geistreiches Symbol der Bescheidenheit; es ist, frei herausgesagt, Tändelei. Wenn es von diesem Blümchen heißt:

> Du theilst der Flöte weichen Klang
> Des Schreiers Kehle mit,
> Und wandelst in Zephyrengang
> Des Stürmers Poltertritt.

so geschieht der Bescheidenheit zu viel Ehre. Der unschickliche Ausdruck: die Nase schnaubt nach Aether, und ein unechter Reim: blühn und schön, verunstalten den leichten und schönen Gang dieses Liedes.

Am meisten vermißt man die Idealisierkunst bei Hrn. B., wenn er Empfindungen schildert; dieser Vorwurf trifft besonders die neuern Gedichte, großentheils an Molly gerichtet, womit er diese Ausgabe bereichert hat. So unnachahmlich schön in den meisten Diktion und Versbau ist, so poetisch sie gesungen sind, so unpoetisch scheinen sie uns empfunden. Was Lessing irgendwo dem Tragödiendichter zum Gesetz macht, keine Seltenheiten, keine streng individuellen Charaktere und Situationen darzustellen, gilt noch weit mehr von dem lyrischen. Dieser darf eine gewisse Allgemeinheit in den Gemüthsbewegungen, die er schildert, um so weniger verlassen, je weniger Raum ihm gegeben ist, sich über das Eigenthümliche der Umstände, wodurch sie veranlaßt sind, zu verbreiten. Die neuern Bürgerischen Gedichte sind großentheils Produkte einer solchen ganz eigenthümlichen Lage, die zwar weder so streng individuell, noch so sehr Ausnahme ist, als ein Heautontimorumenos des Terenz, aber gerade individuell genug, um von dem Leser weder vollständig noch rein genug aufgefaßt zu werden, daß das Unideale, welches davon untrennlich ist, den Genuß nicht störte. Indessen würde dieser Umstand den Gedichten, bei denen er angetroffen wird, bloß eine Vollkommenheit nehmen; aber ein anderer kommt hinzu, der ihnen wesentlich schadet. Sie sind nämlich nicht bloß Gemälde dieser eigenthümlichen (und sehr undichterischen) Seelenlage, sondern sie sind offenbar auch Geburten derselben. Die Empfindlichkeit, der Unwille, die Schwermuth des Dichters sind nicht bloß der Gegenstand, den er besingt, sie sind leider oft auch der Apoll, der ihn begeistert. Aber die Göttinnen des Reizes und der Schönheit sind sehr eigensinnige Gottheiten. Sie belohnen nur die Leidenschaft, die sie selbst einflößten; sie dulden auf ihrem

Altar nicht gern ein ander Feuer, als das Feuer einer reinen, uneigennützigen Begeisterung. Ein erzürnter Schauspieler wird uns schwerlich ein edler Repräsentant des Unwillens werden; ein Dichter nehme sich ja in Acht, mitten im Schmerz den Schmerz zu besingen. So, wie der Dichter selbst bloß leidender Theil ist, muß seine Empfindung unausbleiblich von ihrer idealischen Allgemeinheit zu einer unvollkommenen Individualität herabsinken. Aus der sanftern und fernenden Erinnerung mag er dichten, und dann desto besser für ihn, je mehr er an sich erfahren hat, was er besingt, aber ja niemals unter der gegenwärtigen Herrschaft des Affects, den er uns schön versinnlichen soll. Selbst in Gedichten, von denen man zu sagen pflegt, daß die Liebe, die Freundschaft u. s. w. selbst dem Dichter den Pinsel dabei geführt habe, hatte er damit anfangen müssen, sich selbst fremd zu werden, den Gegenstand seiner Begeisterung von seiner Individualität los zu wickeln, seine Leidenschaft aus einer mildernden Ferne anzuschauen. Das Idealschöne wird schlechterdings nur durch eine Freiheit des Geistes, durch eine Selbstthätigkeit möglich, welche die Uebermacht der Leidenschaft aufhebt.

Die neuern Gedichte Herrn Bürgers charakterisirt eine gewisse Bitterkeit, eine fast dunkelnde Schwermuth. Das hervorragendste Stück in dieser Sammlung: „Das hohe Lied von der Einzigen," verliert dadurch besonders viel von seinem übrigen unerreichbaren Werthe. Andre Kunstrichter haben sich bereits ausführlicher über dieses schöne Product der Bürgerischen Muse herausgelassen, und mit Vergnügen stimmen wir in einen großen Theil des Lobes mit ein, das sie ihm beigelegt haben. Nur wundern wir uns, wie es möglich war, dem Schwunge des Dichters, dem Feuer seiner Empfindung, seinem Reichthum an Bildern, der Kraft seiner Sprache, der Harmonie seines Verses so viele Versündigungen gegen den guten Geschmack zu vergeben; wie es möglich war, zu übersehen, daß sich die Begeisterung des Dichters nicht selten in die Grenzen des Wahnsinns verliert,

daß sein Feuer oft Furie wird, daß eben deßwegen die Gemüthsstimmung, mit der man dies Lied aus der Hand legt, durchaus
nicht die wohlthätige harmonische Stimmung ist, in welche wir
uns von dem Dichter versetzt sehen wollen. Wir begreifen, wie
Hr. B., hingerissen von dem Affekt, der dieses Lied ihm diktierte,
bestochen von der nahen Beziehung dieses Lieds auf seine eigne
Lage, die er in demselben, wie in einem Heiligthum, nieder-
legte, am Schlusse dieses Lieds sich zurufen konnte, daß es das
Siegel der Vollendung an sich trage; — aber eben deßwegen
möchten wir es, seiner glänzenden Vorzüge ungeachtet, nur ein
sehr vortreffliches Gelegenheitsgedicht nennen, ein Gedicht nämlich, dessen Entstehung und Bestimmung man es allenfalls verzeiht, wenn ihm die idealische Reinheit und Vollendung mangelt,
die allein den guten Geschmack befriedigt.

Eben dieser große und nahe Antheil, den das eigene Selbst
des Dichters an diesem und noch einigen andern Liedern dieser
Sammlung hatte, erklärt uns beiläufig, warum wir in diesen
Liedern so übertrieben oft an ihn selbst, den Verfasser, erinnert werden. Recensent kennt unter den neuern Dichtern
keinen, der das sublimi seriam sidera vertice des Horaz
mit solchem Mißbrauch im Munde führte, als Hr. B. Wir
wollen ihn deßwegen nicht in Verdacht haben, daß ihm bei
solchen Gelegenheiten das Blümchen Wunderhold aus dem Busen
gefallen sei; es leuchtet ein, daß man nur im Scherz so viel
Selbstlob an sich verschwenden kann. Aber angenommen, daß
an solchen scherzhaften Aeußerungen nur der zehnte Theil sein
Ernst sei, so macht ja ein zehnter Theil, der zehnmal wieder kömmt, einen ganzen und bittern Ernst. Eigenruhm
kann selbst einem Horaz nur verziehen werden, und ungern
verzeiht der hingerissene Leser dem Dichter, den er so gern
— nur bewundern möchte.

Diese allgemeinen Winke, den Geist des Dichters betreffend,
scheinen uns alles zu sein, was über eine Sammlung von

mehr als hundert Gedichten, worunter viele einer ausführlichen Zergliederung werth sind, in einer Zeitung gesagt werden konnte. Das längst entschiedene einstimmige Urtheil des Publikums überhebt uns, von seinen Balladen zu reden, in welcher Dichtungsart es nicht leicht ein deutscher Dichter Hrn. B. zuvorthun wird. Bei seinen Sonetten, Mustern ihrer Art, die sich auf den Lippen des Deklamateurs in Gesang verwandeln, wünschen wir mit ihm, daß sie keinen Nachahmer finden möchten, der nicht gleich ihm und seinem vortrefflichen Freund, Schlegel, die Leyer des pythischen Gottes spielen kann. Gerne hätten wir alle bloß witzigen Stücke, die Sinngedichte vor allen, in dieser Sammlung entbehrt, so wie wir überhaupt Hrn. B. die leichte scherzende Gattung möchten verlassen sehn, die seiner starken nervichten Manier nicht zusagt. Man vergleiche z. B., um sich davon zu überzeugen, das Zechlied 1. Thl. S. 142 mit einem Anakreontischen oder Horazischen von ähnlichem Inhalt. Wenn man uns endlich aufs Gewissen fragte, welchen von Hrn. Bs. Gedichten, den ernsthaften oder den satirischen, den ganz lyrischen oder lyrischerzählenden, den frühern oder spätern der Vorrang gebühre, so würde unser Ausspruch für die ernsthaften, für die erzählenden und für die frühern ausfallen. Es ist nicht zu verkennen, daß Hr. B. an poetischer Kraft und Fülle, an Sprachgewalt und an Schönheit des Verses gewonnen hat; aber seine Manier hat sich weder veredelt, noch sein Geschmack gereinigt.

Wenn wir bei Gedichten, von denen sich unendlich viel Schönes sagen läßt, nur auf die fehlerhafte Seite hingewiesen haben, so ist dies, wenn man will, eine Ungerechtigkeit, der wir uns nur gegen einen Dichter von Hrn. Bs. Talent und Ruhm schuldig machen konnten. Nur gegen einen Dichter, auf den so viele nachahmende Federn lauern, verlohnt es sich der Mühe, die Partei der Kunst zu ergreifen; und auch nur das große Dichtergenie ist im Stande, den Freund des Schönen an die höchsten Forderungen der Kunst zu erinnern, die er bei dem mittelmäßigen Talent entweder freiwillig unterdrückt oder ganz zu vergessen in Gefahr ist. Gerne gestehen wir, daß wir das ganze Heer von unsern jetzt lebenden Dichtern, die mit Hrn. B. um den lyrischen Lorbeerkranz ringen, gerade so tief unter ihm erbliden, als er, unserer Meinung nach, selbst unter dem höchsten Schönen geblieben ist. Auch empfinden wir sehr gut, daß Vieles von dem, was wir an seinen Produkten tadelnswerth fanden, auf Rechnung äußrer Umstände kommt, die seine genialische Kraft in ihrer schönsten Wirkung beschränkten, und von denen seine Gedichte selbst so rührende Winke geben. Nur die heitere, die ruhige Seele gebiert das Vollkommene. Kampf mit äußern Lagen und Hypochondrie, welche überhaupt jede Geisteskraft lähmen, dürfen am allerwenigsten das Gemüth des Dichters belasten, der sich von der Gegenwart loswickeln und frei und kühn in die Welt der Ideale emporschweben soll. Wenn es auch noch so sehr in seinem Busen stürmt, so müsse Sonnenklarheit seine Stirne umfließen.

Wenn indessen irgend einer von unsern Dichtern es werth ist, sich selbst zu vollenden, um etwas Vollendetes zu leisten, so ist es Hr. Bürger. Diese Fülle poetischer Malerei, diese glühende, energische Herzenssprache, dieser bald prächtig wogende, bald lieblich flötende Poesiestrom, der seine Produkte so hervorragend unterscheidet, endlich dieses biedre Herz, das, man möchte sagen, aus jeder Zeile spricht, ist es werth, sich mit immer gleicher ästhetischer und sittlicher Grazie, mit männlicher Würde, mit Gedankengehalt, mit hoher und stiller Größe zu gatten und so die höchste Krone der Classicität zu erringen.

Das Publikum hat eine schöne Gelegenheit, um die vaterländische Kunst sich dieses Verdienst zu erwerben. Hr. B. besorgt, wie wir hören, eine neue verschönerte Ausgabe seiner Gedichte, und von dem Maße der Unterstützung, die ihm von den Freunden seiner Muse widerfahren wird, hängt es ab, ob sie zugleich eine verbesserte, ob sie eine vollendete sein soll.

¹ So urtheilte der Verfasser vor eilf Jahren über Bürgers Dichterverdienst; er kann auch noch jetzt seine Meinung nicht ändern, aber er würde sie mit bündigern Beweisen unterstützen, denn sein Gefühl war richtiger als sein Raisonnement. Die Leidenschaft der Parteien hat sich in diesen Streit gemischt; aber wenn alles persönliche Interesse schweigt, wird man der Intention des Recensenten Gerechtigkeit widerfahren lassen.

¹ Anmerkung des Herausgebers. Dieser Schluß wurde hinzugefügt, als der Verfasser im Jahr 1802 obige Recension der Sammlung seiner kleinen prosaischen Schriften einrückte.

Ueber den Gartenkalender auf das Jahr 1795.

Tübingen bei Cotta.

Seit den Hirschfeldischen Schriften über die Gartenkunst ist die Liebhaberei für schöne Kunstgärten in Deutschland immer allgemeiner geworden, aber nicht sehr zum Vortheil des guten Geschmacks, weil es an festen Principien fehlte, und alles der Willkür überlassen blieb. Den irregeleiteten Geschmack in dieser Kunst zu berichtigen, werden in diesem Kalender vortreffliche Winke gegeben, die von dem Kunstfreunde näher geprüft und von dem Gartenliebhaber befolgt zu werden verdienen.

Es ist gar nichts Ungewöhnliches, daß man mit der Ausführung einer Sache anfängt und mit der Frage: ob sie denn auch wohl möglich sei? endigt. Dies scheint besonders auch mit den so allgemein beliebten ästhetischen Gärten der Fall zu sein. Diese Geburten des nördlichen Geschmacks sind von einer so zweideutigen Abkunft und haben bis jetzt einen so unsichern Charakter gezeigt, daß es dem echten Kunstfreunde zu verzeihen ist, wenn er sie kaum einer flüchtigen Aufmerksamkeit würdigte und dem Dilettantism zum Spiele dahin gab. Ungewiß, zu welcher Klasse der schönen Künste sie sich eigentlich schlagen solle, schloß sich die Gartenkunst lange Zeit an die Baukunst an und beugte die lebendige Vegetation unter das steife Joch mathematischer Formen, wodurch der Architekt die leblose schwere Masse beherrscht. Der Baum mußte seine höhere organische

Natur verbergen, damit die Kunst an seiner gemeinen Körper-
natur ihre Macht beweisen konnte. Er mußte sein schönes selbstständiges Leben für ein geistloses Ebenmaß und seinen leichten
schwebenden Wuchs für einen Anschein von Festigkeit hingeben,
wie das Auge sie von steinernen Mauern verlangt. Von diesem
seltsamen Irrweg kam die Gartenkunst in neuern Zeiten zwar
zurück, aber nur, um sich auf dem entgegengesetzten zu verlieren. Aus der strengen Zucht des Architekts flüchtete sie sich
in die Freiheit des Poeten, vertauschte plötzlich die härteste
Knechtschaft mit der regellosesten Licenz, und wollte nun von
der Einbildungskraft allein das Gesetz empfangen. So willkürlich, abenteuerlich und bunt, als nur immer die sich selbst
überlassene Phantasie ihre Bilder wechselt, mußte nun das
Auge von einer unerwarteten Decoration zur andern hinüber-
springen, und die Natur, in einem größern oder kleinern Bezirke, die ganze Mannichfaltigkeit ihrer Erscheinungen wie auf
einer Musterkarte vorlegen. So wie sie in den französischen
Gärten ihrer Freiheit beraubt, dafür aber durch eine gewisse
architektonische Uebereinstimmung und Größe entschädigt wurde:
so sinkt sie nun, in unsern sogenannten englischen Gärten, zu
einer kindischen Kleinheit herab und hat sich durch ein über-
triebenes Bestreben nach Ungezwungenheit und Mannigfaltigkeit
von aller schönen Einfalt entfernt und aller Regel entzogen.
In diesem Zustande ist sie größtentheils noch, nicht wenig begünstigt von dem weichlichen Charakter der Zeit, der vor aller
Bestimmtheit der Formen flieht und es unendlich bequemer
findet, die Gegenstände nach seinen Einfällen zu modeln, als
sich nach ihnen zu richten.

Da es so schwer hält, der ästhetischen Gartenkunst ihren
Platz unter den schönen Künsten anzuweisen, so könnte man
leicht auf die Vermuthung gerathen, daß sie hier gar nicht
unterzubringen sei. Man würde aber Unrecht haben, die ver-
unglückten Versuche in derselben gegen ihre Möglichkeit über-

haupt zeugen zu lassen. Jene beiden entgegengesetzten Formen unter denen sie bis jetzt bei uns aufgetreten ist, enthalten etwas Wahres und entsprangen beide aus einem gegründeten Bedürfniß. Was erstlich den architektonischen Geschmack betrifft, so ist nicht zu läugnen, daß die Gartenkunst unter einer Kategorie mit der Baukunst steht, obgleich man sehr übel gethan hat, die Verhältnisse der letztern auf sie anwenden zu wollen. Beide Künste entsprechen in ihrem ersten Ursprunge einem physischen Bedürfniß, welches zunächst ihre Formen bestimmt, bis das entwickelte Schönheitsgefühl auf Freiheit dieser Formen drang und zugleich mit dem Verstande der Geschmack seine Forderungen machte. Aus diesem Gesichtspunkte betrachtet, sind beide Künste nicht vollkommen frei, und die Schönheit ihrer Formen wird durch den unnachläßlichen physischen Zweck jederzeit bedingt und eingeschränkt bleiben. Beide haben gleichfalls mit einander gemein, daß sie die Natur durch Natur, nicht durch ein künstliches Medium, nachahmen oder auch gar nicht nachahmen, sondern neue Objekte erzeugen. Daher mochte es kommen, daß man sich nicht sehr streng an die Formen hielt, welche die Wirklichkeit darbietet, ja, sich wenig daraus machte, wenn nur der Verstand durch Ordnung und Uebereinstimmung, und das Auge durch Majestät oder Anmuth befriedigt wurde, die Natur als Mittel zu behandeln und ihrer Eigenthümlichkeit Gewalt anzuthun. Man konnte sich um so eher dazu berechtigt glauben, da offenbar in der Gartenkunst, wie in der Baukunst, durch eben diese Aufopferung der Naturfreiheit sehr oft der physische Zweck befördert wird. Es ist also den Urhebern des architektonischen Geschmacks in der Gartenkunst einigermaßen zu verzeihen, wenn sie sich von der Verwandtschaft, die in mehreren Stücken zwischen diesen beiden Künsten herrscht, verführen ließen, ihre ganz verschiedenen Charaktere zu verwechseln und in der Wahl zwischen Ordnung und Freiheit die erstere auf Kosten der andern zu begünstigen.

Auf der andern Seite beruht auch der poetische Garten=
geschmack auf einem ganz richtigen Faktum des Gefühls. Einem
aufmerksamen Beobachter seiner selbst konnte es nicht entgehen,
daß das Vergnügen, womit uns der Anblick landschaftlicher
Scenen erfüllt, von der Vorstellung unzertrennlich ist, daß es
Werke der freien Natur, nicht des Künstlers sind. Sobald also
der Gartengeschmack diese Art des Genusses bezweckte, so mußte
er darauf bedacht sein, aus seinen Anlagen alle Spuren eines
künstlichen Ursprungs zu entfernen. Er machte sich also die
Freiheit, so wie sein architektonischer Vorgänger die Regelmäßig=
keit, zum obersten Gesetz; bei ihm mußte die Natur, bei diesem
die Menschenhand siegen. Aber der Zweck, nach dem er strebte,
war für die Mittel viel zu groß, auf welche seine Kunst ihn
beschränkte; und er scheiterte, weil er aus seinen Grenzen trat
und die Gartenkunst in die Malerei hinüberführte. Er vergaß,
daß der verjüngte Maßstab, der der letztern zu Statten kommt,
auf eine Kunst nicht wohl angewendet werden konnte, welche die
Natur durch sich selbst repräsentiert, und nur insofern rühren
kann, als man sie absolut mit Natur verwechselt. Kein Wunder
also, wenn er über dem Ringen nach Mannigfaltigkeit ins
Tändelhafte und — weil ihm zu den Uebergängen, durch welche
die Natur ihre Veränderungen vorbereitet und rechtfertigt, der
Raum und die Kräfte fehlten — ins Willkürliche verfiel. Das
Ideal, nach dem er strebte, enthält an sich selbst keinen Wider=
spruch; aber es war zweckwidrig und grillenhaft, weil auch der
glücklichste Erfolg die ungeheuren Opfer nicht belohnte.

Soll also die Gartenkunst endlich von ihren Ausschweifungen
zurückkommen und wie ihre andern Schwestern zwischen be=
stimmten und bleibenden Grenzen ruhen, so muß man sich vor
allen Dingen deutlich gemacht haben, was man denn eigent=
lich will, eine Frage, woran man, in Deutschland wenigstens,
noch nicht genug gedacht zu haben scheint. Es wird sich als=
dann wahrscheinlicher Weise ein ganz guter Mittelweg zwischen

der Steifigkeit des französischen Gartengeschmacks und der gesetz-
losen Freiheit des sogenannten englischen finden; es wird sich
zeigen, daß sich diese Kunst zwar nicht zu so hohen Sphären
versteigen dürfe, als uns diejenigen überreden wollen, die bei
ihren Entwürfen nichts als die Mittel zur Ausführung vergessen, und daß es zwar abgeschmackt und widersinnig ist, in
eine Gartenmauer die Welt einschließen zu wollen, aber sehr
ausführbar und vernünftig, einen Garten, der allen Forderungen des guten Landwirths entspricht, sowohl für das Auge
als für das Herz und den Verstand zu einem charakteristischen
Ganzen zu machen.

Dies ist es, worauf der geistreiche Verfasser der fragmen-
tarischen Beiträge zur Ausbildung des deutschen Gartengeschmacks
in diesem Kalender vorzüglich hinweist, und unter allem, was
über diesen Gegenstand je mag geschrieben worden sein, ist uns
nichts bekannt, was für einen gesunden Geschmack so befriedigend
wäre. Zwar sind seine Ideen nur als Bruchstücke hingeworfen;
aber diese Nachlässigkeit in der Form erstreckt sich nicht auf den
Inhalt, der durchgängig von einem feinen Verstande und einem
zarten Kunstgefühle zeugt. Nachdem er die beiden Hauptwege,
welche die Gartenkunst bisher eingeschlagen, und die verschiedenen
Zwecke, welche bei Gartenanlagen verfolgt werden können, namhaft gemacht und gehörig gewürdigt hat, bemüht er sich, diese
Kunst in ihre wahren Grenzen und auf einen vernünftigen Zweck
zurückzuführen, den er mit Recht „in eine Erhöhung desjenigen
„Lebensgenusses setzt, den der Umgang mit der schönen landschaft-
„lichen Natur uns verschaffen kann." Er unterscheidet sehr richtig
die Gartenlandschaft (den eigentlichen englischen Park), worin
die Natur in ihrer ganzen Größe und Freiheit erscheinen und
alle Kunst scheinbar verschlungen haben muß, von dem Garten,
wo die Kunst, als solche, sichtbar werden darf. Ohne der erstern
ihren ästhetischen Vorzug streitig zu machen, begnügt er sich, die
Schwierigkeiten zu zeigen, die mit ihrer Ausführung verknüpft

und nur durch außerordentliche Kräfte zu besiegen sind. Den
eigentlichen Garten theilt er in den großen, den kleinern und
mittlern und zeichnet kürzlich die Grenzen, innerhalb deren sich
bei einer jeden dieser drei Arten die Erfindung halten muß. Er
eifert nachdrücklich gegen die Anglomanie so vieler deutschen
Gartenbesitzer, gegen die Brücken ohne Wasser, gegen die Ein=
siedeleien an der Landstraße u. s. s. und zeigt, zu welchen Arm=
seligkeiten Nachahmungssucht und mißverstandene Grundsätze von
Varietät und Zwangsfreiheit führen. Aber indem er die Grenzen
der Gartenkunst verengt, lehrt er sie innerhalb derselben desto
wirksamer sein und durch Aufopferung des Unnöthigen und Zweck=
widrigen nach einem bestimmten und interessanten Charakter
streben. So hält er es keineswegs für unmöglich, symbo=
lische und gleichsam pathetische Gärten anzulegen, die eben so
gut als musikalische oder poetische Compositionen fähig sein
müßten, einen bestimmten Empfindungszustand auszudrücken
und zu erzeugen.

Außer diesen ästhetischen Bemerkungen ist von demselben
Verfasser in diesem Kalender eine Beschreibung der großen Garten=
anlage zu Hohenheim angefangen, davon uns derselbe im
nächsten Jahre die Fortsetzung verspricht. Jedem, der diese mit
Recht berühmte Anlage entweder selbst gesehen oder auch nur
von Hörensagen kennt, muß es angenehm sein, dieselbe in Ge=
sellschaft eines so feinen Kunstkenners zu durchwandern. Es
wird ihn wahrscheinlich nicht weniger als den Recensenten über=
raschen, in einer Composition, die man so sehr geneigt war für
das Werk der Willkür zu halten, eine Idee herrschen zu sehen,
die, es sei nun dem Urheber oder dem Beschreiber des Gartens,
nicht wenig Ehre macht. Die meisten Reisenden, denen die
Gunst widerfahren ist, die Anlage zu Hohenheim zu besichtigen,
haben darin, nicht ohne große Befremdung, römische Grabmäler,
Tempel, verfallene Mauern u. dergl. mit Schweizerhütten und
lachende Blumenbeete mit schwarzen Gefängnißmauern abwechseln

geſehen. Sie haben die Einbildungskraft nicht begreifen können, die ſich erlauben durfte, ſo disparate Dinge in ein Ganzes zu verknüpfen. Die Vorſtellung, daß wir eine ländliche Colonie vor uns haben, die ſich unter den Ruinen einer römiſchen Stadt niederließ, hebt auf einmal dieſen Widerſpruch und bringt eine geiſtvolle Einheit in dieſe barocke Compoſition. Ländliche Sim=plicität und verſunkene ſtädtiſche Herrlichkeit, die zwei äußer=ſten Zuſtände der Geſellſchaft, grenzen auf eine rührende Art aneinander, und das ernſte Gefühl der Vergänglichkeit verliert ſich wunderbar ſchön in dem Gefühl des ſiegenden Lebens. Dieſe glückliche Miſchung gießt durch die ganze Landſchaft einen tiefen, elegiſchen Ton aus, der den empfindenden Betrachter zwiſchen Ruhe und Bewegung, Nachdenken und Genuß ſchwan=kend erhält und noch lange nachhallet, wenn ſchon alles ver=ſchwunden iſt.

Der Verf. nimmt an, daß nur derjenige über den ganzen Werth dieſer Anlage richten könne, der ſie im vollen Sommer geſehen; wir möchten noch hinzuſetzen, daß nur derjenige ihre Schönheit vollſtändig fühlen könne, der ſich auf einem beſtimmten Wege ihr nähert. Um den ganzen Genuß davon zu haben, muß man durch das neu erbaute fürſtliche Schloß zu ihr geführt worden ſein. Der Weg von Stuttgart nach Hohenheim iſt gewiſſermaßen eine verſinnlichte Geſchichte der Gartenkunſt, die dem aufmerkſamen Betrachter intereſſante Bemerkungen darbietet. In den Fruchtfeldern, Weinbergen und wirthſchaftlichen Gärten, an denen ſich die Landſtraße hinzieht, zeigt ſich demſelben der erſte phyſiſche Anfang der Gartenkunſt, entblößt von aller äſthe=tiſchen Verzierung. Nun aber empfängt ihn die franzöſiſche Gartenkunſt mit ſtolzer Gravität unter den langen und ſchroffen Pappelwänden, welche die freie Landſchaft mit Hohenheim in Verbindung ſetzen und durch ihre kunſtmäßige Geſtalt ſchon Er=wartung erregen. Dieſer feierliche Eindruck ſteigt bis zu einer faſt peinlichen Spannung, wenn man die Gemächer des herzog=

lichen Schlosses durchwandert, das an Pracht und Eleganz wenig seines Gleichen hat und auf eine gewiß seltene Art Geschmack mit Verschwendung vereinigt. Durch den Glanz, der hier von allen Seiten das Auge drückt, und durch die kunstreiche Architektur der Zimmer und des Ameublements wird das Bedürfniß nach -— Simplicität bis zu dem höchsten Grade getrieben, und der ländlichen Natur, die den Reisenden auf Einmal in dem sogenannten englischen Dorfe empfängt, der feierlichste Triumph bereitet. Indeß machen die Denkmäler versunkener Pracht, an deren traurende Wände der Pflanzer seine friedliche Hütte lehnt, eine ganz eigene Wirkung auf das Herz, und mit geheimer Freude sehen wir uns in diesen zerfallenden Ruinen an der Kunst gerächt, die in dem Prachtgebäude nebenan ihre Gewalt über uns bis zum Mißbrauch getrieben hatte. Aber die Natur, die wir in dieser englischen Anlage finden, ist diejenige nicht mehr, von der wir ausgegangen waren. Es ist eine mit Geist beseelte und durch Kunst exaltierte Natur, die nun nicht bloß den einfachen, sondern selbst den durch Kultur verwöhnten Menschen befriedigt, und indem sie den erstern zum Denken reizt, den letztern zur Empfindung zurückführt.

Was man auch gegen eine solche Interpretation der Hohenheimer Anlagen vielleicht einwenden mag, so gebührt dem Stifter dieser Anlagen immer Dank genug, daß er nichts gethan hat, um sie Lügen zu strafen; und man müßte sehr ungenügsam sein, wenn man in ästhetischen Dingen nicht eben so geneigt wäre, die That für den Willen, als in moralischen den Willen für die That anzunehmen. Wenn das Gemälde dieser Hohenheimer Anlage einmal vollendet sein wird, so dürfte es den unterrichteten Leser nicht wenig interessieren, in demselben zugleich ein symbolisches Charaktergemälde ihres so merkwürdigen Urhebers zu erblicken, der nicht in seinen Gärten allein Wasserwerke von der Natur zu erzwingen wußte, wo sich kaum eine Quelle fand.

Das Urtheil des Verfassers über den Garten zu Schwetzingen und über das Seifersdorfer Thal bei Dresden wird jeder Leser von Geschmack, der diese Anlagen in Augenschein genommen, unterschreiben und sich mit demselben nicht enthalten können, eine Empfindsamkeit, welche Sittensprüche, auf eigne Täfelchen geschrieben, an die Bäume hängt, für affektiert, und einen Geschmack, der Moscheen und griechische Tempel in buntem Gemische durcheinander wirft, für barbarisch zu erklären.

Ueber Egmont, Trauerspiel von Goethe.

Entweder es sind außerordentliche Handlungen und Situationen, oder es sind Leidenschaften, oder es sind Charaktere,
die dem tragischen Dichter zum Stoff dienen; und wenn gleich
oft alle diese drei, als Ursach und Wirkung, in einem Stücke
sich beisammen finden, so ist doch immer das Eine oder das
Andere vorzugsweise der letzte Zweck der Schilderung gewesen.
Ist die Begebenheit oder Situation das Hauptaugenmerk des
Dichters, so braucht er sich nur insofern in die Leidenschaft- und
Charakterschilderung einzulassen, als er jene durch diese herbei-
führt. Ist hingegen die Leidenschaft sein Hauptzweck, so ist ihm
oft die unscheinbarste Handlung schon genug, wenn sie jene nur
ins Spiel setzt. Ein am unrechten Orte gefundenes Schnupftuch
veranlaßt eine Meisterscene im Mohren von Venedig. Ist endlich
der Charakter sein vorzüglicheres Augenmerk, so ist er in der
Wahl und Verknüpfung der Begebenheiten noch viel weniger
gebunden, und die ausführliche Darstellung des ganzen Menschen
verbietet ihm sogar, einer Leidenschaft zu viel Raum zu geben.
Die alten Tragiker haben sich beinahe einzig auf Situationen
und Leidenschaften eingeschränkt. Darum findet man bei ihnen
auch nur wenig Individualität, Ausführlichkeit und Schärfe der
Charakteristik. Erst in neuern Zeiten, und in diesen erst seit
Shakspeare, wurde die Tragödie mit der dritten Gattung bereichert; er war der Erste, der in seinem Macbeth, Richard III.
u. s. w. ganze Menschen und Menschenleben auf die Bühne
brachte, und in Deutschland gab uns der Verfasser des Götz
von Berlichingen das erste Muster in dieser Gattung. Es ist

hier nicht der Ort zu untersuchen, wie viel oder wie wenig sich diese neue Gattung mit dem letzten Zwecke der Tragödie, Furcht und Mitleid zu erregen, verträgt; genug, sie ist einmal vorhanden, und ihre Regeln sind bestimmt.

Zu dieser letzten Gattung nun gehört das vorliegende Stück, und es ist leicht einzusehen, inwiefern die vorangeschickte Erinnerung mit demselben zusammenhängt. Hier ist keine hervorstechende Begebenheit, keine vorwaltende Leidenschaft, keine Verwicklung, kein dramatischer Plan, nichts von dem allem; eine bloße Aneinanderstellung mehrerer einzelnen Handlungen und Gemälde, die beinahe durch nichts als durch den Charakter zusammengehalten werden, der an allen Antheil nimmt, und auf den sich alle beziehen. Die Einheit dieses Stücks liegt also weder in den Situationen, noch in irgend einer Leidenschaft, sondern sie liegt in dem Menschen. Egmonts wahre Geschichte konnte dem Verfasser auch nicht viel Mehreres liefern. Seine Gefangennehmung und Verurtheilung hat nichts Außerordentliches, und sie selbst ist auch nicht die Folge irgend einer einzelnen interessanten Handlung, sondern vieler kleinern, die der Dichter alle nicht brauchen konnte, wie er sie fand, die er mit der Katastrophe auch nicht so genau zusammenknüpfen konnte, daß sie eine dramatische Handlung mit ihr ausmachten. Wollte er also diesen Gegenstand in einem Trauerspiel behandeln, so hatte er die Wahl, entweder eine ganz neue Handlung zu dieser Katastrophe zu erfinden, diesem Charakter, den er in der Geschichte vorfand, irgend eine herrschende Leidenschaft unterzulegen oder ganz und gar auf diese zwei Gattungen der Tragödie Verzicht zu thun und den Charakter selbst, von dem er hingerissen war, zu seinem eigentlichen Vorwurf zu machen. Und dieses Letztere, das Schwerere unstreitig, hat er vorgezogen, weniger vermuthlich aus zu großer Achtung für die historische Wahrheit, als weil er die Armuth seines Stoffs durch den Reichthum seines Genies ersetzen zu können fühlte.

In diesem Trauerspiel also — oder Rec. müßte sich ganz in dem Gesichtspunkte geirrt haben — wird ein Charakter aufgeführt, der in einem bedenklichen Zeitlauf, umgeben von den Schlingen einer arglistigen Politik, in nichts als sein Verdienst eingehüllt, voll übertriebenen Vertrauens zu seiner gerechten Sache, die es aber nur für ihn allein ist, gefährlich wie ein Nachtwanderer auf jäher Dachspitze wandelt. Diese übergroße Zuversicht, von deren Ungrund wir unterrichtet werden, und der unglückliche Ausschlag derselben sollen uns Furcht und Mitleiden einflößen oder uns tragisch rühren — und diese Wirkung wird erreicht.

In der Geschichte ist Egmont kein großer Charakter, er ist es auch in dem Trauerspiele nicht. Hier ist er ein wohlwollender, heiterer und offener Mensch, Freund mit der ganzen Welt, voll leichtsinnigen Vertrauens zu sich selbst und zu Andern, frei und kühn, als ob die Welt ihm gehörte, brav und unerschroden, wo es gilt, dabei großmüthig, liebenswürdig und sanft, ein Charakter der schöneren Ritterzeit, prächtig und etwas Prahler, sinnlich und verliebt, ein fröhliches Weltkind — alle diese Eigenschaften in eine lebendige, menschliche, durchaus wahre und individuelle Schilderung verschmolzen, die der verschönernden Kunst nichts, auch gar nichts zu danken hat. Egmont ist ein Held, aber auch ganz nur ein flämischer Held, ein Held des sechzehnten Jahrhunderts; Patriot, jedoch ohne sich durch das allgemeine Elend in seinen Freuden stören zu lassen; Liebhaber, ohne darum weniger Essen und Trinken zu lieben. Er hat Ehrgeiz, er strebt nach einem großen Ziele; aber das hält ihn nicht ab, jede Blume aufzulesen, die er auf seinem Wege findet, hindert ihn nicht, des Nachts zu seinem Liebchen zu schleichen, das kostet ihm keine schlaflosen Nächte. Tolldreist wagt er bei St. Quentin und Gravelingen sein Leben, aber er möchte weinen, wenn er von dieser freundlichen, süßen Gewohnheit des Daseins und Wirkens scheiden soll. „Leb' ich nur," so schildert er sich selbst, „um

„aufs Leben zu denken? Soll ich den gegenwärtigen Augenblick
„nicht genießen, damit ich des folgenden gewiß sei? Und diesen
„wieder mit Sorgen und Grillen verzehren? — Wir haben die
„und jene Thorheit in einem lustigen Augenblick empfangen und
„geboren, sind Schuld, daß eine ganz edle Schaar mit Bettel=
„säden und mit einem selbst gewählten Unnamen dem König
„seine Pflicht mit spottender Demuth ins Gedächtniß rief, sind
„schuld — was ist's nun weiter? Ist ein Fastnachtspiel gleich
„Hochverrath? Sind uns die kurzen bunten Lumpen zu miß=
„gönnen, die ein jugendlicher Muth um unsers Lebens arme
„Blöße hängen mag? Wenn ihr das Leben gar zu ernsthaft
„nehmt, was ist denn dran? Scheint mir die Sonne heut, um
„das zu überlegen, was gestern war?" — Durch seine schöne
Humanität, nicht durch Außerordentlichkeit, soll dieser Charakter
uns rühren; wir sollen ihn lieb gewinnen, nicht über ihn er=
staunen. Diesem Letztern scheint der Dichter so sorgfältig aus
dem Wege gegangen zu sein, daß er ihm eine Menschlichkeit
über die andere beilegt, um ja seinen Helden zu uns herabzu=
ziehen: — daß er ihm endlich nicht einmal so viel Größe und
Ernst mehr übrig läßt, als unsrer Meinung nach unumgänglich
erfordert wird, diesen Menschlichkeiten selbst das höchste Interesse
zu verschaffen. Wahr ist es, solche Züge menschlicher Schwach=
heit ziehen oft unwiderstehlich an — in einem Heldengemälde,
wo sie mit großen Handlungen in schöner Mischung zerfließen.
Heinrich IV. von Frankreich kann uns nach dem glänzendsten
Siege nicht interessanter sein, als auf einer nächtlichen Wande=
rung zu seiner Gabriele; aber durch welche strahlende That,
durch was für gründliche Verdienste hat sich Egmont bei uns
das Recht auf eine ähnliche Theilnahme und Nachsicht erworben?
Zwar heißt es, diese Verdienste werden als schon geschehen vor=
ausgesetzt, sie leben im Gedächtniß der ganzen Nation, und alles,
was er spricht, athmet den Willen und die Fähigkeit, sie zu
erwerben. Richtig! Aber das ist eben das Unglück, daß wir

seine Verdienste von Hörensagen wissen und auf Treu und Glauben anzunehmen gezwungen werden, — seine Schwachheiten hingegen mit unsern Augen sehen. Alles weiset auf diesen Egmont hin, als auf die letzte Stütze der Nation, und was thut er eigentlich Großes, um dieses ehrenvolle Vertrauen zu verdienen? (denn folgende Stelle darf man doch wohl nicht dagegen anführen: „Die Leute," sagt Egmont, „erhalten sie (die Liebe) auch meist allein, die nicht darnach jagen. Klärchen. Hast du diese stolze Anmerkung über dich selbst gemacht, du, den alles Volk liebt? Egmont. Hätte ich nur etwas für sie gethan! Es ist ihr guter Wille, mich zu lieben.") Ein großer Mann soll er nicht sein, aber auch erschlaffen soll er nicht; eine relative Größe, einen gewissen Ernst verlangen wir mit Recht von jedem Helden eines Stückes, wir verlangen, daß er über dem Kleinen nicht das Große hintansetze, daß er die Zeiten nicht verwechsle. Wer wird z. B. Folgendes billigen? Oranien ist eben von ihm gegangen; Oranien, der ihn mit allen Gründen der Vernunft auf sein nahes Verderben hingewiesen, der ihn, wie uns Egmont selbst gesteht, durch diese Gründe erschüttert hat. „Dieser Mann," sagt er, „trägt seine Sorglich„keit in mich herüber; — Weg — das ist ein fremder Tropfen „in meinem Blute. Gute Natur, wirf ihn wieder heraus. Und „von meiner Stirne die sinnenden Runzeln wegzubaden, gibt es „ja wohl noch ein freundlich Mittel." Dieses freundliche Mittel nun — wer es noch nicht weiß — ist kein andres, als ein Besuch beim Liebchen! Wie? Nach einer so ernsten Aufforderung keinen andern Gedanken, als nach Zerstreuung? Nein, guter Graf Egmont! Runzeln, wo sie hingehören! und freundliche Mittel, wo sie hingehören! Wenn es euch zu beschwerlich ist, euch eurer eignen Rettung anzunehmen, so mögt ihr's haben, wenn sich die Schlinge über euch zusammenzieht. Wir sind nicht gewohnt, unser Mitleid zu verschenken.

Hätte also die Einmischung dieser Liebesangelegenheit dem

Interesse wirklich Schaden gethan, so wäre dieses doppelt zu be=
klagen, da der Dichter noch obendrein der historischen Wahrheit
Gewalt anthun mußte, um sie hervorzubringen. In der Ge=
schichte nämlich war Egmont verheirathet und hinterließ neun
(Andere sagen eilf) Kinder, als er starb. Diesen Umstand
konnte der Dichter wissen und nicht wissen, wie es sein Interesse
mit sich brachte; aber er hätte ihn nicht vernachlässigen sollen,
sobald er Handlungen, welche natürliche Folgen davon waren,
in sein Trauerspiel aufnahm. Der wahre Egmont hatte durch
eine prächtige Lebensart sein Vermögen äußerst in Unordnung
gebracht und brauchte also den König, wodurch seine Schritte
in der Republik sehr gebunden wurden. Besonders aber war es
seine Familie, was ihn auf eine so unglückliche Art in Brüssel
zurückhielt, da fast alle seine übrigen Freunde sich durch die
Flucht retteten. Seine Entfernung aus dem Lande hätte ihm
nicht bloß die reichen Einkünfte von zwei Statthalterschaften ge=
kostet; sie hätte ihn auch zugleich um den Besitz aller seiner Güter
gebracht, die in den Staaten des Königs lagen und sogleich dem
Fiskus anheim gefallen sein würden. Aber weder er selbst, noch
seine Gemahlin, eine Herzogin von Bayern, waren gewohnt,
Mangel zu ertragen; auch seine Kinder waren nicht dazu er=
zogen. Diese Gründe setzte er selbst bei mehreren Gelegenheiten
dem Prinzen von Oranien, der ihn zur Flucht bereden wollte,
auf eine rührende Art entgegen; diese Gründe waren es, die
ihn so geneigt machten, sich an dem schwächsten Aste von Hoff=
nung zu halten und sein Verhältniß zum König von der besten
Seite zu nehmen. Wie zusammenhängend, wie menschlich wird
nunmehr sein ganzes Verhalten! Er wird nicht mehr das Opfer
einer blinden, thörichten Zuversicht, sondern der übertrieben ängst=
lichen Zärtlichkeit für die Seinigen. Weil er zu sein und zu edel
denkt, um einer Familie, die er über alles liebt, ein hartes
Opfer zuzumuthen, stürzt er sich selbst ins Verderben. Und
nun der Egmont im Trauerspiel! — Indem der Dichter ihm

Gemahlin und Kinder nimmt, zerstört er den ganzen Zusammenhang seines Verhaltens. Er ist ganz gezwungen, dieses unglückliche Bleiben aus einem leichtsinnigen Selbstvertrauen entspringen zu lassen, und verringert dadurch gar sehr unsere Achtung für den Verstand seines Helden, ohne ihm diesen Verlust von Seiten des Herzens zu ersetzen. Im Gegentheil — er bringt uns um das rührende Bild eines Vaters, eines liebenden Gemahls, — um uns einen Liebhaber von ganz gewöhnlichem Schlag dafür zu geben, der die Ruhe eines liebenswürdigen Mädchens, das ihn nie besitzen und noch weniger seinen Verlust überleben wird, zu Grunde richtet, dessen Herz er nicht einmal besitzen kann, ohne eine Liebe, die glücklich hätte werden können, vorher zu zerstören, der also, mit dem besten Herzen zwar, zwei Geschöpfe unglücklich macht, um die sinnenden Runzeln von seiner Stirne wegzubaden. Und alles dieses kann er noch außerdem erst nur auf Unkosten der historischen Wahrheit möglich machen, die der dramatische Dichter allerdings hintansetzen darf, um das Interesse seines Gegenstandes zu erheben, aber nicht, um es zu schwächen. Wie theuer läßt er uns also diese Episode bezahlen, die, an sich betrachtet, gewiß eines der schönsten Gemälde ist, die in einer größern Composition, wo sie von verhältnißmäßig großen Handlungen aufgewogen würde, von der höchsten Wirkung würde gewesen sein.

Egmonts tragische Katastrophe fließt aus seinem politischen Leben, aus seinem Verhältniß zu der Nation und zu der Regierung. Eine Darstellung des damaligen politisch bürgerlichen Zustandes der Niederlande mußte daher seiner Schilderung zum Grund liegen oder vielmehr selbst einen Theil der dramatischen Handlung mit ausmachen. Betrachtet man nun, wie wenig sich Staatsaktionen überhaupt dramatisch behandeln lassen, und was für Kunst dazu gehöre, so viele zerstreute Züge in ein faßliches, lebendiges Bild zusammen zu tragen und das Allgemeine wieder im Individuellen anschaulich zu machen, wie z. B. Shakspeare

in seinem Julius Cäsar gethan hat; betrachtet man ferner das
Eigenthümliche der Niederlande, die nicht eine Nation, sondern
ein Aggregat mehrerer kleinen sind, die unter sich aufs schärffte
contrastieren, so daß es unendlich leichter war, uns nach Rom
als nach Brüssel zu verfetzen; betrachtet man endlich, wie un=
zählig viele kleine Dinge zusammenwirkten, um den Geist jener
Zeit und jenen politischen Zustand der Niederlande hervorzu=
bringen: so wird man nicht aufhören können, das schöpferische
Genie zu bewundern, das alle diese Schwierigkeiten besiegt und
uns mit einer Kunst, die nur von derjenigen erreicht wird,
womit es uns selbst in zwei andern Stücken in die Ritterzeiten
Deutschlands und nach Griechenland versetzte, nun auch in diese
Welt gezaubert hat. Nicht genug, daß wir diese Menschen vor
uns leben und wirken sehen, wir wohnen unter ihnen, wir sind
alte Bekannte von ihnen. Auf der einen Seite die fröhliche
Geselligkeit, die Gastfreundlichkeit, die Redseligkeit, die Groß=
thuerei dieses Volks, der republikanische Geist, der bei der ge=
ringsten Neuerung aufwallt, und sich oft ebenso schnell auf die
seichtesten Gründe wieder gibt; auf der andern die Lasten, unter
denen es jetzt seufzt, von den neuen Bischofsmützen an bis auf
die französischen Psalmen, die es nicht singen soll — nichts ist
vergessen, nichts ohne die höchste Natur und Wahrheit herbei=
geführt. Wir sehen hier nicht bloß den gemeinen Haufen, der
sich überall gleich ist, wir erkennen darin den Niederländer und
zwar den Niederländer dieses und keines andern Jahrhunderts;
in diesem unterscheiden wir noch den Brüßler, den Holländer,
den Friesen, und selbst unter diesen noch den Wohlhabenden und
den Bettler, den Zimmermeister und den Schneider. So etwas
läßt sich nicht wollen, nicht erzwingen durch Kunst. — Das
kann nur der Dichter, der von seinem Gegenstand ganz durch=
drungen ist. Diese Züge entwischen ihm, wie sie demjenigen,
den er dadurch schildert, entwischen, ohne daß er es will oder
gewahr wird; ein Beiwort, ein Komma zeichnet einen Charakter.

Buyk, ein Holländer und Soldat unter Egmont, hat beim Arm-
brustschießen das Beste gewonnen und will, als König, die Herren
gastieren. Das ist aber wider den Gebrauch.

Buyk. Ich bin fremd und König und achte eure Gesetze
und Herkommen nicht.

Jetter (ein Schneider aus Brüssel). Du bist ja ärger, als der
Spanier; der hat sie uns doch bisher lassen müssen.

Ruysum (ein Friesländer). Laßt ihn! Doch ohne Präjudiz!
Das ist auch seines Herrn Art, splendid zu sein und es laufen
zu lassen, wo es gedeiht!

Wer glaubt nicht, in diesem doch ohne Präjudiz den
zähen, auf seine Vorrechte wachsamen Friesen zu erkennen, der
sich auch bei der kleinsten Bewilligung noch durch eine Klausel
verwahrt. Wie wahr, wenn sich die Bürger von ihren Regenten
unterreden —

Das war ein Herr! (von Karl V. spricht er.) Er hatte
die Hand über dem ganzen Erdboden, und war auch alles in
allem — und wenn er euch begegnete, so grüßte er euch, wie
ein Nachbar den andern u. s. f. Haben wir doch alle geweint,
wie er seinem Sohn das Regiment hier abtrat — sagt' ich,
versteht mich — der ist schon anders, der ist majestätischer.

Jetter. Er spricht wenig, sagen die Leute.

Soest. Er ist kein Herr für uns Niederländer. Unsere
Fürsten müssen froh und frei sein, wie wir, leben und leben
lassen u. s. w.

Wie treffend schildert er uns durch einen einzigen Zug das
Elend jener Zeiten; Egmont geht über die Straße, und die
Bürger sehen ihm mit Bewunderung nach.

Zimmermeister. Ein schöner Herr!

Jetter. Sein Hals wäre ein rechtes Fressen für einen
Scharfrichter.

Die wenigen Scenen, wo sich die Bürger von Brüssel unterreden, scheinen uns das Resultat eines tiefen Studiums jener

Zeiten und jenes Volks zu sein, und schwerlich findet man in so wenigen Worten ein schöneres historisches Denkmal für jene Geschichte.

Mit nicht geringerer Wahrheit ist derjenige Theil des Gemäldes behandelt, der uns von dem Geiste der Regierung und den Anstalten des Königs zu Unterdrückung des niederländischen Volks unterrichtet. Milder und menschlicher ist doch hier alles, und sehr veredelt ist besonders der Charakter der Herzogin von Parma. „Ich weiß, daß einer ein ehrlicher und verständiger Mann sein kann, wenn er gleich den nächsten und besten Weg zum Heil seiner Seele verfehlt hat," konnte eine Zöglingin des Ignatius Loyola wohl nicht sagen. Besonders gut verstand es der Dichter, durch eine gewisse Weiblichkeit, die er aus ihrem sonst männischen Charakter sehr glücklich hervorscheinen läßt, das kalte Staatsinteresse, dessen Exposition er ihr anvertrauen mußte, mit Licht und Wärme zu beseelen und ihm eine gewisse Individualität und Lebendigkeit zu geben. Vor seinem Herzog von Alba zittern wir, ohne uns mit Abscheu von ihm wegzukehren; es ist ein fester, starrer, unzugänglicher Charakter, „ein eherner Thurm ohne Pforte, wozu die Besatzung Flügel haben muß." Die kluge Vorsicht, womit er die Anstalten zu Egmonts Verhaftung trifft, ersetzt ihm an unserer Bewunderung, was ihm an unserm Wohlwollen abgeht. Die Art, wie er uns in seine innerste Seele hineinführt und uns auf den Ausgang seines Unternehmens spannt, macht uns auf einen Augenblick zu Theilhabern desselben; wir interessieren uns dafür, als gält' es etwas, das uns lieb ist.

Meisterhaft erfunden und ausgeführt ist die Scene Egmonts mit dem jungen Alba im Gefängniß, und sie gehört dem Verfasser ganz allein. Was kann rührender sein, als wenn ihm dieser Sohn seines Mörders die Achtung bekennt, die er längst im Stillen gegen ihn getragen. „Dein Name war's, der mir „in meiner ersten Jugend gleich einem Stern des Himmels

„entgegen leuchtete. Wie oft hab' ich nach dir gehorcht, gefragt!
„Des Kindes Hoffnung ist der Jüngling, des Jünglings der
„Mann. So bist du vor mir her geschritten, immer vor, und
„ohne Reid sah ich dich vor, und schritt dir nach und fort und
„fort. Nun hofft' ich endlich dich zu sehen und sah dich, und
„mein Herz flog dir entgegen. Nun hofft' ich erst mit dir zu
„sein, mit dir zu leben, dich zu fassen, dich — das ist nun
„alles weggeschnitten, und ich sehe dich hier!" — Und wenn
ihm Egmont darauf antwortet: „War dir mein Leben ein
„Spiegel, in welchem du dich gern betrachtetest, so sei es auch
„mein Tod. Die Menschen sind nicht bloß zusammen, wenn sie
„beisammen sind; auch der Entfernte, der Abgeschiedene lebt uns.
„Ich lebe dir und habe mir genug gelebt. Eines jeden Tages
„habe ich mich gefreuet," u. s. w. — Die übrigen Charaktere
im Stück sind mit Wenigem treffend gezeichnet; eine einzige
Scene schildert uns den schlauen, wortkargen, alles verknüpfen-
den und alles fürchtenden Oranien. Alba sowohl als Egmont
malen sich in den Menschen, die ihnen nahe sind; diese Schilde-
rungsart ist vortrefflich. Um alles Licht auf den einzigen Egmont
zu versammeln, hat der Dichter ihn ganz isoliert, darum auch
der Graf von Hoorn, der ein Schicksal mit ihm hatte, weg-
geblieben ist. Ein ganz neuer Charakter ist Brackenburg, Klärchens Liebhaber, den Egmont verdrängt hat. Dieses Gemälde
des melancholischen Temperaments mit leidenschaftlicher Liebe
wäre einer eigenen Auseinandersetzung werth. Klärchen, die
ihn für Egmont aufgegeben, hat Gift genommen und geht ab,
nachdem sie ihm den Rest zurückgelassen. Er sieht sich allein.
Wie schrecklich schön ist diese Schilderung:

„Sie läßt mich stehn, mir selber überlassen,
„Sie theilt mit mir den Todestropfen.
„Und schickt mich weg! von ihrer Seite weg!
„Sie zieht mich an und stößt ins Leben mich zurück!
„O Egmont, welch preiswürdig Loos fällt dir!

„Sie geht voran;

„Sie bringt den ganzen Himmel dir entgegen!

„Und soll ich folgen? wieder seitwärts stehn?

„den unauslöschlichen Neid

„in jene Wohnungen hinüber tragen?

„Auf Erden ist kein Bleiben mehr für mich,

„und Höll und Himmel bieten gleiche Qual.“

Klärchen selbst ist unnachahmlich schön und wahr gezeichnet.
Auch im höchsten Adel ihrer Unschuld noch das gemeine Bürger-
mädchen und ein niederländisches Mädchen — durch nichts veredelt als durch ihre Liebe, reizend im Zustand der Ruhe, hin-
reißend und herrlich im Zustand des Affekts. Aber wer zweifelt,
daß der Verfasser in einer Manier unübertrefflich sei, worin er
sein eignes Muster ist!

Je höher die sinnliche Wahrheit in dem Stücke getrieben ist,
desto unbegreiflicher wird man es finden, daß der Verfasser selbst
sie muthwillig zerstört. Egmont hat alle seine Angelegenheiten
berichtigt und schlummert endlich, von Müdigkeit überwältigt,
ein. Eine Musik läßt sich hören, und hinter seinem Lager
scheint sich die Mauer aufzuthun; eine glänzende Erscheinung,
die Freiheit, in Klärchens Gestalt, zeigt sich in einer Wolke. —
Kurz, mitten aus der wahrsten und rührendsten Situation werden
wir durch ein Salto mortale in eine Opernwelt versetzt, um einen
Traum — zu sehen. Lächerlich würde es sein, dem Verfasser
darthun zu wollen, wie sehr dadurch unserm Gefühle Gewalt
angethan werde; das hat er so gut und besser gewußt, als
wir; aber ihm schien die Idee, Klärchen und die Freiheit, Egmonts beide herrschende Gefühle, in Egmonts Kopf allegorisch
zu verbinden, gehaltreich genug, um diese Freiheit allenfalls zu
entschuldigen. Gefalle dieser Gedanke, wem er will — Rec.
gesteht, daß er gern einen sinnreichen Einfall entbehrt hätte,
um eine Empfindung ungestört zu genießen.

Ueber Matthissons Gedichte.

Daß die Griechen, in den guten Zeiten der Kunst, der Landschaftsmalerei eben nicht viel nachgefragt haben, ist etwas Bekanntes, und die Rigoristen in der Kunst stehen ja noch heutiges Tages an, ob sie den Landschaftsmaler überhaupt nur als echten Künstler gelten lassen sollen. Aber, was man noch nicht genug bemerkt hat, auch von einer Landschaft-Dichtung, als einer eigenen Art von Poesie, die der epischen, dramatischen und lyrischen ungefähr eben so, wie die Landschaftsmalerei der Thier- und Menschenmalerei gegenüber steht, hat man in den Werken der Alten wenig Beispiele aufzuweisen.

Es ist nämlich etwas ganz anders, ob man die unbeseelte Natur bloß als Lokal einer Handlung in eine Schilderung mit aufnimmt und, wo es etwa nöthig ist, von ihr die Farben zur Darstellung der beseelten entlehnt, wie der Historienmaler und der epische Dichter häufig thun, oder, ob man es gerade umkehrt, wie der Landschaftsmaler, die unbeseelte Natur für sich selbst zur Heldin der Schilderung und den Menschen bloß zum Figuranten in derselben macht. Von dem erstern findet man unzählige Proben im Homer, und wer möchte den großen Maler der Natur in der Wahrheit, Individualität und Lebendigkeit erreichen, womit er uns das Lokal seiner dramatischen Gemälde versinnlicht? Aber den Neuern (worunter zum Theil schon die Zeitgenossen des Plinius gehören) war es aufbehalten, in Landschaftsgemälden und Landschaftspoesien diesen Theil der Natur für sich selbst zum Gegenstand einer eigenen Darstellung zu machen und so das Gebiet der Kunst, welches die Alten bloß auf Menschheit und Menschenähnlichkeit scheinen eingeschränkt zu haben, mit dieser neuen Provinz zu bereichern.

Woher wohl diese Gleichgültigkeit der griechischen Künstler für eine Gattung, die wir Neuern so allgemein schätzen? Läßt sich wohl annehmen, daß es dem Griechen, diesem Kenner und leidenschaftlichen Freund alles Schönen, an Empfänglichkeit für die Reize der leblosen Natur gefehlt habe, oder muß man nicht vielmehr auf die Vermuthung gerathen, daß er diesen Stoff wohlbedächtlich verschmähet habe, weil er denselben mit seinen Begriffen von schöner Kunst unvereinbar fand?

Es darf nicht befremden, diese Frage bei Gelegenheit eines Dichters aufwerfen zu hören, der in Darstellung der landschaft= lichen Natur eine vorzügliche Stärke besitzt und vielleicht mehr als irgend einer zum Repräsentanten dieser Gattung und zu einem Beispiel dienen kann, was überhaupt die Poesie in diesem Fache zu leisten im Stand ist. Ehe wir es also mit ihm selbst zu thun haben, müssen wir einen kritischen Blick auf die Gat= tung werfen, worin er seine Kräfte versuchte.

Wer freilich noch ganz frisch und lebendig den Eindruck von Claude Lorrains Zauberpinsel in sich fühlt, wird sich schwer überreden lassen, daß es kein Werk der schönen, bloß der an= genehmen Kunst sei, was ihn in diese Entzückung versetzte, und wer so eben eine Matthissonische Schilderung aus den Händen legt, wird den Zweifel, ob er auch wirklich einen Dichter gelesen habe, sehr befremdend finden.

Wir überlassen es Andern, dem Landschaftsmaler seinen Rang unter den Künstlern zu verfechten, und werden von dieser Materie hier nur so viel berühren, als zunächst den Land= schaftsdichter anbetrifft. Zugleich wird uns diese Untersuchung die Grundsätze darbieten, nach denen man den Werth dieser Gedichte zu bestimmen hat. Es ist, wie man weiß, niemals der Stoff, sondern bloß die Behandlungsweise, was den Künstler

und Dichter macht; ein Hausgeräthe und eine moralische Abhandlung können beide durch eine geschmackvolle Ausführung
zu einem freien Kunstwerk gesteigert werden, und das Porträt
eines Menschen wird in ungeschickten Händen zu einer gemeinen
Manufactur herabsinken. Steht man also an, Gemälde oder
Dichtungen, welche bloß unbeseelte Naturmassen zu ihrem Gegenstand haben, für echte Werke der schönen Kunst (derjenigen
nämlich, in welcher ein Ideal möglich ist) zu erkennen, so
zweifelt man an der Möglichkeit, diese Gegenstände so zu behandeln, wie es der Charakter der schönen Kunst erheischt.
Was ist dies nun für ein Charakter, mit dem sich die bloß
landschaftliche Natur nicht ganz soll vertragen können? Es
muß derselbe sein, der die schöne Kunst von der bloß angenehmen unterscheidet. Nun theilen aber beide den Charakter
der Freiheit; folglich muß das angenehme Kunstwerk, wenn es
zugleich ein schönes sein soll, den Charakter der Nothwendigkeit
an sich tragen.

Wenn man unter Poesie überhaupt die Kunst versteht, „uns
„durch einen freien Effekt unsrer produktiven Einbildungskraft
„in bestimmte Empfindungen zu versetzen“ (eine Erklärung, die
sich neben den vielen, die über diesen Gegenstand im Kurs
sind, auch noch wohl wird erhalten können), so ergeben sich
daraus zweierlei Forderungen, denen kein Dichter, der diesen
Namen verdienen will, sich entziehen kann. Er muß fürs erste
unsere Einbildungskraft frei spielen und selbst handeln lassen,
und zweitens muß er nichts desto weniger seiner Wirkung gewiß
sein und eine bestimmte Empfindung erzeugen. Diese Forderungen scheinen einander anfänglich ganz widersprechend zu
sein; denn nach der ersten müßte unsere Einbildungskraft herrschen und keinem andern als ihrem eignen Gesetz gehorchen;
nach der andern müßte sie dienen und dem Gesetz des Dichters
gehorchen. Wie hebt der Dichter nun diesen Widerspruch?
Dadurch, daß er unsrer Einbildungskraft keinen andern Gang

vorschreibt, als den sie in ihrer vollen Freiheit und nach ihren
eigenen Gesetzen nehmen müßte, daß er seinen Zweck durch
Natur erreicht und die äußere Nothwendigkeit in eine innere
verwandelt. Es findet sich alsdann, daß beide Forderungen
einander nicht nur nicht aufheben, sondern vielmehr in sich enthalten, und daß die höchste Freiheit gerade nur durch die höchste
Bestimmtheit möglich ist.

Hier stellen sich aber dem Dichter zwei große Schwierigkeiten in den Weg. Die Imagination in ihrer Freiheit folgt,
wie bekannt ist, bloß dem Gesetz der Ideenverbindung, die sich
ursprünglich nur auf einen zufälligen Zusammenhang der Wahrnehmungen in der Zeit, mithin auf etwas ganz Empirisches,
gründet. Nichts desto weniger muß der Dichter diesen empirischen Effekt der Association zu berechnen wissen, weil er nur
in soferne Dichter ist, als er durch eine freie Selbsthandlung
unsrer Einbildungskraft seinen Zweck erreicht. Um ihn zu
berechnen, muß er aber eine Gesetzmäßigkeit darin entdecken
und den empirischen Zusammenhang der Vorstellung auf Nothwendigkeit zurückführen können. Unsere Vorstellungen stehen
aber nur in sofern in einem nothwendigen Zusammenhang, als
sie sich auf eine objektive Verknüpfung in den Erscheinungen,
nicht bloß auf ein subjektives und willkürliches Gedankenspiel
gründen. An diese objektive Verknüpfung in den Erscheinungen hält sich also der Dichter, und nur wenn er von seinem
Stoffe alles sorgfältig abgesondert hat, was bloß aus subjektiven und zufälligen Quellen hinzugekommen ist, nur wenn er
gewiß ist, daß er sich an das reine Objekt gehalten und sich
selbst zuvor dem Gesetz unterworfen habe, nach welchem die
Einbildungskraft in allen Subjekten sich richtet, nur dann
kann er versichert sein, daß die Imagination aller andern in
ihrer Freiheit mit dem Gang, den er ihr vorschreibt, zusammenstimmen werde.

Aber er will die Einbildungskraft nur deßwegen in ein

bestimmtes Spiel versetzen, um bestimmt auf das Herz zu wirken. So schwer schon die erste Aufgabe sein mochte, das Spiel der Imagination unbeschadet ihrer Freiheit zu bestimmen, so schwer ist die zweite, durch dieses Spiel der Imagination den Empfindungszustand des Subjekts zu bestimmen. Es ist bekannt, daß verschiedene Menschen bei der nämlichen Veranlassung, ja, daß derselbe Mensch in verschiedenen Zeiten von derselben Sache ganz verschieden gerührt werden kann. Ungeachtet dieser Abhängigkeit unserer Empfindungen von zufälligen Einflüssen, die außer seiner Gewalt sind, muß der Dichter unsern Empfindungszustand bestimmen; er muß also auf die Bedingungen wirken, unter welchen eine bestimmte Rührung des Gemüths nothwendig erfolgen muß. Nun ist aber in den Beschaffenheiten eines Subjekts nichts nothwendig, als der Charakter der Gattung; der Dichter kann also nur insofern unsere Empfindungen bestimmen, als er sie der Gattung in uns, nicht unserm specifisch verschiedenen Selbst, abfordert. Um aber versichert zu sein, daß er sich auch wirklich an die reine Gattung in den Individuen wende, muß er selbst zuvor das Individuum in sich ausgelöscht und zur Gattung gesteigert haben. Nur alsdann, wenn er nicht als der oder der bestimmte Mensch (in welchem der Begriff der Gattung immer beschränkt sein würde), sondern wenn er als Mensch überhaupt empfindet, ist er gewiß, daß die ganze Gattung ihm nachempfinden werde — wenigstens kann er auf diesen Effekt mit dem nämlichen Rechte dringen, als er von jedem menschlichen Individuum Menschheit verlangen kann.

Von jedem Dichterwerke werden also folgende zwei Eigenschaften unnachläßlich gefordert: erstlich nothwendige Beziehung auf seinen Gegenstand (objektive Wahrheit); zweitens nothwendige Beziehung dieses Gegenstandes oder doch der Schilderung desselben auf das Empfindungsvermögen (subjektive Allgemeinheit). In einem Gedicht muß alles wahre Natur sein, denn die Einbildungskraft gehorcht keinem andern Gesetze und erträgt

keinen andern Zwang, als den die Natur der Dinge ihr ver-
schreibt; in einem Gedicht darf aber nichts wirkliche (historische)
Natur sein, denn alle Wirklichkeit ist mehr oder weniger Beschränkung jener allgemeinen Naturwahrheit. Jeder individuelle
Mensch ist gerade um so viel weniger Mensch, als er individuell
ist; jede Empfindungsweise ist gerade um so viel weniger nothwendig und rein menschlich, als sie einem bestimmten Subjekt
eigenthümlich ist. Nur in Wegwerfung des Zufälligen und in
dem reinen Ausdruck des Nothwendigen liegt der große Styl.

Aus dem Gesagten erhellet, daß das Gebiet der eigentlich
schönen Kunst sich nur so weit erstrecken kann, als sich in der
Verknüpfung der Erscheinungen Nothwendigkeit entdecken läßt.
Außerhalb dieses Gebietes, wo die Willkür und der Zufall
regieren, ist entweder keine Bestimmtheit oder keine Freiheit;
denn sobald der Dichter das Spiel unserer Einbildungskraft durch
keine innere Nothwendigkeit lenken kann, so muß er es entweder
durch eine äußere lenken, und dann ist es nicht mehr unsere
Wirkung; oder er wird es gar nicht lenken, und dann ist es
nicht mehr seine Wirkung; und doch muß schlechterdings beides
beisammen sein, wenn ein Werk poetisch heißen soll.

Daher mag es kommen, daß sich bei den weisen Alten die
Poesie sowohl als die bildende Kunst nur im Kreise der Menschheit aufhielten, weil ihnen nur die Erscheinungen an dem (äußern
und innern) Menschen diese Gesetzmäßigkeit zu enthalten schienen.
Einem unterrichteteren Verstand, als der unsrige ist, mögen die
übrigen Naturwesen vielleicht eine ähnliche zeigen; für unsere
Erfahrung aber zeigen sie sie nicht, und der Willkür ist hier schon
ein sehr weites Feld geöffnet. Das Reich bestimmter Formen
geht über den thierischen Körper und das menschliche Herz nicht
hinaus; daher nur in diesen beiden ein Ideal kann aufgestellt
werden. Ueber dem Menschen (als Erscheinung) gibt es kein
Objekt für die Kunst mehr, obgleich für die Wissenschaft, denn
das Gebiet der Einbildungskraft ist hier zu Ende. Unter dem

Menſchen gibt es kein Objekt für die ſchöne Kunſt mehr, obgleich für die angenehme, denn das Reich der Nothwendigkeit
iſt hier geſchloſſen.

Wenn die bisher aufgeſtellten Grundſätze die richtigen ſind
(welches wir dem Urtheil der Kunſtverſtändigen anheim ſtellen),
ſo läßt ſich, wie es bei dem erſten Anblicke ſcheint, für land-
ſchaftliche Darſtellungen wenig Gutes daraus folgern, und es
wird ziemlich zweifelhaft, ob die Erwerbung dieſer weitläuftigen
Provinz als eine wahre Grenzerweiterung der ſchönen Kunſt
betrachtet werden kann. In demjenigen Naturbezirke, worin
der Landſchaftmaler und Landſchaftdichter ſich aufhalten, verliert
ſich ſchon auf eine ſehr merkliche Weiſe die Beſtimmtheit der
Miſchungen und Formen; nicht nur die Geſtalten ſind hier will-
kürlicher und erſcheinen es noch mehr; auch in der Zuſammen-
ſetzung derſelben ſpielt der Zufall eine dem Künſtler ſehr läſtige
Rolle. Stellt er uns alſo beſtimmte Geſtalten und in einer
beſtimmten Ordnung vor, ſo beſtimmt er, und nicht wir, indem
keine objektive Regel vorhanden iſt, in welcher die freie Phantaſie
des Zuſchauers mit der Idee des Künſtlers übereinſtimmen könnte.
Wir empfangen alſo das Geſetz von ihm, das wir uns doch ſelbſt
geben ſollten, und die Wirkung iſt wenigſtens nicht rein poetiſch,
weil ſie keine vollkommen freie Selbſthandlung der Einbildungskraft iſt. Will aber der Künſtler die Freiheit retten, ſo kann er
es nur dadurch bewerkſtelligen, daß er auf Beſtimmtheit, mithin
auf wahre Schönheit, Verzicht thut.

Nichts deſto weniger iſt dieſes Naturgebiet für die ſchöne
Kunſt ganz und gar nicht verloren, und ſelbſt die von uns ſo
eben aufgeſtellten Principien berechtigen den Künſtler und Dichter,
der ſeine Gegenſtände daraus wählt, zu einem ſehr ehrenvollen
Range. Fürs erſte iſt nicht zu läugnen, daß bei aller anſchei-
nenden Willkür der Formen auch in dieſer Region von Erſcheinungen noch immer eine große Einheit und Geſetzmäßigkeit
herrſchet, die den weiſen Künſtler in der Nachahmung leiten

kann. Und dann muß bemerkt werden, daß, wenn gleich in diesem Kunstgebiet von der Bestimmtheit der Formen sehr viel nachgelassen werden muß (weil die Theile in dem Ganzen verschwinden, und der Effekt nur durch Massen bewirkt wird), doch in der Composition noch eine große Nothwendigkeit herrschen könne, wie unter andern die Schattirung und Farbengebung in der malerischen Darstellung zeigt.

Aber die landschaftliche Natur zeigt uns diese strenge Nothwendigkeit nicht in allen ihren Theilen, und bei dem tiefsten Studium derselben wird noch immer sehr viel Willkürliches übrig bleiben, was den Künstler und Dichter in einem niedrigern Grade von Vollkommenheit gefangen hält. Die Nothwendigkeit, die der echte Künstler an ihr vermißt, und die ihn doch allein befriedigt, liegt nur innerhalb der menschlichen Natur, und daher wird er nicht ruhen, bis er seinen Gegenstand in dieses Reich der höchsten Schönheit hinübergespielt hat. Zwar wird er die landschaftliche Natur für sich selbst so hoch steigern, als es möglich ist, und, soweit es angeht, den Charakter der Nothwendigkeit in ihr aufzufinden und darzustellen suchen; aber weil er aller seiner Bestrebungen ungeachtet auf diesem Wege nie dahin kommen kann, sie der menschlichen gleich zu stellen, so versucht er es endlich, sie durch eine symbolische Operation in die menschliche zu verwandeln und dadurch aller der Kunstvorzüge, welche ein Eigenthum der letztern sind, theilhaftig zu machen.

Auf was Art bewerkstelligt er nun dieses, ohne der Wahrheit und Eigenthümlichkeit derselben Abbruch zu thun? Jeder wahre Künstler und Dichter, der in dieser Gattung arbeitet, verrichtet diese Operation, und gewiß in den meisten Fällen, ohne sich eine deutliche Rechenschaft davon zu geben. Es gibt zweierlei Wege, auf denen die unbeseelte Natur ein Symbol der menschlichen werden kann, entweder als Darstellung von Empfindungen oder als Darstellung von Ideen.

Zwar sind Empfindungen, ihrem Inhalte nach, keiner

Darstellung fähig; aber ihrer Form nach sind sie es allerdings, und es existiert wirklich eine allgemein beliebte und wirksame Kunst, die kein anderes Objekt hat, als eben diese Form der Empfindungen. Diese Kunst ist die Musik, und insofern also die Landschaftsmalerei oder Landschaftspoesie musikalisch wirkt, ist sie Darstellung des Empfindungsvermögens, mithin Nachahmung menschlicher Natur. In der That betrachten wir auch jede malerische und poetische Composition als eine Art von musikalischem Werk und unterwerfen sie zum Theil denselben Gesetzen. Wir fordern auch von Farben eine Harmonie und einen Ton und gewissermaßen auch eine Modulation. Wir unterscheiden in jeder Dichtung die Gedankeneinheit von der Empfindungseinheit, die musikalische Haltung von der logischen, kurz, wir verlangen, daß jede poetische Composition neben dem, was ihr Inhalt ausdrückt, zugleich durch ihre Form Nachahmung und Ausdruck von Empfindungen sei und als Musik auf uns wirke. Von dem Landschaftsmaler und Landschaftsdichter verlangen wir dies in noch höherem Grade und mit deutlicherem Bewußtsein weil wir von unsern übrigen Anforderungen an Produkte der schönen Kunst bei beiden etwas herunter lassen müssen.

Nun besteht aber der ganze Effekt der Musik (als schöner und nicht bloß angenehmer Kunst) darin, die innern Bewegungen des Gemüths durch analogische äußere zu begleiten und zu versinnlichen. Da nun jene innern Bewegungen (als menschliche Natur) nach strengen Gesetzen der Nothwendigkeit vor sich gehen, so geht diese Nothwendigkeit und Bestimmtheit auch auf die äußern Bewegungen, wodurch sie ausgedrückt werden, über; und auf diese Art wird es begreiflich, wie vermittelst jenes symbolischen Akts die gemeinen Naturphänomene des Schalles und des Lichts von der ästhetischen Würde der Menschennatur participieren können. Dringt nun der Tonsetzer und der Landschaftsmaler in das Geheimniß jener Gesetze ein, welche über die innern Bewegungen des menschlichen Herzens walten, und

studiert er die Analogie, welche zwischen diesen Gemüthsbewegungen und gewissen äußern Erscheinungen Statt findet,
so wird er aus einem Bildner gemeiner Natur zum wahrhaften
Seelenmaler. Er tritt aus dem Reich der Willkür in das Reich
der Nothwendigkeit ein und darf sich, wo nicht dem plastischen
Künstler, der den äußern Menschen, doch den Dichter, der den
innern zu seinem Objekte macht, getrost an die Seite stellen.

Aber die landschaftliche Natur kann auch zweitens noch dadurch in den Kreis der Menschheit gezogen werden, daß man
sie zu einem Ausdruck von Ideen macht. Wir meinen hier
aber keineswegs diejenige Erweckung von Ideen, die von dem
Zufall der Association abhängig ist; denn diese ist willkürlich
und der Kunst gar nicht würdig; sondern diejenige, die nach
Gesetzen der symbolisierenden Einbildungskraft nothwendig erfolgt. In thätigen und zum Gefühl ihrer moralischen Würde
erwachten Gemüthern sieht die Vernunft dem Spiele der Einbildungskraft niemals müßig zu; unaufhörlich ist sie bestrebt,
dieses zufällige Spiel mit ihrem eigenen Verfahren übereinstimmend zu machen. Bietet sich ihr nun unter diesen Erscheinungen eine dar, welche nach ihren eigenen (praktischen)
Regeln behandelt werden kann, so ist ihr diese Erscheinung ein
Sinnbild ihrer eigenen Handlungen; der todte Buchstabe der
Natur wird zu einer lebendigen Geistersprache, und das äußere
und innere Auge lesen dieselbe Schrift der Erscheinungen auf
ganz verschiedene Weise. Jene liebliche Harmonie der Gestalten,
der Töne und des Lichts, die den ästhetischen Sinn entzückt,
befriedigt jetzt zugleich den moralischen; jene Stetigkeit, mit der
sich die Linien im Raum oder die Töne in der Zeit aneinander
fügen, ist ein natürliches Symbol der innern Uebereinstimmung
des Gemüths mit sich selbst und des sittlichen Zusammenhangs
der Handlungen und Gefühle, und in der schönen Haltung
eines pittoresken oder musikalischen Stücks malt sich die noch
schönere einer sittlich gestimmten Seele.

Der Tonsetzer und der Landschaftsmaler bewirken dieses bloß durch die Form ihrer Darstellung und stimmen bloß das Gemüth zu einer gewissen Empfindungsart und zur Aufnahme gewisser Ideen; aber einen Inhalt dazu zu finden, überlassen sie der Einbildungskraft des Zuhörers und Betrachters. Der Dichter hingegen hat noch einen Vortheil mehr; er kann jenen Empfindungen einen Text unterlegen, er kann jene Symbolik der Einbildungskraft zugleich durch den Inhalt unterstützen und ihr eine bestimmtere Richtung geben. Aber er vergesse nicht, daß seine Einmischung in dieses Geschäft ihre Grenzen hat. Andeuten mag er jene Ideen, anspielen jene Empfindungen; doch ausführen soll er sie nicht selbst, nicht der Einbildungskraft seines Lesers vorgreifen. Jede nähere Bestimmung wird hier als eine lästige Schranke empfunden; denn eben darin liegt das Anziehende solcher ästhetischen Ideen, daß wir in den Inhalt derselben wie in eine grundlose Tiefe blicken. Der wirkliche und ausdrückliche Gehalt, den der Dichter hineinlegt, bleibt stets eine endliche, der mögliche Gehalt, den er uns hineinzulegen überläßt, ist eine unendliche Größe.

Wir haben diesen weiten Weg nicht genommen, um uns von unserm Dichter zu entfernen, sondern um demselben näher zu kommen. Jene dreierlei Erfordernisse landschaftlicher Darstellungen, welche wir so eben namhaft gemacht haben, vereinigt Hr. M. in den meisten seiner Schilderungen. Sie gefallen uns durch ihre Wahrheit und Anschaulichkeit; sie ziehen uns an durch ihre musikalische Schönheit; sie beschäftigen uns durch den Geist, der darin athmet.

Sehen wir bloß auf treue Nachahmung der Natur in seinen Landschaftsgemälden, so müssen wir die Kunst bewundern, womit er unsere Einbildungskraft zu Darstellung dieser Scenen aufzufordern und, ohne ihr die Freiheit zu rauben, über sie zu herrschen weiß. Alle einzelnen Partieen in denselben finden sich nach einem Gesetz der Nothwendigkeit zusammen; nichts ist

willkürlich herbeigeführt, und der generische Charakter dieser Natur-
gestalten ist mit dem glücklichsten Blick ergriffen. Daher wird
es unserer Imagination so ungemein leicht ihm zu folgen; wir
glauben die Natur selbst zu sehen, und es ist uns, als ob wir
uns bloß der Reminiscenz gehabter Vorstellungen überließen.
Auch auf die Mittel versteht er sich vollkommen, seinen Darstellungen Leben und Sinnlichkeit zu geben, und kennt vortrefflich sowohl die Vortheile als die natürlichen Schranken seiner
Kunst. Der Dichter nämlich befindet sich bei Compositionen
dieser Art immer in einem gewissen Nachtheil gegen den Maler,
weil ein großer Theil des Effekts auf dem simultanen Eindruck
des Ganzen beruht, das er doch nicht anders als successiv in
der Einbildungskraft des Lesers zusammensetzen kann. Seine
Sache ist nicht sowohl, uns zu repräsentieren, was ist, als was
geschieht; und versteht er seinen Vortheil, so wird er sich immer
nur an denjenigen Theil seines Gegenstandes halten, der einer
genetischen Darstellung fähig ist. Die landschaftliche Natur ist
ein auf einmal gegebenes Ganze von Erscheinungen, und in
dieser Hinsicht dem Maler günstiger; sie ist aber dabei auch ein
successiv gegebenes Ganze, weil sie in einem beständigen Wechsel
ist, und begünstiget insofern den Dichter. Hr. M. hat sich mit
vieler Beurtheilung nach diesem Unterschied gerichtet. Sein
Objekt ist immer mehr das Mannigfaltige in der Zeit als das
im Raume, immer mehr die bewegte als die feste und ruhende
Natur. Vor unsern Augen entwickelt sich ihr immer wechselndes Drama, und mit der reizendsten Stetigkeit laufen ihre Erscheinungen in einander. Welches Leben, welche Bewegung
findet sich z. B. in dem lieblichen Mondscheingemälde S. 85.

> Der Vollmond schwebt im Osten,
>   Am alten Geisterthurm
> Flimmt bläulich im bemoosten
>   Gestein der Feuerwurm.

Der Linde schöner Sylfe
  Streift scheu in Lunens Glanz;
Im dunkeln Uferschilfe
  Webt leichter Irrwischtanz.

Die Kirchenfenster schimmern;
  In Silber wallt das Korn;
Bewegte Sternchen flimmern
  Auf Teich und Wiesenborn;
Im Lichte webn die Ranken
  Der öden Felsenkluft;
Den Berg, wo Tannen wanken,
  Umschleiert weißer Duft.

Wie schön der Mond die Wellen
  Des Erlenbachs besäumt,
Der hier durch Binsenstellen,
  Dort unter Blumen schäumt,
Als lodernde Cascade
  Des Dorfes Mühle treibt,
Und wild vom lauten Rade
  In Silberfunken stäubt u. f. w.

Aber auch da, wo es ihm darum zu thun ist, eine ganze
Dekoration auf einmal vor unsere Augen zu stellen, weiß er uns
durch die Stetigkeit des Zusammenhanges die Comprehension leicht
und natürlich zu machen, wie in dem folgenden Gemälde S. 54.

Die Sonne sinkt; ein purpurfarbner Duft
  Schwimmt um Savoyens dunkle Tannenhügel,
Der Alpen Schnee entglüht in hoher Luft,
  Geneva malt sich in der Fluthen Spiegel.

Ob wir gleich diese Bilder nur nach einander in die Einbildungskraft aufnehmen, so verknüpfen sie sich doch ohne Schwierigkeit

in eine Totalvorstellung, weil eines das andere unterstützt und
gleichsam nothwendig macht. Etwas schwerer schon wird uns
die Zusammenfassung in der nächstfolgenden Strophe, wo jene
Stetigkeit weniger beobachtet ist.

> In Gold verfließt der Berggehölze Saum;
> Die Wiesenflur, beschneit von Blüthenflocken,
> Haucht Wohlgerüche; Zephyr athmet kaum;
> Vom Jura schallt der Klang der Heerdenglocken.

Von dem vergoldeten Saum der Berge können wir uns
nicht ohne einen Sprung auf die blühende und duftende Wiese
versetzen; und dieser Sprung wird dadurch noch fühlbarer, daß
wir auch einen andern Sinn ins Spiel setzen müssen. Wie
glücklich aber nun gleich wieder die folgende Strophe:

> Der Fischer singt im Kahne, der gemach
> Im rothen Widerschein zum Ufer gleitet,
> Wo der bemoosten Eiche Schattendach
> Die netzumhangne Wohnung überbreitet.

Zeigt ihm die Natur selbst keine Bewegung, so entlehnt der
Dichter diese auch wohl von der Einbildungskraft und bevölkert
die stille Welt mit geistigen Wesen, die im Nebelduft streifen
und im Schimmer des Mondlichts ihre Tänze halten. Oder es
sind auch die Gestalten der Vorzeit, die in seiner Erinnerung
aufwachen und in die verödete Landschaft ein künstliches Leben
bringen. Dergleichen Associationen bieten sich ihm aber keineswegs willkürlich an; sie entstehen gleichsam nothwendig entweder
aus dem Lokale der Landschaft oder aus der Empfindungsart,
welche durch jene Landschaft in ihm erweckt wird. Sie sind zwar
nur eine subjektive Begleitung derselben, aber eine so allgemeine,
daß der Dichter es ohne Scheu wagen darf, ihnen eine objektive
Würdigung zu ertheilen.

Nicht weniger versteht sich Hr. M. auf jene musikalischen
Effekte, die durch eine glückliche Wahl harmonierender Bilder
und durch eine kunstreiche Eurythmie in Anordnung derselben zu
bewirken sind. Wer erfährt z. B. bei folgendem kurzen Liede
nicht etwas dem Eindruck Analoges, den etwa eine schöne Sonate
auf ihn machen würde. S. 91.

Abendlandschaft.

Goldner Schein
Deckt den Hain;
Mild beleuchtet Zauberschimmer
Der umbüschten Waldburg Trümmer.

Still und hehr
Strahlt das Meer;
Heimwärts gleiten, sanft wie Schwäne,
Fern am Eiland Fischerkähne.

Silbersand
Blinkt am Strand;
Röther schweben hier, dort blässer,
Wolkenbilder im Gewässer.

Rauschend kränzt,
Goldbeglänzt,
Wankend Ried des Vorlands Hügel,
Wild umschwärmt vom Seegeflügel.

Malerisch
Im Gebüsch
Winkt mit Gärtchen, Laub und Quelle
Die bemooste Klausnerzelle.

Auf der Fluth
Stirbt die Gluth;
Schon erblaßt der Abendschimmer
An der hohen Waldburg Trümmer.

Vollmondschein
Deckt den Hain;
Geisterlispel wehn im Thale
Um versunkne Heldenmale.

Man verstehe uns nicht so, als ob es bloß der glückliche
Versbau wäre, was diesem Lied eine so musikalische Wirkung
gibt. Der metrische Wohllaut unterstützt und erhöht zwar allerdings diese Wirkung, aber er macht sie nicht allein aus. Es
ist die glückliche Zusammenstellung der Bilder, die liebliche
Stetigkeit in ihrer Succession; es ist die Modulation und die
schöne Haltung des Ganzen, wodurch es Ausdruck einer bestimmten
Empfindungsweise, also Seelengemälde wird.

Einen ähnlichen Eindruck, wiewohl von ganz verschiedenem
Inhalt, erweckt auch der Alpenwanderer S. 61 und die Alpenreise S. 66; zwei Compositionen, welche mit der gelungensten
Darstellung der Natur noch den mannigfaltigsten Ausdruck von
Empfindungen verknüpfen. Man glaubt einen Tonkünstler zu
hören, der versuchen will, wie weit seine Macht über unsre Gefühle reicht; und dazu ist eine Wanderung durch die Alpen, wo
das Große mit dem Schönen, das Grauenvolle mit dem Lachenden so überraschend abwechselt, ungemein glücklich gewählt.

Endlich finden sich unter diesen Landschaftsgemälden mehrere,
die uns durch einen gewissen Geist oder Ideenausdruck rühren,
wie gleich das erste der ganzen Sammlung, der Genfersee, in
dessen prachtvollem Eingange uns der Sieg des Lebens über
das Leblose, der Form über die gestaltlose Masse sehr glücklich
versinnlicht werden. Der Dichter eröffnet dieses schöne Gemälde

mit einem Rückblick in die Vergangenheit, wo die vor ihm ausgebreitete paradiesische Gegend noch eine Wüste war:

> Da wälzte, wo im Abendlichte dort,
> Geneva, deine Zinnen sich erheben,
> Der Rhodan seine Wogen traurend fort,
> Von schauervoller Haine Nacht umgeben.

> Da hörte deine Paradiesesflur,
> Du stilles Thal voll blühender Gehäge,
> Die großen Harmonien der Wildniß nur,
> Orkan und Thiergeheul und Donnerschläge.

> Als senkte sich sein zweifelhafter Schein
> Auf eines Weltballs ausgebrannte Trümmer,
> So goß der Mond auf diese Wüstenein
> Voll trüber Nebeldämmrung seine Schimmer.

Und nun enthüllt sich ihm die herrliche Landschaft, und er
erkennt in ihr das Lokal jener Dichterscenen, die ihm den Schöpfer
der Heloise ins Gedächtniß rufen.

> O Clarens, friedlich am Gestad erhöht!
> Dein Name wird im Buch der Zeiten leben.
> O Meillerie, voll rauher Majestät!
> Dein Ruhm wird zu den Sternen sich erheben.

> Zu deinen Gipfeln, wo der Adler schwebt,
> Und aus Gewölk erzürnte Ströme fallen,
> Wird oft, von süßen Schauern tief durchbebt,
> An der Geliebten Arm der Fremdling wallen.

Bis hieher wie geistreich, wie gefühlvoll und malerisch!
Aber nun will der Dichter es noch besser machen, und dadurch
verderbt er. Die nun folgenden, an sich sehr schönen Strophen

kommen von dem kalten Dichter, nicht von dem überströmenden, der Gegenwart ganz hingegebenen Gefühl. Ist das Herz des Dichters ganz bei seinem Gegenstande, so kann er sich unmöglich davon losreißen, um sich bald auf den Aetna, bald nach Tibur, bald nach dem Golf bei Neapel u. s. w. zu versetzen, und diese Gegenstände nicht etwa bloß flüchtig anzudeuten, sondern sich dabei zu verweilen. Zwar bewundern wir darin die Pracht seines Pinsels, aber wir werden davon geblendet, nicht erquickt; eine einfache Darstellung würde von ungleich größerer Wirkung gewesen sein. So viele veränderte Dekorationen zerstreuen endlich das Gemüth so sehr, daß, wenn nun auch der Dichter zu dem Hauptgegenstand zurückkehrt, unser Interesse an demselben verschwunden ist. Anstatt solches aufs neue zu beleben, schwächt er es noch mehr durch den ziemlich tiefen Fall beim Schluß des Gedichts, der gegen den Schwung, mit dem er anfangs aufflog, und worin er sich so lang zu erhalten wußte, gar auffallend absticht. Hr. M. hat mit diesem Gedicht schon die dritte Veränderung vorgenommen und dadurch, wie wir fürchten, eine vierte nur desto nöthiger gemacht. Gerade die vielerlei Gemüthsstimmungen, denen er darauf Einfluß gab, haben dem Geist, der es anfangs diktierte, Gewalt angethan, und durch eine zu reiche Ausstattung hat es viel von dem wahren Gehalt, der nur in der Simplicität liegt, verloren.

Wenn wir Hrn. M. als einen vortrefflichen Dichter landschaftlicher Scenen charakterisierten, so sind wir darum weit entfernt, ihm mit dieser Sphäre zugleich seine Grenzen anzuweisen. Auch schon in dieser kleinen Sammlung erscheint sein Dichtergenie mit völlig gleichem Glück auf sehr verschiedenen Feldern. In derjenigen Gattung, welche freie Fiktionen der Einbildungskraft behandelt, hat er sich mit großem Erfolg versucht und den Geist, der in diesen Dichtungen eigentlich herrschen muß, vollkommen getroffen. Die Einbildungskraft erscheint hier in ihrer ganzen Fessellosigkeit und dabei doch in der schönsten Einstimmung mit der Idee, welche ausgedrückt werden soll. In dem Liede, welches das Feenland überschrieben ist, verspottet der Dichter die abenteuerliche Phantasie mit sehr vieler Laune; alles ist hier so bunt, so prangend, so überladen, so grotesk, wie der Charakter dieser wilden Dichtung es mit sich bringt; in dem Liede der Elfen alles so leicht, so duftig, so ätherisch, wie es in dieser kleinen Mondscheinwelt schlechterdings sein muß. Sorgenfreie, selige Sinnlichkeit athmet durch das ganze artige Liedchen der Faunen, und mit vieler Treuherzigkeit schwatzen die Gnomen ihr (und ihrer Consorten) Zunftgeheimniß aus. S. 141.

> Des Tagscheins Blendung drückt,
> Nur Finsterniß beglückt!
> Drum hausen wir so gern
> Tief in des Erdballs Kern.
> Dort oben, wo der Aether flammt,
> Ward alles, was von Adam stammt,
> Zu Licht und Gluth mit Recht verdammt.

Hr. M. ist nicht bloß mittelbar, durch die Art, wie er landschaftliche Scenen behandelt, er ist auch unmittelbar ein sehr glücklicher Maler von Empfindungen. Auch läßt sich schon im voraus erwarten, daß es einem Dichter, der uns für die leblose Welt so innig zu interessieren weiß, mit der beseelten, die einen so viel reicheren Stoff darbietet, nicht fehlschlagen werde. Eben so kann man schon im voraus den Kreis von Empfindungen bestimmen, in welchem eine Muse, die dem Schönen der Natur so hingegeben ist, sich ungefähr aufhalten muß. Nicht im Gewühle der großen Welt, nicht in künstlichen Verhältnissen — in der Einsamkeit, in seiner eigenen Brust, in den einfachen Situationen des ursprünglichen Standes sucht unser Dichter den Menschen auf. Freundschaft, Liebe, Religionsempfindungen, Rückerinnerungen an die Zeiten der Kindheit, das Glück des

Landlebens u. dgl. sind der Inhalt seiner Gesänge; lauter Gegenstände, die der landschaftlichen Natur am nächsten liegen und mit derselben in einer genauen Verwandtschaft stehen. Der Charakter seiner Muse ist sanfte Schwermuth und eine gewisse contemplative Schwärmerei, wozu die Einsamkeit und eine schöne Natur den gefühlvollen Menschen so gerne neigen. Im Tumult der geschäftigen Welt verdrängt eine Gestalt unseres Geistes unaufhaltsam die andere, und die Mannigfaltigkeit unsers Wesens ist hier nicht immer unser Verdienst; desto treuer bewahrt die einfache, stets sich selbst gleiche Natur um uns her die Empfindungen, zu deren Vertrauten wir sie machen, und in ihrer ewigen Einheit finden wir auch die unsrige immer wieder. Daher der enge Kreis, in welchem unser Dichter sich um sich selbst bewegt, der lange Nachhall empfangener Eindrücke, die oftmalige Wiederkehr derselben Gefühle. Die Empfindungen, welche von der Natur als ihrer Quelle abfließen, sind einförmig und beinahe dürftig; es sind die Elemente, aus denen sich erst im verwickelten Spiele der Welt feinere Nuancen und künstliche Mischungen bilden, die ein unerschöpflicher Stoff für den Seelenmaler sind. Jene wird man daher leicht müde, weil sie zu wenig beschäftigen; aber man kehrt immer gerne wieder zu ihnen zurück und freut sich, aus jenen künstlichen Arten, die so oft nur Ausartungen sind, die ursprüngliche Menschheit wieder hergestellt zu sehen. Wenn aber diese Zurückführung zu dem saturnischen Alter und zu der Simplicität der Natur für den kultivierten Menschen recht wohlthätig werden soll, so muß diese Simplicität als ein Werk der Freiheit, nicht der Nothwendigkeit erscheinen; es muß diejenige Natur sein, mit der der moralische Mensch endigt, nicht diejenige, mit der der physische beginnt. Will uns also der Dichter aus dem Gedränge der Welt in seine Einsamkeit nachziehen, so muß es nicht Bedürfniß der Abspannung, sondern der Anspannung, nicht Verlangen nach Ruhe, sondern nach Harmonie sein, was ihm die Kunst verleidet und die Natur liebenswürdig macht; nicht weil die moralische Welt seinem theoretischen, sondern weil sie seinem praktischen Vermögen widerstreitet, muß er sich nach einem Tibur umsehen und zu der leblosen Schöpfung flüchten.

Dazu wird nun freilich etwas mehr erfordert, als bloß die dürftige Geschicklichkeit, die Natur mit der Kunst in Contrast zu setzen, die oft das ganze Talent der Idyllendichter ist. Ein mit der höchsten Schönheit vertrautes Herz gehört dazu, jene Einfalt der Empfindungen mitten unter allen Einflüssen der raffiniertesten Kultur zu bewahren, ohne welche sie durchaus keine Würde hat. Dieses Herz aber verräth sich durch eine Fülle, die es auch in der anspruchlosesten Form verbirgt, durch einen Adel, den es auch in die Spiele der Imagination und der Laune legt, durch eine Disciplin, wodurch es sich auch in seinem rühmlichsten Siege zügelt, durch eine nie entweihte Keuschheit der Gefühle; es verräth sich durch die unwiderstehliche und wahrhaft magische Gewalt, womit es uns an sich zieht, uns festhält und gleichsam nöthigt, uns unsrer eignen Würde zu erinnern, indem wir der seinigen huldigen.

Hr. M. hat seinen Anspruch auf diesen Titel auf eine Art beurkundet, die auch dem strengsten Richter Genüge thun muß. Wer eine Phantasie, wie sein Elysium (S. 34) componieren kann, der ist als ein Eingeweihter in die innersten Geheimnisse der poetischen Kunst und als ein Jünger der wahren Schönheit gerechtfertigt. Ein vertrauter Umgang mit der Natur und mit klassischen Mustern hat seinen Geist genährt, seinen Geschmack gereinigt, seine sittliche Grazie bewahrt; eine geläuterte heitere Menschlichkeit beseelt seine Dichtungen, und rein, wie sie auf der spiegelnden Fläche des Wassers liegen, malen sich die schönen Naturbilder in der ruhigen Klarheit seines Geistes. Durchgängig bemerkt man in seinen Produkten eine Wahl, eine Züchtigkeit, eine Strenge des Dichters gegen sich selbst, ein nie ermüdendes Bestreben nach einem Maximum von Schönheit.

Schon Vieles hat er geleistet, und wir dürfen hoffen,
feine Grenzen noch nicht erreicht hat. Nur von ihm
abhängen, jetzt endlich, nachdem er in beschei
feine Schwingen versucht hat, einen höhern Flug
in die anmuthigen Formen feiner Einbildungskraft und
Musik feiner Sprache einen tiefen Sinn einzuleiten
Landschaften nun auch Figuren zu erfinden und
reizenden Grund handelnde Menschheit aufzu
denes Mißtrauen zu sich selbst ist zwar immer
des wahren Talents, aber auch der Muth
und so schön es ist, wenn der Besieger des Python
baren Bogen mit der Leier vertauscht, so einen gr
gibt es, wenn ein Achill im Kreise thessalischer Jungfrauen
zum Helden aufrichtet.